Über dieses Buch Schamanen sind in vielen Kulturen gleichsam Mittler zwischen der göttlichen und der irdischen, zwischen der heiligen und der profanen Welt. Aufgrund bestimmter Techniken sind sie in der Lage, Reisen in die jenseitige Welt zu unternehmen und die Toten in das Reich der Schatten zu begleiten. Dieses Buch ist der erste systematische Versuch, die schamanischen »Fahrten der Seele« als Möglichkeit menschlicher Erfahrung darzustellen und Schamanentum und moderne Bewußtseinsforschung einander anzunähern. Der Autor schreibt über den Schamanen: »Es ist für den wissenschaftlichen Verstandesdünkel die dunkelste Ausgeburt menschlicher Unvernunft. So schwebt über jeder intellektuellen Bewegung, die sich dieses Stiefkindes der Wissenschaft annimmt, das Damoklesschwert des wissenschaftlichen Ruins, wenn sie dieses Thema nicht von der Warte sozial-behavioristischer, intellektualistischer oder naiv-materialistischer Konzeptionen abhandelt. Schamanenforschung ist jedoch keine Grenzwissenschaft für besonders exaltierte Gelehrte. Sie rückt mit Siebenmeilenstiefeln aus den Randbezirken in den Mittelpunkt unseres existentiellen Verständnisses. Da die Grundwerte des abendländischen Denkens ins Wanken geraten sind und neue Bewußtseinswelten sich abzeichnen, rückt der Schamane in den Brennpunkt unserer Aufmerksamkeit.«

Der Autor Holger Kalweit ist Ethnopsychologe. Er veröffentlicht seit Jahren Aufsätze zu psychologischen und anthropologischen Fragen in Fachzeitschriften. Er hat 1983 ein Buch über den »weißen Indianer« Frank Hamilton Cushing herausgegeben.

HOLGER KALWEIT

Die Welt der Schamanen

Traumzeit und innerer Raum

Mit einem Vorwort von
Elisabeth Kübler-Ross

FISCHER TASCHENBUCH VERLAG

Ungekürzte Ausgabe
Veröffentlicht in der Fischer Taschenbuch Verlag GmbH,
Frankfurt am Main, Dezember 1988
Lizenzausgabe mit freundlicher Genehmigung des
Scherz Verlages, Bern, München, Wien

Umschlaggestaltung: Buchholz, Hinsch, Hensinger,
unter Verwendung einer Illustration von Hans Werner Sahm
»Frühnebel«; mit freundlicher Genehmigung der Galerie Gerstenberg, Bonn
Druck und Bindung: Clausen & Bosse, Leck
Printed in Germany
ISBN 3-596-26575-4

Inhalt

Dritter Teil:
Wandlungssymbole des Bewußtseins

Vierter Teil:
Religion und Wissenschaft

Epilog:

Anhang:

VORWORT

Mit diesem Buch legt Holger Kalweit eine erstaunlich umfassende Darstellung der schamanischen Erfahrung vor, die Erfahrungsberichte von vielen verschiedenen Heilern und Schamanen aus den unterschiedlichsten Regionen der Welt enthält. Schamanen aus sogenannten primitiven Stämmen Afrikas kommen hier ebenso zu Wort wie die Ureinwohner Australiens, Eskimos, nordamerikanische Indianer und andere.

Daß die Schamanen bei der Darstellung ihrer Initiationserlebnisse oft eine sehr ungewöhnliche und symbolische Sprache verwenden, macht manche ihrer Berichte auf den ersten Blick schwer verständlich, und vielleicht muß man selbst ein Schamane sein, um diese Berichte in ihrer ganzen Tiefe würdigen zu können. Schließlich ist hier von außerordentlichen Erfahrungen in einer »vierten Dimension« die Rede, in die diese Männer und Frauen auf der Suche nach paranormalen Kräften, der Fähigkeit zu heilen und/oder die Zukunft vorauszusehen unter größten inneren Kämpfen und Schmerzen vorgedrungen sind.

Andererseits erstaunt und freut es mich immer wieder, wenn ich durch ein Buch wie dieses vor Augen geführt bekomme, daß offenbar Menschen auf der ganzen Welt und zu allen Zeiten von einer Existenz nach dem Tode wußten und sich darauf vorbereiteten, indem sie sie vorwegnahmen – eine Existenz, in der wir keine körperliche Form mehr brauchen und in der wir eher mit einer Art Gedankenübertragung als mit Worten kommunizieren. Es ist dies eine Daseinsform, in der wir sehr verschiedene Bereiche durchqueren und auf dem Weg in bessere Wirklichkeiten manche Hindernisse überwinden müssen; hier ernten wir im Grunde das, was wir früher gesät haben. Ein Mensch, der ein gutes und mitfühlendes Leben geführt hat, kann den Totenfluß ohne Schwierigkeiten überqueren, während andere aufgehalten werden und je nach dem Grad der Selbstvervollkommnung und Güte, die sie im vergangenen Leben erreicht haben, eine kürzere oder schier endlose Weile kämpfen müssen, bis sie das jenseitige Ufer erreichen.

Nur wenige Menschen in unserer modernen westlichen Zivilisation begreifen, daß die Hilfsgeister und »imaginären Freunde«, von denen in diesem Buch auch die Rede ist – die von mir betreuten todkranken Kinder nennen sie ihre »Spielgefährten« –, keine Projektionen einer wilden Phantasie sind. Sie sind *wirkliche* Gefährten dieser Kinder, ihre Begleiter, Führer und Helfer in einer Zeit der Isolation, der Einsamkeit und des Leidens. Kinder in der ganzen Welt kennen solche Gefährten. Erst wenn sie aufwachsen in einer ungläubigen Welt, die über solche »Einbildungen« lacht, verlieren die meisten Kinder die Fähigkeit, diese Helfer zu erkennen.

Für unsere heutige westliche Welt ist es von größter Wichtigkeit, ihre Werte und ihre Ansichten einer kritischen Prüfung zu unterziehen – vor allem in Hinsicht auf Krankheit und Leiden. Das Motto der von mir gegründeten weltweiten Organisation »Shanti Nilaya« lautet: »Würden wir die Felsschluchten gegen alle Stürme abschirmen, so könnten wir niemals die Schönheit ihrer zerfurchten Wände bewundern.« Jene Menschen, die – wie die Schamanen, von denen dieses Buch berichtet – vielleicht schon früh in ihrem Leben durch schwere Zeiten und große Umwälzungen gegangen sind, werden mit großer Wahrscheinlichkeit zu den Begabtesten unter ihren Mitmenschen gehören. Sie werden nicht nur daran glauben, daß sie in diesem Leben geführt werden und daß es ein Leben nach dem Tode gibt, sie werden auch wissen, daß das Leben eine Schule ist, in der wir lernen und spirituell wachsen sollen.

Die Erweiterung unseres Bewußtseins und die Einsicht in Wirklichkeiten jenseits der dreidimensionalen materiellen Welt sind die Belohnung, wenn es uns gelingt, uns zumindest zeitweise von der materiellen Welt loszulösen und nach innen zu gehen. Dort erfahren wir dann unser spirituelles Potential, das, was andere den »Götterfunken« genannt haben und was der Teil Gottes ist, der in uns allen ist.

Wer einmal einige dieser Offenbarungen erfahren hat, wird sie bei der Beschäftigung mit diesem Buch über den Schamanismus darin wiedererkennen. Er weiß und wird hier bestätigt finden, daß die menschlichen Grunderfahrungen auf der ganzen Welt die selben sind, da wir alle aus der gleichen Quelle hervorgehen. Und wir werden dorthin zurückkehren, wenn wir unsere Lektionen gelernt und unsere Prüfungen bewältigt haben, denn wir sind alle Kinder des gleichen Gottes.

Elisabeth Kübler-Ross

Einführung:

SCHLANGE BEISST NICHT MENSCHEN, SCHLANGE BEISST, WAS MENSCH DENKT.[1]

Wir gleichen Gefangenen in einer Höhle, die verbissen auf die nackten Felswände starren, wo wir sich bewegende Schatten wahrnehmen. Es sind die Schatten von Gegenständen, die – für uns unsichtbar – hinter unserem Rücken vorbeigetragen und von einem großen Feuer außerhalb unseres Gesichtskreises beleuchtet werden. Wir wenden uns nicht um und ergründen die Ursache der Schatten, weshalb wir überzeugt sind, hier eine wirkliche Welt vor uns zu haben – die Welt der Sinneswahrnehmungen. Doch brächte einer der Gefangenen Kraft und Mut auf, sich umzudrehen und stiege aus der Höhle hinaus, würde er die Gegenstände, die Ursache der vagen Schattenrisse erkennen. Verließe er schließlich die Höhle ganz, würde er – nachdem er sich die schmerzenden Augen gerieben hat – die Sonne schauen. Kehrte er nach dieser überwältigenden Erkenntnis der Natur seiner Schattenwelt in die Höhle zurück, würde wohl niemand der dort Lebenden seinen phantastischen Geschichten Glauben schenken; er wäre fortan ein Einsamer, der sich beauftragt fühlt, seine Mitmenschen aus der Verblendung zu führen und der ihnen das Schattenhafte ihrer Schattenwelt begreiflich machen will. Aber, fragen wir, kann nicht nur der, der selbst aus der Höhle hinausgekrochen ist, begreifen?

Diese berühmt gewordene erkenntnistheoretische Parabel stammt aus Platons *Politeia.* Sie enthält eine Handlungsanweisung für die wissenschaftliche Welt, die zwar viel zitiert, aber deshalb noch lange nicht befolgt wurde. In dieser Untersuchung wollen wir jedoch den erkenntnistheoretischen Prinzipien des »Höhlengleichnisses« folgen, zumal sie auch die Grundlagen des schamanischen Lehrweges sind.

Wer ist jener Mensch, der aufsteht, sich umdreht und geradewegs hinausläuft, um sich den »Schattengestalten« zu stellen? Ist es etwa der Schamane, der seine Geister herbeiruft, der Medizinmann, der im geistigen Sehen durch die Menschen hindurchschaut, der Magier, der die Lüfte durchfliegt und seinen Körper halbtot unter sich zurückläßt?

Das schamanische Weltbild überspringt Zeit und Kausalität, verkürzt Räume telepathisch und huldigt der Kommunikation mit allem Sein. Es sieht den Einzelmenschen eingespannt in ein universelles magisches Kraftfeld, in dem schon der leiseste Gedanke das gesamte Universum erschüttert, das gesprochene Wort den Nachbarn tötet und der normale

Verstand durch ekstatische Kommunion mit der Umwelt zunichte gemacht wird. Jene Weltschau, durch die der Mensch fähig ist, mit unsichtbaren Energiemanifestationen oder mittels jenseitiger Entitäten die irdische Sphäre des Leiblichen zu beeinflussen, ist, so glauben viele, zu weit von der Logik unseres abendländischen Alltags entfernt, um im 20. Jahrhundert noch der Beachtung wert zu sein. Der Anthropologie ist in unserer wissenschaftsgläubigen Zeit die Aufgabe zugefallen, diese »abartigen« menschlichen Denkfiguren rational abzutun.

Die »perverse«, auf den Kopf gestellte Physik des schamanischen Universums – in der die Zeit dehnbar, der Raum plastisch, die Materie durchlässig ist und die bekannten Energiemanifestationen von weiteren unsichtbaren, feinstofflichen Kräften überboten werden – fällt durch die Maschen unseres Erkenntnissystems hindurch. Mit diesem Universum in Einklang leben jedoch alle Stammesgesellschaften, und auch unsere Vorfahren sowie alle Kulturen der alten und neuen Welt huldigten einst einem solchen Universum. Nur unsere moderne abendländische Kultur bildet eine Ausnahme. Als Einzelgänger unter den Kulturen hat sie sich in gezügelter Experimentierfreude ganz auf das im Dreidimensionalen Beobachtbare, auf eine rein sensorische, nur durch Logik erschließbare Wirklichkeit zurückgezogen.

Die Erfahrungen des Schamanen sind jedoch reale transpsychische Erfahrungen – und sie sind für jeden Menschen wiederholbar, bringt er nur genügend Mut und Selbstdisziplin auf, unseren begrenzten Intellekt und unser eingeengtes Normalbewußtsein zu überwinden. Jenseits dieses »normierten« Bewußtseins gibt es nämlich ein ganzes Spektrum von Wahrnehmungsformen. Die Stufenleiter der Erfahrung, die jeweils neue Daseinsweisen enthüllt, ist eine ewige Metapher des Erkenntnisfortschritts.

Zwei Besonderheiten unserer westlichen Zivilisation haben uns stark geprägt: zum einen der Gedanke, dem auch Friedrich Nietzsche anhing, allein in einem feindlichen Universum zu sein; zum anderen die Vorstellung, daß das Leben in letzter Instanz sinnlos ist. Im Gegensatz dazu verweist der Schamane auf die Lebendigkeit allen Seins, auf die globale, auf allen Ebenen gegebene Beziehung zu sämtlichen Wesen und Dingen – und auf das Erfülltsein des Universums mit einer schöpferischen Essenz, die die normale Existenz transzendiert und ihr inneren Zusammenhalt gibt.

Der Schamane steht in der jahrtausendealten Tradition der *Philosophia perennis,* der mystischen Tradition der Einheit aller Dinge, allen Seins. Für die Magie ist alles mit allem verbunden, eins ersetzt das andere, das Gesetz des *pars pro toto* regiert, und das Bewußtsein besitzt, einer gigantischen Telefonzentrale gleich, Zutritt zu allen anderen Bewußtseinsebenen. Um diese Ebene der Erfahrung zu erreichen, fordern alle mystischen Schulen die *vorübergehende* Vernichtung des »normalen« Bewußtseins und die Aufhebung des rationalen Denkens durch mentale Techniken. Bewußtseinsleere läßt eine alternative Daseinsweise zum Durchbruch kommen, verschafft Zugang zur Existenzebene des transpersonalen Erlebens.

Der psychischen Erfahrung wurde mit Beginn der Aufklärung und verstärkt mit der industriellen Revolution in immer stärkerem Maße ein wirklicher Beitrag zum menschlichen Leben abgesprochen. Die Aversion gegen theologisches Denken, christliche Innenwelt und Offenbarung des Göttlichen trieb unsere Kultur zu einer einseitigen Haltung in der Auseinandersetzung mit dem Lebendigen. Ein Standpunkt nüchterner Betrachtung des Faktischen und Materiellen setzte sich durch, und die Psyche geriet dabei in Vergessenheit. Der Materialismus schüttete das Kind mit dem Bade aus – er verwies die Psyche aus dem irdischen Paradies.

Erinnern wir uns an die Anfänge der wissenschaftlichen Psychologie und an ihre enormen Schwierigkeiten, sich als Wissenschaft durchzusetzen, die eine Innenwelt mit gesetzmäßigen Strukturen und Mechanismen postulieren konnte. Heute steht diese Wissenschaft nun dem gegenüber, was sie aus Selbstschutz, aus Angst, unwissenschaftlich zu sein, aus einer Lähmung des Verstehens gegenüber der religiösen Erfahrung abgelehnt hat – der Anerkennung veränderter, höherer Bewußtseinszustände.

Das westliche Denken befindet sich in einer Krise und sucht im Zuge der Befreiung aus den selbstgeschaffenen Fesseln den Weg zurück zum Ursprünglichen. Der Schamane und die metarationale Sphäre des Religiösen mit ihrer Erweiterung der Bewußtseinsstruktur nimmt dabei einen bedeutenden Platz ein, und das zunehmende Interesse an »primitiver« Religion geht dabei weit über das akademisch und anthropologisch Verantwortbare hinaus. Schon immer aber haben gesellschaftliche Gruppierungen, ja ganze Philosophien, Kulte, Modeströmungen und der Zeitgeist ganzer Epochen die unbekannte Kultur oder den fremdartigen Lebensstil für sich in Anspruch genommen, nur zu oft gepaart mit naivem Hedonismus, verstecktem Ethnozentrismus und abstrusen kulturellen Synkretismen. Das neue Religionsverständnis ist nicht frei von traditionellem Dogmatismus und sozialen Pathologien, doch durch den Drang nach unverstellter innerer Erfahrung, nach authentischer Spiritualität, besteht eine Chance, religiösem Kollektivismus, Aberglauben, Frömmelei und so weiter wenigstens teilweise zu entgehen.

Wenn wir auch glauben, daß Religion sich nicht auf Papier bannen läßt, daß Religion Erfahrung ist, so haben wir doch den Versuch unternommen, über das spirituelle Bewußtsein zu schreiben, weil Wissenschaft und Religion sich heute einander annähern und sich vielleicht in absehbarer Zukunft die Hände reichen werden. Wenn dies geschieht, dann brauchen wir nicht mehr mit Albert Einstein zu sagen: »Wissenschaft ohne Religion ist lahm, Religion ohne Wissenschaft ist blind.« Was beide vereinigen kann, ist unser Bewußtsein, die Erkenntnis, daß alles Leben ein Abenteuer des Bewußtseins ist. So wie für Einstein alle wissenschaftlichen Theorien freie Erfindungen des Geistes sind, so sind für das spirituelle Weltempfinden alle Bewußtseinszustände freie und gleichzeitig beschränkte Schöpfungen, Facetten der kosmischen Ganzheit.

Trotz der Diskriminierung und der Isolierung, die die Stammesgesellschaften heute im imperialistischen Gefüge der westlichen Zivilisation hinnehmen müssen, trotz ihrer marginalen Position, der ihnen entgegengebrachten Geringschätzung, der Beschreibung ihrer Eigenarten in psychopathologischer Terminologie, der Herabwürdigung ihres Status zur Nichtexistenz durch einfaches Totschweigen und eine Politik des Völkermords, trotz der Etikettierung ihrer Mitglieder als Primitive, als Relikte der Evolution für den Biologen, als kulturelle Abnormitäten für den Soziologen, als prärationale Spezies für den Psychologen, trotz ihrer Einschätzung als unterentwickelte Gesellschaften für den Ökonomen, als nichtexistent für die militärischen Strategen, als romantische und exotische Reisebuchfiguren für satte Wohlstandsbürger – trotz alledem haben ihre Medizinmänner auf Menschen der »zivilisierten« Welt immer eine große Faszination ausgeübt. Obwohl man im Schamanen immer den Trickkünstler oder den psychisch Gestörten erblickte, der am stärksten von den Ausgeburten einer nicht-aristotelischen Weltschau geprägt ist, hat er die Interpretationssucht westlicher Kulturtheoretiker am meisten herausgefordert – und zwar gerade deshalb, weil er für eine auf Egostärke, »normales« Wachbewußtsein und dreidimensionale Logik eingeschränkte Ideologie ein nicht zu duldendes Schreckgespenst verkörpert.

Die Geschichte der Erforschung des Schamanentums ist die Geschichte einer Verschwörung gegen das arationale, unobjektive, nicht-kartesianische Denken. Medizinmann, Trancemedium, Visionär und Zauberer stellen für den aufgeklärten Geist seit jeher den Erzfeind des »vernünftigen« Denkens dar. Der Schamane ist für den wissenschaftlichen Verstandesdünkel die dunkelste Ausgeburt menschlicher Unvernunft. So schwebt über jeder intellektuellen Bewegung, die sich dieses Stiefkindes der Wissenschaft annimmt, das Damoklesschwert des wissenschaftlichen Ruins, wenn sie dieses Thema nicht von der Warte sozial-behavioristischer, intellektualistischer oder naiv-materialistischer Konzeptionen abhandelt.

Schamanenforschung ist jedoch keine Grenzwissenschaft für besonders exaltierte Gelehrte. Sie rückt mit Siebenmeilenstiefeln aus den Randbezirken in den Mittelpunkt unseres existenziellen Verständnisses. Da die Grundwerte des abendländischen Denkens ins Wanken geraten sind und neue Bewußtseinswelten sich abzeichnen, rückt der Schamane in den

Brennpunkt unserer Aufmerksamkeit – der Vernachlässigte, der Meister des Absurden, der verbannte König findet zurück ins Reich. Die schamanischen Erfahrungen bringen uns die sakrale Dimension der Natur wieder näher, profane Wissenschaft sowie heilige Inspiration und Weisheit vereinen sich zu einer neuen meta-rationalen Wissenschaft – die klaffende Wunde der Dualität beginnt sich zu schließen.

In dieser Arbeit werden wir die Erfahrungen von über- oder paranormal begabten Menschen skizzieren, die sich unter großen Strapazen und Gefahren in Sphären des Überbewußten katapultiert haben, von denen aus wir nach der Überwindung der Grenzen des Alltags-Ego eine umfassendere Schau des menschlichen Daseins gewinnen. Sie gehören jeweils zu den bedeutenden Persönlichkeiten ihres Stammes, stellen das »Zentralgestirn« ihrer Gesellschaft dar, bilden den Kern der religiösen, politischen und sozialen Gemeinschaft. Wir werden versuchen, eine positive Erklärung der schamanischen Lebensschau zu geben, von der jeder Psychiater, aber auch jedes Individuum, das auf der Suche nach Selbstvervollkommnung und Ich-Transzendenz ist, lernen kann. Unser theoretisches Repertoire für diese Untersuchung stammt im wesentlichen aus einer neuen wissenschaftlichen Orientierung, die ihr rein abendländisches Gesicht verloren hat, da sie die Psychologien und Philosophien anderer Kulturen anerkennt und mit unseren modernen Erkenntnissen zu vereinen sucht: der Transpersonalen Wissenschaft.

Für jene Menschen, die sich allein mit »realistischen« Problemen beschäftigen wollen, gehört die Auseinandersetzung mit fremden Völkern, insbesondere mit »primitiven« Zauberern in einen Bereich, der kaum noch das Interesse unserer fortschrittssüchtigen gegenwärtigen Zivilisation verdient. Sollte es in unserer ach so modernen, objektiven, vernünftigen Welt tatsächlich noch solche Menschen geben? Seltsam genug – das Magische, Okkulte und Außersinnliche scheint sich wieder auszubreiten und sich in unserer Zivilisation auf dem Weg über die modernsten Forschungen wieder zu Wort zu melden.

Durch die allgemeine Krise des abendländischen Denkens und durch den Umbruch der klassischen Denkparadigmen begünstigt, gewinnen auch solch mysteriöse Forschungsgebiete wie der Schamanismus wieder an Bedeutung, da sie neue Modelle des Geistes und ein weiteres Universum des Bewußtseins formulieren.

Die Prämissen der Naturwissenschaften ebenso wie unsere moralisch-ethischen Wertvorstellungen scheinen zu versagen, ihr zu eng zusammengeflicktes Gewand platzt aus den Nähten, und durch die Risse des objektivistischen Universums schillern schamanische Bewußtseinserfahrungen hindurch, denen sich die Wissenschaft, will sie sich den neuen Wirklichkeiten nicht zunehmend entfremden, zuwenden muß. Die dunkelsten Gebiete des menschlichen Geistes werden nun erhellt, das Primitiv-Ursprüngliche avanciert zum Fortschrittlich-Zukünftigen, und die Heiligen, Schamanen und Yogis werden zu Anklägern der abendländischen Mentalität. Was wir bisher als unterentwickelt und naiv abgestempelt haben, gerät heute offenbar zu einer Herausforderung an unsere weitere kulturelle Entwicklung; integrieren wir das so lange Verdrängte nicht in unsere Geisteshaltung, vergrößert sich der Schatten, der unheilvoll über dem mechanistisch materialistischen Lebensstil schwebt.

Unsere Kultur bedarf aber weitaus mehr als nur eines veränderten Lebensstils; die Strukturen des Denkens und die Relation von Bewußtsein und Materie sind im westlichen Gehirn schief gelagert – die Welt, ganz auf die materielle Seite gerutscht, droht uns zu erdrücken. Wir befinden uns in einer materialistischen Hypertrophie, und sollten wir uns auf ihrem Höhepunkt selbst vernichten, wäre das nur die endgültige Widerlegung eines Weltbildes, das wir bis dahin für das *non plus ultra* gehalten haben. Der indianische Schamane Lame Deer sagt dazu:

Allein die Menschenwesen sind an einem Punkt angelangt, wo sie nicht mehr wissen, wozu sie leben. Sie wissen ihr Gehirn nicht mehr zu gebrauchen, und sie haben das geheime Wissen ihres Körpers, ihrer Sinne und ihrer Träume vergessen. Sie machen keinen Gebrauch mehr von dem Geist, der einem jeden von ihnen eingegeben wurde. Sie sind sich dessen nicht einmal bewußt, und so stolpern sie blind auf die Straße ins Nichts – einen geteerten Highway, den sie selbst gewalzt und geglättet haben, um schneller zu dem riesigen Loch zu kommen, das sie am Ende alle verschlucken wird. Es ist ein schneller, komfortabler Super-Highway – ich weiß, wo er hinführt. Ich habe es gesehen. Ich war in meinen Visionen bereits dort, und ein Schauer läuft mir den Rücken hinunter, wenn ich nur daran denke.[2]

Erster Teil:

DIE RELIGION DER ZWEIMALGEBORENEN

Einst starb ein sehr mächtiger Medizinmann. Bevor er starb, befahl er den Leuten, ihn nach seinem Tod zu verbrennen. Sie taten, wie er sie geheißen hatte. Doch er kam wieder ins Leben zurück. Bei seinem zweiten Tod hängten sie seinen Körper an ein Trockengestell, wie er ihnen befohlen hatte. Er wurde wieder lebendig. Beim dritten Tod banden sie ihn in einem Kajak fest, schleppten es aufs Meer hinaus und ließen es treiben. Er kam zurück. Beim vierten Tod zerschnitten sie ihn, kochten ihn in fünf Töpfen und verstreuten die Stücke überall – all das entsprechend seinem Befehl. Doch er kam wieder ins Leben zurück. Als er das fünfte Mal starb, wurde er als Baby wiedergeboren. (Lantis 1946, S. 308)

1. EINE GEOGRAPHIE DES TODES

Tod bedeutet für Plato *lysis*, Loslösung, und *chorismos*, Abtrennung. Philosophie definiert er geradezu als *phaedros melete thanatou*, Praxis und Vorbereitung für den Tod; dank diesem Wissen der Philosophen sei der Tod für sie weniger schrecklich als für andere Menschen, glaubte er. Es heißt, daß ein Freund Platos, der zu seinem Totenbett kam, ihn bat, seine Philosophie in einem einfachen Satz zusammenzufassen. Plato soll darauf geantwortet haben: »Übe zu sterben!«

Die enge Beziehung des Schamanen zum Sterben, zum Tod und zum Nach-Todesleben ebenso wie seine geistigen Techniken, die ihn an die Grenzen des Lebens führen, machen ihn zum hervorragenden Vertreter jener platonischen Philosophie.

Doch auch die moderne Todesforschung ist nicht mehr weit von Platos philosophischer Quintessenz entfernt. Ihr geht es zunächst allerdings darum, eine charakteristische Abfolge der Nah-Todeserfahrung zu entdecken. Wie die Untersuchungen von Osis und Haraldsson, die indische und westliche Fallbeispiele verglichen haben, zeigen, trifft man in unterschiedlichen Kulturen auf einen gleichartigen Verlauf der Todeserfahrungen.[1] Die Entwicklungskurve von Jenseitsreisen in Stammeskulturen ist bisher noch nicht im Lichte der modernen Erkenntnisse aufgezeichnet worden. Sollten sich jedoch in nächster Zeit Ethnologen ein differenziertes Wissen über die Psychologie des Todes aneignen, sich so bei ihren Forschungen vom einfachen Zuhörer zum wirklichen Gesprächspartner emanzipieren, und sollten sie die Erfahrungen des Schamanen nicht mehr als symbolisch-kulturelle Artefakte fehlinterpretieren, so werden wir einem neuen Aufschwung der Wissenschaft vom Tod entgegengehen.

In diesem Kapitel möchte ich auf die typischen postmortalen Wahrnehmungen eingehen, wie sie die Thanatologie (Todesforschung) bisher herausgearbeitet hat, damit wir an ihnen die Seelenreisen der Schamanen besser messen können.[2]

Bevor sich das Bewußtsein des Sterbenden vom Körper befreit, hören viele Personen ein eigenartiges Geräusch, das sie als Knacken, Klicken, Brausen, aber auch als wunderbare harmonische Klänge beschreiben. Ein 28jähriger Mann, der im Gefängnis einen Selbstmordversuch unternahm, vernahm augenblicklich seltsame Geräusche: »Ich hörte dieses Klingeln, dieses laute, laute Klingeln; und dann kam ein schwarzes Loch mit all diesen leuchtenden Dingen ringsumher und wunderschöne Musik, die wunderbarste Musik, die ich je gehört habe... Das Läuten wurde lauter und ging in Choräle über, die alle um mich herum erklangen. Es war die wunderschönste Erfahrung, glaube ich, die ich je gehabt habe – ich war vollkommen eingebettet in Töne, in die herrlichsten Stimmen, die ich je gehört habe.«[3]

Nach verschiedenen akustischen Empfindungen befindet sich die sterbende Person mit einem Mal in einer merkwürdigen Lage: Sie kann ihren eigenen Körper von einem Standpunkt außerhalb beobachten. Sie fühlt sich schwerelos, ja schwebt vielleicht unter der Zimmerdecke, fliegt, gleitet dahin, geht sogar durch materielle Gegenstände hindurch und hört und sieht alles, was um ihren Körper herum geschieht, läßt sich aber durch die Worte der »Lebenden«, etwa des Arztes, der sie operiert oder gar für tot erklärt, nicht beeindrucken. Sie versucht sich mitzuteilen, doch niemand reagiert auf sie. Blitzschnell bewegt sie sich von einem Ort zum anderen und fühlt sich in einen zeitneutralen Zustand versetzt; Raum und Zeit haben ihre Bedeutung für sie verloren. Bald wird sich die Person bewußt, daß sie zwar einen Körper besitzt, aber keinen von fester Beschaffenheit – eher einen, der sich als Nebel, Wolke, Rauch, Dunst oder Kraftfeld manifestiert. Im außerkörperlichen Zustand nehmen viele einen telepathischen Kontakt zu anderen auf, transzendieren die Grenzen der materiellen Welt.

Nach dem Klickgeräusch oder der himmlischen Musik und der Körperloslösung fühlen sich die Personen durch einen dunklen Tunnel oder Raum, eine Höhle oder ein Loch gezogen. Nach einem Selbstmordversuch berichtet ein 25jähriger Mann: »Urplötzlich hatte ich das Gefühl, einen Körper zu besitzen, verloren. Ich fühlte mich wie Energie im All. Es herrschte vollkommene Dunkelheit, ich fühlte mich dahineilen, als sauste ich auf einen pechschwarzen Ort zu. Es zog mich, zog mich, zog mich.«[4]

Oft taucht in Mythen, aber auch bei überpersönlichen Erlebnissen das Motiv der Grenze, des Hindernisses auf. Der Fluß als Trennungslinie ist vielleicht die bekannteste Form einer Scheide zwischen Diesseits und Jenseits; andere sind Nebelschwaden, Gewässer, Zäune, Türen. Diese Grenze muß das körperlose Bewußtsein überwinden.

Nach dem Durchfliegen des Tunnels oder der Dunkelheit taucht am Ende ein gleißendes Licht auf. Davon eingehüllt erfährt die Person ein Gefühl der Liebe und Anerkennung, und alle Schuldgefühle gegenüber dem Leben schwinden. Dieses Licht besitzt eine nachgerade persönliche Qualität, es gehört zu den bedeutsamsten Erlebnissen in diesem Zustand und führt zu einer völligen spirituellen Verwandlung des Menschen. In diesem Glanz erkennt der Mensch Lichtwesen und ihm bekannte Verstorbene. Manche begegnen in diesem Licht auch Schutzwesen oder spirituellen Helfern. Und wenn aus dem Licht eine Stimme ertönt, so nimmt das Individuum sie nicht akustisch wahr, sondern eher im Zentrum seines Bewußtseins. Das Aussehen der Wesenheiten mag amorph sein oder auch menschliche Züge tragen und an ein Gespenst, wie man es sich landläufig vorstellt, erinnern. Eine Person beschreibt eine solche Gestalt, die sie für ihren verstorbenen Großvater hielt: »Ich sah seidenartige Gewänder, irgendwie fließende Formen – nicht eigentlich greifbar, aber dennoch besaßen sie eine gewisse Dichte. Sie besaßen eine andere Beschaffenheit, sehr, sehr leicht, zart und doch fest. Sie sangen ...«[5]

Einige Personen berichten von Menschen oder Wesen, die sich in einem bemitleidenswerten Zustand befinden; sie seien, obwohl gestorben, noch verstrickt in die Begierden und materiellen Funktionen der irdischen Welt. Forscher wie Charles Garfield sammelten solche als Höllenvisionen klassifizierten Motive[6], während andere Autoren diese Zustände nicht verzeichnen konnten.

Oft kommt es – allerdings auch ohne das Auftreten der üblichen Jenseitselemente – zu einem Lebensrückblick. Er taucht regelmäßig im Zusammenhang mit der Begegnung mit jenseitigen Wesen auf. Der Person wird eine Schau über ihr ganzes Leben gewährt, sie nimmt alle Stationen ihrer Entwicklung zur gleichen Zeit wahr oder blitzschnell hintereinander. Die Lebensrückschau empfinden viele als eine Art Gericht, denn die Lichtwesen betonen immer wieder die Bedeutung der Liebe und des Weisheitserwerbs sowie der Wirkungen, die die eigenen Handlungen auf andere haben. Sofort weiß die Person dann, was sie im Leben richtig oder falsch gemacht hat. Plato berichtet von »Zeichen«, die den Seelen nach diesem seelischen Gericht vorn und hinten angehängt werden, auf denen man erkennen kann, was sie im Leben getan haben. Das tibetische Totenbuch berichtet in ähnlicher Weise vom »Spiegel des Karma«.

Der Betroffene tritt nun in eine Welt strahlender Farben und goldenen Lichts ein; er befindet sich inmitten einer Landschaft mit wundervollen Blumen. Die Zurückgekehrten schildern, sie hätten sich in einer Welt aufgehalten, in der Gegenwart, Vergangenheit und Zukunft gleichzeitig existieren, und in diese Welt einzutauchen, käme einer Erleuchtung gleich. Viele haben das Gefühl, in unerklärlicher Weise über die Gesamtheit allen Wissens zu verfügen, und aus diesem Gefühl heraus wollen nur wenige wieder in die normale Welt zurückkehren. »Es war«, erzählt ein »Zurückgekehrter« aus Raymund A. Moodys Bericht, »als ob mit einem Schlag alles Wissen – über alles, was seit dem Urbeginn jemals geschehen ist und was immer und ewig weitergehen würde –, es war, als ob ich für eine Sekunde sämtliche Geheimnisse aller Zeiten verstanden hätte, alle Rätsel des Universums, die Sterne, den Mond – einfach alles.«[7]

Ein weiteres Motiv, dem wir immer wieder begegnen, ist die eigenartige Form der Rückkehr in den Körper. Die Jenseitsbegleiter führen die Person zunächst zu einem anderen, irgendwie höhergestellten Wesen, das die Rückkehr anordnet, da die Zeit des Betroffenen noch nicht abgelaufen sei. Die Jenseitswesen geleiten die Person dann zurück, und das nächste, dessen sie sich bewußt wird, ist, daß sie plötzlich im Bett oder Krankenhaus wieder erwacht. Nach der Wiederbelebung sind viele über die Bemühungen des Arztes erzürnt, denn nur widerwillig kehren sie in die Welt zurück.

Die Nachwirkungen einer Nah-Todeserfahrung zeichnen sich oft durch eine radikale Veränderung der Lebensführung aus. Die Betroffenen entwickeln philosophische Interessen, beschäftigen sich mit religiösen Fragen und verfolgen humanistische Werte und Ziele. Das Sein im Hier und Jetzt erleben sie stärker; insgesamt läßt sich wohl von einer Intensivierung ihres Daseins sprechen. Nach Kenneth Rings Untersuchungen verändert sich für 60% der »Zurückgekehrten« das Leben, 43% sagen, diese Erfahrung sei die bedeutsamste ihres Lebens gewesen, 89% möchten sie gern wiederholen.[8] Wie es scheint, ist das Nah-Todeserlebnis mit einer psychischen Wiedergeburt verbunden, mit einer Bejahung der menschlichen Existenz. Durch das Überleben des klinischen Todes entwickeln die meisten Personen eine neue Vorstellung vom Sterben, sie verlieren die Angst vor dem Tod und neigen zu einer positiven Einstellung gegenüber dem Dasein.

Die Nah-Todeserfahrung bedeutet auch für den Schamanen eine Umwandlung, von der er mit Ratschlägen, Offenbarungen und Botschaften Verstorbener heimkehrt. Für viele ist der Aufstieg in den Himmel oder der Abstieg in die Unterwelt das zentrale Initiationserlebnis, aus dem sie als Verwandelte, die besondere Kräfte von Jenseitswesen mit auf den Weg bekommen haben, hervorgehen.

Die Kritik der Nah-Todesphänomenologie, der wir uns nun zuwenden wollen, verfolgt zwei Stoßrichtungen. Die erste, eine Auferstehung des Spiritismus in wissenschaftlichem Gewand fürchtend, versucht, die Phänomene mit medizinischen »Erklärungen« herunterzuspielen, zu physiologisieren, gehirnbiologisch greifbar zu machen. Die zweite arbeitet noch mit dem veralteten Konzept der Halluzination.

Ronald Siegel meint, Nah-Todeserfahrungen spiegelten die innere Struktur des Gehirns wider, und Tunneleffekt und Lebensrückblick seien gehirneigene Produktionen. Sehr oft würden blockierte Erinnerungen durch psychoaktive Drogen, traumatische Erlebnisse oder gehirnelektrische Reizungen wieder freigesetzt; in diesem Sinne lasse sich auch die panoramaartige Lebensschau erklären. Geräusche und Musik erklärt Siegel damit, daß auch während der Operation unter Anästhesie noch sensorische Informationen ins Gehirn dringen. Die Lichterfahrungen begreift er als eine Reizung des Zentralnervensystems, welche den Effekt einer Lichtreizung imitiere.[9] Andere Forscher sehen die Lichterlebnisse als Folge einer Unterversorgung des Hinterhauptlappens, in dem sich die Sehrinde befindet, mit Sauerstoff.

Dem läßt sich mit Moody entgegenhalten, daß Tunnelerlebnisse und Geräuschhören nicht nur bei Narkosepatienten auftreten, sondern auch in allen anderen Sterbesituationen des täglichen Lebens. Das Geräuschphänomen vergleicht man mit den auditiven Halluzinationen bei Schläfenlappenepilepsie, die eine Dämmerattacke ankündigen; diese Patienten erfahren oft auch eine panoramahafte Erinnerungsfähigkeit. Die Nah-Todeserfahrungen, von denen die genannten Autoren berichten, treten jedoch nicht bei Schizophrenen auf, sondern bei völlig normalen Menschen, die zufällig in Unfälle verwickelt oder krank wurden.

Ob es sich bei diesen Nah-Todeserfahrungen um eine toxische Psychose, um Sauerstoffmangel, Epilepsie oder Narkosewirkungen handelt oder um rein psychische Erlebnisse mit persönlichkeitsintegrativer und spiritueller Kraft, soll hier nicht die Frage sein. Wenn wir später betrachten, mit welchen physiologischen Mitteln Schamanen sich bewußt in Todesnähe begeben, werden wir sehen, daß diese beiden Aspekte sich nicht unbedingt ausschließen müssen. Unterbrechung der Sauerstoff- und Blutzufuhr zum Gehirn, narkoseähnliche Bedingungen und anfallartige Trancezustände gehören zum Repertoire schamanischer Psychotechnik ebenso wie die Erzeugung von Angst, Streß, Schock und wirklichen Nah-Todessituationen. Es ist wohl eher so, daß wir die bewußtseinsverändernde Potenz von Epilepsie, Psychose und Narkose neu zu definieren haben; in ihnen stecken transpersonale Reserven des Bewußtseins, die es erst noch zu erschließen gilt.

Ob wir die psychischen Erscheinungen nun neurophysiologisch, als Halluzination, transpersonal oder spiritistisch deuten, bleibt angesichts der positiven existentiellen Nachwirkungen zunächst irrelevant. Die neurophysiologische Position geht mit Scheuklappen an der psychischen Realität vorbei, und der Begriff »Halluzination« legt die Leugnung der »Wirklichkeit« solcher Erfahrungen und deren Einstufung als »pathologisch« nahe. Die transpersonale Theorie dagegen scheint in diesem Bereich heuristisch und praktisch die fruchtbarste zu sein. Sie stellt sich auf die Seite des Wahrnehmenden, hilft ihm, seine Erlebnisse zu integrieren und geht von einem latenten noch aufzubrechenden Bewußtseinspotential aus, in das die Nah-Todeserlebnisse erste Einblicke geben.

2. DAS LEBEN JENSEITS VON GEBURT UND TOD

> Die Welt besteht nicht nur aus dem, was wir wahrnehmen. Sie ist riesig und hat auch noch Platz für Menschen, die sterben und nicht mehr hier unten auf der Erde wandeln.
> Die Menschen hören nicht auf zu existieren, weil Krankheit oder ein anderer Unfall ihren tierischen Geist hier auf der Erde tötet. Wir leben weiter, und es gibt jene, die sagen, daß es das, was wir die Seele nennen, ist, was uns vom Sterben abhält.
> Das erzählen uns nicht nur die Schamanen, die die verborgenen Dinge kennen; gewöhnliche Leute, die zu träumen verstehen, haben oft gesehen, wie ihnen die Toten erschienen, so als ob sie lebendig wären. Deshalb glauben wir, daß das Leben nicht hier auf der Erde aufhört.
>
> Nâlungiaq, ein Netsilik-Eskimo.[1]

> Wenn einer 75 Jahre alt ist, kann es nicht fehlen, daß er mitunter an den Tod denke. Mich läßt dieser Gedanke in völliger Ruhe, denn ich habe die feste Überzeugung, daß unser Geist ein Wesen ist ganz unzerstörbarer Natur; es ist ein Fortwirkendes von Ewigkeit zu Ewigkeit. Es ist der Sonne ähnlich, die selbst unseren irdischen Augen unterzugehen scheint, die aber eigentlich nie untergeht, sondern unaufhörlich fortleuchtet.
>
> Goethe zu Eckermann am 2. Mai 1824.

Eine ebenso einfache wie drastische Art und Weise, den Bewußtseinszustand eines Menschen zu verändern – und das dürfen wir als die radikalste Form des Bewußtseinswandels ansehen –, ist es, jemanden zu töten oder ihn in Todesnähe zu führen. Eine außerkörperliche Erfahrung oder eine Reise ins Jenseits gelten im schamanischen Universum als Höhepunkte der Bewußtseinsveränderung; sie bieten, wie wir sehen werden, einem Schamanen die beste Voraussetzung, übersinnliche Erfahrungen zu machen. Ein Beispiel hierfür ist der Bericht des Polarforschers Knud Rasmussen über die Caribou-Eskimo Schamanin Kinâlik. Rasmussen beschreibt sie uns als 30 Jahre alte, sehr intelligente, saubere, vertrauenswürdige und gesprächige Frau. Sie wurde durch eine Todesvision zur Schamanin, genauer gesagt starb sie durch Erschießen.

Man hatte sie zur Schamanenausbildung bestimmt, weil sie einmal geträumt hatte, ein Mann des Stammes würde krank werden. Das nahm man als Zeichen für ihre schamanische Begabung – die Geister hätten ihr im Traum diese Nachricht eingegeben. Ihr Schwager, der Schamane Igjugârjuk, wurde ihr Lehrer. Ihre Mutter bat Igjugârjuk, Kinâlik zu »erschießen«. Vor ihrer Hinrichtung harrte sie fünf Tage im Freien aus, an Zeltpfählen aufgehängt, damit Hila, die mystische Kraft, sie sehen und ihr Aufmerksamkeit schenken würde. Trotz des harten Winters mit seinen eisigen Schneestürmen konnte ihr die Kälte nichts anhaben, denn ihr Hilfsgeist beschützte sie. Als Igjugârjuk sie erschoß – nicht mit einer Bleikugel, sondern mit einem kleinen Stein –, versammelten sich die Stammesangehörigen und schauten zu. Kaum war Kinâlik tot zusammengebrochen, stimmten alle einen Gesang an und feierten die ganze Nacht hindurch. Kinâlik ließ man draußen im Schnee liegen, unter der Obhut ihres Hilfsgeistes natürlich.

Am nächsten Morgen, als Igjugârjuk sie gerade wiederbeleben wollte, wachte Kinâlik ganz von alleine auf. Sie war ins Herz getroffen worden. Den Kiesel verwahrte ihre Mutter sorgfältig. Kinâlik erklärte nach dieser Initiation, ihr Hauptschutzgeist sei nun ihr toter Bruder, der sie oft besuchen käme, indem er mit dem Kopf voran und mit gespreizten Beinen durch die Luft glitte, dann aber auf der Erde wie ein gewöhnlicher Mensch laufe. Den Polarbären gab sie als einen weiteren ihrer Hilfsgeister an. Igjugârjuk hielt ihre Ausbildung damit für beendet und wollte ihr keine zusätzlichen Leiden mehr auferlegen. Je mehr Leiden ein werdender Schamane auf sich nimmt, desto größere schamanische Macht erwirbt er.

Igjugârjuk hatte noch einen weiteren Schüler: Aggiârtoq. Ihm erlegte er eine andere Art des Sterbens auf. Igjugârjuk wählte für Aggiârtoq den Tod durch Ertrinken. Man band Aggiârtoq an eine Zeltstange und trug ihn auf das Eis hinaus; dort schlugen die Männer ein Loch und ließen ihn mit Kleidern auf den Grund des Sees hinab. Dort blieb er fünf Tage lang stehen; als sie ihn wieder hinaufzogen, war er seltsamerweise völlig trocken, so als sei er nie mit Wasser in Berührung gekommen. Von nun an standen ihm seine tote Mutter sowie ein Skelett als Hilfsgeister zur Seite.[2]

Die gewaltigste Idee, die der menschliche Geist seit seiner Evolution zur Kulturfähigkeit zum Leitmotiv seiner Werke und Handlungen machte und die wohl von keinem Gedanken, keiner Spekulation und Theorie in allen verflossenen Epochen übertroffen werden konnte, ist der Glaube, das Wissen, ja die Erfahrung, daß unsere physische Sinneswelt eine Welt der

Schatten, der Illusion und der Täuschung ist und daß unser Körper, jenes dreidimensionale Werkzeug, einem Etwas als Hülle und Wohnung dient, das – weit größer und allumfassender als er – die Matrix des wirklichen Lebens bildet.

Die Seele hat in den Sprachen der Völker viele Namen erhalten: Schatten, Hauch, Lebensatem, Pneuma, Entelechie, Geist, Doppel sind nur einige. Die Konzeption einer Seele reduziert unsere sichtbare Welt der Form und der Eigenschaften auf eine abgeleitete oder sekundäre Welt. Der Schatten wird zum Ursprung und die Materie zum Kind, zum Nachfahren einer höher strukturierten, einheitlichen und überdimensionalen Wirklichkeit.

Leben wir also in einem Universum der projizierten Bilder, der gesteuerten Handlungen, in einer Antipodenwelt, in der die Seele ein Marionettenspiel mit unserem Körper inszeniert und unsere Psyche die Fäden darstellt, mit denen sich unser Körper drehen und wenden läßt? Ist das Leben hier etwa auf den Kopf gestellt und die Wirklichkeit zu äußerem Schein verkommen? Träumten Kulturen aller Epochen, Zivilisationen aller Kontinente vom Anfang aller Zeiten bis zur Gegenwart nur den Traum der physischen Existenz? Ist unser Dasein bloß ein Traum der Seele, die wie ein Filmvorführer ein geschäftiges Kommen und Gehen vor unseren Augen ablaufen läßt, das ebensowenig Substanz hat wie die Bilder auf der Projektionsleinwand? Ist die Seele jener Energiespender oder Lebensodem, der uns die Kraft gibt, die Sinne einzuschalten, die Rezeptoren von Haut und Augen ansprechen zu lassen und unsere Denkzentren anzukurbeln und in Gang zu halten?

Nichts geht ohne Seele, hören wir von den hervorragendsten Geistern aller alten Kulturen: kein Verstand, keine Lebensfunktionen, keine Fingerbewegung. Die Philosophie der Seele ist nicht nur die älteste, die dauerhafteste und am weitesten verbreitete Form eines philosophischen Solipsismus, sie ist auch die ursprünglichste und fundierteste Idee vom menschlichen Sein. Eine Welterfahrung, die sich selbst nur als platzende Schaumkrone auf den Wellenbergen tieferer Strukturen empfindet, als kurzlebige Monade gebunden an einen umfassenderen Seinsgrund, führt unvermeidlich zu einer idealistischen Philosophie – degradiert sie doch unser materielles Dasein zu einem Dasein zweiter Ordnung, zu einem Geschehen vom Wirklichkeitsgehalt von Schatten und Spiegelungen.

Die Existenz eines Lebensprinzips jenseits des Körpers steht im Mittelpunkt des Denkens aller Stammeskulturen, die Anfangsglied einer Kette von Kulturen sind, welche sich alle jener einen Idee verschrieben. Wohl gab jede Gesellschaft ihre spezifischen Bewertungen, Ausschmückungen und intellektuellen Farben hinzu und umkränzte die Philosophie der Seele mit dem ihr eigentümlichen Mythos und Lebensstil, doch blieb der

Gedanke eines animatorischen Prinzips hinter unserer Körperwelt durch die gesamte Geschichte erhalten, immer wieder genährt von den spontanen Erfahrungen der Menschen.

Beispiele für dieses Leitmotiv in der Menschheitsgeschichte zu bemühen, lohnt sich zunächst kaum, genügt es doch festzustellen, daß das erste und universellste Faktum humanen Seins die Vorstellung einer vom Leib unabhängigen, lebenspendenden Kraft ist, welche das Individuum so maßgeblich bestimmt wie unser Körper den Körperschatten. So wie der Schatten nur scheinbar eigene Existenz hat, jedoch nichts anderes ist als ein unselbständiges, in eine andere Dimension projiziertes Abbild des Körpers, so soll auch unsere materielle Existenz nur ein Spiegelbild der immateriellen Seele sein. Die Seele und ihr postmortaler Lebenszusammenhang ist die erste Tatsache, mit der sich alle traditionelle spirituelle Philosophie befaßt. Die Seele ist daher auch das erste Thema unserer Auseinandersetzung; von ihr ausgehend, vertiefen wir uns in die Sphären der okkulten Erfahrung und des esoterischen Wissens der Schamanen, der Techniker des Heiligen und Spezialisten der Jenseitswelten.

Der Schamane ist der klassische Erforscher des Todesbereichs, er erforscht Routen und Wege zum und im Jenseits und entwirft eine Landkarte des *Post-mortem-Terrains.* Als »Wissenschaftler« der trans-individuellen Dimension und nicht-irdischen Bewußtseinsdomäne gilt er in seiner Kultur als die große Autorität, die nicht nur die Alltagspsyche kennt, sondern auch den unabhängig vom Körper sich manifestierenden Geist. Seine Einweihungszeit hat den Schamanen gelehrt, psychische und physische Funktionen, Körperchemie, Physiologie sowie Konzentration und Kontemplation zu beherrschen und sich psychisch weit über den Durchschnittsmenschen zu erheben.

Die Fähigkeiten vieler Schamanen mögen bei psychophysischen Selbstkontrolltechniken enden, für andere beginnt hier erst der Auf- oder Abstieg ins Totenreich. Unterstützt von Schutz- und Hilfsgeistern, nehmen sie hier Kontakte zu Verstorbenen, Toten, Dämonen und geistigen Wesenheiten auf, die ihnen mit Rat und Unterstützung bei der Bewältigung des irdischen Lebens zur Seite stehen. Der Schamane unterwirft sich einer jahrelangen harten Schulung, um sich bewußt in einen Todeszustand versetzen zu können, in dem seine Seele den Körper verläßt. Er tastet sich zunächst vorsichtig durch die auf ihn lauernden Gefahren, lernt mit ihnen umzugehen, und je nach Fähigkeit und Kraft dringt seine Seele in abgelegenste Gebiete des Geistes vor. Nicht jeder Schamane weist die gleichen Fähigkeiten auf, je nach persönlicher Disposition reist er weitere oder kürzere Strecken ins Todesreich:

Höchstwahrscheinlich sind viele Merkmale der »Bestattungsgeographie«, wie auch einige Themen der Todesmythologie, Ergebnisse von ekstatischen Erfahrungen der Schamanen. Die Länder, die von den Schamanen gesehen werden, und die Personen, denen sie auf ihrer ekstatischen Reise ins Jenseits begegnen, werden von den Schamanen noch während oder nach ihrer Trance genauestens beschrieben. Die unbekannte und schreckliche Todeswelt gewinnt so Gestalt und wird nach übereinstimmenden Mustern geordnet. Schließlich enthüllt sie eine Struktur, und mit der Zeit wird sie bekannt und vertraut. Der Reihe nach werden die übernatürlichen Bewohner der Todeswelt sichtbar; sie nehmen Gestalt an und offenbaren eine Persönlichkeit, ja sogar eine Biographie. Langsam aber sicher wird die Welt des Todes erkennbar. Die Berichte über die ekstatischen Reisen der Schamanen helfen bei gründlicher Untersuchung, die Welt des Todes zu »vergeistigen« und gleichzeitig mit wunderbaren Formen und Gestalten zu bereichern.[3]

Der Schamane als Auserwählter, der es schon zu Lebzeiten fertigbringt, die Grenze zur Transzendenz zu durchbrechen, bewegt sich als Botschafter zwischen zwei Welten, der Welt der lebenden Menschen und der Welt der Toten oder nicht-materiellen Existenzen. Er schwingt sich auf zum Heroen, der die überirdischen Gefahren meistert, und wird zum Helden, den die Volksüberlieferung feiert und der in Mythen und Epen Verewigung findet. In der Tat überschreitet der Schamane die profane Daseinsordnung, er tritt heraus aus der Banalität in eine ätherische, feinstoffliche Sphäre, die dem normalen Menschen entweder nur im Tod selbst oder durch zufällige Krankheit, Unfall, Traum, Schock oder starke Emotion zugänglich ist. Das bewußte und kontrollierte Eindringen in diesen verschlossenen Bereich gehört zu den gewaltigsten Leistungen des Menschen, und nicht umsonst genießt der Schamane dafür weltweit Anerkennung und Verehrung.

Der schamanischen Reise in die Unterwelt – wie dem Orpheusmythos – begegnen wir in den Hochkulturen nur noch als Thema der überlieferten Epen und Mythen. In Stammeskulturen ist die Reise in die andere Welt jedoch noch lebendige, jederzeit erlebbare Alltagswirklichkeit, die jeder, wenn auch nur indirekt, bei einer schamanischen Séance, Beschwörung oder Zeremonie hautnah miterleben kann, wenn die Geister durch den Schamanen sprechen und ihre Kommentare über Zukunft, Gegenwart und die Dinge des Daseins abgeben. Der Mensch der Stammeskultur ist daher dem Tode und dem Todesreich näher als der Mensch der späten Zivilisationen, ja er steht philosophisch und existentiell an der Eingangspforte zur Jenseitswelt. In Kontakt mit dem Schattenland und im Zwiegespräch mit den Verstorbenen lebt durch die Vermittlung seines Schamanen auch er in zwei Erfahrungsbereichen. Auch er hat die Möglichkeit, Schamane zu werden und sich die andere Welt ganz zu erschließen. Daß wir in der christlichen Religion vermittels des Priesters und seines abstrakten Amtes nur einen blassen Streifen des jenseitigen Kosmos erblicken, entrückt die überweltliche Sphäre unserem Dasein und unserer Lebensphilosophie. Das Jenseits verkommt zu einem Abstrusum primitiver Geistestätigkeit. Was unsere Kultur als Höherentwicklung verstanden hat, ist eine zunehmende Entfremdung von den Gestalten der postmortalen, transpersonalen Welt und zugleich von unseren ureigenen Kräften, die uns durch psychische Selbstkontrolle und Ekstasetechnik helfen könnten, die Pforten zu höheren Bewußtseinsdomänen aufzuschließen.

Es geht nicht an, den Schamanen als archaischen Helden oder ein Relikt der Vorzeit abzustempeln, der in den Außenbezirken der technologischen Zivilisation dahinvegetiert und dort ein historisch überholtes Dasein fristet. Die umwälzenden Erkenntnisse der Todesforschung ernennen gerade ihn zum modernsten, zum fortgeschrittensten Psychologen. Die heutige Thanatologie entreißt den Schamanen dem Dornröschenschlaf, in den ihn unsere Wissenschaft verwünschte, und allmählich erkennen wir, daß die Vorstellung, die wir uns von ihm gemacht haben, das schimärenhafte Bild unserer eigenen wissenschaftlichen Beschränktheit war, eine schillernde Fata Morgana westlicher Lebensideologie.

Die Thanatologie ist aber nur der erste Schritt auf dem Weg der Befreiung des Schamanen von dem Dornengestrüpp, mit dem Generationen von Forschungsreisenden, Missionaren, Abenteurern und Anthropologen ihn durch ein üppig wucherndes Schrifttum umgeben haben. Heute sind Wissenschaftler der verschiedensten Disziplinen dabei, ihn aus dem Wust rationalistischer ebenso wie romantischer Ideen und Theorien auszugraben – weshalb Schamanenforschung eigentlich zunächst eine Archäologie des westlichen Geistes bedeutet. Die Ausgrabung ist zuerst zu leisten, und dann kommt die Beschreibung, ja Beschreibung wird dann nicht mehr nötig sein, denn befreit vom Wust der Ideologie und historischen Hirngespinste enthüllt sich sein Antlitz wie von allein. Ich glaube, die moderne Bewußtseinsforschung ist dazu aufgebrochen, die rationalistischen Mythen der anthropologischen Mythenforscher zu entmythisieren.

Das Sterben und der Tod – verdrängt und verschwiegen in einer Gesellschaft, die sich auf die sinnlichsten, die lebensnahesten Werte nicht mehr besinnen mag und in technologischen Artefakten und Spielereien sich zu verwirklichen meint – sind die unbegreiflichsten, die urtümlichsten Erfahrungen des Menschen. Das Verschwinden des Totenkults geht einher mit dem Verlust der Reflexion über ein begrenztes Leben, und eine materialistische Kompensationsideologie von – wie wir heute erkennen – krankhafter Gestalt nimmt als kulturell anerkannte Pathologie seinen Platz ein. Hier wird ein Verdrängungsmechanismus wirksam, der trotz aller zur Zeit wach werdenden Kritik nach wie vor fest und selbstherrlich im Sattel des gewöhnlichen Denkens sitzt und halluziniert, den Tod aus der Welt geschafft zu haben. Das über dem Tod schwebende Tabu hat die Lebendigkeit des Lebens beschnitten. Unsere Lebenseinstellung, unausgewogen darauf bedacht, allein die guten Seiten des Lebens auszukosten, wird von der Wirklichkeit immer wieder eingeholt – spätestens am Grab oder unter dem Chirurgenskalpell. Diese charakteristische abendländische Einstellung zur Wirklichkeit des Todes findet in der bekannten Geschichte kaum eine Parallele.

Der Schamane, der Spezialist des Todes, der Botschafter des Jenseitsreiches, wird jedoch auch in unserer Kultur langsam als einer der fähigsten Pioniere und Erforscher der Innenwelt erkannt, einer Innenwelt, die nichts anderes ist als die Außenwelt einer anderen Welt. In den Medizinleuten der Stammesgesellschaften haben wir die lebendigen Vertreter nicht nur einer vorindustriellen, sondern gleichzeitig auch der postindustriellen Psychologie vor uns, welche die engen Grenzen der konventionellen Psychotherapie, die nur zwischenmenschliche Konflikte einigermaßen zu bereinigen und zu entknoten weiß, weit hinter sich lassen wird. Diese »Transpersonale Psychologie« wird zu Diagnosen und Formen der Heilung gelangen, die die Kurzsichtigkeit einer bloß individuell, familiär oder gesellschaftlich orientierten Analyse einer Störung überwinden. Sie wird die Konflikte des Lebens in einem Zusammenhang sehen, der Diesseits und Jenseits verbindet, und von dieser hohen Warte eine für den Normalmenschen vielleicht ungewöhnliche und unverständliche Therapielösung anstreben.

Unsere abendländischen Psychotherapeuten haben bereits verschiedene Phasen auf dem Weg zu immer umfassenderen Einordnungskriterien – von der rein individualistischen Beurteilung einer Krankheit hin zur familiären und gesellschaftlichen Determination – durchlaufen. Sie haben die Vorstellung von der Isoliertheit des Individuums transzendiert, indem sie seine Störungen in ein weiteres Feld der Ursache-Wirkungs-Beziehung eingebettet fanden. Der Schamane jedoch geht, nachdem er all das gemeistert hat, noch einen Schritt weiter – er verläßt die Ebene des Materiellen und begibt sich ganz ins Geistige, ins reine Bewußtsein.

Der Schamane »stirbt«, er nimmt den Tod vorweg, reist in Gestalt der Seele vorübergehend in ein Jenseits und erforscht die Geographie des Todes. Und wie wir nur zu oft hören, sind viele Schamanen nicht zurückgekommen. Ihre Körper wurden nicht wieder vom Lebensprinzip beseelt, sie blieben bewegungslos liegen, Leichen ohne Seele. Die Fahrt in die andere Dimension ist nicht ohne Gefahren, und nur durch lange Übung und genaue Kenntnis dafür gewappnet, umschifft der Spezialist des Heiligen die Strudel und Klippen der anderen Welt. Dazu bedarf es äußerster Beherrschung und Kontrolle des Bewußtseins, des Denkens und des Gefühls, was schließlich in einer Loslösung der Seele vom Körper gipfelt. Astralreise, Seelenexkursion, Himmelsaufstieg, Unterweltsabstieg, Höllenfahrt, Jenseitsreise, *Out-of-the-Body-Experience* oder außerkörperliche Erfahrung sind einige Namen dafür. Die außerkörperliche Erfahrung (AKE) stellt einen gesonderten Bewußtseinszustand dar, der durch seine Trennung von Selbstbewußtsein und Körper aus allen anderen alternativen Bewußtseinszuständen herausragt.

Die bewußte Abspaltung des Bewußtseins, des Identitätsgefühls, des Ich-Denkens, kurzum der Seele, gehört zu den geheimnisumwittertsten Leistungen der menschlichen Psyche. In der Tradition von Stammeskulturen unterscheidet man sorgfältig zwischen Menschen, die befähigt sind zu heilen, zu diagnostizieren oder Rituale anzuleiten, und jenen, die darüber hinaus mit Jenseitskräften kommunizieren können, indem sie ihre körperliche Hülle abstreifen. Ein Medizinmann mag die Fähigkeit zur Telepathie, zum Hellsehen oder zur Präkognition besitzen, aber solange er nicht die postmortale Szene betreten kann, bleibt er unvollkommen und lernbedürftig.

Der Schamane ist also ein Meister des Todes, er stirbt wirklich und wird auch wirklich wiedergeboren. Er ist für eine beschränkte Zeit tot, seine Rückkehr ist ungewiß, und mit seinen Künsten schwebt er immer am Abgrund der endgültigen Auslöschung. Er mag durch widrige Umstände den Weg nicht zurückfinden; Geister, Dämonen oder auch die Schönheiten der anderen Sphäre können ihn betören und verwirren. Fremde Zauberer mögen ihm den Weg abschneiden und ihn überfallen; oder er verirrt sich in der ihm noch fremden geistigen Landschaft. Sein Bewußtsein mag getrübt sein, seine Intention unklar, er mag Situationen begegnen, auf die er während seiner Ausbildung nicht vorbereitet wurde.

In den Berichten finden wir oft das Motiv der Reise, um den Austritt der Seele aus dem Körper und ihre Wanderungen durch die Todesszenerien zu beschreiben. Die Metapher der »Reise« ins Jenseits ist ein antikes Bild, dessen sich fast alle Kulturen bedienten, um die Bewußtseinsodyssee des Schamanen oder Heiligen greifbar zu machen. Der Versuch, der immateriellen Erfahrung in einer transpersonalen Dimension eine Metaphorik aus unserem dreidimensionalen Universum unterzuschieben, ist sicherlich unzureichend und verkürzt, gleichzeitig aber auch die einzige Möglichkeit, das Unaussprechliche in Sprache zu übersetzen. Die uns oft lächerlich erscheinende naiv-realistische Ausdrucksweise und die Benutzung umgangssprachlicher Sinnbilder, die andere Kulturen zur Beschreibung ihrer Erlebnisse in jenseitigen Bewußtseinsreichen verwenden, stellt die beste Möglichkeit dar, überhaupt Aussagen über diesen Existenzbereich zu machen.

Naiv ist nicht die Wortwahl der Schamanen, sondern unser Unvermögen, den Übersetzungsmechanismus von der akausalen und transpersonalen zur personalen sprachlichen Ebene zu entziffern. Versagt nicht bereits unser Sprachschatz, wenn wir etwa die Erfahrung des Riechens in die des Hörens oder einen optischen Eindruck in einen auditiven umsetzen wollen? Ja, versagt die Sprache nicht schon, wenn wir ein Gefühl in Worte kleiden möchten? So wie die linke und rechte Gehirnhemisphäre unterschiedliche Strategien der Informationsverarbeitung verwenden – die rechte mehr intuitiv, ganzheitlich und symbolisch »fühlt« und die linke mehr linear, logisch und rational »denkt« – und beide jeweils entgegengesetzte Erfahrungsmodalitäten verkörpern, so müssen wir uns auch den Unterschied der Erfahrung von Diesseits und Jenseits vorstellen. Die Kommunikation im Jenseits basiert nicht auf Sprache, sondern geschieht, wie mediale Schamanen uns immer wieder erzählen, in Form eines unmittelbaren tele-pathischen und gefühlsmäßigen Austauschs von Person zu Person. Da weder materielle Schranken noch körperliche Grenzen existieren, sondern nur reines Bewußtsein in Gestalt der Seele, ist eine direkte Teilnahme am anderen, ein spontanes Eindringen in seine psychische Atmosphäre ohne weiteres möglich.

Wollten wir versuchen, einen annähernd angemessenen Beschreibungsstil für die Jenseitsvorgänge und Seelenerfahrungen zu finden, müßten wir uns wohl von der allegorischen Übersetzung distanzieren und uns der Sprache der modernen Mikrophysik zuwenden, denn sie besitzt eine hinreichend abstrakte Terminologie, um Probleme auszudrücken, die der anschauliche Intellekt und das logische Denken nicht mehr erfassen können. Obwohl solch eine Anleihe nicht unbedingt hilfreich erscheint, erhielten wir auf diese Weise sicherlich eine klarere, eindeutigere Darstellung, als es uns die Umgangssprache oder die Allegorie erlaubt. Wie wir sehen werden, hilft uns hier auch die psychologische Fachsprache nicht weiter: Sie ist gänzlich der personalen Persönlichkeitscharakteristik verpflichtet und etikettiert transpersonale Zustände als krankhafte Phantasien eines schizophrenen Gehirns.

Mircea Eliade betont, daß Todesmythologien und Jenseitsgeographien auch zur Existenz des modernen westlichen Menschen gehören und daß die mythische Originalität dieser »imaginären« Welten nicht nur in Literatur und Poesie erfolgreich nachgewiesen ist, sondern seit jeher auch als Motiv in der Kunst, im Film und im Theater eine große Rolle spielt. Der Dualismus Diesseits / Jenseits, Tod / Leben, Körper / Geist besitzt eine urtümliche Faszination, der sich auch der aufgeklärte Mensch nicht entziehen kann. Wir sind hier mit einem Archetyp im Sinne C. G. Jungs konfrontiert, mit einer realen trans-psychischen Erfahrung, die alle Epochen der Menschheitsgeschichte überdauerte und immer wieder in einzelnen Individuen, Kulten und ganzen Kulturen auflebt. Es ist eine perenniale, ewige Weisheit, eine naive Grunderfahrung des Menschen. Und wie ich zeigen werde, kann der westliche Mensch sich ihr ebensowenig entziehen wie traditionell lebende Menschen.

Diese Erfahrung kann nicht mit klischeehaften Kontrasten von primitiv oder modern, krank oder gesund begriffen werden – sie kommt bei Gesunden und Kranken, bei intellektuellen wie emotionalen Menschen, bei Psychotikern ebenso wie bei Wissenschaftlern oder Künstlern vor. Die neuen Forschungen zeigen, daß es sich um ein allgemein menschliches, jedem zugängliches Erleben handelt, das relativ einfach auszulösen ist: indem man sich in eine Situation begibt, die leicht mit dem Tod enden kann. Bei Auto- oder Betriebsunfällen, bei Stürzen im Gebirge, schweren Krankheiten, Ohnmachten oder in Trance und Ekstase kann sich unser Bewußtsein verselbständigen und eine charakteristische Sequenz von Nah-Todesmotiven durchleben. Voraussetzung für ein derartiges Sterbeerlebnis ist die Dekonditionierung und Zerstörung unserer gewöhnlichen Wahrnehmungsmuster, die Unterbrechung biopsychischer Funktionsabläufe. In der Nah-Todeserfahrung, dem außerkörperlichen Erlebnis und der Jenseitsreise treten uns wirkliche Phänomene des Bewußtseins gegenüber und nicht etwa nur Symbole des Unbewußten.

Das tibetische und das ägyptische Totenbuch und auch die mittelalterliche Tradition der *ars moriendi,* der Kunst des Sterbens, vermitteln uns einen Eindruck der Beschäftigung früherer Generationen mit dem Tod. Diese Bücher skizzieren, was wir als Sterbende zu erwarten haben, wenn das Bewußtsein losgelöst vom Leib sich auf den Weg in einen anderen Seinsbereich macht. Der Versuch, dem Menschen schon während des Lebens und besonders während des Sterbens eine Vorstellung vom Jenseits und den dort zu erwartenden psychischen Zuständen zu vermitteln, damit er nicht schockiert und überrascht eine Art nach-todlichen Nervenzusammenbruch erleidet, stellt eine machtvolle Form der »Psychotherapie des Todes« dar.

Heute haben wir begonnen, sterbende Menschen aufmerksam zu beobachten und sie nicht trübselig vor sich hindämmern zu lassen – einsam, isoliert, totgeschwiegen. Auch die in reine Körpervorstellungen verstrickten Mediziner bekommen langsam ein Gespür für die psychische Seite des sterbenden und reanimierten Menschen. Wir erkennen, daß der Nah-Todeszustand und Sterbevorgang ein normaler Bewußtseinszustand ist, in welchem der Mensch einer besonders einfühlsamen Betreuung und Therapie bedarf. Das Erleichtern des Sterbens durch Gespräche und durch eine Hinführung zur Anerkennung des Unvermeidlichen schien den meisten Psychiatern und Psychologen bisher fremd und überflüssig. Die Psychologie, die sich doch eigentlich dem Menschen in allen seinen

Lebensphasen widmen sollte, verschwieg die Existenz des Todes und drängte ihn in die Siechenstationen der Krankenhäuser ab. Die Brutalität und Einfältigkeit des Weltbildes der abendländischen Psychologie erhält mit dem Aufschwung der Thanatologie heute ein Gegengewicht. Dennoch bemühen sich erst wenige fortschrittliche Menschen um das Geschehen beim Sterbeprozeß, denn wer das tut, trifft im allgemeinen immer noch auf eine Mauer des Schweigens, der Ablehnung und Angst.

Dieser Diskriminierung und Scheu vor der Todesforschung begegnen wir auch bei der Betrachtung des Schamanen. Der Zynismus gegenüber dem Tod ist der Zynismus gegenüber dem mythischen Weltbild. Sollte die Anerkennung des Todes sich über den kleinen Kreis von Spezialisten hinaus in weiteren Kreisen der westlichen Gesellschaft durchsetzen, so gehen wir auch einer Aufwertung des schamanischen Weltbildes entgegen.

Aufgrund des anwachsenden empirischen Materials, das wir von Reanimierten erhalten, sind wir heute dabei, eine Kartographie des Nah-Todesbereichs und eine Verlaufskurve des Sterbevorgangs zu zeichnen. So ist auch der Glaube an eine Nach-Todeswelt bei Stammesgesellschaften nicht nur tradierte Kosmologie – durch die Reise des Schamanen in die *Post-mortem*-Existenz erhält die Vorstellungskraft immer wieder neue Nahrung.

Vielleicht stellt sich später einmal heraus, daß die Vorwegnahme des Todes durch ein Nah-Todeserlebnis verbunden mit einem psychischen Wiedergeburtsprozeß nicht nur die optimale Vorbereitung auf den künftigen Sterbevorgang, sondern auch die beste Voraussetzung für eine Wiederherstellung der seelischen Balance und Harmonie ist. »Ein Mensch, der stirbt, bevor er stirbt«, sagte der Augustiner Abraham a Santa Clara, »stirbt nicht, wenn er stirbt.« Der Tod / Wiedergeburtsprozeß ist in allen Stammesreligionen das zentrale therapeutische Agens. Er ist die Basis der Initiations- und Übergangsriten, die den Menschen von einer Lebensphase in die nächste führen, und er steht am Anfang der schamanischen Initiations- und Berufungserlebnisse. Sicherlich dürfen wir verschiedene Intensitätsgrade des Nah-Todeserlebnisses annehmen, dessen einfachste und harmloseste Form wohl ein rein symbolisches Mitempfinden des Todes darstellt, dessen anderes Extrem den Menschen hart an die Grenze tatsächlicher physischer Auslöschung führt, was von ungleich stärkerer Nachwirkung und transformativer Qualität ist.

Das abendländische Denken durchlief in seiner Geschichte einen Prozeß der Entfremdung von den inneren Quellen der Inspiration. Die Erlebnisberichte über Nachtodeszustände, die Entwürfe von Jenseitskosmologien und Eschatologien, die primär nicht aus philosophischer Reflexion, sondern aus der psychischen Erfahrung entstanden, begriff der sich selbst entfremdete Geist des Abendlandes zunehmend als spekulativen

Ausdruck diskursiven Denkens. Das Wissen um ungeahnte Kraftreserven des Bewußtseins und seine Fähigkeit zur Expansion und Exkursion über die dreidimensionale Körperwelt hinaus ging verloren. Die aufsteigende materialistische Ideologie hielt die diversen Jenseitskartographien für eine Beschreibung realer Landschaften in abgelegenen Gebieten.

Eigentlich ist das ein konsequenter Gedankengang, denn bekanntlich vermag ein wissenschaftliches System ein anderes immer nur an den eigenen Maßstäben zu messen – und für das materialistische Weltbild existierte keine Bewußtseinsdimension von Ausmaßen, wie sie uns heute die Bewußtseinsforschung offenbart. So mißdeutete die materialistische Weltsicht notgedrungen Psychisches als Faktisches, was zu den unsäglichsten Entstellungen und Verwirrungen in der »wissenschaftlichen« Religionskritik führte, die heute schrittweise zurückgenommen werden müssen, und zwar ironischerweise mit den Mitteln der materialistisch-empirischen Wissenschaft selbst.

Später werden wir eine interessante Parallele zu diesem Prinzip der Veräußerlichung in den Erfahrungsberichten der Schamanen wiederfinden – sie selbst stellen nämlich sehr oft die transpersonalen Erlebnisse in Bildern und in einem Sinnverständnis dar, die den Uneingeweihten hier wirkliche materielle Erfahrungen vermuten lassen. So verstanden denn auch Missionare, Priester und Forscher notgedrungen – und unterstützt durch ihre eigene Inkompetenz in Sachen der inneren Erfahrung – die Mitteilungen der von ihnen beobachteten »Primitiven« als Realien der äußeren Welt, besonders wenn die Beobachter selbst noch in einem auf den Kopf gestellten magischen Universum lebten und Teufels-, Dämonen- und Engelsgestalten als körperliche Erscheinungen deuteten.

Religiöse und spirituelle Erfahrungen sind eine Form der intuitiven Selbsterforschung. Das spirituelle Bewußtsein lotet sich, wenn auch weitgehend unbewußt, sozusagen selbst aus, indem es sich Situationen aussetzt, die seine innere Struktur verändern. Manipuliert die mechanistisch-materialistische Wissenschaft die äußere Situation und läßt sie die Qualität der subjektiven Wachheit des Beobachters unhinterfragt, so geht die »spirituelle Bewußtseinsforschung« einen ganz entgegengesetzten Weg: Da der Forschende in ihr sich selbst höherentwickeln oder transformieren möchte, manipuliert er die biologischen und psychologischen Voraussetzungen des Normalbewußtseins in einer Weise, daß sich dieses entautomatisiert und auflöst.

Hier stoßen wir auf das neue Erkenntnisparadigma der Bewußtseinsforschung. Es unterscheidet sich grundlegend von den bisherigen Untersuchungsstrategien und stellt nicht bloß eine Abwandlung, Reform oder Verfeinerung gängiger Methodologie dar. Wir müssen zunächst erkennen, daß unserer bisherigen Wissenschaft eine Art Veräußerlichungsprinzip inhärent war, welches alle psychischen Fakten als Fakten einer materiellen Welt verkannte. Diese Anschauung hat heute natürlich nur noch historischen Wert. Inzwischen haben wir nicht nur die Frage, ob es irgendwo in unserer irdischen Geographie ein Jenseits, eine Götter- und Dämonenwelt gibt, gestrichen, sondern den Gedanken an die Möglichkeit eines solchen Existenzbereichs vollends eliminiert, indem wir ihn als Ausfluß einer kranken, halluzinierenden Psyche beschreiben.

Interessant ist, wie ein Paradigma, das sich aus seiner inneren Struktur heraus der Beschäftigung mit dem Sterben und dem Tod konsequent verschließen muß, notwendig zur forscherischen Selbstbeschneidung führt. Unsere Kultur als Ganzes ist Ausdruck dieser Selbstbeschneidung und Einseitigkeit. Das einäugige Paradigma des Materialismus befindet sich im Niedergang; ob es den Rückzug aus den Gefilden der Wissenschaft übersteht und sich am Rande einer postindustriellen Gesellschaft der Zukunft weiter als sinnvolle Philosophie erhalten kann, ist fraglich. Durch die neue Bewußtseinsforschung wird es jedenfalls zunehmend in Frage gestellt.

3. DIE WIRKLICHKEIT DER SEELE

Als die Götter den Menschen von dem Gott Mataliki entspringen ließen, scheuten sie sich, seiner Seele vollkommene Bewußtheit zu geben, denn wenn sie erst einmal den Körper verlassen und sich ganzer Bewußtheit erfreuen würde, käme sie nie mehr zurück und der Körper würde überflüssig werden. Deshalb gingen die Götter sicher, daß die Seele die Welt nur in einer nebelhaften Weise wahrnehmen würde, daß sie sich vor Tageslicht fürchten und so die Welt immer nur im Schutz der Dunkelheit sehen könnte.[1]

Der einzige Wert eines Menschen ist seine Seele. Deshalb wurde ihr ewiges Leben gegeben, entweder im Land des Himmels oder in der Unterwelt. Die Seele ist die mächtigste Kraft des Menschen; es ist die Seele, die uns zu Menschen macht, doch wie ihr das gelingt, wissen wir nicht. Unser Fleisch und Blut, unser Körper ist nichts als eine Hülle unserer Lebenskraft.

Ikinilik, ein Utkuhikjaling-Eskimo[2]

Es ist ein dünnes, substanzloses menschliches Abbild, von Natur eine Art Dampf, Schleier oder Schatten ... meistens unfaßbar und unsichtbar, und doch physische Kraft manifestierend.[3]

Die Seele besteht aus feinen, einheitlichen Atomen besonderer Art.

Demokrit

Wenn die Menschheit etwas gemeinsam hat, dann ist es sicherlich der Glaube an die Existenz einer Seele, eines mit dem Körper nur lose assoziierten Bewußtseins oder Lebensträgers. Diese Vorstellung finden wir fast ausnahmslos bei allen Völkern und Kulturen, aber auch bei allen modernen Zivilisationen, dort allerdings nur in subkulturellen Gruppierungen.

Die westliche Zivilisation ist wie eine Insel, umspült vom Meer des Animismus und Spiritualismus; und selbst auf dieser Insel wohnen noch

Menschen, die ein ex-somatisches Seelenprinzip nicht ausschließen; sie haben die Überreste magisch-okkulten und vitalistischen Ideengutes vergangener Zeiten im Gewand der Wissenschaft in die Moderne hinübergerettet.

Unsere Kultur geht seit der Renaissance zunehmend weniger von einer Seele als immateriellem, geistigem Lebensprinzip aus. Mit dem Aufstieg des ökonomischen Materialismus und der mechanistischen, rein dinglich orientierten Wissenschaft sah unsere neuzeitliche Kultur auch die Psyche immer mehr als ein Konglomerat biologischer, physiologischer und soziokultureller Faktoren. Eine unsichtbare, lebenspendende und körperunabhängige Seele oder Bewußtseinsentität galt bald nur noch als primitive, abergläubische Idee bar jeden Wirklichkeitsgehalts. Doch die Seelenvorstellung gehört von allem Anfang an zur philosophischen und psychologischen Verfassung des Menschen; sie hat uns durch alle Jahrhunderte und Epochen begleitet und schließlich auch in der westlichen Wissenschaft ihren Niederschlag gefunden.

Edward Taylor bemerkt in seinem Werk *Primitive Culture:* »Überlegungen über die wirkliche Natur der Seele sind durchgängig zu finden, von der Philosophie des primitiven Denkers bis hin zum modernen Professor der Theologie. Ihre Definition blieb seit ihrem Bestehen die einer bewegenden, abgetrennten, lebendigen Entität, dem Träger individueller, persönlicher Existenz.«[4] In der Tat durchzieht die Idee einer Seele unsere gesamte westliche Geschichte von der Antike bis zur Gegenwart. Okkultismus, Spiritismus, Esoterik, Theosophie, romantische und spiritualistische Philosophien und in jüngster Zeit ansatzweise auch die Parapsychologie haben sich um den Nachweis eines vom Körper unabhängigen, geistigen Prinzips bemüht. Dem wissenschaftlichen Weltbild gelang es nicht, dieses als archaisch und mythisch erachtete Denken zu beseitigen. Im Gegenteil: Heute bemühen sich Forscher mit technischen Hilfsmitteln, die Aura der Seele oder einen der Wissenschaft bisher nicht bekannten Energiekörper auf Zelluloid zu bannen. Sie behaupten, einen neuen Materiezustand entdeckt zu haben – das Bioplasma, ein technischer Begriff, der den Seelenspekulationen wieder Auftrieb gibt.

Offenbar ist das Phänomen »Seele« zu komplex, als daß es mit einem theoretischen Geniestreich vom Tisch gefegt werden könnte, und zu tief in unserem Bewußtsein verwurzelt, als daß wissenschaftlicher Puritanismus ihr den Todesstoß versetzen könnte. Ein Iglulik-Eskimo belehrte Knud Rasmussen folgendermaßen über die Seele:

Wie ich dir bereits erklärt habe, ist bei uns alles mit der Erde, auf der wir leben, und mit unserem Leben hier verbunden; und es würde sogar noch unfaßbarer, ja unverständlicher sein, wenn wir nach einem kurzen oder langen Leben glücklicher oder von Leiden und Unglück erfüllter Tage dann auch noch aufhören müßten zu leben. Was wir über die Seele gehört haben, zeigt uns, daß das Leben des Menschen und der Tiere nicht mit dem Tod endet. Wenn wir am Ende unseres Lebens den letzten Atemzug machen, ist das nicht das Ende. Wir kommen wieder zu Bewußtsein, wir kommen wieder zu Leben, und all das wird durch das Medium der Seele bewirkt. Deshalb betrachten wir die Seele als das Großartigste und Unfaßbarste von allem.[5]

Die Eskimo haben ein unmittelbares, nüchternes Verhältnis zum Tod, denn, so sagen sie, der Mondgeist habe ihnen offenbart, daß das Bewußtsein beim Übergang vom Leben zum Tod nur durch einen Moment des Schwindelgefühls unterbrochen werde, wonach man gleich wieder in der anderen Welt wiederauftauche.[6] Daher verabscheuen sie auch den Selbstmord nicht, im Gegenteil, er besitzt für sie eine reinigende Wirkung. Viele Anekdoten berichten davon, wie sorglos die Eskimo dem Tod entgegensehen. Typisch ist der Fall einer alten Frau, die nichts vom Verbleib ihres auf Reisen befindlichen Sohnes hörte und erst nach Ablauf eines halben Jahres erfuhr, daß er im Kajak auf See verschollen sei. Als sie davon Nachricht erhielt und auch nicht mehr erwarten durfte, von den Stammesgenossen weiter mitversorgt zu werden, schnitt sie ein Loch ins Eis und ertränkte sich, um im Geistkörper mit ihrem Sohn zusammenzusein.

Für die Cuna in Panama ist Purpa, die Seele, ein unsichtbares Doppel, ein Schatten und die eigentliche Essenz des Lebens. Daher bezeichnen sie den Ursprung eines Dinges als Purpa, als sein Urbild.[7] Mit gleicher Absicht nennen die Tlingit in Kanada die Seele *Qatuwu*, »Das was fühlt«, denn »wenn das Fühlen bei einer Person verschwindet, ist sie tot«.[8]

Alles Gute und Schlechte, was der Mensch erfährt, hängt für die Batak in Indonesien von seinem Tondi, seiner Seele, ab. Jeder Tondi bekommt, bevor er in den Mutterleib eindringt, von der Gottheit Mula djadi das Geschick des Menschen, den er beseelen wird, mitgeteilt. Daß der Tondi völlig unabhängig vom Körper ist, beweist auch, daß er sich nach dem Tod des Leibes in einem Medium wiederverkörpern und das ganze Gebaren seiner ehemaligen Existenz wiederholen kann, weshalb die zuschauenden Verwandten oft zu Tränen gerührt werden.[9]

Wenn bei den Semang die Seele im Todesaugenblick den Leib verläßt, dann tritt sie an den Zehen oder am Kopf aus, verweilt sieben Tage in der Nähe des Grabes und kann während dieser Zeit, in der ihr Gesicht wie das eines Glühwürmchens leuchtet, von Menschen wahrgenommen, ihnen aber auch gefährlich werden. Sie möchte nämlich nicht alleine ins Totenland reisen und sehnt sich nach einem Gefährten.[10]

Bei den Eskimo irrt die Seele in gleicher Weise noch drei Tage umher und bricht dann ins Reich Sednas, der Mutter der Seetiere, auf, von wo aus sie als Tupilak, als Geistwesen, die Dörfer der Menschen überfällt.[11]

Die Seele des Toten, Ang, versucht bei den Kamayura (Südamerika) um die Beerdigungszeit herum Verwandte zu entführen, doch Vertreibungsrituale setzen dem ein schnelles Ende.[12]

Bestattungsbräuche und Vertreibungsrituale nach dem Tod gründen auf der Erkenntnis, daß das Bewußtsein, sieht es sich unerwartet ohne Körper, seinen angestammten Platz in der Familie nicht verlassen möchte. Es benötigt einige Zeit, um sich an die neue Situation zu gewöhnen. Es versucht daher, Verwandte, oder besser gesagt deren Seelen, anzulocken, um nicht allein zu sein. Die Seele wird sich offenbar nicht sofort ihres Körperverlustes bewußt. Von den Menschen nicht mehr erkannt, bewegt sie sich weiterhin durch eine Tür oder geht zu Fuß, obwohl sie doch inzwischen reines Bewußtsein ist. Die komplexen Bestattungsriten versuchen der Seele einsichtig zu machen, daß sie nicht mehr zu den in materieller Form Lebenden gehört.

Die Seele entweicht dem Körper natürlich nicht nur beim Tod; jeder Schamane kann sie nach Belieben aus seinem Körper austreten lassen. Der Kamayurá-Medizinmann schickt sie durch den Scheitel hinaus, besonders dann, wenn er raucht. Damit sich seine Seele nicht unbeabsichtigt davonmacht, darf er weder jemanden zu lange anstarren noch sein eigenes Spiegelbild betrachten, noch sich beim Geschlechtsverkehr zu sehr erregen.[13] All diese Handlungen erzwingen nämlich eine Konzentration der Aufmerksamkeit auf einen Punkt, wodurch eine hypnoide Bewußtseinsveränderung einsetzt, durch die sich die Seele wie von selbst ablösen kann.

Das Aussehen der Seele wird auf der ganzen Welt ziemlich übereinstimmend beschrieben. Immer wieder wird sie als feinstofflicher Dampf oder als rauchartige Substanz beschrieben. Im Griechischen kommt *anima*, Seele, von *anemos*, Wind, und im Lateinischen bedeutet *spiritus*, Geist, ebenfalls Wind. Für die Mandan-Indianer ist die Seele transparent, bei den Omaha vermag sie durch Materie hindurchzugehen, bei den Thompson River Salish ist sie wie Nebel, bei den Koyukon wie Luft oder Flüssigkeit und bei den Ostgrönländern fühlt sie sich weich an wie ein Körper ohne Knochen.

Die Fähigkeit, die Seele zu sehen, beschränkt sich meistens auf Schamanen, doch können auch normale Leute sie im Traum oder gelegentlich als Gespenst wahrnehmen. Bei den Bear River Indianern können nur Schamanen und normale Leute im Koma die Seele erblicken, und die Déné glauben, die Seele sei besonders gut bei Krankheit zu erkennen, aber auch in der Dunkelheit oder in psychischen Ausnahmezuständen.[14]

Auch der Gedanke der Reinkarnation taucht bei einer Reihe von Kulturen auf. Die Jukagiren glauben, daß bei der Geburt ein Ahnengeist in den Körper der Mutter eintritt. Die Wiedergeburt findet hier innerhalb des eigenen Klans statt. [15] Die Tungusen glauben ebenfalls an Reinkarnation. Chanjan, die Seele, heißt nach dem Tod des Körpers Omi, was soviel wie »werden, entstehen« oder »gebildet werden« bedeutet. Sie hält sich an der Quelle des Sippenflusses und in der Behausung der Omi-Seelen auf, die später alle wiedergeboren werden sollen. Überführt beim Tod nicht ein Vorfahrengeist die Seele in die Verstorbenenwelt, oder kann sie diesem entwischen, so macht sie Besuche bei der lebenden Verwandtschaft, schlüpft durch das Rauchloch des Zeltes und dringt in den Leib einer Frau ein, die bald darauf ein Kind gebären wird. Bei den Tungusen der Steinigen Tunguska besitzt die Schicksals- oder Schattenseele alle Erbfaktoren der Familie, sie verkörpert das vererbbare Gengut.[16] Bei den Biraren Tungusen geht die Seele ins Totenland, kann aber später in einem Tier oder Menschen wiedergeboren werden, es ist ihr jedoch freigestellt, auch im Totenland zu verbleiben.[17]

Gleichfalls glauben alle australischen Stämme an eine Präexistenz der spirituellen Substanz, die den Körper belebt. Die Geistkinder entwickeln sich jenseits der materiellen Welt und warten dort auf ihre Inkarnation. Teils mit, teils ohne ihr Zutun schlüpfen sie in den Leib einer irdischen Mutter, um sich zu verkörpern.[18]

Für die Ojibwa-Indianer besteht der Mensch aus einem körperlichen, das heißt endlichen und vergänglichen Teil und jener unsterblichen Substanz, die in der Zeit ihres Zusammenlebens mit dem Körper wachsen muß; dieses Wachstum soll auf den Gleichklang von Herz und Geist gerichtet sein. Der Mensch hat die Pflicht, seine Geist-Seele weiterzuentwickeln. Nur wenn ein Mensch seine ihm zugedachte Lebensspanne im Guten zu Ende gelebt hat, kommt er ins Land der Seelen, stirbt er jedoch vorzeitig, ohne Gutes vollbracht zu haben, muß er wieder, sollte er sich nicht entscheiden, im Niemandsland zwischen Totenreich und Erde zu bleiben, auf die Erde zurückkehren und sich in einem neuen Körper manifestieren.[19]

Viele Völker gehen von einer Allbeseelung, einem panpsychischen Weltbild aus. So glauben die senegalesischen Badyaranké, daß sich die Seele willentlich vom Körper dissoziieren und in *alle* Naturerscheinungen verwandeln kann. Dieses Volk ist sich nie sicher, ob Wind, Tiere oder Insekten nicht von Menschen beseelt sind. Hier liegt auch eine Gefahr für den Magier: Verwandelt er sich in ein Tier, mag man ihn jederzeit fangen oder töten.[20]

Für die Mentawai Indonesiens besitzt alles eine Seele: Tiere, Pflanzen und alle materiellen Dinge. Auf der Jagd lockt man zunächst durch eine Zeremonie die Tierseele an, und der Körper läßt sich dann später leicht einfangen.[21] Genaugenommen ist das Töten ein Sakrileg, das, wie ein Iglulik-Eskimo einmal zu Knud Rasmussen bemerkte, auf den Jäger zurückschlagen mag. Die größte Gefahr für das Leben der Jäger besteht in der Tatsache, daß ihre Nahrung gänzlich aus tierischen Lebewesen besteht. Deren Seelen könnten sich dafür rächen, daß man sie ihres Körpers beraubt.

Eine Zeitlang scheint es in ethnologischen Kreisen Mode gewesen zu sein, von einem multiplen Seelenglauben bei Stammeskulturen zu sprechen. Man meinte, die meisten Völker gingen von mehreren Seelen aus, von einer Körperseele, einer Vitalseele und einer Freiseele. Betrachtet man jedoch diese Konzeptionen genauer, tritt der Glaube an eine Dualität von Körper und Geist eindeutig hervor. Während die Körperseele für organische Funktionen und die Vitalseele für psychische Prozesse zuständig ist, gehört die wirkliche Seele einer jenseitigen Seinsweise an. Diese Völker unterscheiden sehr wohl zwischen körperlichen, mentalen und spirituellen Vorgängen; die Verwirrung über die Differenzierung der verschiedenen Seelenteile ist wohl eher auf der Seite der Ethnographen und weniger auf der der traditionellen Gesellschaften zu finden. Für Shirokogoroff ist der »multiple Seelenglaube« ein theoretischer Ethnozentrismus, ein »europäischer Komplex«, wie er sagt, eine Neuschöpfung des Ethnographen.[22]

Der sogenannte multiple Seelenglaube ist ein Versuch der Stammeskulturen, ein Modell der menschlichen Funktionsweisen zu entwerfen. Obwohl wir darauf nicht weiter eingehen wollen, sei kurz angemerkt, daß diese Konzeptionen, die zwischen körperlichen, psychischen und transpersonalen Faktoren unterscheiden, der westlichen Psychologie insofern überlegen sind, als sie die geistig-spirituelle Komponente mit einbeziehen. Die Konzeption einer Wechselwirkung transpersonaler, personaler und organischer Momente beschreibt die Existenz präziser und wirklichkeitsgetreuer als ein Weltbild, welches sich auf eine Kommunikation zwischen Psyche und Körper beschränkt. Die Annahme mehrerer Seelen in einem Individuum läßt sich, um diese eingeschobene Diskussion zu Ende zu bringen, bei den Stammeskulturen nicht bestätigen, dafür unterscheiden sie viel zu eindeutig, nicht anders als auch wir es tun würden, zwischen Körper, Psyche und Geistseele. Die der multiplen Seelenkonzeption unterlegte Exotik ist offenbar der Exotik ethnographischer Phantasie entsprungen.

Die Seelenvorstellungen ähneln sich auf der ganzen Welt, ein Faktum, welches meistens übersehen oder als natürlich hingestellt wird. Ohne die Bedeutung der Verbreitung des Seelenglaubens durch kulturelle Kontakte und Völkerwanderungen schmälern zu wollen, scheint die universelle Konformität der Seelenphilosophie doch vor allem durch die Erfahrung einzelner Personen in allen Kulturen und zu allen Epochen immer wieder bestätigt und gestärkt worden zu sein. Der Seelenglaube ist daher nicht nur eine Überlieferung, sondern lebendige Wirklichkeit. Unsere Absicht ist es nicht, den Seelenglauben bei allen Völkern ausführlich nachzuweisen, das haben andere Arbeiten zur Genüge getan. Roland Fischer verglich sämtliche Seelenvorstellungen der pazifischen Inselwelt miteinander; seine Ergebnisse möchte ich hier, repräsentativ für alle anderen Kulturen, resümieren:

- Umschreibungen für die Seele sind: Wind, Rauch, Schatten, Bild, Zeichnung, Spiegelbild im Wasser, Phantom, Umriß, Reflexion, Echo, Doppel, Lebensgeist, Geist, Irrlicht, das Unsterbliche in allen Menschen, Form, Ähnlichkeit, Erscheinung, Repräsentation, Zwielicht, Atem.
- Die Seele ist das Lebensprinzip; sie kann ohne Körper existieren, sie ist die Voraussetzung unseres Bewußtseins. Der Körper lebt nur durch die Seele, er ist zweitrangig und vollkommen abhängig von ihr.
- Bei Abwesenheit der Seele ist der Körper bewußtlos oder wie tot, er arbeitet rein mechanisch weiter, kann aber keine Wachheit erzeugen. Der Verstand nimmt ab, der Körper fällt ein, er ist matt und abgespannt und friert, das Wachstum ist gehemmt und so weiter. Die Seele ist verantwortlich für Gesundheit, Kraft und Wärme.
- Die Seele befindet sich überall im Körper oder nur in Teilen wie in Kopf, Herz oder Bauch.
- Die Seele kann aus allen Körperöffnungen – aus Mund, Anus, Nase, Fontanelle, Ohren, Augen oder Nabel – entweichen.
- Die Seele wird unter folgenden Bedingungen vom Körper abgespalten: im Schlaf, im Traum, bei Schock, bei Angst, bei Bewußtlosigkeit, im Kampf oder in der Erregung, bei der Entbindung, bei Krankheit und bei Gemütsbewegungen ganz allgemein.
- Die Seele verläßt den Körper bereits einige Zeit vor dem Tod.
- Die Rückkehr der Seele in den Körper wird durch Niesen angezeigt. Das Wecken einer Person soll behutsam erfolgen, damit die Seele, falls sie gerade auf Reisen ist, nicht erschrickt; das trifft besonders für Schamanen zu.
- Manche Leute sehen vor dem Tod einer Person deren Seele – ein Zeichen für den bevorstehenden Tod.
- Beim Tod erwarten die Geister der Vorfahren die Seele; wenn sie sich endgültig vom Körper gelöst hat, begleiten die Verwandten sie ins Jenseits.

- Nach dem Tod bleibt die Seele noch einige Zeit in menschlicher Umgebung, am Wohnort oder am Grab, unter Umständen so lange, bis der Körper verwest. Spätestens dann bricht sie ins Jenseits auf.
- Weil man sich vor der Seele des Toten fürchtet, werden Abwehrrituale durchgeführt. Man zerstört alle Besitztümer des Verstorbenen, damit ihn nichts mehr an seine irdische Existenz erinnert und er die Menschenwelt ohne Heimweh verlassen kann. Die Seele beziehungsweise ein Gespenst kann Angst einjagen und Unglück stiften, aber auch Glück bringen, wenn man sie als Schutzgeist verwendet.
- Man unterscheidet gerade Verstorbene, Gespenster oder Spukgeister und Totenseelen. Ein Gespenst, das heißt eine verlorene oder umherwandernde Seele, treibt sein Unwesen in Menschennähe. Die Seele, die direkt ins Jenseits wandert, nennt man Totenseele. Auch Totenseelen können in Menschen eindringen und von ihnen Besitz ergreifen. Das Stadium der Totenseele ist vorübergehend, weitere Existenzstufen erwarten sie, damit sie sich geistig weiterentwickeln oder sich schließlich ganz auflösen kann.
- Totengeister ebenso wie Gespenster können sichtbar werden. Oft erscheinen sie in Menschengestalt, nur ätherischer und von einer phosphoreszierenden Lichtaura umgeben. Sie offenbaren sich aber auch in tierischen oder amorphen Formen.
- Totengeister können den Raum sozusagen überspringen und sich ohne Zeitverlust von einem Ort zum anderen bewegen; sie vermögen, sich in alle Formen zu verwandeln.
- Körperlichen Teilen wie Fingernägeln, Exkrementen, Haaren, Speichel und so weiter haftet Seelenstoff an. All diese Teile lassen sich für Diagnosen aller Art ebenso wie für negative Beeinflussungen gegen den Eigentümer verwenden. Die Seelensubstanz haftet allen Dingen an, mit denen die Seele Kontakt hatte.
- Die Seele von Kindern und Kranken kann leicht von Totengeistern entführt werden. Die Seele ist nie vor dem Raub durch Geistwesen sicher.
- Durch Zauberei kann eine Seele in einen Leichnam zurückgerufen werden, wodurch ein Zombie entsteht.
- Vor einem Gefecht kann die Seele den Körper verlassen und immateriell gegen die Feinde kämpfen.
- Der Schamane ist der Spezialist der Seele; mit seiner Seele kann er heilen, aber auch Böses bewirken. Die Seele ist nur für Seher und Schamanen sichtbar.
- Die Seele erhält auf extrasensorische und akausale Weise Informationen, da sie nicht raum- und zeitgebunden ist. Sie erkennt Dinge über große Entfernungen hinweg, reist schnell in fremde Länder und kann

mit mythischen Wesen verkehren. Die Seele kennt die Psyche der Menschen.
- Da auch andere Wesen und Objekte eine Seele haben, vermag die menschliche Seele mit ihnen in Kontakt zu treten.
- Der Mensch besteht aus dem Körper, der Vitalität, der Psyche und der Seele. Die Vitalseele ist identisch mit unseren Körperfunktionen wie Blut- und Energiekreislauf und biochemischen Abläufen.[23]

Aus der Vorstellung eines feinstofflichen Energiekörpers leiten sich viele magische Anschauungen ab, die hier noch einmal kurz referiert werden sollen:

1. Andere Lebewesen wie Tiere oder Pflanzen, aber auch in unserem Verständnis tote Körper besitzen einen zweiten spirituellen Leib.
2. Der Ursprungsort von Krankheiten liegt im Seelenkörper. Die Heilung muß sich daher auf die Harmonisierung des Seelenkörpers konzentrieren.
3. Das Jenseits, in dem die Seele lebt, gehorcht Raum-, Zeit- und Kausalitätsbedingungen, die in unserer Welt unbekannt sind, die aber gleichzeitig die Eigenschaften und Fähigkeiten der Seele verkörpern.
4. Da alle materiellen Formen nicht nur einen Seelenkörper besitzen, sondern gleichzeitig Träger einer spirituellen Essenz – Mana, Power, Ch'i, Prana – sind, ist unsere Seele unmittelbar mit ihnen verbunden: Seele und beseeltes Universum bilden eine Einheit.
5. Menschen aller Kulturen verschaffen sich durch eine Veränderung ihrer Bewußtseinsstruktur Zugang zum Seelenkörper, zum Jenseits und zu einem immateriellen kosmischen Energiereservoir.

4. SEELENREISEN UND JENSEITSLEHREN

> Ich erhob mich über die Grenzen der Welt ... meine Füße wandelten auf der Rückseite des Himmels.
>
> Ein Tschuktschen-Schamane (Bogoras 1956)

> Du fragst, ich aber weiß nichts über den Tod; ich habe nur das Leben kennengelernt. Ich kann nur sagen, was ich glaube; entweder ist der Tod das Ende des Lebens, oder er ist der Übergang in eine andere Lebensform. In keinem Fall ist da irgend etwas zu fürchten.
>
> Eine Eskimofrau[1]

Wir definieren eine außerkörperliche Erfahrung als eine Wahrnehmungsform, in der alle Wahrnehmungsobjekte so organisiert sind, daß der Beobachter sie von einem Standpunkt aus sieht, der nicht identisch mit dem physischen Körper ist. Die außerkörperliche oder *Out-of-the-Body*-Erfahrung ist aufgrund ihrer Phänomenologie eindeutig von ähnlichen Erfahrungen zu trennen, wie sie zum Beispiel während der sensorischen Deprivation, bei hypnoiden, imaginativen oder traumartigen Zuständen auftreten. Andererseits können außerkörperliche Erfahrungen durch solche Zustände ausgelöst werden; sie bilden sozusagen die Brücke für das außerkörperliche Erleben. Celia Green weist einen klaren Unterschied zwischen dem luziden Traum (Helltraum), in dem man sich des Träumens bewußt ist, und der außerkörperlichen Erfahrung nach.[2] Die außerkörperliche Erfahrung ist an sich identisch mit einer Nah-Todeserfahrung. Die Thanatologie hat, wie ich bereits zeigte, eine Verlaufsgestalt des Todeserlebens erstellt, in der das Verlassen des Körpers mit dem Bewußtsein ein zentrales Glied in einer wie es scheint regelmäßigen Kette von Erlebnissen darstellt.

Das Gefühl, sich außerhalb seiner selbst zu befinden, mag in allen veränderten Bewußtseinszuständen, beim Autogenen Training, in der Hypnose, beim Tagträumen oder bei physischer und psychischer Überbeanspruchung auftreten, doch handelt es sich so lange um keine außerkörperliche Erfahrung, wie auch keine spezifische, den Nah-Todeserlebnissen vergleichbare Erlebnissequenz auftritt. Die außerkörperliche Erfahrung stellt eine aus der normalen Phänomenologie alternativer Bewußtseinszustände herausgehobene psychische Erlebensweise dar, deren Beschreibung allerdings noch weiterer Differenzierung bedarf.

Die Erfahrung, sich außerhalb der normalen Körpergrenzen zu bewegen und Bewußtseinsreisen zu unternehmen, ist vermutlich eine der ältesten Grundlagen der Religion und Magie. Keine Seelenvorstellung kommt ohne die Annahme einer Loslösung der Seele aus. Dies ist ohne weiteres verständlich, wenn wir uns vor Augen halten, daß Menschen in Nah-Todessituationen oft spontan eine außerkörperliche Erfahrung durchlaufen – und wie oft kommen wir nicht im Überlebenskampf hart an die Schwelle des Todes.

Die Seelenkonzeptionen und die der außerkörperlichen Erfahrung beruhen daher nicht auf abstrakten Denkleistungen, sondern auf wirklichen psychischen Erfahrungen. Auch C. G. Jung glaubte, daß die Todeswelt keine geistige »Erfindung« sei, sondern eine lebendige Erfahrung, die der Erfahrung der materiellen Welt in keiner Weise nachstehe. Das erklärt uns auch die universelle Verbreitung der spirituellen Weltschau, in deren Mittelpunkt die unabhängig vom Körper existierende Lebenssubstanz steht, deren ureigene Daseinsdomäne das Totenreich oder Jenseits ist. Die in der außerkörperlichen Erfahrung erlebte Umgebung ist mit dem Jenseits der alten Überlieferungen, der Nach-Todeswelt, dem Himmel oder der Hölle identisch.

Der Begriff »außerkörperliche Erfahrung« setzt sich auch in der Ethnologie langsam durch; einige Autoren wie Bourguignon[3], Dobkin de Rios[4], Harner[5] oder Halifax[6] haben ihm bereits eine ethnologische Bedeutung gegeben, und Dean Sheils versuchte eine transkulturelle Zusammenstellung außerkörperlicher Erfahrungen[7].

Es folgen nun Beschreibungen einiger außerkörperlicher Erlebnisse von Personen aus traditionellen Kulturen.

Ein Samojede in der Unterwelt

Als der Sibirienforscher Kai Donner einmal einen Samojeden mehr zufällig fragte, was er von der Unterwelt wisse, erhielt er statt einiger beiläufiger Bemerkungen folgende erstaunliche Antwort: »Warum sollte ich darüber nichts wissen; ich war selbst schon dort.« Der Mann schilderte nun, wie er auf dem Höhepunkt einer schweren Krankheit voreilig für tot erklärt wurde. Während man bereits die Beerdigungsfeierlichkeiten einleitete, reiste er in die Unterwelt, kehrte aber schließlich doch wieder in seinen Körper zurück:

Lange Zeit lag ich im Bett und war krank, die Hitze [Fieber] hatte mir schrecklich zugesetzt. Schließlich verließ meine Seele den Körper und flog fort. Ich erreichte

Gebiete, in denen ich nie zuvor gewesen war, und je weiter ich flog, um so dunkler wurde es. Ich überquerte einen großen Ozean, kam durch wunderbare Wälder und über hohe Berge. Zu guter Letzt erreichte ich einen hohen Bergrücken, von dem aus ich einen schwarzen Fluß erblickte. Viele Menschen schwammen in dem schwarzen Fluß herum und bemühten sich, ihm zu entkommen. Einige versanken immer tiefer in den Fluten und versuchten sich zu retten, aber vergeblich. Andere kletterten die Uferklippen hinauf, bis ihre Hände so sehr bluteten, daß sie nicht weiter vorwärtskamen und wieder hinunterfielen. Aus dem Fluß ragte ein sehr langer Pfahl hervor, den viele emporzuklettern versuchten. Große Vögel flogen um den Pfahl herum und jagten den Leuten einen Schrecken ein, so daß sie ihren Halt verloren. Andere wieder fuhren, ohne einen Gedanken an Flucht zu verschwenden, auf dem Fluß hin und her; sie fischten und vergnügten sich auf den Sandbänken.

In den Wäldern oberhalb des Flusses jagten die Menschen und lebten dort nicht anders als auch auf der Erde. Einige Bewohner dort hatten ihre ganze Familie bei sich, andere warteten auf ihre Frauen und Kinder. Nachdem ich mich umgesehen hatte, lief ich noch ein Stück weiter und legte mich dann schlafen. Als ich erwachte, befand ich mich wieder auf der Erde – die Sonne ging gerade auf. Ihre Strahlen weckten mich, und ich fühlte mich wieder vollkommen gesund. Doch als ich mich erhob, wurde mir bewußt, daß ich tot gewesen war, denn meine Mutter hatte mich wunderbar angezogen, ins Freie gebracht und meinen Leib mit einer Borkenmatte bedeckt, wie man es traditionsgemäß mit den Toten tut. Später erzählte mir meine Mutter, ich sei gegen Abend gestorben, aber die Sonnenstrahlen hätten mir ein neues Leben geschenkt.[8]

Obwohl wir in diesem Bericht nur wenige charakteristische Jenseitselemente finden, ist die Beschreibung des schwarzen Flusses mit den verzweifelten Menschen doch recht aufschlußreich. Während die Seelen auf der anderen Seite des Flusses recht gut leben – zumindest in der gleichen Weise wie auf der Erde –, versuchen offenbar gerade neuangekommene Seelen verzweifelt, den reißenden Strom zu überwinden, was allerdings nur unter schweren Strapazen möglich ist. Es hat allen Anschein, daß das Wasser eine Art Purgatorium darstellt, welches vor dem Eintritt in die jenseitige Welt durchquert werden muß. Das Wasser steht hier für die Reinigung von den irdischen Daseinsbedingungen. Menschen dagegen, die nur vorübergehend ihren Körper verlassen – und das finden wir in vielen Berichten von außerkörperlichen Erfahrungen –, können ohne Schwierigkeiten den Strom überfliegen oder ungestört über eine Brücke hinüberschreiten. Nah-Todes-Kandidaten haben demnach eine weniger komplizierte Jenseitsreise vor sich als tatsächlich Verstorbene.

Die arktische Luftreise

Unser nächstes Beispiel entnehmen wir Knud Rasmussens Buch *Neue Menschen;* es erzählt die Geschichte des Eskimo-Angakok (Schamanen) Kritdlarssuark, der über fremde Eskimostämme von weißen Seefahrern hörte, die weitab von seiner Heimat jenseits des Meeres leben sollten. Nach langem Grübeln entschloß er sich, dieses geheimnisvolle Land und seine unbekannten Bewohner aufzusuchen. Seinem Stamm gestand er: »Kennt ihr die Sehnsucht nach neuen Ländern? Kennt ihr die Sehnsucht, neue Menschen zu sehen?« Er fand keine Ruhe mehr und hielt große Geisterbeschwörungen ab, an denen alle Stammesmitglieder teilnahmen. Begleitet von Schutzgeistern, unternahm seine Seele auf der Suche nach dem fernen Land ausgedehnte Erkundungsreisen durch die Luft, und eines Tages verkündete er, es aufgespürt zu haben. Er konnte einen Teil seiner Stammesbrüder und -schwestern überzeugen, mit ihm zu dem weit entfernten, fremden Volk aufzubrechen.

Als starker und gewandter Jäger führte Kritdlarssuark auf der folgenden Wanderung die Schlittengespanne an. Zwar wuchsen ihm schon weiße Haare, doch war der Alte ausdauernder und schneller als die jungen Burschen. Man erzählte sich, daß diejenigen, die hinter ihm fuhren, oft bei Einbruch der Dämmerung eine weiße Flamme über seinem Haupt leuchten sahen – so groß sei seine Macht gewesen. Sie waren schon mehrere Jahre gereist, und nur ein Teil der Leute hatte Kälte, Hunger und Erschöpfung überlebt, als sie eines Frühlings ans Meer kamen. Kritdlarssuark ließ ein Lager aufschlagen und begann mit einer Geisterbeschwörung, um genau herauszufinden, wo die neuen Menschen, denen man sich schon nahe glaubte, nun lebten und jagten. Während sich seine Seele durch die Lüfte und übers Meer schwang, blieb sein Leib wie tot zurück. Wieder heimgekehrt, brachte er die gute Nachricht, daß sie nur übers Wasser setzen müßten und endlich am anderen Ufer die langersehnten Menschen antreffen würden. Und so war es auch: Drüben angelangt, fanden sie Hütten und Unterkünfte, doch zeigte sich keine Menschenseele. Sie zogen noch ein Stück Weges weiter und stießen schließlich auf die seit Jahren gesuchten Fremdlinge.

In dieser Wanderung liegt uns wohl, wie Rasmussen anmerkt, das einzige authentische Beispiel einer eskimoischen Völkerwanderung, einer mehrjährigen Reise von einer Polgegend in eine andere, vor.

Der Bericht von Kritdlarssuark erhellt nicht nur die einflußreiche Stellung des Angakok in seiner Kultur und seine Rolle als existentieller und spiritueller Führer. Sie zeigt auch, in welchem Maß sich Menschen unter den harten Naturbedingungen der Arktis auf extrasensorische und hellseherische Fähigkeiten verlassen, um der Hindernisse und Schwierigkeiten der Umwelt Herr zu werden.

Die wohl bekannteste außerkörperliche Erfahrung in der ethnologischen Literatur ist die des Sioux-Medizinmannes Black Elk; sie soll daher nur auszugsweise wiedergegeben werden. Während einer Schaustellertournee in Europa verlor Black Elk bei einem Frühstück mit Freunden in Paris plötzlich das Bewußtsein. Die Erfahrung beginnt recht dramatisch: Die Zimmerdecke kommt in Bewegung, das Haus schwenkt herum und hebt sich mit allen Anwesenden in die Höhe, um schließlich ohne ihn, der auf einer Wolke Platz findet, zurückzufallen. Er fliegt nun die Schiffahrtsroute über den Atlantik entlang zurück in seine Heimat, wo er von einer Wolke aus seiner Mutter bei der Arbeit zuschaut. Später, bei seiner wirklichen Rückkehr, bestätigte sie ihm seine Beobachtungen und meinte, auch sie habe ihn wahrgenommen. Drei Tage lang blieb Black Elk bewußtlos. Hier seine Erlebnisschilderung:

Dann war ich allein auf dieser Wolke, und sie bewegte sich sehr geschwind. Ich hielt mich an ihr fest, denn ich fürchtete, hinabzustürzen. Weit unten sah ich Häuser und Städte, grünes Land und Ströme, und alles sah flach aus. Danach war ich gerade über dem großen Wasser. Jetzt fürchtete ich mich nicht mehr, denn nun wußte ich, daß ich heimwärts ging. Es war dunkel, dann wurde es wieder licht, und dann konnte ich eine große Stadt unter mir sehen. Da wußte ich, es war jene, wo wir zuerst das große Feuerboot bestiegen hatten, und daß ich wieder in meinem eigenen Land war. Ich fühlte mich sehr glücklich. Die Wolke und ich trieben stetig und in großer Eile weiter. Ich sah Städte und Ströme und Städte und grünes Land; da fing ich an, das Land unter mir zu erkennen: den Missouri River, dann weiter in der Ferne die Black Hills und die Mitte der Welt, zu der die Geister in meinem großen Gesichte mich entführt hatten.

Als ich nun gerade über Pine Ridge war und die Wolke stehenblieb, schaute ich hinab und konnte nicht begreifen, was ich sah, denn es schien mir, nahezu alle Leute der verschiedenen Stämme meines Volkes seien dort in einem großen Lager versammelt. Ich sah das Tipi meines Vaters und meiner Mutter; sie waren im Freien, meine Mutter kochte. Ich wollte hinabspringen und bei ihnen sein, doch ich fürchtete, zu Tode zu stürzen. Wie ich so hinabschaute, blickte meine Mutter herauf, und ich war ganz gewiß, daß sie mich sah. Doch eben jetzt begann die Wolke sich zurückzubewegen, sehr schnell. Ich war traurig, aber ich konnte nicht hinab. Unter mir schwanden Ströme und grünes Land und Städte rasch zurück. Bald flogen die Wolke und ich wieder über die sehr große Stadt. Und dann war nichts als Wasser und ich, und die sternenlose Nacht kam; so war ich ganz allein in einer schwarzen Welt und weinte. Doch nach einiger Zeit begann in der Ferne über mir sich Licht zu zeigen. Darauf sah ich die Erde unter mir, Städte und grünes Land und Häuser, und alles floh zurück. Bald hielt die Wolke an über einer großen Stadt, und ein Haus fing an, zu mir heraufzufahren und drehte sich während seines Aufstiegs um und um. Als es die Wolke berührte, nahm es mich in sich und begann zurückzusinken. Und es drehte sich mit mir um und um.

Ich berührte den Boden, und da vernahm ich des Mädchens Stimme und hierauf andere Stimmen erschreckter Leute.

Dann lag ich auf dem Rücken in einem Bett, und das Mädchen und sein Vater und seine Mutter und seine Schwestern und ein Arzt schauten mich an mit einem Ausdruck, als wären sie entsetzt. Der Englisch-Kundige von unserer Schautruppe kam und erzählte mir, wie sich alles zugetragen. Ich sei beim Frühstück gesessen; da, sagten sie, hätte ich in die Höhe geblickt und gelächelt und sei dann wie tot von meinem Stuhl gefallen. Drei Tage habe ich so leblos dagelegen, nur ein einziges Mal hätte ich ganz wenig geatmet. Oft konnten sie mein Herz überhaupt nicht fühlen. Sie waren überzeugt, daß ich wirklich bald tot sein werde, und sie dachten bereits daran, für mich einen Sarg zu kaufen.[9]

Während der Ghost-Dance-Bewegung, die alle Stämme der großen Plains erfaßte, sollte die alte traditionelle Lebensweise wieder heraufbeschworen werden. Viele der Tänzer fielen in Trance und erhielten in der visionären Schau Ratschläge für ein besseres Leben. Auch Black Elk brach bewußtlos zusammen und hatte ein Erlebnis, das Merkmale einer außerkörperlichen Erfahrung aufweist:

Nach einiger Zeit hatte ich eine merkwürdige Empfindung. Zuerst schien es mir, als wimmelten in meinen Beinen Ameisen. Ich tanzte mit geschlossenen Augen, wie die anderen. Plötzlich war es, als werde ich vom Boden hochgerissen und berühre diesen nicht mehr. Die seltsame Empfindung stieg von meinen Beinen aufwärts und war nun in meinem Herzen. Es schien mir, als schwinge ich vorwärts wie eine Schaukel, und dann wieder zurück, in längeren und immer längeren Schwingungen. Dabei hatte ich keine Furcht, nur ein wachsendes Glücksgefühl.

Ich muß zu Boden gefallen sein, doch mir war, als sei ich von meiner Schaukel geflogen, als sie vorwärts schwang, und als sauste ich nun, Kopf voran, aufwärts durch die Luft. Meine Arme hielt ich ausgestreckt, und alles, was ich zunächst sah, war eine einzelne Adlerfeder, gerade vor mir. Darauf wurde die Feder zu einem gefleckten Adler, der mir voran tanzte und mit den Schwingen flatterte, und er stieß den schrillen, pfeifenden Ton aus, der ihm eigen ist. Mein Körper bewegte sich nicht im geringsten, doch blickte ich aufwärts und glitt mit großer Geschwindigkeit durch die Luft in der Richtung, in die ich blickte.

Rechts vor mir lag ein Felsenkamm, und ich dachte, ich werde dort anrennen, aber ich wurde über ihn hinweggetragen. Auf der anderen Seite dieses Hanges erblickte ich eine schöne Gegend, wo viele, viele Menschen in einem großen Kreise lagerten. Ich sah, sie besaßen zum Leben die Fülle und waren glücklich. Überall sah man mit Fleisch beladene Trockengestelle. Die Luft war klar und schön von einem alles beglänzenden lebendigen Licht. Ringsum auf dem grünen, grünen Gras weideten wohlgenährte, muntere Pferde; Tiere jeder Art waren auf den grünen Hügeln verstreut, und singende Jäger kehrten mit Fleisch beladen zurück.

Ich schwebte über die Tipis und kam erst in der Mitte des Ringes auf die Füße nieder, wo ich den schönen Baum ganz grün und voller Blüten sah. Als ich den Boden berührte, kamen zwei Männer auf mich zu. Diese trugen heilige Hemden, die auf besondere Art geschnitten und bemalt waren. Sie kamen und sagten zu mir:

»Es ist für dich noch nicht die Zeit, deinen Vater zu besuchen, der glücklich ist. Du hast ein Werk zu verrichten. Wir werden dir etwas geben, das du deinem Volk heimbringen mußt; damit sollen sie kommen, ihre Lieben zu sehen.«

Ich wußte: Was ich heimbringen sollte, war die Art, wie ihre heiligen Hemden gemacht wurden. Man hieß mich, sogleich zurückkehren, und dann schwebte ich wieder durch die Luft, so eilig wie zuvor. Als ich wieder über dem Tanzplatz eintraf, tanzten die Leute immer noch, doch schien es, sie gaben dabei gar keinen Laut. Ich hatte gehofft, den dürren Baum nun in Blüte zu sehen, doch er war tot. Dann fiel ich in meinen Körper zurück. In diesem Augenblick hörte ich überall Stimmen um mich und über mir, und ich saß auf dem Erdgrund. Viele drängten sich um mich, fragend, was ich in meinem Gesicht geschaut hätte.[10]

Interessant sind die Bemerkungen über die physiologischen Begleitsymptome der außerkörperlichen Erfahrung, die zunächst mit einem Gefühl wimmelnder Ameisen in den Beinen beginnen, das sich dann bis in die Herzgegend ausbreitet. Diese Erscheinung ist für ein langsames Taubwerden des Körpers charakteristisch und gipfelt in der Empfindung, plötzlich den Boden unter den Füßen zu verlieren und aus dem eigenen Körper gezogen zu werden. Eine recht anschauliche Beschreibung ist auch das Schaukelgefühl. Wie von einer Schaukel geschleudert, glitt er kopfüber in großer Geschwindigkeit durch die Lüfte. Viele Leute mit außerkörperlichen Erfahrungen berichten, wie sie, während der Körper hinfällt, ihre Bewegungen einfach fortführen, so als ob nichts geschehen sei. Auch Black Elk setzt den Schwung der Schaukel fort und fliegt durch den Raum. Das Schaukelgefühl ist überhaupt eine sehr plastische Beschreibung für das Verlassen des Körpers.

Einige oft erwähnte Jenseitselemente finden wir in dem Hinweis, daß die Menschen in der anderen Welt über genügend Nahrung verfügen und die Landschaft in strahlendes Licht getaucht ist. Bei einer anderen außerkörperlichen Erfahrung, ebenfalls beim Ghost Dance, nimmt er wieder diese wunderbare Atmosphäre wahr:

Ich erkannte wieder, wie schön der Tag war – der Himmel rein und blau und erfüllt von gelbem Licht über der grünenden Erde. Und ich sah: Alle Menschen waren schön und jung. Da gab es keine Alten, auch keine Kinder – nur Menschen etwa gleichen Alters. Alle waren schön.[11]

Auch das Motiv des Jungbrunnens, der ewige Jugend und Schönheit verleiht, und des Lebens ohne Alter und Krankheit sind klassische Elemente der Jenseitsexistenz, weshalb wir sie nicht nur als visionäre Wunscherfüllung deuten dürfen. Zwei weitere Begegnungen vervollständigen das Bild einer Jenseitsreise. Black Elk trifft im jenseitigen Dorf auf die erhabene Lichtgestalt eines Häuptlings, der ihn auf die Einheit aller Dinge hinweist und dann selbst erlischt. Black Elk beschreibt ihn:

Er bot einen sehr edlen Anblick. Während ich ihn unverwandt betrachtete, begann sein Körper sich zu verändern, er wurde sehr schön und leuchtend in allen Farben des Lichts, und Licht war rings um ihn her.[12]

Auf dem Rückweg zu seinem irdischen Körper überfliegt Black Elk einen schwarzen Fluß, offenbar jene Grenze, die Jenseits und Diesseits trennt.

Ich wollte gehen, doch da schien mir, ein starker Wind trage mich hoch. Ich war in der Luft, mit ausgestreckten Armen, in raschem Flug. Da sah ich einen gefährlichen schwarzen Fluß, über den ich hinweg mußte, und ich erschrak. Er brauste und tobte und war voll kochenden Schaums. Ich schaute hinab und sah viele Männer und Frauen, die versuchten, das finstere und schreckliche Wasser zu überqueren, aber es gelang ihnen nicht. Weinend sahen sie zu mir herauf und riefen: »Hilf uns!« Doch konnte ich in meinen Flug nicht anhalten, denn es war, als trüge mich ein mächtiger Wind.

Dann gewahrte ich wieder mein irdisches Volk auf dem Tanzplatz und fiel in meinen Körper zurück, der dort lag. Da saß ich auf, die Leute umdrängten mich und fragten, welches die Art meines Gesichtes gewesen.[13]

Wie alle, die sich nur vorübergehend im Jenseits aufhalten, gleitet auch Black Elk problemlos über den Todesfluß; scheinbar haben nur die wirklich Verstorbenen gegen den Sündenfluß – denn er stellt wohl die individuelle Sündenlast dar – zu kämpfen.

Black Elks Erfahrung weist viele Nah-Todesmotive auf: die Ohnmacht; man hält ihn für tot; er »fällt in den Körper zurück«; außersinnliche Wahrnehmungen (seine Mutter, die er von der Wolke aus sah, bestätigte später seine Wahrnehmungen); der Flug; die Aufforderung zur Rückkehr, da seine Zeit noch nicht gekommen sei; die Jenseitslandschaft ist schön, strahlend und wie die Erde gestaltet; Begegnung mit einer Lichtgestalt und das Überfliegen des schwarzen Flusses.

Die verweigerte Jenseitsreise

Als der berühmte Anthropologe Frank Hamilton Cushing 1882 mit einigen seiner Freunde aus Zuni (einem Pueblo in New Mexico) zur amerikanischen Ostküste reiste, erzählte ihm sein Adoptivvater Palowahtiwa, Gouverneur von Zuni, von einem bedeutsamen Einschnitt in seinem Leben. Während einer schweren Krankheit in jungen Jahren verließ er seinen Körper und begegnete einem verstorbenen Onkel, der ihn ins Totenreich mitnehmen wollte. Zu Beginn der Erfahrung erlischt das Tageslicht, und Dunkelheit umhüllt ihn, um gleich darauf strahlendem Licht Platz zu machen, das viel heller als das übliche Tageslicht scheint. Er erhebt sich mit seinem Geistkörper, etwas, das ihm mit seinem geschwächten physischen Körper unmöglich gewesen wäre, doch er gelangt nicht ins Totenreich, denn seine Reise, zu der ihn sein Onkel auffordert, wird wider Erwarten verhindert. Er erzählt:

Und mir ging es von Tag zu Tag schlechter und schlechter. Man sagte, es ginge bergab mit mir, und sandte die Botschaft zu meinen älteren Verwandten und den anderen in Taya und Heshota-tsina. Bevor sie Zeit hatten, zu mir zu kommen, lag ich im Sterben, wie es schien, denn ich war bloß noch Haut und Knochen, atmete schwach, und mein Herz schlug langsam. So lag ich eines Nachmittags da, und obwohl das Licht durch das Fenster hinten im Raum fiel, sah ich es nicht. Mitten am Tage wurde es dunkel, es war schrecklich für mich, doch nur für einen kurzen Augenblick, denn ich hatte alles vergessen. Dann sah ich wieder, und das Licht fiel durch das Fenster hinten im Raum heller als je zuvor, so daß mir alle Dinge klar schienen, sehr klar. Und als ich mich im Raum umschaute, mich wunderte, warum es mir nun so viel besser als die ganze Zeit über ging, lag ich immer noch bei der Feuerstelle, fühlte aber, daß ich nicht mehr länger dort liegen müßte.

Da sah ich einen breitschultrigen, gut gebauten Mann auf mich zukommen, der die Tür geöffnet hatte und eingetreten war... Er kam auf mich zu und hielt in der einen, zur Tür hin ausgestreckten Hand ein Lasso, so als ob er ein Pferd hinter sich herführen würde. Dann stand er über mir, schaute zu mir herunter und lächelte, ohne mich gebührend zu begrüßen, brachte aber das Wort »*keshi*« hervor [das übersetzt werden kann mit »Ist alles vorbereitet?« oder »Ist alles fertig?«]. Dann sagte er zu mir: »Möchtest du mit mir kommen?« Und ich schaute zu ihm auf und meinte: »Warum nicht? Aber ich kenne dich nicht«, wandte ich ein und schaute zu ihm auf, als ob ich in ein starkes Licht sehen würde und schirmte mir mit der Hand die Augen ab. »Mir scheint, ich kenne dich, und doch kenne ich dich nicht.«

»Mein Kind«, sagte er lächelnd, »es ist nicht verwunderlich, daß du mich nicht kennst. Ich bin dein Urgroßonkel und verließ Zuni vor langer, langer Zeit, bestimmt lange bevor du im Bauch deiner Mutter warst.«

»Oh, ja!« sagte ich.

»Also, bist du bereit, mit mir zu kommen?«

»Ja«, sagte ich.

»Das ist gut«, sagte er. »Damit diese Reise, die sehr lang ist, dir nicht ungewohnt vorkommt, habe ich ein Paar gute Pferde mitgebracht, so wie sie meine Leute benutzten und, wie ich sehe, sie dein Volk heutzutage immer noch gebraucht. Alles ist für dich bereit, das Pferd gesattelt und gezäumt, es ist ein gutes Pferd. Komm, laß uns aufbrechen.« Und er drehte sich um, um das Lasso aufzunehmen, und führte mich zur Tür.

Noch während ich mich von meinem Bett recht leicht erhob, erschien die Gestalt eines kleinen alten Mannes – nicht mehr im Begriff, durch die Wand gegenüber zu gleiten, sondern schon hindurch –, der in ein sehr altes Gewand meines Volkes gekleidet war. Seine weiße Tracht bestand aus Leggins, aus geknüpftem geschmeidigem Baumwollzeug, das mit Mustern versehen und an den Beinen mit Fransen besetzt war, und aus einem bestickten Lendenschurz und einem bestickten weitärmligen Baumwollumhang. Sein Haar war weiß wie Schnee, sehr lang und fiel ihm zu beiden Seiten des Kopfes herab und war hinten zu einem sonderbar altmodischen Knoten aufgewickelt. Sein Gesicht war zweifellos freundlich, aber sehr alt; er war klein, nicht mal so groß, daß er bis zum Fenstersims reichte. Obgleich so uralt, kam er mit leichtem und majestätischem Schritt, geräuschloser als der Wind, einher.

Er ging auf meinen Onkel zu, streckte seine Hand aus, legte sie auf meines Onkels Ärmel und sagte zu ihm: »Was machst du hier, mein Sohn?«

»Ich bin wegen ihm, unserem Kind, gekommen«, antwortete mein Onkel.

»Warum!« sagte der alte Mann und schaute ihn zwar nicht scharf, aber mit einem gebieterischen Blick an. »Er ist jetzt noch nicht bereit. Du darfst ihn nicht mitnehmen. Geh zurück! Geh zurück, mein Sohn!« sagte er. »Für viele Jahre wird er noch nicht bereit sein!«

»Aber er ist bereit«, erwiderte mein Onkel, senkte seinen Kopf auf die Brust und begann das Lasso aufzunehmen.

»Aber wir sind noch nicht bereit, selbst wenn er es ist«, sagte der alte Mann. »Laß ihn und geh.«

Mein Onkel drehte sich um, nicht traurig, aber gedankenvoll, und verschwand durch die Tür.

Dann wandte sich der alte Mann mir zu, kam zu mir herüber, wo ich lag, und schaute mich an: »Mein Sohn«, sagte er, »es ist noch nicht an der Zeit für dich zu gehen. Wir wünschen es nicht. Durch schwere Krankheit erlangt man manchmal Weisheit. Deshalb bist du krank geworden. Du bist so krank gewesen, daß es hieß: ›Er wird uns verlassen.‹ Aber du wirst nicht gehen, nein. Für viele lange Jahre wirst du nicht gehen; du wirst alt werden, sogar so alt wie ich, bevor du gehst. Dein Haar wird weiß, dein Gesicht zerfurcht sein, und du wirst kleiner werden, so wie du bis jetzt Jahr für Jahr größer geworden bist. Gingst du jetzt schon, wäre einer weniger in der Welt, wo einst so viele wohnten, die uns jene Aufmerksamkeit schenken, die wir so lieben. Einer von jenen, die uns Gebetsfedern opfern, wie es sich in alten Zeiten ziemte, die zu uns beten, uns grüßen und uns zeigen, daß uns unsere Kinder unter den Menschen nicht vergessen haben. Dieses Verhalten ist für uns sehr angenehm; wir möchten es auch nicht von einer Person missen, so wenige sind von unseren Priestern übriggeblieben, deren Tage noch nicht gezählt sind und die nicht vollständig und mit endgültiger Bestimmung die Trennlinie ihres Lebenslichts erreicht haben. Lebe, mein Kind! Werde gesund! Und wenn die Zeit für dich reif sein wird zu gehen, wird es verkündet werden. Ja, und wir werden dich abholen. Lebwohl. Es sei so, wie ich gesagt habe.«

Der kleine alte Mann drehte sich um, und ich verlor ihn aus den Augen. Alles wurde erneut dunkel und im nächsten Augenblick hörte ich die Leute weinen, weinen und weinen über mich; schon fingen sie an, meine Hände und Füße wundzureiben, denn sie dachten, ich sei soeben gestorben.[14]

Ebenso aufschlußreich wie verwirrend ist der kulturelle Rahmen, in dem dieses Bewußtseinsabenteuer stattfindet. Der Onkel Palowahtiwas ist in der traditionellen Zunitracht gekleidet, und der kleine alte Mann trägt gleichfalls Kleider einer längst verflossenen Epoche. Der Onkel hält sogar Pferde bereit, um Palowahtiwa die Reise nicht etwa zu erleichtern, sondern um ihr den Charakter des Gewöhnlichen zu geben. Die Reise ins

Totenreich soll ihn nicht schockieren und sich von einem normalen Ausritt während des irdischen Alltags nicht unterscheiden.

Ähnlich wie visionäre Erscheinungen kulturspezifische Züge tragen, ist auch das Nah-Todeserlebnis stark subjektiv und kulturell geprägt. Auch im alternativen Bewußtseinszustand verfolgt uns unsere kulturspezifische Sozialisation. Der menschliche Geist kann seiner kulturellen Konditionierung nur schwerlich entrinnen, immer wieder holt ihn seine eigene Geschichte ein. Umstellt von den Schatten seiner eigenen Imagination, imaginiert er auch in jenseitigen Bereichen Länder, Städte, Menschen, Tiere und Verhaltensweisen, die seinem irdischen Lebensumfeld entstammen. Die Entschleierung der konditionierten Wahrnehmung ist die eigentliche und ewige Aufgabe der Wissenschaft, und das Fortreißen des uns zu blinden Phantasten machenden Schleiers kultureller Erwartungen ist das Ziel einer transpersonalen Anthropologie.

Trotz aller kulturspezifischen Metaphorik erfährt Palowahtiwa eine Reihe bekannter Motive der außerkörperlichen Erfahrung: den Tunnel, beziehungsweise den Eintritt in ein strahlendes Licht; die Begegnung mit einem verstorbenen Verwandten und höheren Geistführer; das Verlassen des Körpers; die Vorbereitung der Reise ins Totenreich; das Zurückgerufenwerden durch eine bedeutende Geistpersönlichkeit; Voraussagen über sein Leben; den Hinweis, die Krankheit sei ihm geschickt worden, damit er die Weisheit der Überlieferung und Tradition achten lerne; und zum Schluß erneutes Eintauchen in die Sphäre der Dunkelheit und das Erwachen auf der anderen Seite der Existenz, wo sich seine Verwandten bereits auf seinen Tod eingestellt haben.

Die Geburt eines Propheten

Der Seneca-Indianer und spätere Prophet Handsome Lake befand sich schon seit mehreren Jahren in einem schlechten Gesundheitszustand, als sich ihm die Tore zum Totenreich öffneten. Aus dieser Erfahrung schöpfte er seine Ideen für eine Wiederbelebung und Neubegründung der indianischen Religion.

Als Handsome Lake bewußtlos zusammenbrach, fingen ihn drei Männer in Zeremonialkleidung auf. Sie wiesen sich als Botschafter des Schöpfers aus, der sie zu ihm gesandt habe, weil er zur Belohnung für seine demütige Haltung von seiner Krankheit geheilt werden sollte. Der Schöpfer überbrachte ihm eine Botschaft, die sich in wenigen Worten zusammenfassen läßt: Whisky trinken, böse Zauberei, Liebesmagie, Abtreibungs- und Sterilitätsmedizin – wer sich diesen schlechten Handlungen hingibt oder sich dieser schädigenden Mittel bedient, muß dafür büßen.

In späteren Jenseitsvisionen erschien ihm ein vierter Engel, den er für den Großen Geist hielt und der ihn aufforderte, ihm zu folgen. Handsome Lake erwiderte nichts; schnell beauftragte er seine Verwandten, sie möchten ihm keine Totenkleidung anlegen, selbst dann nicht, wenn er wie tot aussähe; auch sollten sie jegliche Berührung seines Leibes vermeiden. Jetzt ginge er von ihnen, meinte er, aber nicht für immer, da ihn sein Volk noch brauche.

Sein Aufenthalt im Land der Toten währte, wie er später verkündete, sieben Stunden. Dort durchwanderte er mit einem Führer, der in Blau gekleidet und mit Pfeil und Bogen ausgerüstet war, Himmel und Hölle und wurde über den Plan des Kosmos unterrichtet, was er später zur Lehre seiner neuen Religion ausbaute. Während er von seinem Führer und den drei Botschaftern umgeben auf der Erde stand, näherte sich ihm plötzlich die Milchstraße, und er gewahrte die Spuren der menschlichen Rasse – Fußstapfen in Form einzelner Sterne, die teils stärker, teils schwächer leuchteten.

Bald erschien ein glänzendes Licht; es war der Pfad der Seelen, der ins Totenreich führte und den er nun selbst entlangwandelte. Mit ihm strebten viele Menschen himmelwärts. Eine Folge von Bildern, die sein Begleiter erläuterte, drängte sich ihm auf. Da erkannte er, daß die christliche Religion für die Indianer schlecht sei. Wie sie so weiter vorwärtsglitten, begegnete ihnen auch Jesus, der verkündete, sein Volk könne nur überleben, wenn es sich von der Religion des weißen Mannes abwende. Nun sahen sie in einiger Entfernung, wie sich die Himmelsstraße gabelte und die Richter den Seelen ihren Weg zuwiesen. Auf dem breiten Weg gelangte man zur Hölle, auf dem schmalen in den Himmel.

Handsome Lake warf einen flüchtigen Blick in die Hölle mit all ihren Bestrafungen: Trinker müssen dort geschmolzenes Metall hinunterschlukken; streitsüchtige Ehepaare schimpfen solange aufeinander ein, bis ihnen die Augen aus dem Kopf stehen; Hexen kocht man in einem Kessel. Auf dem Weg zum Himmel empfing ihn sein verstorbener Sohn und sein Hund, den er geopfert hatte. Sein Führer erteilte ihm nochmals einige wichtige Ratschläge und prophezeite, die drei Botschafter sähe er erst bei seinem endgültigen Tode wieder, wenn sie ihn dann holten, um ihn für immer ins Totenreich zu geleiten. Damit entließ ihn der Führer, und Handsome Lake kehrte als Prophet in sein kleines Dorf an den Ufern des Allegheny Flusses zurück.[15]

In dieser sehr verkürzt wiedergegebenen Jenseitsreise reiht sich mit erstaunlicher Konsequenz ein Jenseitsmotiv an das andere: Ohnmacht, Begegnung mit himmlischen Botschaftern und Geistführern, die Weggabelung, an der das Gericht abgehalten wird, die Trennung des Weges in einen himmel- und einen höllewärts führenden Pfad, der kurze Einblick in die höllische Bestrafungsszenerie, die Wanderung auf dem Himmelsweg, Visionen über den kosmischen Ursprung der Menschheit, Unterricht in himmlischer Ontologie und der typische Hinweis auf die Rückkehr der Botschafter beim tatsächlichen Tod. Darüber hinaus zeigte man Handsome Lake auch seine zukünftige himmlische Wohnung, die er jedoch nicht betreten durfte, da er sonst nicht mehr zur Erde hätte zurückkehren können.

Oft erhalten Propheten ihre Inspiration aus einer Jenseitsreise; Handsome Lake ist kein Einzelfall, es scheint im Gegenteil so, daß Erleuchtungserlebnisse dieser Art die Grundlage für die Offenbarung vieler Religionen und Philosophien bilden. Dennoch gilt es festzuhalten, daß sich eine Himmelfahrt oder Jenseitsreise, wie wir sie etwa auch bei Emanuel Swedenborg, Jesus oder Mohammed antreffen, nicht zu verwechseln ist mit einer mystischen Erleuchtung, der die charakteristische Sequenz des Nah-Todeserlebnisses fehlt.

Ich lief durch schwingende Hügel

Essie Parrish, eine Kashia-Pomo-Schamanin, war Führerin des *Bole Maru*, einer religiösen Bewegung, in der christliche und traditionell indianische Elemente zusammenkommen. Parrish war eine *Maru*, eine Träumerin, die Zeremonien und Tänze leitete, die sie durch Träume erhalten hatte. Ihre erste spirituelle Erfahrung überkam sie mit sieben Jahren, als sie einem Mann begegnete, der einen magischen Federmantel trug; dabei wurde sie bewußtlos. Hier hören wir von ihrer Bewußtseinsreise, die viele klassische Merkmale einer Himmelfahrt aufweist und die sie in dem Glauben bestärkte, es sei lebensnotwendig, die Religion ihres Volkes wiederaufzubauen:[16]

Und so machte ich mich auf. Durch schwingende Hügel lief ich – Berge und Täler und schwingende Hügel, und ich lief und lief. Dort, in den schwingenden Hügeln, hörst du viele Dinge, und ich lief und lief, bis ich zu einem Steg kam. Zu meiner Rechten befanden sich ziemlich viele Leute; sie waren nackt und schrien: »Wie kommst du da rüber, wir wollen auch dort hinüber, aber wir können hier nicht weiter. Bitte komm zu uns und hilf uns beim Überqueren, das Wasser ist zu tief für uns.« Ich beachtete sie nicht, ich lief nur und lief, und dann hörte ich ein Tier. Es klang wie ein großer Hund, und da stand ein großer Hund und neben ihm eine große Frau in blauer Kleidung, und ich entschied mich, geradewegs durch sie hindurchzugehen. Ich tat es, und der Hund knurrte mich nur an. Geh nie zurück.

Ich lief und lief und kam zu einem einzelnen Baum, ging zu ihm hinüber, schaute an ihm hinauf und las die Botschaft: Geh weiter, die Hälfte des Weges hast du hinter dir. Von da an fühlte ich mich ein bißchen besser. Und ich lief und lief und lief und lief und lief und sah Wasser, ein großes Wasser – wie komme ich da durch? Ich fürchte, es ist tief. Sehr blaues Wasser. Doch ich muß weiter. Setze den ersten Fuß vor, dann den linken – benutze nie die linke Hand – und ich kam durch.

Ging weiter, immer weiter, und ich mußte einen Ort betreten, und von dort mußte ich hinunterschauen: Es war heiß, und dort waren Menschen, und sie schauten winzig aus dort unten im Ofen, wo sie schreiend umherrannten. Ich mußte hinein. Siehst du, diese Proben sind da, um mein Volk das Leben zu lehren. Das Feuer verbrannte mich nicht.

Und ich lief und lief und lief und lief. Auf der Wanderung wirst du leiden. Ich kam zu einer Wegkreuzung, die wie ein Kreuz aussah. Welcher ist der richtige Weg? Ich wußte es bereits. Osten ist der richtige Weg, um in den Himmel zu kommen. Norden, Süden und Westen sind gefährlich. Auf dieser Kreuzung war ein Platz in der Mitte. Gen Norden kannst du die wunderbaren Dinge dieser Erde sehen; Hügel und Felder und Blumen und alles wunderschön.

Ich wollte am liebsten danach greifen, doch ich wandte mich ab. Der Süden war dunkel, doch hörte ich Töne, Ungeheuer und riesige Tiere. Und ich wandte mich ab und lief ostwärts, und ich lief und lief und lief.

Zu beiden Seiten des Weges standen Blumen; Blumen über Blumen über Blumen, die nicht von dieser Welt waren.

Und während du läufst, ist weißes Licht im Zentrum. Das ist das Verwirrende dabei: Mein Bewußtsein veränderte sich. Wir sind die Menschen auf der Erde. Wir wissen um Traurigkeit und Erkenntnis, um Glauben und Begabung und alles andere. Nun, als ich so dahinlief, war mir an manchen Orten zum Weinen zumute, an anderen zum Sprechen und an einigen Orten zum Tanzen, aber ich belasse sie so für die nächste Welt. Dann, als ich diesen Ort betrat, wußte ich: Wenn du den Himmel betrittst, wirst du womöglich arbeiten müssen. Das sah ich in meiner Vision. Ich muß nirgendwohin gehen, um zu sehen. Visionen sind überall.[17]

In dieser Reise begegnen wir wieder den vertrauten Motiven: der Brücke; den nackten Menschen, die im tiefen Wasser hilflos einherpaddeln und den Übergang nicht schaffen; den Wächtern der anderen Welt – dem Hund und der großen Frau; und dann dem Baum, der an den Weltenbaum erinnert und durch den sich Parrish gekräftigt und ermutigt fühlt. Nachdem sie die schwingenden Hügel, die Wächter und ein großes Wasser, durch die sie einfach furchtlos hindurchlief, überwunden hatte, passierte sie eine Art Hölle; doch auch hier gelangte sie unbeschadet durchs Feuer. Dann treffen wir auf das häufige Motiv der Wegkreuzung – einen wirklichen Scheideweg. Parrish wählte den Osten, den mit überirdischen Blumen gesäumten Weg zum Himmel. Während ihrer langen Wanderschaft begleitete sie das weiße Licht, das – wie wir es aus allen Traditionen kennen – den Menschen erleuchtet und erhebt.

Parrish sagte: »Wenn du den Himmel betrittst, wirst du womöglich arbeiten müssen.« Denn wer in den Himmel eingedrungen ist, verspürt bald in sich den Drang, andere ebenfalls in Kontakt mit der spirituellen

Dimension zu bringen, um ihnen zu zeigen: »Visionen sind überall«, was wohl so viel heißt wie: Von jedem Ort aus ist die andere Welt oder die wirkliche Struktur der Dinge sichtbar. Deshalb kann Parrish auch behaupten: »Ich muß nirgendwohin gehen, um zu sehen.«

Miriru – die Begattung mit der Ungud-Schlange

Die bisher beschriebenen außerkörperlichen Erfahrungen weisen alle eine deutliche Struktur auf; der Mechanismus der Bewußtseinsprojektion oder das Verlassen des Körpers treten überall plastisch hervor. Doch ist in vielen Berichten das Motiv der Seelenreise nur schwer zu erkennen, denn einige Kulturen haben dieses Erlebnis so in ihr symbolisches Denksystem eingebaut, daß wir die eigentliche psychische Erfahrung dahinter kaum noch erkennen können. Ein Beispiel aus Australien soll uns diese Schwierigkeit vor Augen führen.

Ein Medizinmann der Unambal in Nordwest-Australien besitzt allgemein die Fähigkeit, die Seele vom Körper abzuspalten; in diesem Zustand des Miriru verkehrt er mit den Totengeistern. Yà-yari, die Seele des Medizinmannes, schlüpft aus seinem Körper, klettert auf einen Baum und steigt an einer dünnen Schnur ins Totenland hinauf. Der Hilfsgeist des Medizinmannes geleitet die Seele, und beide schauen nun den Tänzen der Toten zu, die später den Menschen auf der Erde gelehrt werden. Ebenso werden die Gesänge der Toten den Lebenden beigebracht; als sogenannte Corróborees wandern sie dann von Stamm zu Stamm und verbreiten sich so über weite Gebiete. Einen Corróboree aus dem Totenland zurückzubringen, nennt man »einen Corróboree finden«.

Selbst ganze Gruppen reisen ins Totenland; sie setzen sich hintereinander auf große Tanzhölzer, vorne und hinten sitzt je ein Medizinmann, alle sind durch eine Menschenhaarkordel miteinander verknüpft. Andere Männer hocken sich um die Gruppe herum und singen so lange, bis diese in Trance fallen. Sind bei der Rückkehr aus dem Jenseits die Tanzhölzer mit Blut beschmiert, heißt das: Unterwegs hatten wir Gefahren zu meistern, dabei wurde die geistige Substanz der Hölzer verletzt.

Der Medizinmann verläßt den Körper mit seiner Seele und reitet auf der mythischen Ungud-Schlange, dem Ausdruck der Regeneration, Spiritualität und Transzendenz, die aus seinem Phallus entstanden ist, durch die Lüfte. Vor dem Flug hat der Medizinmann die Empfindung, auf einen Baum zu klettern, von dem aus er sich mit der Ungud-Schlange in die Luft erhebt. Die Ungud-Kraft entweicht zwar dem Körper, bleibt aber durch einen dünnen Faden, der aus dem Penis des Mannes austritt, mit diesem verbunden. Nach dem Erwachen aus der Trance und der außerkörperlichen Erfahrung erscheinen einem die Flugerlebnisse wie ein Traum.

Während des Fluges begatten sich die Medizinmänner mit der Ungud-Schlange. Oft glauben sie auch, zwischen zwei Ungudschlangen liegend zu reisen, die sich während des Fluges paaren. Dieses Geschehen kann nur von einem anderen Medizinmann mit seiner inneren Wahrnehmung verfolgt werden, nicht aber von einem Uneingeweihten.

Die Gleichsetzung von Ungud-Schlange und Erektion, das heißt die Verbindung von regenerativer, spiritueller und sexueller Kraft, erinnert an die indischen Vorstellungen der Kundalini-Energie, die in Form einer Schlange die Wirbelsäule emporsteigt und, sich von Chakra zu Chakra schlängelnd, die Entfaltung des Bewußtseins vorantreibt. In der Begattung der Schlangen, zwischen denen der Medizinmann liegt, finden wir ein weiteres plastisches Bild für den Anstieg der psychischen Energie, die offenbar dazu beiträgt, die Seele vom Leib abzulösen und den Flug durch den Raum zu erlauben. Der Unambal-Medizinmann steigt erst auf einen Baum, wohl den Weltenbaum, hinauf, bevor er sich entlang eines Seils ins Jenseits hinüberangelt. Eine Vision des kosmischen Baumes, der als Symbol des Durchbruchs zu einer anderen Bewußtseins- und Daseinsebene gilt, mag ohne weiteres einer außerkörperlichen Erfahrung vorausgehen. Diese wunderbare, symbolträchtige und mythische Beschreibung einer Bewußtseinsverwandlung, wie wir sie überall in Australien finden, gehört zu den großen Leistungen der australischen Kultur.

Der Kontakt mit der überwältigenden abendländischen Zivilisation birgt viele Gefahren für die australische Urbevölkerung in sich. Ein tragikomisches Resultat der Akkulturation liegt uns in dem Vergleich vor, den viele Aborigines zwischen den einheimischen Blackfellow-Doctors oder den Bàn-Men und den westlichen Ärzten ziehen. Der weiße Arzt kommt mit dem Flugzeug angeflogen, er öffnet den Körper, untersucht die Eingeweide und schließt den Körper wieder. Das hat viele Ähnlichkeiten mit den eigenen Doctors: Auch sie können fliegen und den Körper des Patienten öffnen, eventuell etwas hineinlegen oder gar etwas herausholen und anschließend die Wunde wieder zusammendrücken. Doch den drastischen Unterschied, nämlich daß die Bàn-Men im Gegensatz zum Arzt diese Operation nur in einem veränderten Bewußtseinszustand ausführen, übersieht man. Paradoxerweise stärkt daher heute ausgerechnet der weiße Arzt den Glauben an die Kräfte und Fähigkeiten der eigenen traditionellen Heiler.[18]

5. DIE KÖRPER-GEIST-VERBINDUNG: LUFTSEILE UND UNSICHTBARE FÄDEN

Wenn sich die Seele vom Körper löst, bleibt sie in eigentümlicher Weise mit dem Leib verbunden, sei es durch eine Schnur, ein Seil, ein unsichtbares Band oder einen Faden, der noch zarter als der eines Spinnennetzes ist – so glauben viele Völker ebenso wie auch westliche Okkultisten und Esoteriker. Obwohl ich hier nur einige Vorstellungen von wenigen Kulturen aufführe – die ethnographische Literatur hat diesem Aspekt kaum Beachtung geschenkt –, läßt sich doch annehmen, daß sehr viele Stämme eine diesbezügliche Tradition besitzen. In unserer westlichen magischen Tradition ist das Erlebnis, während der außerkörperlichen Erfahrung durch ein Seil mit dem Körper verbunden zu sein, ausgesprochen gut dokumentiert. Die einschlägige Literatur erwähnt das »Astralband« ausnahmslos: Die Personen, die ihren Körper verlassen, fühlen fast alle ein Kabel, welches Geistkörper und materiellen Leib zusammenhält, vergleichbar der Nabelschnur, die das Kind an die Mutter bindet. Die Kontaktstellen können ganz verschiedene sein; die Schnur mag am Nabel ansetzen oder an der Fontanelle, im Nacken oder an anderen zentralen Körperpunkten.

Eliade widmete dieser Erscheinung einen ganzen Artikel, in dem er eine Verbindung herstellt zwischen dem Archetyp des kosmischen Seils – das Himmel und Erde zusammenhält und das eine ähnliche symbolische Funktion wie der Weltenbaum oder der Weltenberg besitzt – und dem, was wir als Körper-Geist-Verbindung charakterisieren.[1] In diesem Sinne versucht er auch den indischen Seiltrick zu deuten sowie verschiedene Berichte über das Austreten eines dünnen, lebendigen Wurms aus dem Mund australischer Medizinmänner. Es scheint hier jedoch, wie auch Ronald Rose ausführt, eher ein hypnotisches Geschehen vorzuliegen, das man nicht im Rahmen der Seelenanschauung diskutieren kann; es handelt sich wohl eher um eine oberflächliche Analogie.[2] Die Erfahrung eines hauchdünnen Fadens entsteht ausschließlich im veränderten Bewußtseinszustand, und nur jene Menschen machen sie, die sich auf eine Jenseits- oder Traumreise begeben.

Crookalls und Greens Materialien zeigen, daß während einer außerkörperlichen Erfahrung auch westliche Menschen diesen elastischen Faden wahrnehmen.[3] Es ist offenbar eine allgemeinmenschliche Erfahrung. Die

Parallele zur Nabelschnur verleitet oft zu kurzschlüssigen Erklärungen, nämlich daß die psychische Erfahrung ein bloßer Reflex der materiellen Verbindung zwischen Mutter und Kind sei. Gleichgültig, welcher Theorie wir uns verpflichtet fühlen, ob wir die Körper-Geist-Verbindung nur als Archetyp, als hypnotische Täuschung, als Symbol oder als realistisches immaterielles Band zwischen Seele und Leib verstehen – diese Erfahrung tritt transkulturell und spontan in allen Epochen und ganz besonders im veränderten Bewußtseinszustand auf. Eine Interpretation im jetzigen Stadium unserer Erkenntnis zu wagen, wäre verfrüht. Zunächst gilt es, weiterhin unvoreingenommen Beobachtungen zu sammeln. Im Folgenden sollen einige Beispiele aus Kulturen angeführt werden, in denen sich diese Vorstellungen stärker ausgeprägt haben.

Die Selk'nam Feuerlands beschreiben eine psychische Vision oder eine außerkörperliche Erfahrung als ein »Auge«, welches den Körper des Zauberers verläßt und in direkter Linie zu dem gewünschten Ort fliegt, dabei aber immer durch einen »hauchdünnen Gummifaden« mit dem Leib verbunden bleibt. Dieser elastische Faden zieht sich wieder zusammen, wenn das »Auge« in den Körper zurückkehrt.[4]

Eine außerkörperliche Erfahrung einer Tibeterin erwähnt Alexandra David-Neel in *Heilige und Hexer.* Diese schwerkranke Frau lag über eine Woche lang leblos danieder. Wieder bei Bewußtsein, erzählte sie, wie schnell und mühelos sie sich überallhin bewegen konnte. Der bloße Wunsch oder Gedanke, an einen Ort zu gelangen, ließ sie augenblicklich dorthin gelangen. Auf ihrer Reise wandelte sie auf dem Wasser und lief durch Wände, und wo immer sie sich aufhielt und was immer sie tat, ein für sie sichtbares Band kettete sie an den bewußtlosen Körper. Je weiter sie sich vom Körper entfernte, um so mehr verlängerte sich das Band; oft störte es sie auf ihren Reisen, und sie verwickelte sich darin, doch gelang es ihr nicht, diese Verbindung durchzuschneiden.[5]

Bei den Dolganen und den Evenken der Steinigen Tunguska (Sibirien) führt ein unsichtbarer Faden vom Menschen geradlinig in die Hand des obersten Schicksalsgottes Main.[6]

Für die Washo-Indianer entflieht während des Schlafs, bei Bewußtlosigkeit oder in Trance die Seele dem Körper, bleibt aber durch eine dünne Schnur, die aus der gleichen Substanz wie die Seele selbst besteht, mit dem Leib in Kontakt. Weckt man eine schlafende Person unsanft auf, besteht die Gefahr, daß dieses zarte Band, das die träumende Seele und den Träumer zusammenhält, durch den Schreck zerreißt, wenn die Seele sich gerade auf einem ihrer nächtlichen Ausflüge befindet. Körper und Seele trennen sich dann endgültig, und der Tod tritt ein.[7]

Der Iglulik-Eskimo Schamane Aua erzählte dem Forscher Knud Rasmussen:

Die Alten behaupten, daß wenn ein Mann schläft, sich seine Seele umdreht und mit dem Kopf nach unten in der Luft hängt und nur noch an der großen Fußzehe mit dem Körper zusammenhängt. Aus diesem Grund glauben wir, daß Tod und Schlaf eng miteinander verwandt sind; sonst würde die Seele nicht von einem so zerbrechlichen Band festgehalten werden, wenn wir schlafen.[8]

Ähnlich wie einige australische Stämme, die den Faden wie ein Spinngewebe aus dem Mund blasen, schildert auch der Huichol-Schamane Ramòn Medina Silva die Verbindungsschnur:

Diese Lebenskraft ist durch einen feinen Faden mit uns verbunden. Dieser Faden ist wie das Seidengarn einer Spinne, ja genau so wie das Gewebe einer Spinne.[9]

Die Medizinmänner der Rai in Nordwest-Australien besitzen ein »Luftseil«, mit dem sie durch die Luft fliegen und in die Erde untertauchen.[10] Bei den Ungarinvin wächst im Zustand des Miriru – dann, wenn Yà-yari, die Seele, dem Körper entweicht – ein feiner Zwirn aus dem Penis heraus, an dem sich der Bàn-Man (Schamane) *»on top«*, nach oben, zieht. Dieser Zwirn bildet sich nicht nur, wenn der Medizinmann sein Genital im Miriru besingt, sondern auch während einer Erektion. Die Seele des Doctor geht nun auf »Walkabout«, bleibt jedoch während der ganzen Traum- oder Geistreise durch das Garn mit dem Körper des Bàn-Man verknüpft.[11] Die Devil-Doctors können – versetzen sie sich in den Miriru-Zustand – an diesem dünnen Garn ins Totenreich hinaufsteigen.[12]

Schamanen der Stämme des nördlichen Dampierland gehen mit einem bestimmten Anliegen *»on top«*, in den Himmel – etwa um Regen auszulösen. Dabei tragen sie in ihrem Inneren »eine Schnur wie ein Blitz«. Spielt der Medizinmann an dieser Schnur, fährt ein Blitz aus seinem Körper, und ein Donnern erschallt. Mit dem Donnern wird die Lebenskraft, die Seele des Doctor freigesetzt, und sie folgt dem Blitz.[13] Bei den australischen Kulin und Kurnai lassen die Doctors aus ihrem Inneren einen feinen Zwirn heraustreten. Wie ein Spinngewebe blasen sie ihn aus dem Mund hervor und klettern daran zum Himmel empor.[14] Der Medizinmann der Murring steigt an einem Faden von der Dicke eines Grashalmes in den Himmel auf.[15] Wenn die Doctors der Nordweststämme und der Theddora in New-South-Wales den Himmel besuchen wollen, holen sie aus ihrem Inneren einen kaum sichtbaren Faden hervor, an dem sie sich emporhangeln.[16] Die Kurnai glauben auch, daß die Totengeister diese Schnur vom Himmel herablassen, und nach Ansicht der Wiradjuri ist dieses geheimnisvolle Band am Schwanz der Tigerschlange Gunr befestigt.[17]

Einen eher symbolischen Umgang mit der Schnur, die den Schamanen die Himmelsreise erlaubt, pflegen die Parang Negritos. Ihr Halak (Schamane) hält während der Heilséance mehrere Fäden aus Palmenblättern zwischen den Fingern, die man mit Bonsu, dem Himmelsgott, der über den sieben Himmelsebenen wohnt, verbunden glaubt. Solange der Halak die Fäden festhält, ist er mit dem Himmelsgott in Berührung. Der Gott selbst ist es auch, der die Schnüre hinabläßt und wieder hinaufzieht. Die Heilzeremonie kommt daher erst durch die Kommunion mit der Gottheit zustande, zu der über die kosmischen Fäden eine Beziehung aufgenommen wird.[18]

Auch westliche Medien empfinden immer wieder eine Schnur zwischen Leib und Seele. Robert Crookall sammelte eine große Zahl solcher Erfahrungen, aber nicht nur von medialen, sondern auch von völlig normalen Personen. Er fand die verschiedensten Bezeichnungen für eine Körper-Geist-Verbindung: Faden, Band, Pipeline, Arm, Schnur, leuchtender Silberfaden, Schnur aus Licht, Lichtstrahl. Einige Personen erwähnen auch mehrere Fäden, und andere erfahren die Schnur als vibrierend, lebendig und von leuchtender silbriger Ausstrahlung. Zu Beginn einer außerkörperlichen Erfahrung sei die Schnur noch stark und fest, verdünne sich dann aber mit zunehmender Entfernung vom Leib, bis sie hauchdünn wie ein Bindfaden und schließlich gar nicht mehr sichtbar sei.[19]

6. DIE AUSSERKÖRPERLICHE ERFAHRUNG

Daß außerkörperliche Erfahrungen nicht nur in tranceartigen und komatösen Zuständen auftreten, dokumentiert Celia Green in ihren Untersuchungen. Sie sammelte Berichte von Personen, die zum Beispiel beim Motorradfahren, während sie eine Rede hielten oder auf der Bühne sangen, sich selbst von außen beobachteten.[1] Dabei handelte es sich vornehmlich um Aktivitäten, die die Aufmerksamkeit ganz beanspruchen und eine kritische Selbstreflexion ausschalten. Die Sammlung der Aufmerksamkeit in einem Punkt ist bekanntlich eine unabdingbare Voraussetzung für alle veränderten Bewußtseinszustände. Bei einigen Personen geht der außerkörperlichen Erfahrung ein Zustand ungewöhnlicher Wachheit voraus, andere befinden sich vorher in einer tiefen Entspannung, die bisweilen von Lähmungsgefühlen begleitet ist. Oft tritt die außerkörperliche Erfahrung auch in Folge von Streß, Krankheit oder physischem Trauma auf.

Die Reaktion auf eine erste außerkörperliche Erfahrung ist meistens Erstaunen und erheiterte Überraschung. Dennoch beenden einige die Erfahrung prompt, wenn sie des eigenen Körpers ansichtig werden. Der Schock des Ungewöhnlichen ruft sie abrupt ins Wachbewußtsein zurück. Die meisten Personen beschreiben ihre Position in diesem Zustand als »oberhalb des Körpers«, oder sie fühlen, wie sie unterhalb der Zimmerdecke schweben. Einige fallen während des Schlafs durch das Bett hindurch, andere fühlen ihre Beine hinabsinken, bis sie aufrecht stehen, oder sie schweben einfach aufwärts. Verschiedene Personen entwickeln während der außerkörperlichen Erfahrung sogar eine gewisse Neugierde und forscherische Ambition, ja sie versuchen sogar zu experimentieren, um die Eigenart dieses ungewöhnlichen Zustandes zu erhellen.

Die Gegenstände sehen während dieser Erfahrung unverändert substanziell aus, die Farben sind jedoch ungleich heller und leuchtender, sie scheinen zu leben und aus sich heraus zu strahlen. Tritt die außerkörperliche Erfahrung nachts auf, ist das ganze Zimmer in strahlendes Licht getaucht, und auch im Freien ist es heller als am Tag. Die Umgebung sieht im außerkörperlichen Zustand oft anders aus als bei späterer Nachprüfung im Normalzustand. Besonders bei bewußten Experimenten treten solche Wahrnehmungsunterschiede auf. Einige Personen erklären, sie sähen die ganze Umgebung in einem Umkreis von 360 Grad, oder sie sehen durch Objekte hindurch und nehmen Dinge über weite Entfernungen hin wahr. Wieder andere sagen aus, sie hätten dabei einen größeren Überblick über Geschehnisse, Zugang zu umfassenden Informationen und das Gefühl, direkt zu wissen, ohne denken zu müssen – eine Art Allwissenheit und Omnipotenz. Stellen sie für sich Fragen, erhalten sie sofort eine Antwort darauf. Zudem glauben sie, in einem Augenblick das ganze Universum durchmessen zu können; dieses »reisende Hellsehen« erlaubt ihnen, jeden Punkt des Universums zu erforschen.

Auch die intellektuelle Kapazität ist erhöht, die Gedanken kommen so schnell wie ein Blitz, das Denken ist aktiver und reger. Insgesamt gesehen ist die Erfahrung jedoch mehr passiv beobachtend und weniger analytisch. Die Personen erinnern auch ihr normales Bewußtsein und glauben, daß sie in der außerkörperlichen Erfahrung die äußerste Grenze ihres Aufmerksamkeitspotentials erreichen. Nach Green berichten 56% der untersuchten Personen von einer gesteigerten Wachheit und Konzentration. Allgemein beschreiben sie die außerkörperliche Erfahrung mit solchen Worten wie natürlich, vollkommen, wirklich, beschwingt, leicht, frei, erhaben, vital und gesund. Andererseits besteht auch eine gewisse Furcht, nicht in den Körper zurückzugelangen, sich zu weit von ihm zu entfernen oder die Kontrolle zu verlieren.

Charles Tart unternahm es, die außerkörperliche Erfahrung unter Laborbedingungen zu untersuchen. Die herausstechenden Merkmale, die er dabei fand, sind folgende:

1. Das Gefühl zu schweben.
2. Man sieht seinen eigenen Körper.
3. Man befindet sich plötzlich an jenem Ort, an den man gerade dachte.
4. Man glaubt, einen nicht-physischen Körper zu besitzen.
5. Es herrscht die absolute Gewißheit, daß die Erfahrung kein Traum war.

Tart ist der Ansicht, daß bei den meisten Menschen eine außerkörperliche Erfahrung höchstens einmal im Leben auftritt. Was die Erfahrung auslöst, darüber sind sich die wenigsten Menschen im klaren; sie sind erstaunt und können ihre erweiterte Wahrnehmungsweise nicht einordnen. Er betont, daß die Gleichsetzung von Traum und außerkörperlicher Erfahrung eine unangemessene Vereinfachung darstellt und daß der Terminus »Traum« eine zu grobe Kategorie für all jene Zustände ist, die während des Schlafs auftauchen.[2]

Die Ableitung der Gehirnwellenaktivität während dieser Erfahrung ist sehr schwierig, besonders deswegen, weil dazu Versuchspersonen gefunden werden müssen, die sozusagen auf Befehl ihren Körper verlassen können. Tarts EEG-Untersuchungen ergaben keine eindeutigen Ergebnisse, zumal sie sich auf wenige Personen beschränkten. Tart vermutet jedoch, daß langsame Alpha-Aktivität und eine traumfreie Phase charakteristisch für diesen Zustand sind. Als Voraussetzung für die Induktion einer außerkörperlichen Erfahrung erwähnt er an erster Stelle die Traum-Kontrolltechnik, in welcher der Träumer erkennen muß, daß er träumt, und dann versucht, den Traum in eine außerkörperliche Erfahrung umzuwandeln. Als zweite Methode nennt er die Verwendung der hypnagogen Phase zwischen Wachen und Schlafen, von der aus man sich gut in diesen Zustand versetzen könne. Als dritte Möglichkeit führt er die Entwicklung eines Trancezustandes an.

Bei einer Versuchsperson Tarts traten während der außerkörperlichen Erfahrung flache Alpha-Aktivität und normaler Herzschlag auf, kein REM-Schlaf und keine bedeutsame Hautwiderstandsänderung. Diese Ergebnisse stehen nicht nur zur abendländischen okkulten Tradition im Widerspruch, die einen Komazustand mit verlangsamter Atmung und herabgesetztem Herzschlag betont, sondern auch zur Situation in Nah-Todeserlebnissen, die unter extremen psychophysischen Gegebenheiten auftreten. Offenbar gibt es verschiedene Auslöser. Einerseits mag die Person in einem ruhigen physiologischen Zustand verbleiben, andererseits können sich die biologischen Funktionen schlagartig verändern.

Die außerkörperliche Erfahrung muß nicht unbedingt in der charakteristischen Nah-Todessequenz enden. Der folgende Bericht des amerikanischen Mediums Eileen Garrett ist charakteristisch für ein solches außerkörperliches Erleben. Garrett projiziert einen Teil ihrer selbst an andere Orte, um Informationen zu erhalten; das hört sich vielleicht wie eine außerkörperliche Erfahrung an, erinnert aber gleichzeitig an Hellsehen oder *»remote viewing«*. Garrett schreibt:

> Ich erfahre in mir eine Empfindung des »Fließens«, und zur gleichen Zeit bewegt sich etwas aus mir heraus auf einen Gegenstand zu, bleibt jedoch ein charakteristischer Teil meiner selbst. Durch einen unbeschreiblichen Kontakt, der zwischen mir und dem Gegenstand stattfindet, wird mir sein »Leben« verständlich. Ich *weiß* um die Natur eines Baumes oder einer Blume oder eines Felsens teilweise durch das Auftreten dieser Empfindung. Dieser Vorgang ist augenblicklich und zeitlos. Man braucht viel länger, ihn zu beschreiben, als er benötigt, um sich zu entfalten.
>
> Ich kann einen Teil meiner selbst an entfernte Orte und zu anderen mit bekannten Leuten projizieren – ein Vorgang, der sich sehr früh bei mir als ein Spiel entwickelte, um langweilige Tage zu überbrücken, wenn ich während der langen Winter oft krank im Bett lag. Seitdem hat es sich entwickelt und gehört jetzt zu meiner körperlichen Ausstattung. In der Stille meines eigenen Zimmers konnte sich mein nebelhaftes Ich in die äußere Welt ausdehnen.[3]

Die wissenschaftliche Erforschung der außerkörperlichen Erfahrung hat gerade erst begonnen. Wir besitzen heute weder eine klare Vorstellung davon, welche physiologischen Merkmale charakteristisch dafür sind, noch wissen wir, welche Stellung sie im Gefüge höherer Bewußtseinszustände einnimmt. Ist es ein psychischer Sonderzustand oder nur eine Variante alternativer Bewußtseinszustände? Wie es auch immer sei, die außerkörperliche Erfahrung mag im Wachzustand ebenso wie im Schlaf, im Traum, in der hypnagogen Phase oder während anderer transpersonaler Zustände auftreten. Eines läßt sich allerdings mit Gewißheit sagen: Der außerkörperliche Zustand ist Voraussetzung für die Erfahrung eines Bewußtseinsjenseits, die wiederum die religiösen Anschauungen aller Kulturen entscheidend beeinflußt hat. Diese Erfahrung steht damit im Mittelpunkt der Religionsethnologie und sollte Anlaß zu breitangelegten Forschungen geben.

7. DIE »WAHRE ERDE«

Plato beschreibt im *Phaedros* den Wohnsitz der Seelen nach dem Tod; diesen Ort nennt er die »Wahre Erde«. Sie ist die höchste Region des Seins; die gänzlich Befreiten leben dort, körperlos, in unsäglicher Seligkeit, doch – trotz der äußerst subtilen Daseinsweise – noch nicht vollkommen frei von menschlichen Problemen. Die »Wahre Erde« liegt im reinen Äther, wo alles klarer, heller, gesünder und glücklicher ist. Der Äther war für die Griechen eine ebenso metaphysische Kraft, wie es Ch'i für die Chinesen oder Prana für die Hindus ist. Die Jahreszeiten sind in diesem Existenzbereich wohltemperiert, Krankheiten gibt es nicht, man lebt viel länger, und die feinstofflichen Organe sind transparenter als die unseren, so wie Luft reiner als Wasser und Äther feiner als Luft ist. Was wir über diesen überirdischen Seinsbereich, die »Wahre Erde«, wissen, wollen wir nun noch zusammenfassen.

Aus den wenigen hier angeführten, aber doch repräsentativen Darstellungen von außerkörperlichen Erfahrungen und Jenseitsgeographien läßt sich ein prototypisches Bild der immateriellen Dimension des Jenseits skizzieren. In allen Kulturen treten bestimmte Stereotype und immer wiederkehrende Motive und Erfahrungen auf. Wie Gayton nachweist, ist der Orpheus-Mythos in Nordamerika weit verbreitet.[1] Seine großangelegte Sammlung zeigt, daß Mythos und subjektive Erfahrungen von Schamanen stets gleichbleibende Muster aufweisen: die Hilfe jenseitiger Helfer, welche die Seele in die andere Welt geleiten; die Überwindung von Hindernissen (Fluß, Brücke, Versuchung); die Anwesenheit eines Wächters vor der Totenwelt; die Attribute der Jenseitsexistenz wie Glückseligkeit, Ähnlichkeit mit dem irdischen Leben und so weiter.

Zwar fehlt der einen oder anderen Kultur dieses oder jenes Motiv, es wäre jedoch kurzsichtig anzunehmen, den Individuen und Traditionen dieser Kulturen wären sie absolut unbekannt. Ich glaube, wir sollten bescheiden sein und eher Lücken im ethnographischen Wissen annehmen. Zudem, und das vernachlässigt die Anthropologie allgemein, besteht ein gewaltiger Unterschied zwischen dem Erfahrungsniveau des Schamanen als Spezialisten der Bewußtseinsveränderung und den Überlieferungen, die von den normalen Individuen einer Kultur weitergegeben werden. Das Spektrum transpersonaler Erfahrungen eines einzelnen Schamanen ist wesentlich differenzierter und persönlicher, als daß es sich in den Standardrahmen einer Kultur zwängen ließe. Der Glaube, man könne die schamanischen Erfahrungen einfach unter die vorherrschende religiöse Tradition subsumieren, ist der Kurzsichtigkeit ethnologischer Theorien zuzuschreiben, die sich nicht um die innere Erkenntnis des Schamanen kümmerte, welche jenseits des kulturell Anerkannten liegende Werte und Symbole aktiviert.

Außerdem waren den früheren Ethnographen die modernen thanatologischen Erkenntnisse unzugänglich, und selbst die heutigen Anthropologen haben sich bisher kaum darum bemüht, die sich bei uns herausbildenden Todeskonzeptionen und Todeskosmologien zu würdigen. Wie wir zeigen wollten, besteht kein wesentlicher Unterschied zwischen der Todeserfahrung westlicher Menschen und Angehöriger von Stammeskulturen. Wir haben versucht, die prinzipielle Identität herauszustellen, aber natürlich ist die Kluft, die sich durch die kulturellen Verschlüsselungsmethoden ergibt, noch sehr groß. Uns ging es insbesondere darum, die »primitiven« Seelen- und Jenseitskonzeptionen nicht als halluzinative Artefakte oder gar als bloß kulturell tradierte Überlieferungen zu betrachten. Es handelt sich nach unserer Meinung um wirkliche transpersonale Erfahrungen, die ebenso zum Repertoire der menschlichen Psyche gehören wie jede normale Empfindung oder jeder kognitive Vorgang.

Durch die moderne Nah-Todesforschung wurde die so lange übersehene Verbindung zu den Stammesreligionen wiederhergestellt; der Zirkel ist geschlossen, und die unfruchtbare, künstliche Trennung zwischen zivilisiertem und primitivem Gehirn beginnt sich in Luft aufzulösen. Die Nah-Todesforschung hat uns nicht weiter von den »archaischen« Kulturen fortgeführt, sie hat uns zu ihnen zurückgeführt. Wir können die Stammesreligionen und ihre Todeswelten nicht mehr als eine beschränkte Konzeption des Denkens ansehen, sondern müssen sie als erweiterte Erfahrung anerkennen. Die Enge der rein diskursiven Denkstruktur ist aufgebrochen und ausgedehnt worden. Wir sehen, daß dem Menschen ein Spektrum an geistigen Möglichkeiten offensteht, das unsere kühnsten Träume übertrifft. Für die Anthropologie leitet das einen neuen Stil der Feldforschung ein: Der Forscher begibt sich als Schüler und nicht mehr als Wissender zu den Schamanen, denn sie haben ihm wesentliche Erfahrungen voraus.

Die Kenntnisse über das Totenreich lassen sich nicht nur mit den Kategorien des Mythos, des Archetyps oder einer gerade gängigen psychologischen Halluzinationstheorie bewältigen. Jeder Mensch besitzt die Möglichkeit, sein Bewußtsein vom Körper abzuspalten und in eine nichtphysische Welt des Geistes einzudringen. Welcher Art diese Bewußtseinserfahrung ist, läßt sich »wissenschaftlich« augenblicklich kaum sagen; uns soll zunächst genügen zu wissen, daß es eine solche Möglichkeit überhaupt gibt – alles andere führt zu Spekulationen, die über die empirischen Grundlagen hinausgehen.

Bertrand Russell bemerkte in *Religion and Science* in bezug auf die Entwicklung der Wissenschaft:

> Die Wissenschaften entwickelten sich in umgekehrter Reihenfolge zu dem, was man hätte erwarten können. Was am weitesten von uns entfernt liegt, wurde zuerst unter die Herrschaft des Gesetzes gebracht, und dann zunehmends das, was uns näher liegt: zuerst der Himmel, dann die Erde, dann das tierische und pflanzliche Leben, dann der menschliche Körper und zuallerletzt (doch bis jetzt sehr unvollkommen) das menschliche Bewußtsein.[2]

Die Erforschung des Bewußtseins durch das Bewußtsein selbst ist eine Odyssee ganz eigentümlicher Art, die den traditionellen Forschern völlig verschlossen blieb. Nicht aber den traditionellen Stammesgemeinschaften. Sie enthüllten als erste die Geheimnisse unseres Selbst, und wie es scheint, sind sie bis heute die wirklichen Bewahrer des Mysteriums des Bewußtseins geblieben.

Was Bertrand Russell betrifft, so hat er nur recht in bezug auf die westliche Welt. Tatsächlich haben wir erst in den letzten Jahren ernsthaft damit begonnen, die tieferen Schichten des Lebens zu ergründen. Deshalb auch unser enormer Nachholbedarf in Sachen Bewußtseinsforschung. Deshalb ist die Beschäftigung mit dem für unser Verständnis Abwegigsten und Exotischsten, nämlich dem Zauberer und Schamanen, augenblicklich so brisant, denn zu ihm, dem Meister der Bewußtseinsfunktionen, sollten wir in die Lehre gehen. Inzwischen hat die Bewußtseinsforschung schon erkannt, daß sich die vermeintlich objektiven Strukturen auflösen, daß Innen und Außen, Ich und Du unentwirrbar miteinander verschlungen sind und Messungen einer objektiven »Außenwelt« nicht vorgenommen werden können, weil doch immer nur die eigenen Maßstäbe gemessen werden und Beobachtungen nichts als Beobachtungen des eigenen Bewußtseins sind.

Das Jenseits ist in den Kosmologien der meisten Völker so wie die irdische Welt gestaltet. Daher stehen für die Washo-Indianer Diesseits und Jenseits spiegelbildlich zueinander. Die Seelen der Verstorbenen leben im Jenseits mit Gefühlen und Handlungen, die sich in nichts von denen der Lebenden unterscheiden. Deshalb müssen auch die Lebenden Besuche aus der Geisterwelt fürchten, denn die Seelen haben ihre menschlichen Gefühle nicht abgelegt und können den Menschen aus der Unsichtbarkeit heraus schweren Schaden zufügen. Als Konsequenz aus dieser Erkenntnis löschen die Washo wie viele andere Völker alle Spuren und Überreste der Toten aus, die ihnen Hinweise auf ihre Vergangenheit geben könnten. Die Häuser der Toten werden verbrannt oder umgebaut, alle Erinnerungsmerkmale werden getilgt, jeder Anhaltspunkt, der den Verstorbenen auf die Spuren der Verwandten führen könnte, wird sorgfältig beseitigt.[3]

Auch für die Jukagiren führen die Seelen ein Leben wie auf Erden, nur ist ihre Welt eine Welt der Schatten, in der Schattenseelen in Schattenzelten wohnen und auf die Jagd nach Schattentieren gehen.[4] Bei den Burjäten ist zwar das Leben nach dem Tode dem irdischen Dasein vergleichbar, doch existiert dort kein Leid, obwohl wie auf der Erde Handwerker ihr Handwerk ausführen, Näherinnen nähen und Schriftkundige schreiben.[5] Die jenseitige Welt muß aber nicht einfach spiegelbildlich angelegt sein. Viele Völker haben eine »verkehrte Welt« entworfen, die sich kaum von der diesseitigen Welt unterscheidet, in der aber bestimmte Dinge umgekehrt oder auf den Kopf gestellt sind. Während wir hier mit den Augen nach außen schauen, sei der Blick, so sagen die Ostjaken, in der Unterwelt nach innen gerichtet. Die Lappen glauben, die Toten liefen mit ihren Fußsohlen gegen unsere Welt. Nach der Anschauung der Samojeden fließen die Flüsse in der anderen Welt rückwärts, die Spitzen der Bäume wachsen nach unten, die Sonne geht im Westen auf und das Leben beginnt mit dem Alter, das heißt nach der Geburt wird man zusehends jünger.[6]

Für die Cuna-Indianer dreht sich im Jenseits das Verhältnis zwischen Weißen und Indianern um. Nach dem Tode kommen die Cuna in den Besitz all der weißen Luxusgüter, und die Weißen müssen sich mit jener untergeordneten Rolle abfinden, wie sie im Diesseits den Cuna aufgebürdet wird.[7] Für den Golden-Schamanen Odschala zerfällt der Weg ins Jenseits in achtzehn Abschnitte, in Landschaften und Orte, die sich kaum anders als irdische Länder und Dörfer ausnehmen.[8] Die Reise, und das sticht bei fast allen Jenseitsreisen hervor, ist durch Schwierigkeiten, Hindernisse und Testsituationen aller Art gekennzeichnet; sie gleicht eher einem mystischen Einweihungsweg als einer gewöhnlichen Reise.

Mannigfaltige Gefahren stellen sich dem Jenseitswanderer entgegen, wobei das Motiv des Flusses, das die klassische Grenze zwischen den Welten markiert, durchgängig in allen Kulturen auftritt. Bei den Haida-Indianern ruft der Tote, gelangt er zum Gestade eines Meerbusens, auf das andere Ufer hinüber. Eine Gestalt mit einem roten Wanderstock stößt sich mit einem Floß zu ihm herüber, um ihn auf die andere Seite überzusetzen.[9] In Borneo glaubt man, die Seelenstadt liege auf einer Insel im Nebelmeer; um dorthin zu gelangen, muß man ein eisernes Schiff haben, denn es gilt, heiße Feuerstrudel zu durchqueren. Die Übeltäter bekommen durch die Hitze großen Durst, aber ihnen steht als Getränk nur eine Kanne mit geschmolzenem Blei zur Verfügung, während der gute Mensch weniger Qualen auszustehen hat.[10] Bei den Jukagiren steht am Ufer des Flusses eine alte Frau, welche die Seele fragt, ob sie für immer oder nur vorübergehend komme. Auf einem Kahn muß der Reisende dann den Fluß überwinden und begegnet auf der anderen Seite seinen verstorbenen Verwandten.[11]

Bei den Cuna steht an der Flußmündung ein Haus, in dem der Wächter wohnt. Es stehen acht verschiedene Kanus zur Auswahl; je nach dem persönlichen Lebenswandel muß man mit diesem oder jenem Kanu über den Fluß rudern.[12] Auf den Salomonen gelangt die Seele der Verstorbenen zu *Totomanu*, zum Fluß des Lebenden Wassers, in dem sie sich badet und dadurch in einen wirklichen Totengeist verwandelt wird.[13] Der Weg ins Totenland beginnt für die Semang in der konkreten Landschaft und verliert sich bald in Sphären, die zusehends unirdischer werden. Bald erscheint ein Fluß, der die Grenze zwischen Diesseits und Jenseits markiert. Hat sich die Seele in seinem Wasser gewaschen, wird sie sich ihres Schicksals bewußt, pflückt noch einige Blumen und verliert dann die Sehnsucht, ins irdische Leben zurückzukehren. Bei den Lakhern heißt dieser Fluß *Lungo*, was soviel wie »gefühllos« bedeutet und was vielleicht eine Anspielung auf den Verlust des menschlichen Status nach Überquerung des Wassers ist.

Für die Rengma Naga steht am Eingang des Totenreichs ein Wächter, der durch einen Backenstreich bei jedem Ankömmling die Erinnerung an das diesseitige Leben auslöscht. Bei den Lakhern ist der Jenseitswächter gleichzeitig Totenrichter, der die Seelen über ihr Leben ausfragt. Bei den Sangtam Naga hängt der Einlaß ins Totenreich von einer gefährlichen Probe ab: Die »mit Krallen fressende Mutter« verlangt vom Toten, er möge ihr das Ungeziefer aus dem Haar entfernen. Besteht die Seele diese Probe bei der Großen Mutter, dem Archetyp der Regeneration, nicht, bleibt sie ein Gespenst.[14] Bei den Nung kommt die Totenseele in der Unterwelt an einen Fluß. Die dort postierten Wächter lassen nur jene durch, die im Leben nicht gesündigt haben; die Schlechten werden festgehalten oder von der Brücke gestürzt. Sie müssen eine Zeitlang für ihre Sünden büßen, ehe sie zum anderen Ufer dürfen.[15] Die Semang glauben, daß sie vor dem Eingang des Totenreichs ein grausamer Wächter erwartet, der gute und böse Seelen voneinander trennt; vor diesem Aussonderungsprozeß müssen jedoch alle Seelen ein Purgatorium durchlaufen. Der Weg ins Totenland führt über zwei Brücken: Die erste gleicht einer Wippe, welche die Seele ins Firmament hinauf schleudert, bei der zweiten Brücke stößt sie ein Wesen mit Namen Ta Ped'n ins Meer.[16] Auch der Grieche Aeneas mußte, um in die Unterwelt, den Hades, zu gelangen, zunächst den Styx überqueren. Charon, der Fährmann und Wächter des Flusses, wollte ihm den Übertritt verweigern, doch auf Bitten der Sybille, die ihn begleitete, durfte er übersetzen. Ebenso glaubten die Ägypter an ein Meer, welches unsere Welt von der Unterwelt trennt, und gleichermaßen mußte ein Sumerer, um *Sheol*, die Unterwelt, zu erreichen, zuerst ein großes Meer überfahren.

Auch die Ojibwa-Indianer verfügen über einen uralten Orpheus-Mythos, in dem das Flußmotiv eine zentrale Rolle spielt. Geezhig-Mann und Wabun-anung-Frau trafen ihre Hochzeitsvorbereitungen, als Wabun-anung (Morgenstern) vorzeitig starb. Geezhig (Zeder) war so betrübt, daß er ihr ins Land der Seelen nachfolgen wollte. Ziellos irrte er umher, doch nirgends fand er seine verstorbene Geliebte. Erschöpft wanderte er durch Wälder und über Gebirgskämme, bis er eines Tages einen alten Mann traf, der seinen Wunsch, ins Land der Seelen zu reisen, mit dem Hinweis zurückwies, daß seine Zeit noch nicht gekommen sei; seine Seele sei noch mit dem Körper verbunden.

Geezhig bedrängte ihn jedoch so sehr, daß er unter der Voraussetzung, Geezhig würde nur kurz im Totenland bleiben, schließlich einwilligte. Der Wächter gab ihm auch noch einen guten Ratschlag mit auf den Weg. Er sagte: »Es ist leicht, einen Weg über den Fluß zu finden; manchen erscheint er breit und tief, anderen flach und schmal wie ein Bach. Im Schlaf kann dein Geist den Körper abstreifen; geh du mit den Seelen der Toten auf die andere Seite, ich werde hier auf deinen Körper aufpassen, bis du zurückkehrst. Es bleibt ein Band zwischen Geist und Körper, das nur der Tod durchtrennen kann. Durch dieses Band wirst du zurückfinden.«

Geezhig fiel zu Boden, eine seltsame Kraft überkam ihn, die seine Seele aus den Geweben des Körpers zog. Nun konnte er seine Reise ins Totenland antreten. Dennoch war ihm, als besitze er einen Körper mit Armen und Beinen. Er gelangte an einen reißenden Fluß. Mit einem Boot wagte er die gefährliche Überfahrt; umgeben von anderen mit Seelen bemannten Kanus, deren viele in den Fluten kenterten, erblickte er plötzlich seine geliebte Wabun-anung in einem anderen Boot. Ihre Blicke trafen sich, Liebe strahlte aus ihren Augen. Während sie in ihrem Boot mühelos übers Wasser glitt, mußte er so sehr auf die tückischen Strudel und Strömungen achtgeben, daß ihm kaum Zeit blieb, seine Geliebte anzuschauen. Kaum am anderen Ufer angelangt, wurde er auch schon wieder zurückgerufen. Auf dem Rückweg erschien ihm der Fluß nur noch wie ein kleiner Bach.[17]

Ruth Landes zeichnete eine Ojibwa-Version des Nachtod- oder Schattenreiches auf, nach der die Seele beim Tod an einen Fluß mit starker Strömung gelangt; dort befindet sich eine Brücke aus einem umgestürzten Baum, dessen Wurzel auf der einen Seite des Flusses und dessen Wipfel auf der gegenüberliegenden Uferböschung liegt. Diese Brücke schwankt gefährlich auf und nieder. Nähert sich die Seele, gewahrt sie, daß die vermeintliche Brücke in Wirklichkeit eine große Schlange ist, deren Kopf sich auf der gleichen Uferseite wie die Seele befindet. Ein Anhänger des esoterischen Midewiwin-Bundes der Ojibwa wird keine Schwierigkeiten haben, den Fluß darauf zu überqueren. Er weiß, welche spezielle Formel herzusagen ist, während andere Menschen mit beträchtlichen Hindernissen zu rechnen haben. Doch mag für den einen die Schlange reglos bleiben, für den anderen dagegen lebensgefährlich über den Fluten hin- und herpendeln.

Doch der Fluß ist nicht das einzige der Hindernisse. Für die Haida gibt es im Jenseits bis zu fünf Länder, die der Tote durchwandern muß. Der Eintritt in ein neues Land bedeutet jedesmal einen weiteren Tod.[18] Bei den Sima-Sima Mittelcerams verläßt die Seele den Körper und wandert zum Weltenberg, der sich in neun Stufen erhebt. Auf jeder Stufe wird sie von Geistern verhört und darf erst die nächste Stufe erklimmen, wenn sie sich nichts hat zuschulden kommen lassen.[19]

Bei den Chumash-Indianern Kaliforniens steigt die Seele drei Tage nach der Beerdigung aus dem Grab und wandert noch zwei Tage lang an den Stätten ihres ehemaligen Wirkens umher. Wenn sie erkennt, daß all ihre Besitztümer zerstört worden sind, bricht sie nach Similaqsa auf. Es dauert nicht lange, und sie nimmt ein Licht wahr, das ihr den Weg ins Totenreich weist. Allgemein denkt man sich drei Länder im Westen: Wit, Ayaya und Similaqsa, die sich in etwa als Purgatorium, Hölle und Himmel verstehen lassen. Zuerst durchquert die Seele eine tiefe Schlucht, die durch zwei sich unablässig öffnende und schließende Felsen blockiert ist. Lebende Menschen werden dort zermalmt, Seelen können jedoch unbeschadet hindurchschlüpfen. Hinter den mächtigen Felsen zu beiden Seiten des Weges thronen zwei gigantische Vögel, die der Seele die Augen aushacken, worauf sie sich geschwind zwei Mohnblumen pflückt, die hier in großer Anzahl wachsen, und sich diese in die Augenhöhlen steckt – da kann sie wieder sehen.

Später, in Similaqsa, erhält sie zwei neue Augen aus blauer Abalone. Als nächstes muß die Seele an La Tonadora, »Frau, die mit ihrem Schwanz sticht«, vorübergehen, die jeden Lebenden töten würde, eine Seele jedoch bloß etwas neckt und ärgert. Nun endlich trifft die Seele auf ein großes Wasser, über das eine Brücke führt, die direkt in Similaqsa endet. Mörder werden vor der Brücke vom Nacken abwärts in Stein verwandelt und müssen hilflos zusehen, wie die anderen Seelen glücklich die Brücke überqueren. Aus dem Wasser tauchen zwei große Ungeheuer auf, die die Seele erschrecken wollen, damit sie ins Wasser fällt, wo ihr Unterleib sich dann in den eines Frosches, eines Fisches, einer Schlange oder einer Schildkröte verwandeln kann. Wer allerdings, so sagen die Chumash, an den traditionellen Toloache-Ritualen (Toloache: narkotische Blätter) regelmäßig teilgenommen hat, braucht nichts zu befürchten – selbstsicher schreitet er über die Brücke ins Totenreich. Dort gabelt sich der Weg, der eine führt weiter geradeaus, der andere schwenkt nach links ab.[20]

Wie wir sehen, besteht die Jenseitsreise der Chumash aus einer Kette gefährlicher Begegnungen. Wir finden das Motiv des Flusses, der auf- und zugehenden Felsen, der großen Vögel, der Brücke, des Wächters. Doch die Seele überwindet nach der Schau des Jenseitslichtes alle Hindernisse ohne wirkliche Schwierigkeiten. Sie bekommt lediglich die Augen ausgehackt, was sich aber letztendlich als Vorteil herausstellt, denn im Himmel erhält sie – was wir als Hinweis auf eine Transformation der profanen zur inneren Wahrnehmung deuten dürfen – neue Augen, mit denen sie offenbar im Jenseits besser sehen kann.

Die Gefahren sind für jene geringer, die an religiösen Zeremonien teilgenommen und die durch die Intoxikation mit dem Psychedelikum Toloache veränderte Bewußtseinszustände schon vor dem Tod kennengelernt haben. Sie sind auf das jenseitige Bewußtseinsabenteuer psychisch vorbereitet, ihnen ist vermutlich auch schon vorher ein Einblick in die jenseitigen Gefilde gestattet worden. Dem Unvorbereiteten dagegen, der die psychischen Projektionsmechanismen und die Archetypen der Psyche nicht kennt, können die Prüfungen auf dem Weg ins Jenseits schwer zu schaffen machen. Wir werden auch hier wieder darauf verwiesen, daß eine psychotherapeutische und rituelle Vorbereitung notwendig ist, um die Geistreise in die andere Welt gut durchzustehen.

Paul Radin schildert die Jenseitswanderung bei den Winnebago. Das erste, was den Toten begegnet, ist eine tiefe Schlucht, deren Anfang und Ende nicht zu sehen ist und die man auch nicht umgehen kann. Es bleibt nur eine Möglichkeit, nämlich direkt hineinzuspringen. Nur so gelangt man unversehrt und problemlos hindurch. Als nächstes hat sich der Wanderer durch undurchdringliches Unterholz zu schlagen. Auch das gelingt nur, wenn er unerschrocken und ohne Bedenken dort hineinläuft. Dann kommen kleine arglistige Vögel geflogen, deren Stimmenwirrwarr ihn irreführen will. Es gilt, ihnen einfach gelassen zuzuhören. Schließlich regnet ekelhafter Schleim auf die Seele nieder, den sie jedoch nicht abschütteln darf, sondern teilnahmslos erdulden muß. Des weiteren hat die Seele durch brennende Erde zu laufen, ohne sich davon abschrecken zu lassen, und eine senkrechte Steilwand zu überwinden, ohne Angst oder Zweifel zu zeigen. Die Seele soll mit restlosem Selbstvertrauen alle Hindernisse furchtlos überwinden.[21]

Das psychologische Prinzip hinter dieser eindrucksvollen Sequenz von Widerstandsmotiven und Testsituationen ist, sich gleichgültig gegenüber scheinbar realen Bedrohungen zu verhalten. Der beste Weg ist die furchtlose Flucht nach vorn, sich einfach in die Gefahren hineinzustürzen, ohne an einen etwaigen Tod zu denken. Wem das gelingt, für den entpuppen sich die Gefahrensituationen als Fata Morgana der eigenen angstvollen Psyche. Offenbar soll das Bewußtsein lernen, die von ihm selbst halluzinierten Barrieren zu zerstören.

Die Struktur des Totenlandes ist demnach die Struktur unseres Bewußtseins; geistige Disziplin und Kenntnis der mentalen Projektionsmechanismen sind das erste Prinzip der Orientierung, sonst verlieren wir uns in den selbst heraufbeschworenen Bildern und pseudomateriellen Wirklichkeiten, müssen dafür die Konsequenzen tragen und durch die Qualen der Hölle gehen. Offenbar hängt es von der psychischen Reife, die man im Leben erlangt hat, ab, ob der Eintritt ins Jenseits Pein bereitet oder von Glückseligkeit begleitet ist.

Die Halluzinationen materieller Schranken im Jenseits sind projizierte anthropozentrische und kulturell tradierte Visionen eines Ego, das sich zum einen noch in der Umklammerung gesellschaftlicher Vorstellungsmodelle befindet, zum anderen noch nicht gelernt hat, sich zu relativieren. Die auftretenden Gefahren sind gewissermaßen vom Ego selbst inszenierte Bedrohungen und Denkbeschränkungen. Im Jenseits, im reinen Bewußtsein, stellt sich uns das eigene Denken gegenüber. Nur konfrontiert mit uns selbst, haben wir wie der Winnebago-Indianer die Wahl, uns von dem ekelhaften Schleim oder den listigen Vögeln zu emotionalen Reaktionen hinreißen zu lassen oder diese als Illusion abzutun.

Während der Jenseitsodyssee kommt es in allen Kulturen auf die gleichen Verhaltensweisen des Heroen, des Schamanen oder des vorübergehenden Besuchers an: Der Reisende darf sich nicht von den monströsen Kreaturen und Naturgefahren einschüchtern lassen, sonst verschlingen ihn die Angreifer, und er wird Opfer seiner selbsterschaffenen Projektionen. Das beste Mittel zur Gegenwehr ist eine gelassene Aufmerksamkeit, die sich nicht von Angstgefühlen forttragen läßt. Diese Art der Aufmerksamkeit ist typisch für die Meditation des Zen-Mönchs. Ihm mögen unbewußte, archetypische Bilder ins Bewußtsein steigen, doch er führt ihnen durch das Abstehen von gefühlsmäßiger Anteilnahme nicht solche Mengen von Energie zu, daß sie Macht über ihn gewinnen. Er läßt die Bilder kommen und gehen, sie ziehen in seiner allseitigen Wachheit vorbei, ohne emotionelle Spuren im Bewußtsein zu hinterlassen. So meistert er die wie Luftblasen aufsteigenden Visionen.

Der Übergang vom Leben zum Tod erfolgt oft fast unmerklich. Der Körper bricht zusammen, und ohne dies zu bemerken, läuft das Bewußtsein auch ohne Körper weiter. Was überlebt, ist die psychische Geistesgegenwart, das bewußte Sein, während der Leib, die fleischliche Hülle, vom Geist abgestreift wird.

Paul Radin zeichnete den Bericht über die Todeserfahrung und anschließende Reinkarnation eines Kriegers vom Stamm der Winnebago-Indianer auf, der im Krieg fiel, zunächst aber seinen Tod überhaupt nicht bemerkte. Er kämpfte einfach weiter; erst viel später, nachdem seine Verwandten auf seine Anwesenheit nicht reagierten und er seinen toten Leib auf dem Schlachtfeld erkannte, wurde ihm seine Situation bewußt. Typisch für seine außerkörperliche Erfahrung war, daß die Verwandten ihn weder sahen noch sprechen hörten. Auch der nahtlose Übergang vom körperabhängigen zum körperunabhängigen Bewußtsein sowie die Unfähigkeit, die neue Situation richtig einzuschätzen, gehören zum generellen Erscheinungsbild einer außerkörperlichen Erfahrung. Hier nun die Erlebnisschilderung:

Ich komme von oben, und ich bin heilig. Das ist mein zweites Leben auf Erden. Viele Jahre vor meiner gegenwärtigen Existenz lebte ich auf dieser Erde. Zu jener Zeit schien jeder auf dem Kriegspfad zu sein. Auch ich war ein Krieger, ein tapferer Mann. Einmal, als ich mich auf dem Kriegspfad befand, wurde ich getötet. Es schien mir jedoch, als sei ich nur gestolpert. Ich erhob mich und ging weiter geradeaus, bis ich mein Zuhause erreichte.

Daheim traf ich meine Frau und meine Kinder, aber sie schauten mich nicht an. Dann sprach ich zu meiner Frau, aber ihr schien meine Gegenwart nicht bewußt zu sein. »Was ist nur los«, dachte ich bei mir selbst, »daß sie mir keine Aufmerksamkeit schenken und nicht mal antworten, wenn ich zu ihnen spreche.«

Mit einem Male kam es mir, daß ich in Wirklichkeit tot sein könnte. So machte ich mich gleich zu dem Platz auf, wo ich vermutlich getötet worden war, und richtig, dort sah ich meinen Körper liegen. Nun wußte ich mit Sicherheit, daß ich getötet worden war. Ich versuchte zu dem Ort zurückzukehren, an dem ich als Mensch gelebt hatte, doch vier Jahre lang gelang es mir nicht.[22]

Für den Winnebago ist der Tod nur ein »Stolpern«, nach dem das Bewußtsein ohne Körper weitergeht. Erst als er den eigenen Leib erblickt, erkennt er die neuartige Situation. Bei den Burjäten muß die Seele, nachdem sie drei Tage um ihren Wohnsitz herumgeirrt ist, in die Asche des Herds treten; bleiben keine Spuren zurück, ist sie von ihrem neuen Zustand überzeugt und bricht ins Totenland auf.[23]

Die Seele verweilt fast in allen Traditionen nach dem Tod noch eine Weile in der Nähe ihrer Behausung. Während dieser Zeitspanne bemühen sich viele Völker, die Seele durch eine Art Psychotherapie, durch Rezitieren, Singen und Beten auf den richtigen Weg ins Jenseits zu geleiten. Kurz nach dem Tod ist die Seele noch aufnahmebereit, denn wie auch westliche Personen in Nah-Todesberichten dokumentieren, herrscht in der außerkörperlichen Erfahrung ein klares Bewußtsein, die physische Umgebung und die Stimmen der Anwesenden werden noch deutlich erfahren. Auf der Basis dieser Erkenntnis entwickelten viele Kulturen eine Nach-Todestherapie. So sagen die Tlingit-Indianer, die Toten liebten es, wenn man für sie sänge, das helfe ihnen, den richtigen Weg zu finden.

Auch die Ojibwa haben in ihrem Midewiwin-Bund Berichte über die Beherrschung der Todessphäre aufbewahrt. Ruth Landes erhielt von dem Schamanen Will Rogers eine Reihe von Birkenborke-Schriftrollen, die Aussagen über das Geisterreich machen.[24] Nach diesen Aufzeichnungen hielt man nach dem Tod einer Person den Geisterritus des Midewiwin ab. Die Schriftrollen erklären, daß die Seele nach dem Tod weiterhin ihren alten Verrichtungen nachgeht, sie wäscht sich, läuft zu den Wasserquellen und verlangt von der Verwandtschaft Aufmerksamkeitsbeweise. Ziel des Geisterrituals ist die Beschwichtigung der Toten und ihre Vertreibung, damit sie sich nicht an den Lebenden rächen oder ihre Feinde im Traum quälen. Der Weg, den die Seele nun anzutreten hat, ist ein gefahrvoller, der nur mit Unterstützung des Midewiwin-Rituals gemeistert werden kann.

Die Begräbnis- und Todesriten, während denen man sich oft so verhält, als sei die Seele ebenfalls anwesend, tragen dieser Erkenntnis Rechnung. Die Totenbücher der Tibeter und Ägypter oder die mittelalterliche Tradition der *ars moriendi* versuchen, dem Toten noch letzte Anweisungen zu geben. Sein Bewußtsein soll sich beruhigen, er soll Abstand vom irdischen Leben gewinnen, sich auf seine neue Existenz einstimmen und insbesondere lernen, den eigenen Erwartungen und Vorstellungen distanziert gegenüberzustehen. Die Jenseitsgeographie, die in diesen Schriften entworfen wird, ist nicht zu verstehen als naive Beschreibung anderer Landschaften, Verhaltensweisen und Lebensbedingungen, sondern als Versuch, das überlebende Bewußtsein darauf aufmerksam zu machen, daß nur es selbst die jenseitige Welt konstituiert. So gesehen stellt die Nach-Todestherapie wohl die raffinierteste und wirksamste Form einer Psychotherapie dar: eine Therapie, die uns deutlich macht, daß das, was uns widerfährt, nichts anderes ist als eine Spiegelung unseres individuellen Denkens und Fühlens, und die uns lehrt, mit unseren Projektionen umzugehen.

Ein Todesreich an sich gibt es nicht. Vielmehr besteht das Jenseits aus all jenen Eigenschaften, die unser Bewußtsein besitzt, wenn es vom Leib unabhängig existiert. So werden Geister als allwissend beschrieben, sie kennen Zukunft und Vergangenheit, sie finden verlorengegangene Gegenstände, ihnen enthüllt sich das irdische Drama als eine Fixierung auf beschränkte Raum-Zeitschnitten, während sich ihnen, sozusagen aus einer kosmischen Perspektive, Vergangenheit, Gegenwart und Zukunft als ein Ganzes darbieten. Sie sehen nicht wie Menschen ein kontinuierliches Nacheinander von Zeitintervallen, sondern erfassen in eigenartiger Weise den ganzen Ablauf einer Handlung oder eines Lebens. Durch diese

Begabung nehmen sie eine überräumliche und überzeitliche Position ein. Aus diesem Grund versuchen Menschen, mit überirdischen Geistentitäten in Kontakt zu kommen – sie wollen mehr über ihr Schicksal erfahren, um den Verlauf der weltlichen Geschehnisse beherrschen zu können.

Das jenseitige Leben ist nicht nur schön, wunderbar, von himmlischem Glanz erfüllt und zeitlos ewig. Es kann, wie die Höllenerlebnisse aller Traditionen berichten, offenbar auch qualvoll und mit unendlicher Pein angefüllt sein. Die Sünder werden bestraft, indem sie ihre irdischen Taten und Einstellungen in übersteigertem Maße durchleben müssen. Die Hölle ist oft nichts anderes als der Ausdruck psychischer Leidenschaften in extrem verdichteter Form. Die Übersteigerung des irdischen Lebens auf der Jenseitsebene ist die Übersteigerung der Gedanken und Gefühle, so wie sie sich losgelöst von der dreidimensionalen Realität des Körpers manifestieren. Das Bewußtsein, nun ganz sich selbst überlassen, schwelgt in bizarren Größenordnungen, seine nicht ausgelebten Wünsche treiben jetzt ungebunden ihrem Höhepunkt entgegen und überstürzen sich in haltloser Erregung.

Der emotionale Exzeß des Bewußtseins mag die Hölle verkörpern, ebenso wie das Motiv des Richters, des Lebensrückblicks, des Schuldgeständnisses oder der jenseitigen Beichte Ausdruck eines psychischen Bewußtwerdungsprozesses sein mag. Für jedes Vergehen, das die Seele im Leben begangen hat, glauben die Ojibwa, findet sie ein Hindernis auf ihrem Weg in die Schattenwelt, das ihren weiteren Fortschritt blockiert. Um das Hindernis zu überwinden, muß der Mensch seine Schuld abtragen. Ein Mann zum Beispiel, dessen Leben von sexuellen Ausschweifungen geprägt war, ist auf seinem Weg bepackt mit den Vulvas all der Frauen, bei denen er gelegen hat. Gleichermaßen muß eine Frau die Geschlechtsteile all jener Männer mit sich tragen, mit denen sie außerhalb ihrer Ehe Verkehr hatte.[25]

Wenn wir eine Parallele zur außerkörperlichen Erfahrung des Bewußtseins suchen, brauchen wir nur einen Blick auf die Protokolle von Experimenten zur sensorischen Deprivation zu werfen, in denen Personen in einer licht-, temperatur- und schallisolierten Kammer in wenigen Stunden den Kontakt zum eigenen Körpersensorium und zur normalen Realität verlieren und in ein Meer von Halluzinationen eintauchen, aus dem eine ganze Phalanx magischer und paranormaler Empfindungen hervortritt. Es braucht nicht viel, damit unser Bewußtsein sich »selbständig« macht. Die Erfahrungen bei der sensorischen Deprivation sind jedoch nur harmlose Vorboten dessen, was wir bei einer Nah-Todeserfahrung zu erwarten haben. Während der Halluzinationen bleibt das Bewußtsein noch eng mit dem Körper verbunden, es findet lediglich eine Veränderung und Auflösung der gewohnten Körpergrenzen statt. Bei fortgesetzter Deprivation tritt auch das Gefühl auf, zu schweben oder sich außerhalb des Körpers zu befinden. Diese Erfahrungen sind aber nur blasse Abbilder der viel intensiveren postmortalen Zustände.

Nach südkoreanischen Anschauungen muß die Person nach dem Tod zehn Tore passieren, an denen sie jeweils von einem Richter über bestimmte Bereiche ihres Lebens befragt und je nachdem getadelt oder gelobt wird. Am elften Tor werden alle guten und bösen Taten gegeneinander abgewogen, das Saldo des Lebens wird gezogen. Nach dem zwölften Tor entscheidet es sich, wo die Seele verbleiben soll. Jede Seele hat einen Fürsprecher oder Mentor, der sie, vergleichbar einem irdischen Verteidiger, am elften und zwölften Tor unterstützt und ihre schlechten Taten abzumildern und zu relativieren versucht.[26]

Wer nur vorübergehend in die jenseitige Welt reist und zurückkehren möchte, darf sich nicht zu sehr mit den Geschehnissen jener Welt identifizieren, sein Bewußtsein soll sich nicht, so mahnen Legenden und Erlebnisbeschreibungen, zu sehr dem Rhythmus der Verstorbenen hingeben, keine Totenspeisen zu sich nehmen und nicht an den Spielen oder Lebensweisen der Jenseitigen teilnehmen, denn das bedeutet Verhaftung und sinnliche Absorption. Vorsichtig wie ein Seiltänzer, distanziert und selbstbeherrscht muß sich der Reisende gegenüber der neuen Umgebung verhalten. Bewußtseinsmäßige Distanz ist im Himmel und in der Unterwelt oberstes Gesetz. Eine Guajiro-Schamanin beschreibt ihre Jenseitsreise und die dabei lauernden Gefahren folgendermaßen:

Ich kenne die »andere Welt«. Ich war tot; jedenfalls glaubten das alle. Ich war bewußtlos; es war kein Puls mehr zu fühlen, und meine Hände waren kalt. In diesem Zustand nahmen mich die Geister mit sich fort an einen Ort, wo es viele Tote gab. Ich sah dort viele tote Leute; manche kannte ich, Schwestern, auch andere Verwandte. Es gab Wayú [ein Stamm], es gab auch Civilisados [Weiße], aber sie waren von den Wayú getrennt. Ich konnte nicht von den Speisen der Toten essen. Die essen besser als wir; es gab Riesenmengen von Melonen [eine Delikatesse in der ausgetrockneten Guajira] und viel Fleisch. Dort haben sie alles. Ich durfte nicht essen. Ich konnte nur laufen und schauen. Ich durfte auch nichts berühren. Ich konnte auch nicht mit den Toten sprechen. Nur der Geist, der mein Führer war, sprach mit ihnen.

Viele Tote wollten mit mir sprechen, aber mein Geist verbot mir das. Als ich eine Verwandte bemerkte, fingen alle an zu reden. Will einer sprechen, so kommen alle und wollen eine kleine Fiesta machen, lachen und erzählen, aber ich durfte das nicht tun, denn sie hätten mich festgehalten und nicht mehr fortgelassen. Ich hätte sterben können. Der Geist sagte mir, daß ich nur ein wenig umherschauen, aber den Toten keine besondere Aufmerksamkeit zeigen sollte.

Die Toten sehen aus wie die Leute hier. Sie leben genauso, wie die Leute früher zu leben pflegten. Jener Ort ist genauso, wie es hier ist: Es gibt kalte und warme

Gegenden; Orte mit Wasser und Orte ohne Wasser; es gibt Reiche und Arme, Kranke und Gesunde, es ist genauso wie hier.[27]

Verschiedene Todesvorstellungen erwähnen eine Reihe unangenehmer Erfahrungen, die das Individuum zu durchleben hat: die qualvolle Überquerung des Totenflusses, das Erleiden diverser Verwirrungs- und Schmerzzustände in einer Art Hölle und schließlich ein psychisches Gericht, verbunden mit einem Lebensrückblick, das heißt, einer Form jenseitiger Kurzpsychotherapie, in der die Person dazu gelangt, ihr ganzes Leben in einer Gesamtschau einzuschätzen. Diesen Bewußtseinsabenteuern folgt meistens eine positive Phase, in der eine andere, in Licht erstrahlende Welt mit paradiesischen Merkmalen erscheint. Allerdings müssen wir den gravierenden Unterschied im Auge behalten, der zwischen einer Nah-Todeserfahrung und dem wirklichen Todeserlebnis besteht. Die außerkörperliche Erfahrung im Nah-Todesbereich wird insgesamt als angenehm, ja als erleuchtend, mit nicht zu übersehenden mystischen Elementen erlebt.

Von Jenseitsreisenden liegen uns Berichte über grauenvolle Höllenstrafen und -leiden vor, die sie mit angesehen haben, von denen allerdings sich nur zu Stippvisiten im Jenseits Aufhaltende ausgenommen waren: Sie überflogen problemlos den Totenfluß und durften den leichten Weg zum Himmel nehmen. Die einzigen Schwierigkeiten für solche Reisenden bestanden darin, daß sie entweder gar nicht vom Wächter über den Fluß gelassen oder daß sie ihrem Empfinden nach zu frühzeitig aus dem Himmel entlassen wurden. Andererseits besteht natürlich, wie wir gesehen haben, auch für sie die Jenseitsreise aus einer Serie von Abenteuern, Prüfungen und Hindernissen, die sie aber weniger als Folterungen, Torturen oder Bestrafungen werten, sondern eher als Tests der psychischen und spirituellen Erkenntnisfähigkeit.

In vielen Fällen gibt es nicht nur *einen* Himmel und *eine* Unterwelt, sondern verschiedene Stufen – drei, sieben, neun oder gar unendlich viele. Diese Stufen muß die Seele nacheinander überwinden. Offenbar sind dies Stadien der psychischen Entwicklung, Stadien der Erkenntnis oder ganz einfach Lebensphasen im Jenseits. Die Jenseitsgeographien deuten alle auf eine Bewußtseinsodyssee ohne Ende hin, wie sie etwa die Bewohner von Pukapuka (Südsee) vor sich haben, die unendlich viele Unterwelten annehmen.[28] Bei den Yuma-Indianern bleibt die Seele, Metr'ao, zunächst eine Zeitlang in der Nähe ihres Wohnortes. Erst nach einer anschließenden Wanderung durch drei verschiedene Ebenen erreicht sie das Totenland. Diese Welt ist der irdischen sehr verwandt, doch gibt es dort keinen Tod, ja es fehlen sogar kalte Jahreszeiten, so daß jahraus, jahrein alles wächst und grünt. Die erste Ebene ist die Erde selbst. Die zweite Ebene, Ampo't, ist ganz von feinem Staub erfüllt; sie liegt nur ein wenig über der Erde. Die dritte Ebene, Asa, ist eine Nebelwelt. Die vierte Ebene ist endlich das Totenreich. Die vorzeitig Verstorbenen verbleiben länger in jeder einzelnen Sphäre, damit sie von ihren Verwandten, die nach ihnen sterben, eingeholt werden können, so daß alle zur gleichen Zeit das Totenland erreichen.[29]

In der Kosmographie der Tungusen existieren drei Welten: Unter-, Mittel- und Oberwelt. In der Oberwelt leben Sterne, Sonne, Mond, einige Geister und Seelen. Die Mittelwelt, unsere irdische Sphäre, ist bevölkert von Geistern, Menschen und Tieren. In der Unterwelt, die der diesseitigen Welt ähnelt, leben die Totenseelen. Die Tungusen in der Mandschurei gehen von neun Himmeln aus; die ersten drei sind von Geistern bevölkert, im vierten lebt die Sonne, und in den anderen leben Sterne und Planeten. Physisches und mentales Universum vereinigen sich so zu *einer* Welt.[30] Platos Universum enthält drei Ebenen: die sensorische Ebene unserer irdischen Welt; die Ätherebene oder das Reich der Geister, Dämonen und Götter – das klassische Jenseits; und die Welt der Ideen, die zum reinen Licht, zum Guten führt. Die letztere besteht außerhalb allen materiellen Seins und aller Gedankentätigkeit.

Befragt, woher sie Kenntnis der Jenseitswelt haben, erklären uns die Mitglieder der verschiedenen Kulturen: »Aus den Erfahrungen von Zurückgekehrten und von unseren Schamanen.« Unsere westliche Kultur kann inzwischen antworten: »Von reanimierten Unfallopfern, die ein Nah-Todeserlebnis hatten.« Die mythischen Berichte von Jenseitsreisen der Kulturheroen und archaischen Helden sowie die jederzeit wiederholbaren Flüge der Schamanen vermitteln den Mitgliedern einer Kultur schon von Kindheit an psychologische Verhaltensmodelle und Leitbilder, so daß der Sterbende bereits einen Wegweiser besitzt, der ihm hilft, sicher durch das Reich des Bewußtseins zu gelangen. Die Jenseitsepen aller Völker sind die mündlich überlieferten Totenbücher und Einweihungsrituale, die den Menschen auf das große Drama nach dem Tode vorbereiten sollen. Es ist an der Zeit, daß wir uns in der Anthropologie eines neuen Erkenntnismodells versichern, das die Jenseitsberichte als mentale Schulungsmodelle auffaßt und sich gegenüber der Möglichkeit eines körperunabhängigen Bewußtseins öffnet.

Welche Form der psychischen Kosmologie uns die Transpersonale Wissenschaft bescheren und welchen neuen Rahmen sie dem menschlichen Bewußtsein in Anbetracht der Ausdehnung der geistigen Potenzen geben wird, bleibt abzuwarten. Auf jeden Fall wird es ein Weltentwurf sein, der dem modernen physikalischen Weltmodell in keiner Weise nachsteht.

Zweiter Teil:

DIE SCHAMANISCHE INITIATION

Das große Meer hat mich in Bewegung gebracht,
hat mich in Fahrt gesetzt.
Es bewegt mich wie eine Alge im Fluß.
Das Himmelsgewölbe und die gewaltige Luft bewegen mich,
sie bewegen mein Inneres und haben mich mitgerissen,
daß ich zittere vor Freude.

Uvavnuk, eine Eskimoschamanin
nach der Ekstase (Rasmussen 1946)

8. LEIDEN TÖTET, LEIDEN BELEBT – KRANKHEIT UND SELBSTHEILUNG

Krankheit und Tod hat die abendländische Kultur und Medizin den Kampf auf ganzer Linie angesagt: dem Tod, weil er uns das Ende des irdischen Lebens bedeutet, und der Krankheit, weil sie eine Beeinträchtigung der Daseinslust bedeutet. Krankheit gilt als etwas Schlechtes, etwas, das es so schnell wie möglich loszuwerden und abzutöten gilt. Krankheit kommt für unser Verständnis von außen, als Krankheitserreger; sie ist ein uns zutiefst fremder Prozeß, der unseren Körper innerlich zersetzt und lähmt, ein widernatürlicher Verlauf, den es mit allen nur erdenklichen Mitteln zu unterdrücken gilt – kurzum: das häßlichste Schreckgespenst für unsere Zivilisation.

Krankheit gilt als ein Makel, als ein Schandfleck auf der vom technologischen Allmachtswahn polierten Fläche abendländischer Selbstbespiegelung und Selbsttäuschung. Krankheit und Leiden, aus ganzem Herzen abgelehnt von unserer Kultur, entstammen für sie einer äußeren, dem Körperlichen an sich feindlichen Quelle. Die Abwehr von Krankheit und Tod, von Leiden, Schmerz und körperlicher Veränderung ist eine scheinbar natürliche Lebenseinstellung, gleichzeitig aber auch ein unerforschtes Paradigma westlichen Selbstverständnisses. Dahinter steht eine statische Weltsicht, die jeglicher Veränderung und jeglichem Wandel – nicht so sehr dem ökonomischen oder technologischen, dafür aber umso mehr dem bewußtseinsmäßigen und ontologischen – abhold ist.

Verstünden auch wir Krankheit und Leiden als einen Zustand der körperlichen und psychischen Transformation, so wie asiatische Gesellschaften oder Stammeskulturen sie begreifen, könnten wir dadurch einen tieferen und offeneren Blick in das psychosomatische und psychospirituelle Geschehen werfen und eher erkennen, welche vielfältigen Möglichkeiten sich uns durch Leiden und Ego-Tod eröffnen. Die jahrtausendealte Abwehr dagegen hat sich so in unser Bewußtsein eingegraben, daß auch die moderne Psychologie sich zum Kampf gegen Körperschwäche und Sterben aufmachte. So blieben der Schmerz, psychisches und physisches Leiden als Mittel der Bewußtseinsveränderung, als Kräfte der Transformation und als Selbstheilungsmechanismen unerkannt.

Im Zuge der allgemeinen Aufwertung des Bewußtseins, jener all unsere Handlungen, Taten und Lebensweisen durchdringenden Essenz des Daseins, und der damit einhergehenden positiven Sicht des Bewußtseinswandels, wendet sich die Wissenschaft wieder dem heiligen Wissen vergangener Kulturen und traditioneller Gesellschaften zu, die Krankheit und Tod nicht vornehmlich als feindliches Übel betrachten, sondern ihnen auch eine positive Eigendynamik zuerkennen. Sie interpretieren sie als ureigene Körper- und Lebensweisheit, der man sich nur hinzugeben braucht, um in Wahrnehmungsbereiche vorzustoßen, die erst die wahre Grundlage des irdischen Seins enthüllen.

Sind für viele traditionelle Kulturen der Tod und der Aufenthalt im Jenseits Erholung vom Leben und Regeneration, so ist für sie auch die Krankheit eine Form innerer Säuberung und Entschlackung von im Alltag aufgestauten schlechten Gewohnheiten und falscher Lebensführung. Die Todeserfahrung und das Erleiden schwerer Krankheiten gehören zur Grunderfahrung des schamanischen Lebensweges. Nicht daß jeder Schamane durch diese Art der Initiation zu gehen hat – es gibt noch manche anderen Möglichkeiten –, aber für viele spätere Schamanen bilden sie die Grundlage ihrer Verwandlung. Wir müssen uns umstellen, unsere über Generationen geprägten Vorurteile und den Pessimismus gegenüber dem Leiden fallenlassen. Wir müssen lernen, dem Tod ins Auge zu blicken und Krankheit als Ursache inneren Ungleichgewichts zu verstehen, um ihren Sinn im Kontext unserer Existenz zu erkennen. Krankheit ist eine Aufforderung zur Selbsterkenntnis und zur Selbstveränderung und – wie wir in den folgenden Schilderungen sehen werden – in den extremen Fällen eine Spielart der schamanischen Initiation.

Auf seinen Reisen durch Sibirien sammelte der Ungar Vilmos Diószegi viele Berichte schamanischer Berufungserlebnisse durch Krankheit. Einmal fragte Diószegi Kyzlasov, einen ehemaligen Kam (Schamanen) der Sagay aus Kyzlan am Yes, wie er seine Kräfte erworben habe. Doch der Mann reagierte mit eisigem Schweigen, bis seine Frau den Bann brach und anfing, die Geschichte ihres Mannes zu erzählen:

Wie er zum Schamanen geworden ist? Krankheit überkam ihn, als er 23 Jahre alt war, und mit 30 Jahren wurde er ein Schamane. So wurde er zum Schamanen: nach der Krankheit, nach den Folterqualen. Sieben Jahre lang war er krank. Während seines Leidens hatte er Träume: Mehrmals wurde er zusammengeschlagen, manchmal zu fremdartigen Orten entführt. In seinen Träumen ist er ziemlich weit herumgekommen und hat viele Dinge gesehen ... Ja, Krankheit übermannte ihn. Und er blieb ziemlich lange krank. Derjenige, der von der Schamanenkrankheit befallen wird und nicht zu praktizieren beginnt, muß schwer leiden. Er kann verrückt werden oder gar sein Leben lassen. Deshalb wird ihm geraten: »Du mußt das Schamanentum anerkennen, damit du nicht mehr leidest!« Einige sagen sogar: »Ich wurde zum Schamanen, nur um der Krankheit zu entrinnen.«[1]

Und Sunchugasev, ein anderer anwesender Schamane, meinte:

Der für das Schamanentum auserkorene Mann wird zuerst von den schwarzen Geistern erkannt. Die Geister der toten Schamanen werden schwarze Geister genannt. Sie machen den Auserwählten krank und zwingen ihn dann, Schamane zu werden.[2]

Suzukpen, ein ehemals bedeutender Kam der Sojoten vom Gebiet des Suy-Surmak-Flusses, von dem Diószegi verschiedene Gesänge aufnahm, erzählte, ohne zu zögern, von seiner langen Krankheit und seiner Berufung:

Es war vor langer Zeit. Mit zweien meiner Brüder, zu dritt, gingen wir auf Eichhörnchenjagd. Zu später Nacht überquerten wir einen Berg auf der Suche nach Eichhörnchen, als ich plötzlich mitten auf dem Weg eine schwarze Krähe sitzen sah.

Wir gingen im Gänsemarsch, ich war der erste. Ich kam näher, doch die Krähe blieb auf der Wegmitte hocken. Sie blieb reglos sitzen und wartete auf mich.

Als ich sie erreichte, warf ich etwas Schnee von einem Ast auf sie.

Sie bewegte sich nicht.

Dann schlug ich ihr mit meinem Stock auf den Schnabel.

Kok-kok, hallte das Klopfen laut wider.

Was war das? Was sollte mit mir geschehen? Schon am Vorabend – noch ehe ich die Krähe sah – hatte ich mich bereits unwohl gefühlt.

Am nächsten Tag ging ich dorthin zurück, wo ich die Krähe gesehen hatte.

Nicht einmal eine Spur sah man von ihr, nirgendwo, obwohl die anderen, das heißt meine Brüder, sie gleichfalls gesehen hatten.

Von da an, von dem Augenblick an, als ich auf den Schnabel der Krähe schlug, wurde ich sehr krank. Mein Geist war verwirrt.

Ich litt über sieben Jahre.[3]

Bei den sibirischen Sojoten erkranken die meisten der werdenden Schamanen – Mädchen im Alter von 10 bis 12 Jahren und Jünglinge mit 20 bis 25 Jahren. Sie leiden an Kopfschmerzen, Erbrechen und Appetitlosigkeit. Der herbeigerufene Schamane diagnostiziert dann, daß einer der Berggeister aus dem Kranken einen Schamanen machen will. Der Schamane Sadaqpan aus dem Ulug Dag war vor seiner Einweihung ein Jahr bettlägrig. Schwer herzkrank, schrie er oft und gebärdete sich wie wahnsinnig. Das war in seinem 30. Lebensjahr. Die Zeitspanne, in der ein Geist den künftigen Schamanen plagt, nennen die Sojoten Albys. Im nachhinein bleibt diese Periode für den Schamanen ein weißer Fleck in seinem Leben, oftmals erinnert er sich an nichts mehr. Er spricht in dieser Zeit wirr, weist ein seltsames Eßverhalten auf und singt unentwegt. Der Sohn des Schamanen Sandyq aus dem Gebiet am Sistig-khem erzählte von der Schamanenberufung seines Vaters.

Mein Vater war zuerst kränklich, er hatte ein schwaches Herz und demzufolge Anfälle. Darum dachte man, daß er nun schamanisieren müsse. Es erschien ihm ein Geist, das heißt, es waren zwei Geister: Säräl čoydu und Tämir qastaj. Der erstere war ein »großer Geist« (Uluy aza). Am Khamsara lebte der berühmte Schamane aus der Sippe Aq čódu, Amyj oder Taqqa; diesen brachte man zu meinem Vater. Amyj sagte: »Am 15. dieses Monats wirst du Schamane werden.« Amyj war ein großer Schamane.[4]

Auch bei den sibirischen Tofa werden die Schamanen vor ihrer Einweihung krank und von Geistern gepeinigt. So litt Anjataj drei Jahre lang an Kopf-, Arm-und Beinschmerzen. Im Traum forderten ihn die Geister auf, Schamane zu werden. Da schlief er drei Tage hintereinander, und als er sich besser fühlte, folgte er seiner Berufung. Der Schamane Wassili Michailowitsch aus der Familie Amastajew, schon mit 18 Jahren in sein Amt eingeführt, erkrankte so gefährlich, daß er sich ein Jahr lang nicht von seiner Bettstatt erheben konnte. Erst als er einwilligte, den Wünschen der Geister nachzugeben, besserte sich sein Zustand.[5]

Franz Boas gibt die Erlebnisse eines Kwakiutl-Indianers wieder, der, zuerst ewiger Zweifler und Kritiker der Schamanen, sich später selbst zum Heiler entwickelte. Eines Tages auf Jagd paddelte er mit anderen an der Küste entlang. Da sah er auf einem Felsvorsprung einen Wolf, der sich auf dem Boden wälzte und mit den Pfoten am Maul kratzte. Als sie näherkamen, flüchtete der Wolf zu ihrem Erstaunen nicht, sondern schien eher vertrauensselig. In seinem blutverschmierten Maul stak ein Hirschknochen; er beäugte die Jäger so, als ob er von ihnen Hilfe erwartete.

Der junge Mann besänftigte ihn: »Du bist in Not, Freund. Nun werde ich wie ein großer Schamane handeln und dich heilen, Freund. Ich werde dich von der großen Not befreien und dich wieder herrichten, Freund. Nun belohne mich, Freund, auf daß ich wie du die Gabe erhalte, alles auf einfachem Weg zu erreichen, all das, was du dir aufgrund deiner Berühmtheit als Jäger mit der Harpune und deiner übernatürlichen Kraft verschaffst. Nun belohne mir meine Gutmütigkeit dir gegenüber, Freund. Nur zu! Bleib ruhig auf dem Felsen sitzen und laß mich versuchen, den Knochen herauszuholen.« Später träumte er von diesem Wolf, der sich als Harpunier-Gestalt zu erkennen gab. Er verriet ihm, wo die Robben hausten, und sicherte ihm zu, er werde immer ein erfolgreicher Jäger sein.

Die Zeit verstrich, er hatte stets reichlich Beute heimgebracht, als die Leute von seinem Stamm eines Tages etliche, anscheinend herrenlose Kisten voller Nahrung und Kleider fanden. Doch der Inhalt war (vermutlich von weißen Siedlern absichtlich) mit Pocken infiziert. All seine Jagdgefährten starben, er lag bereits ohne Hoffnung mitten unter ihnen, als zwei Wölfe herbeitrotteten und anfingen, ihn abzulecken. Sie erbrachen Schaum über seinen Körper, den sie dann wieder fortleckten, aber nur, um ihn mit noch mehr Schaum einzudecken. Das wiederholten sie so lange, bis er sich gekräftigt fühlte. Da erkannte er den Wolf, den er einstmals gerettet hatte.

Von den Wölfen geheilt, zog er fortan mit seinen Wolfsbrüdern umher. Es kam jedoch der Tag, an dem sein Wolfsfreund die Schnauze gegen sein Brustbein drückte und seine ganze magische Kraft in ihn erbrach. Er fiel in tiefen Schlaf; da sah er im Traum, wie sich der Wolf in einen Menschen verwandelte und sagte, er könne nun Kranke heilen, krankmachende Kräfte ausschicken und Seelen fangen. Wieder erwacht, zitterte er am ganzen Körper. Jetzt war er ein Schamane. Es war ein gutes Gefühl, die ganze Zeit über war er wie im Delirium und sang jene vier heiligen Gesänge, die ihm der Wolf vermacht hatte.[6]

Hier nun noch eine recht ähnliche Geschichte von Lebi'd, ebenfalls einem Kwakiutl-Indianer. Lebi'd war lange Zeit krank, wohl drei Winter schon lag er danieder. Als er endlich starb, herrschte draußen eisige Kälte. Es stürmte und schneite unablässig, so daß man ihn nicht beerdigen konnte. Immer wieder mußten die Leute das Begräbnis verschieben. Doch dann hörte man ihn plötzlich ein Lied singen, und die Wölfe, die sich inzwischen um seinen Leichnam geschart hatten, heulten mit ihm im Chor. Jetzt wußte man: Lebi'd war ein Schamane geworden.

Er folgte den Wölfen in den Wald; zwar suchte man nach ihm, doch vergeblich. Am zweiten Tag erklang von weitem ein Gesang. Mittlerweile war sein Haus gereinigt worden, und alle erwarteten seine Rückkehr. Ein Feuer brannte, und die Leute schlugen die Trommel dreimal. Da erschien Lebi'd splitternackt. Er sang ein heiliges Lied:

> Ich wurde fortgetragen, weit ins Land hinein, zum Rande der Welt, durch die magische Kraft des Himmels, des Hochgeschätzten, ha, wo, ho. Erst dann wurde ich geheilt, als es wirklich in mich hineingeworfen wurde, der vergängliche Lebensbringer Nau'alakŭmē, ha, wo, ho.

Lebi'd tanzte und tanzte, und als sich alle zurückgezogen hatten und nur noch die anderen Schamanen übrigblieben, begann er, wie es Sitte ist, seine Erfahrung zu schildern.

Als er starb, erschien ihm ein Mann, der ihn einlud, mitzugehen. Er stand auf und war überrascht, seinen Körper dort liegen zu sehen. Sie liefen in die Wälder und betraten bald ein Haus, wo er von einem anderen Mann namens Nau'alakŭmē, der ihm seine schamanische Kraft übertrug, indem er einen Quarzkristall für ihn erbrach, einen neuen Namen erhielt. Während der Mann sein heiliges Lied sang, ließ er den Kristall in den unteren Teil des Brustbeins von Lebi'd eindringen. So wurde Lebi'd zum Schamanen. Die Wölfe hatten sich mittlerweile in Menschen verwandelt. Nau'alakŭmē drückte nun, während er sang, erst mit der rechten, dann mit der linken und schließlich mit beiden Händen auf Lebi'ds Kopf, ließ seine Hände seinen ganzen Körper entlanggleiten und schüttelte mit ihnen schließlich die Krankheit von Lebi'd weg. Das tat er viermal.

Alle Wesen legten nun wieder ihre Wolfsmasken an und begaben sich zu Lebi'ds Leichnam. Während Nau'alakŭmē Lebi'd den Atem einhauchte, leckten die Wölfe seinen Körper. Die Seele Lebi'ds ließ man zuvor auf die Größe einer Fliege zusammenschrumpfen und führte sie dann durch den Kopf in den Leichnam ein. Sofort danach belebte sich Lebi'ds Leib wieder; er stimmte ein heiliges Lied an und brach – diesmal in seiner leiblichen Gestalt – mit den Wölfen in den Wald auf, wo ihn Nau'alakŭmē lehrte, Krankheiten zu heilen, diese aber auch gegen andere auszuschicken. Er kündigte zudem an, daß Lebi'd immer von ihm träumen und er ihn in kritischen Fällen um Rat bitten könne.[7]

Diese beiden Berufungserlebnisse von Kwakiutl-Indianern beinhalten die Begegnung mit einem tierischen Hilfsgeist – hier beidesmal Wölfe, die genaugenommen verkleidete Menschen waren. Der Wolf erbrach seine magische Kraft in den Indianer, der sich nun – was bei veränderten Bewußtseinszuständen häufig der Fall ist – vollkommen euphorisiert fühlte. Diese Darstellung ist alles andere als bloße Metaphorik; das Wiederauferstehungserlebnis nach schrecklichen Qualen, Krankheit und nahem Tod ist meistens von Euphorie begleitet, denn das Leiden hat die alten Persönlichkeitsmerkmale zertrümmert. Die Krankheit als Reinigungsprozeß hat das Schlechte, Erbärmliche, Schwache, ja die alltägliche Daseinskonstitution hinweggewaschen, hat wie ein reißender Strom das Individuum überflutet und schwemmte alles Beschränkte und Trübe fort – die Krankheit wurde zur Pforte des Lebens. In allen Kulturen begegnen Menschen mit Nah-Todeserlebnissen Gestalten, die die Auferstehung des Lebens verkörpern, Lebensstiftern, Trägern göttlicher Kraft und Fülle. Nach der Krankheit – wenn sie nur genügend schwer und schrecklich gewesen ist – beginnt nämlich ein qualitatives Leben, eine transformierte Existenz.

In Lebi'ds Bericht erkennen wir ebenfalls ein charakteristisches Nah-Todeserlebnis. Als der Kranke »stirbt« und seinen Körper verläßt, empfängt ihn eine jenseitige Gestalt und führt ihn in ein »Haus« – Symbol der höheren Ebene und transzendenten Konstitution –, wo nicht nur sein Name ausgetauscht wird, um seinen inneren Wandel zu bestätigen, sondern auch Quarzkristalle – Sinnbilder der Transparenz, Erleuchtung und magischen Kraft – in seine Brust gelegt werden. Der Lebensbringer selbst spaltet den Kristall von sich ab und spuckt ihn aus; so läßt er Lebi'd an seinem Wesen – dem Leben schlechthin – teilhaben.

Was nun geschieht, ähnelt nur allzusehr einer magnetopathischen

Behandlung, dem Handauflegen, durch das die negative Energie, die Krankheit, weggestrichen und dann – wie es psychische Heiler auf der ganzen Welt tun – förmlich fortgeschüttelt und von den Händen gestreift wird. Der geheilte Lebi'd ist nun im Besitz höheren Wissens. Die Wölfe und der Lebensbringer begleiten ihn zu seiner körperlichen Hülle zurück und lassen seinen Geistkörper wieder in ihn einfahren. Fortan ist der Lebensbringer Lebi'ds Hilfsgeist, der ihm bei allen Heilungen zur Seite steht. Lebi'd wurde durch die Essenz des Lebens selbst zum Schamanen, unterstützt durch die Kräfte des Tierreichs, die Wölfe. Er wurde ein Auserwählter, der dem Leben, der Natur wirklich ins Gesicht schauen durfte, weil die Maske irdischer Unwissenheit und Verblendung von ihm abfiel.

Etwas Vergleichbares erleben wir bei dem Paviotso-Schamanen Reno, der davon träumte, daß er ins Totenreich wanderte. Oft, wenn er von Orten im Jenseits träumte, fühlte er sich schwach und elend. Ein Jahr lang schwebte er am Abgrund des Todes. Beim Träumen wurde sein Körper steif wie ein Brett, und die Totenseelen kamen, um seine Seele zu stehlen – erzählte er nach seinen Traumreisen. Allmählich begriff er: Er war zum Schamanen bestimmt und mußte die Kraft annehmen. Er gesundete jedoch erst, als sein Vater, ebenfalls ein Schamane, ihn unter großen Anstrengungen, die ihm fast selbst das Leben kosteten, heilte.[8]

Reno scheint durch schwere Leiden dem Tod nahegekommen zu sein, denn sein Körper nahm eine kataleptische, für tiefe Trance typische Starre an, und die Totenseelen legten es darauf an, seinen feinstofflichen Körper zu rauben. Da ihm derartiges während seiner langen Leidenszeit des öfteren widerfuhr, dürfen wir vermuten, daß er auf diesen sporadischen Jenseitsreisen die Grundkenntnisse schamanischer Weltsicht erwarb.

Ebenfalls mit einer Krankheit beginnt die Berufung auf den Mentawai-Inseln Indonesiens; die Himmelsgeister senden sie in Form von Malaria. Die Person träumt, in den Himmel emporzufahren oder im Wald nach Affen zu suchen. Entführen die Geister einen Erwählten in den Himmel, erhält er einen wunderbaren neuen Körper, vergleichbar dem der Geistwesen. Wenn er auf die Erde zurückkehrt, unterstützen ihn die Geister bei seinen Heilungen. Ein neuer Seher ist geboren; er ist nun ein Si-kerei, einer, der magische Kraft, »sehende Augen« und »hörende Ohren« besitzt.[9]

Sicherlich ist hier die Frage berechtigt, ob die Himmelsgeister von außen die Krankheit senden oder ob diese ein Beiprodukt eines spirituellen Entwicklungsprozesses im Individuum darstellt, der darauf hindrängt, dem kranken Initianten die innere beziehungsweise die himmlische Welt zu enthüllen. Für viele Stammestraditionen jedenfalls kommt der Anstoß zur Transformation aus dem Himmel oder aus der Unterwelt, denn dort wird man mit einem neuem Körper versehen – dem Geistkörper der Jenseitswesen, der den Eingeweihten mit ihnen ebenbürtigen Kenntnissen und Kräften ausstattet, der es ihm erlaubt, Materie, Raum und Zeit zu überschreiten.

Jemand, der bei den Zulu Inyanga, Schamane, werden soll, erkrankt unvermutet, gebärdet sich eigenartig, verträgt die gewöhnliche Nahrung nicht mehr und nimmt nur ausgewählte Speisen zu sich. Er klagt unentwegt über Schmerzen in verschiedenen Körperteilen und träumt die unglaublichsten Dinge – er wird ein »Haus der Träume«. Schnell ist er zu Tränen gerührt, weint erst leise, dann laut und in aller Öffentlichkeit. Er mag schon mehrere Jahre krank sein, wenn er ein erstes Lied über die Lippen bringt. Dann aber eilen die Leute herbei und stimmen in seinen Gesang ein. Alles wartet nun auf seinen Tod, der ihn jeden Tag ereilen kann. Das ganze Dorf findet kaum Nachtruhe, weil einer, der Inyanga wird, viel Unruhe verursacht: Er schläft kaum, und wenn, dann wacht er auf und singt, selbst mitten in der Nacht. Oder es fällt ihm ein, auf ein Dach zu klettern und wie ein Frosch umherzuspringen, sich zu schütteln und zu singen. Sein Hilfsgeist flüstert ihm dauernd etwas ins Ohr und verspricht ihm, bald werde er die Leute, die zu ihm kommen, beraten können. Er vernimmt das Pfeifen der Geister und spricht mit ihnen in der Sprache der Menschen; allerdings begreift er oftmals nicht sofort, was sie ihm zeigen wollen.

Es ist aber zu diesem Zeitpunkt immer noch unklar, ob es eine Krankheit ist, die ihn zum Inyanga machen wird, oder ob er wirklich verrückt ist. Ist sein Werdegang zum Schamanen abzusehen, sagen die Leute: »Ja, wir sehen nun, es ist sein Kopf.« Doch erscheint der Itongo, der Geist, in dem Kranken erst undeutlich, man kann ihn nicht richtig verstehen. Die Leute müssen ihm daher bei der Entwirrung seiner Eingebungen beistehen. Bald sagt der Itongo: »Begib dich zu Soundso, und er wird dir Medizin geben.« Danach geht es mit dem Initianten aufwärts. Hat ein Hilfsgeist ihm endgültig Beistand zugesichert, weist er ihn an: »Nicht du wirst mit den Menschen sprechen, sondern von uns bekommen sie alles erzählt, worüber sie Rat suchen.« Sind die Verwandten des Kranken dagegen, daß er Schamane wird, rufen sie einen anerkannten Heiler herbei, der den Geist besänftigt. Zwar verlassen daraufhin die Geister den Mann, doch vermutlich wird er sein ganzes Leben lang von Krankheit gezeichnet bleiben. Auch wenn er nicht zum Inyanga geworden ist, besitzt er noch ein tieferes Wissen, und die Leute sagen über ihn: »Wäre dieser Mann ein Wahrsager geworden, wäre er ein sehr großer Mann, ein erstklassiger Wahrsager geworden.«[10]

Hier nun die Krankheitsgeschichte von James, einem Zulu, der die

Missionsstation unerwartet verließ, weil er sich sehr schwächlich fühlte, sich dem dortigen Arzt aber nicht anvertrauen wollte, da er fürchtete, dann in eine Art Irrenhaus abgeschoben zu werden. So wanderte er zu seinem Heimatdorf zurück. Die ersten Krankheitszeichen waren ein Kribbeln und Ziehen, das sich in Fingern und Zehen allmählich ausbreitete, später auf die Arme übergriff und bald den ganzen Körper erfaßte und ihm das Gefühl gab, als laste ein schweres Gewicht auf seinen Schultern.

Aber es ist nicht nur das. Nun sehe ich Dinge, wenn ich mich niederlege. Als ich mein Zuhause verließ, hatte ich drei Gesänge erfunden, ohne zu wissen, woher sie kamen. Ich hörte das Lied und sang es dann einfach, sang es von Anfang bis Ende, ohne es je gelernt zu haben.

Was mich jetzt am meisten beunruhigt, ist, daß es nicht einen einzigen Ort im ganzen Land gibt, den ich nicht kenne. Nachts im Schlaf fliege ich darüber hinweg; es gibt keinen einzigen Ort, den ich nicht in- und auswendig kenne.

Ich sehe auch Elefanten und Hyänen, Löwen und Leoparden, Schlangen und angeschwollene Flüsse. Alle diese Dinge kommen nah an mich heran, um mich zu töten. Nicht ein Tag vergeht, ohne daß ich solche Dinge im Schlaf sehe.

Wieder sehe ich mich fliegen, nicht länger auf der Erde laufen.

Callaway fragte ihn, ob er noch an Gott glaube, doch er antwortete:

Nein. Das zu tun, würde den Tod für mich bedeuten. Wenn ich es versuche und sage: »Laß mich beten«, ist es, als ob ich alle erdenklichen Todesarten heraufbeschwöre, die sofort kommen, um mich zu töten. Die Botschaft Gottes ist durch diese Krankheit aus mir herausgezogen worden. Nur sie allein beherrscht mich seitdem.[11]

Der Mundu mugo, der Schamane der Kikuyu, eines großen Stammes Kenias, erhält seinen Ruf und seine spirituelle Unterstützung von Ngai, Gott. Man nimmt jedoch auch an, daß er eine angeborene, vererbte Disposition zum Heilen besitzt. Den Auftakt zu seiner Einweihung zum Mundo mugo gibt eine Krankheit, die durch dramatische Träume, Halluzinationen, Konzentrationsunfähigkeit, Sehschwäche und von der Norm abweichende Verhaltensweisen gekennzeichnet ist. Gleichzeitig mag die Familie des Betroffenen von einer Serie von Unglücksfällen und Mißgeschicken heimgesucht werden. Wenn ein anderer Mundo mugo all diese Zeichen als eine sinngebende Gestalt interpretiert, wird die Einweihung bestätigt und öffentlich sanktioniert.

Nun folgt die Einweihungszeremonie. Sollte ein mittelloser Novize sich diese kostspieligen Feierlichkeiten nicht leisten können, so vollführt man trotzdem ein Ritual, das sein Leiden erleichtert und ihm den Status eines »unbestätigten Mundo mugo« verleiht. Ist er vermögend und kann das damit verbundene Festgelage bestreiten, wird er ein anerkannter Mundo mugo. Nun spezialisiert er sich auf bestimmte Gebiete wie Weissagung, Diagnostizieren von Krankheiten, Prophetie, Kräuterkunde, die Wiederherstellung der Fruchtbarkeit von Frauen, die Entlarvung von Hexern oder die Heilung von Geisteskrankheiten.[12]

Die Berufung bei koreanischen Schamaninnen drückt sich, wie Harvey schreibt, in verschiedenen physiologischen Störungen aus, in sozial auffälligen Verhaltensweisen, in unkontrolliertem Benehmen, Unhöflichkeiten und einer normüberschreitenden, die Kulturwerte zerstörenden oder einer alles auf den Kopf stellenden Lebensweise wie zum Beispiel dem Tragen von Winterkleidern im Sommer, kaltem Baden im Winter, dem Offenlegen der allgemein bekannten, aber verschwiegenen Dorfgeheimnisse, oder darin, Leuten, die gerade auf der Straße vorbeilaufen, die Zukunft vorauszusagen. Man nennt diese Krankheit Sinbyong, »von Geistern gefangen« oder »Geister sind herabgestiegen«. Dabei treten auch visuelle und auditive Halluzinationen auf. Für die Verwandten ist es anfänglich schwierig zu diagnostizieren, ob es sich um eine echte Verrücktheit oder um eine Schamanenberufung handelt, denn die ersten Anzeichen sind oft nicht voneinander zu unterscheiden. Die Koreaner glauben, daß die Geister besonders solche Personen heimsuchen, deren Maum (Herz oder Seele) »gespalten« und denen ein tragisches Schicksal beschert ist.[13]

Die Mu dang, die Schamanen Koreas, von denen augenblicklich an die 60000 in einem Berufsverband organisiert sind (die Zahl der nicht registrierten Schamanen schätzt man auf über 140000[14]), stehen heute, im Gegensatz zur glanzvollen Vergangenheit, gemeinsam mit Prostituierten, Schuhmachern, Wahrsagern, buddhistischen Mönchen und Tanzmädchen auf der untersten sozialen Stufe. Vornehmlich Frauen fühlen sich zum Mu dang berufen; auch Männer oder Hermaphroditen, wenn auch in der Minderheit, werden davon angezogen. Auf dem Festland praktizieren bis zu 90 %, auf der Insel Cheju bis zu 60 % Frauen. Die Männer unter den praktizierenden Schamanen sind in Verhalten und Kleidung stark verweiblicht.

Die Berufung zum Mu dang erfolgt auf dreierlei Art:

1. durch die Geburt oder durch Adoption in eine Mu-dang-Familie;
2. durch eine Mu-dang-Lehre;
3. durch ein spontanes Berufungserlebnis.

Der häufigste Fall, das seelische Berufungserlebnis, beginnt mit einer auch von der landesüblichen Medizin nicht heilbaren Krankheit: Die Kranke hört Stimmen, spricht in fremden Zungen, kann nur flüssige Nahrung zu sich nehmen und magert bis aufs Skelett ab. Anfälle von Depression und manischer Tanzwut bis zur Ohnmacht wechseln sich ab; lange Märsche ins Gebirge oder ans Meer werden unternommen; Träume, in denen sich Hilfsgeister anbieten – oft mit genaueren Anweisungen zur

Begründung von neuen Kulten –, treten auf. Visionen des einheimischen Götterpantheons überkommen den Novizen, oder er findet durch plötzliches Hinfallen seine Paraphernalia und Machtgegenstände. Auch nach schweren Schicksalsschlägen, wie dem Tod von Anverwandten, Seuchen oder Hungersnöten sowie wirtschaftlichem Ruin beginnen die Kranken, falls die buddhistischen Klöster, die die Nervenheilanstalten ersetzen, die Symptome nicht kurieren konnten, eine Lehre als Mu dang. Eine systematische mehrjährige Ausbildung bei einer älteren, erfahrenen Mu dang schließt sich nun dem spontanen Berufungserlebnis an.[15]

Die beiden anschließenden Berichte von Berufungen koreanischer Schamaninnen mögen die Genese der Krankheit etwas näher beleuchten.

Lee Kum Suns Freund starb bereits mit 20 Jahren, was sie sehr bekümmerte. Obwohl sie bald einen anderen heiratete, träumte sie oft von ihrem verstorbenen Freund. Mit 32 Jahren erschien ihr der verstorbene Liebhaber immer wieder, und gleichzeitig bildeten sich die ersten Krankheitssymptome heraus. In einem ihrer Träume lief sie nackt zum Fuß eines Berges, wo sie einen alten Mann mit weißem Bart traf, der ihr Gesundheit und Glück voraussagte. Als sie ihr 40. Lebensjahr erreicht hatte, initiierte sie eine alte Schamanin, woraufhin sämtliche Unpäßlichkeiten nach und nach abklangen.

Oh Un-sook liebte ihren Mann nur mäßig. Sie entwickelte bald verschiedene Störungen von der Art, wie sie im vorherigen Fall ebenfalls auftraten: Sie verlor den Appetit, verweigerte Fisch und Fleisch, trank nur kaltes Wasser und bekam Kopfschmerzen. Zehn Jahre lang lebte sie sehr zurückgezogen. Mit 40 Jahren träumte sie von Donner und Blitz und daß eine Lichtsäule dreimal ihren Kopf traf. Anschließend erschienen ihr drei Männer aus dem Himmel. Später überkam sie eine Vision des Kulturheroen Koreas, eines Generals, der auf einem weißen Pferd ritt. Sie teilte öfters mit dem General das Lager und begann nach diesen Erscheinungen, anderen die Zukunft zu weissagen. Mit 47 Jahren erhielt sie die Einweihung, wodurch schlagartig alle Symptome verschwanden.[16]

Bei diesen beiden Schamaninnen sind der tragische Verlust eines geliebten Menschen beziehungsweise die unglückliche Ehe Auslöser für die Berufung. »Flucht aus der unbefriedigenden Realität«, mögen nun die Psychologen rufen – doch verfrüht. Sie übersehen, daß eine unglückliche Ehe und der Tod von Freunden eine traumatische Erfahrung darstellen kann, die einen günstigen Nährboden für veränderte Bewußtseinszustände schafft. Der traumatische Schock bringt alle psychischen Strukturen zum Einsturz, und eine feinere, paranormale Empfindsamkeit entfaltet sich auf den Ruinen des Normalbewußtseins. Während Lee Kum Sun einem alten Mann, dem Archetyp der Weisheit, begegnete, erhielt Oh Un-sook die Vision eines koreanischen Helden – ebenfalls ein Symbol der Weisheit und Kraft. Oh Un-sook teilt mit dem General das Lager – ein zusätzlicher Hinweis auf ihre intime Verbundenheit und das Verschmelzen mit dem Wesen des Transpersonalen. Andererseits besitzt diese Liebesbeziehung auch Anklänge an eine Geist-Hochzeit, wie wir sie in einem folgenden Kapitel besprechen werden.

Die Vision der Lichtsäule, die Oh Un-sook erfuhr, verstärkt den Eindruck eines Erleuchtungserlebnisses, das sie offensichtlich mit dem Jenseits, mit himmlischen Gestalten in Berührung brachte. Wie diese beiden einfachen Schilderungen dokumentieren, stehen wir hier nicht vor abstrusen, eigenwilligen Schöpfungen entarteter Geistestätigkeit, sondern ganz im Gegenteil vor den höchsten Formen intuitiver Erkenntnis.

Schon in jungen Jahren quälten Eduardo Calderón, einen peruanischen Curandero (Heiler), beunruhigende Träume und Visionen.

In meiner Kindheit hatte ich im Alter von sieben oder acht Jahren etwa einige seltsame Träume. Ich erinnere mich noch immer daran. Ich erinnere mich an Träume, in denen ich flog und in denen mein Ich sich aus dem Zustand löste, in dem es sich befand, und ich begab mich in Form einer Spirale an seltsame Orte. Oder ich flog mit schwindelerregender Geschwindigkeit: sssssssssss – und fort war ich. Ich versuchte, mich zurückzuhalten, und ich konnte nicht. Merkwürdige, sehr merkwürdige Träume. Sie verfolgten mich bis ins Alter von etwa zwölf oder dreizehn Jahren...

Was ich sah, war so, als öffnete jemand eine Tür, und die Tür ist geschlossen. Ich habe Alpträume gehabt, aber keine gewöhnlichen. Ich sah mich selbst, wie ich durch ein Loch in die Luft hineinflog, und ich bewegte mich durch eine endlose, ungeheure Leere. Ich fühlte mich taub am ganzen Körper, als wären meine Hände riesig und ich könnte damit nicht greifen; ich konnte meine Hand nicht heben.[17]

Schon früh folgte er seiner Berufung, den Menschen dienen zu müssen. Sein Wunsch, Medizin zu studieren, wurde durch die Armut seiner Familie vereitelt. So blieb ihm nichts anderes übrig, als sich mit Hilfe seiner künstlerischen Talente seinen Lebensunterhalt zu verdienen. Im Alter von 21 Jahren befiel ihn schließlich eine typische Schamanenkrankheit, die von der modernen Medizin weder diagnostiziert noch therapiert werden konnte.

Ich studierte Kunst in Lima, und plötzlich fing ich an, zu trinken und mein ganzes Geld für Alkohol auszugeben. Ich erkrankte an einem seltsamen Leiden. Einmal geschah es, daß ich eine Katze auf meiner linken Schulter sah. Dieses Bild von der Katze reichte aus, plötzlich alles, was ich tat, umzustürzen... ich verlor die Fähigkeit, Dinge in meinen Händen zu halten und aufzustehen. Ich verlor alle meine Kraft. Ich konnte mich nicht aufrecht halten und bewegte mich wie ein Schlafwandler, so erzählten sie mir später.[18]

Die Familie Eduardos vertraute der Heilkraft der Curanderos und rief eine kräuterkundige Heilerin. Sie verabreichte ihm eine Pflanzensaftmischung, und er erbrach, obwohl er vorher nichts getrunken hatte, dunkles Bier. Schlagartig genas er. Aufgrund der Erfahrungen, die er während seiner Krankheit gemacht hatte, entschloß er sich, selbst Heiler zu werden. Während er im Hafen als Schauermann arbeitete und zu Hause seine Töpfereien herstellte, ging er zu einem Curandero in die Lehre. Außerdem lernte er bei verschiedenen Meistern in Nordperu: in Chiclayo, Mocupe und Ferranafe. Nach Jahren, in denen er nur Assistent und Helfer dieser Curanderos war, erlangte er endlich bei einem Curandero in Ferranafe selbst die Meisterschaft.

Mit 28 Jahren und nach vier Lehrjahren legte er das Gelübde ab, seine Macht niemals zu mißbrauchen und nur zum Wohl der Menschen einzusetzen. Für Eduardo ist der Curanderismo eine einfache Angelegenheit des »Sehens«, eine handwerkliche Fähigkeit, die jeder zu erwerben vermag, vorausgesetzt, er übt sich regelmäßig darin. Ob bloßes Üben allein allerdings zum Erfolg führt, sei dahingestellt, denn wie Eduardos Lebensgeschichte zeigt, wurde er durch eine höhere Gewalt zu dieser Tätigkeit berufen. Auch die Frage der Vererbbarkeit darf nicht ausgeschlossen werden, denn beide Großväter Eduardos waren Schamanen.

Den befreienden und heilenden Charakter der schamanischen Séance, das heißt den Wunsch zu schamanisieren, wenn man sich von Krankheit niedergeschlagen und entkräftet fühlt, erkennen wir in einer Beschreibung Sieroszewskis. Der Jakuten-Schamane Tüsput, der über 20 Jahre lang schwerkrank war, fühlte sich nur durch die eigenen Séancen, in denen er in Trance fiel, zeitweise besser und gesundete auf diese Weise schließlich ganz. Hielt er aber über einen längeren Zeitraum keine Séancen ab, kränkelte er wieder und begann sich matt und willenlos zu fühlen.[19] Im allgemeinen bessern sich die Krankheitssymptome, wenn der Schamanen-Kandidat in Trance fällt. Das beobachtete auch der Sibirienforscher Sternberg bei einem Golden-Schamanen, den selbst seine Kollegen nicht heilen konnten. Erst als er lernte, in Trance zu gehen, verschwand die Krankheit.[20] Gleiches hören wir auch von Sandschejew, der von einem Schamanen erzählt, der seine Berufung zunächst ablehnte, durch Krankheit aber gezwungen wurde, mit den Geistern zu verkehren und Séancen abzuhalten, was schließlich zu seiner Genesung führte.[21]

Bei einem Jakuten-Schamanen, der Uno Harva seine Berufungsgeschichte erzählte, finden wir ebenfalls eine Erleichterung des Krankheitszustandes, als er das Schamanisieren aufnahm.

Im Alter von 20 Jahren erkrankte ich und begann mit meinen Augen zu sehen und mit meinen Ohren zu hören, was die anderen Menschen weder hören noch sehen können. Neun Jahre lang kämpfte ich gegen den Geist, ohne mit jemandem davon zu sprechen, was geschehen war, denn ich fürchtete, daß man zweifeln oder mich verspotten würde. Schließlich wurde ich so krank, daß ich nahe am Sterben war. Sodann begann ich zu schamanisieren und fühlte sogleich eine Besserung meines Zustandes. Auch heute noch, wenn ich längere Zeit ohne schamanische Wirksamkeit geblieben bin, treten Übelbefinden und Krankheit ein.[22]

Adrian Boshier schildert den Krankheitsverlauf von Dorcas, der Tochter eines Methodistenpredigers, die heute eine anerkannte Zulu-Sangoma (Schamanin) ist. Drei Jahre lang war sie bettlägrig und konnte in dieser Zeit nur wenig essen und trinken. Nachts verließ sie ihren Körper und besuchte weitentfernte Orte; so reiste sie überall hin. Auch weiße Ärzte wußten keinen Rat. Da erschien ihr eines Nachts im Traum ihr verstorbener Großvater; er sagte, er werde in ihren Körper eindringen und so seine irdische Arbeit weiterführen. Doch als fromme Christin wollte sie nichts davon wissen. Andere Sangoma erschienen in ihren Träumen, beschimpften sie und forderten sie auf, eine ihresgleichen zu werden. Die Visionen anderer Sangoma kamen immer häufiger – wie im Kino flimmerten die Bilder an ihrem inneren Auge vorbei.

Eines Nachts traten mehrere berühmte Sangoma an ihr Bett, sangen ein Lied, mahnten sie einzuwilligen und sich endlich einen Kopfschmuck anzufertigen. Sie begriff immer noch nicht und wollte sich von der apostolischen Kirche heilen lassen. Zur Taufe begab man sich an den Fluß, sie wurde ins Wasser geleitet und gerade, als sie eingetaucht werden sollte, hob etwas unter ihren Füßen sie plötzlich hoch – eine riesige Schlange, ihr Großvater. Ihre Mutter schaffte sie nun zu einer Tante, die selbst eine Sangoma war. Bald versammelten sich noch viele andere Medizinleute, alle trommelten und riefen: »Tanze und singe!« Da tanzte sie und sang Stunde um Stunde. Das war der Auftakt zu ihrer Ausbildung, von nun an fügte sie sich den Anweisungen der Geister.[23]

Die Verweigerung der Berufung führt nur zu unnötigen Leiden. Die südamerikanische Guajiro-Schamanin Graziela zum Beispiel wurde von ihren Hilfsgeistern oft aufgefordert, mit ihnen in die andere Welt zu reisen. Doch sie sagt:

Ich fahre nicht gern in diese weit entfernten Gegenden. Meine Geister laden mich oft ein, aber ich ziehe es vor, nicht mitzugehen. Manchmal sage ich dann: »Ich möchte nicht mit euch gehen.« Wenn ich eine solche Einladung abschlage, bekomme ich Fieber und werde sehr krank. Das ist die Strafe. Dann muß ich Manilla kauen, damit es mir wieder besser wird. Ich erhalte viele Einladungen.[24]

Jede Krankheit ist ein Versuch der Heilung. Jede Heilung ist ein Versuch, der Alltagsneurose des gewöhnlichen Bewußtseins zu entrinnen, um eine komplexere, im letzten Sinne übermenschliche Wahrnehmung zu erreichen. Die höchste Form von Krankheit ist sicherlich die Berufungskrankheit, die heilige Krankheit, die mit aller Macht der mystischen und metaphysischen Einsicht zum Durchbruch verhilft. Dies geschieht häufig ohne Rücksicht auf Empfindungen und Wünsche des Patienten – eines Patienten, der meistens nicht gewahrt, daß sein Körper während des Krankheitsprozesses eine Einweihungszeremonie durchläuft. Widerstand gegen den Transformationsprozeß ist eine natürliche Reaktion gegen das Ungewohnte, Unheimliche und Grenzenlose. Die Person sträubt sich gegen Schmerzen und Leiden, aber auch gegen die zukünftigen sozialen Funktionen, die sie als Schamane zu erfüllen hat und die ihr nur zu oft die Möglichkeit eines alltäglichen, unbeschwerten Lebens rauben.

Widerstand gegen den psychophysischen Wandel, gegen das Abbröckeln der normalen Daseinskonstitution, gehört seit jeher zum Verwandlungsablauf. Widerstand ist als normales menschliches Reaktionsmuster Teilaspekt eines jeden Umformungsritus; die Abweisung des Neuen und Unbekannten ist ein nur allzumenschliches Motiv. Dasein ist Wandel; doch der Sprung von einer dreidimensionalen zu einer mehrdimensionalen Wahrnehmung und Erfahrung stellt die vollendetste Form der Veränderung dar. Der Weg zu einer trans-logischen Erkenntnisweise oder in ein Land der Weisheit, überirdischen Schönheit und geistigen Essenz gehört zu den urtümlichsten und ältesten Erfahrungsmomenten des Menschen.

Die zentrale Frage dieses Kapitels lautet: Warum Krankheit? Warum müssen wir erkranken, bevor wir eine neue Erkenntnis annehmen können? Warum ist der Eintritt in eine umfassendere Erfahrungsebene so oft mit Krankheit oder besser gesagt mit Reinigung verbunden? Läuterung spielt im Leben aller naturverbundenen Gesellschaften eine hervorstechende Rolle. Während unsere Kultur vornehmlich die körperliche Säuberung lobt, wissen andere Kulturen noch um eine psychische und spirituelle Reinigung, die ohne weiteres mit unserer Psychotherapie vergleichbar ist. Ist für uns das Leben ein verhältnismäßig gleichförmig und kontinuierlich ablaufender Prozeß, der Wandlungen nur am Rande mit einbezieht, so sehen Naturvölker die persönliche Entwicklung eher als Abfolge von Sprüngen von einer Lebensform zur anderen an. Das dokumentieren nachdrücklich nicht nur die Übergangsriten bei der Geburt, Adoleszenz oder Bestattung, sondern ganz besonders auch beim Durchbruch vom Alltagsdasein hin zu einer spirituellen Dimension, wie es den religiösen Spezialisten widerfährt – sie schaffen gewissermaßen den Sprung vom Menschlichen zum Übermenschlichen.

Zwischen den einzelnen Lebensphasen liegen Perioden innerlicher Reinigung, damit der einzelne geistig klar und vorbereitet – ohne Ablenkung durch die üblichen Gedankengänge und vergangenen Erlebnisse – in ein neues, unbelastetes Leben voranschreiten kann. Die Läuterung mag viele Formen annehmen und vom rein Körperlichen wie Erbrechen, Schwitzen, Fasten, Schmerz, Fieber, Waschung bis zum seelischen Erdulden von Einsamkeit reichen, in der die Erinnerung an die Konstitution des eigenen Ego abgestreift wird, bis zur Erschöpfung, in der das geregelte Funktionieren von Organismus und Psyche unterbrochen wird, oder bis zur Krankheit, die alles Schlechte im Inneren aktualisiert und ausstößt und daher eine erhöhte Sensibilität für den Lebensprozeß bewirkt. Diese Sensibilität ermöglicht dem Schamanen später, die Krankheiten anderer zu diagnostizieren und zu heilen.

Oft geht seine Einfühlung in den Patienten so weit, daß er dessen Krankheitssymptome oder Schmerzen an sich selbst fühlt und auf diese Weise ein besonderes Gespür für die Ursache der Krankheit erhält. Nicht selten finden wir Berichte, in denen es heißt, Schamanen übernähmen das Übel des Kranken und vernichten es in sich selbst. Während ihres Leidensweges haben viele Schamanen unzählige Krankheiten am eigenen Leib erfahren und kennen daher eine große Bandbreite körperlicher und seelischer Reaktionsmuster.

Daß sich der Heiler so weit in den Krankheitsprozeß mit einbezieht, erscheint unserer modernen Medizin phantastisch, obskur und überdies überflüssig. Doch steht dahinter eine kaum anzuzweifelnde Logik: Erst das leidvolle Durchstehen einer Krankheit am eigenen Leibe erlaubt deren Beurteilung und wirksame Behandlung. Das Bild vom verwundeten Heiler, vom kranken Arzt, der sich selbst geheilt hat und nun anderen zu Hilfe kommt, paßt nicht ins Denkgebäude westlicher Medizin, die sich von der Krankheitsempfindung und vom Patienten durch ihre Überbetonung rein technologischer Verwaltung und Manipulation gänzlich entfernt hat.

Wollen wir die Bedeutung einer langen psychosomatischen Krankheit in ihrer Wirkung auf den Schamanen zusammenfassen, müssen wir sagen, daß das wesentliche Kriterium in seiner Begabung liegt, in einen intensivierten Austausch mit der Wirklichkeit zu treten, wodurch er die materiellen Abgrenzungen zwischen Dingen und Menschen transzendiert. Die ureigene Wesensart des Schamanen ist es, den Weltenrhythmus in sich und anderen pochen zu hören und – so mit ihm schwingend – ihn auch beeinflussen und verändern zu können. Sein Wesen ist daher in seiner Mitempfindung und Einheit mit dem Lebensprozeß begründet; er bringt die Dichotomien, den gesamten Differenzierungskodex einer materialistischen Weltanschauung zum Einsturz.

Krankheit verstanden als Reinigung, als Anstoß zu einer höheren Sensitivität, die die verborgenen und vornehmsten Potenzen des Menschseins freilegt, besitzt daher ganz andere Merkmale, als es uns die Theorien der gegenwärtigen Medizin und Psychologie weismachen wollen – nämlich daß Leiden nur Negatives bewirke. In der Tat, das normale Leben wird gestört und in Frage gestellt – doch ist es die Berufung des Schamanen, es in sich selbst zu vernichten, um es anschließend in vollen Zügen wirklich hören, sehen und leben zu können.

Die Symptomatik der Schamanenkrankheit ist meist verworren, unbestimmbar und folgt keinem bekannten Muster. Zudem sind körperliche, psychische und soziale Reaktionen eng miteinander verflochten. Auffällig ist besonders das sozial abweichende Verhalten, das alle Normen und Regeln über den Haufen wirft, verhöhnt, verdreht und der Lächerlichkeit preisgibt. Manche Kranken halten alle und nicht zuletzt sich selbst zum Narren. Sie entwickeln sich zu heiligen Clowns, die die Welt systematisch auf den Kopf stellen oder sich in unwürdigen, schamlosen und perversen Akten ergehen, die der festgelegten Moral zuwiderlaufen.

Der Narr entlarvt die beschränkten menschlichen Maßstäbe, er stellt uns erneut vor die kosmische Undefiniertheit des Seins, führt uns hinter die künstlichen Kulissen unserer Kulturwerte, wo er uns eine grenzenlose, weniger kategorisierte, weniger in artifizielle Gegensatzpaare eingeteilte Welt vor Augen führt. Der Clown, der kranke Tor, räumt auf mit Gegensätzlichkeiten, reißt äußere und innere Barrieren ein und läßt uns aus unserer maßgeschneiderten Welt der Grenzen und Linien kopfüber in eine umfassendere, holistische Dimension stürzen, die weder Anfang noch Ende kennt.

Nun trifft aber nicht nur den künftigen Schamanen das Unglück. Oft erleidet seine ganze Familie, wie bei den Kikuyu oder den koreanischen Medien, allerlei Mißgeschick und Unfälle. Auch die Angehörigen sibirischer Schamanen werden »geopfert«, sobald sich bei einem ihrer Sippe Anzeichen des Schamanenleidens kundtun. Die Schamanenwerdung zieht weite Kreise: Für seine Berufung müssen Opfer gebracht werden.

So kennen die Koreaner die Menschenbrücke, Indari – eine Erscheinung, die auftritt, wenn ein Familienmitglied zum Schamanen auserwählt wird und ein anderes Mitglied dafür sterben muß. Dann spricht man von Indari nonnunda, »eine Brücke über einen Menschen schlagen«. Ein Gott hat dann von einem Schamanen Besitz ergriffen und einem anderen Menschen dafür das Leben genommen. Ist eine Familie jedoch gewillt, das Familienmitglied sofort nach den ersten Besessenheits- und Krankheitssymptomen einer Initiationszeremonie zu unterziehen, dann muß Indari nicht unbedingt auftreten. Doch weil kaum eine Familie einen Schamanen in ihrem Kreis sehen möchte, tritt das Indari-Phänomen recht häufig auf. Nach den Untersuchungen von Cho Hung-Youn kommt bei durchschnittlich sieben bis acht von 20 Schamanen Indari vor.[25]

Häufig verbinden sich Krankheit und außerkörperliche Erfahrung. Das Leiden beraubt den Körper aller Lebenskraft; dann fühlt sich das Bewußtseinsprinzip vom Leib entbunden und läßt ihn wie eine leblose Hülle zurück. Die Sterbenden werden zu weit entfernten Plätzen geführt: »Es gibt keinen Platz in der ganzen Umgebung, den ich nicht sehen kann«, sagt der Zulu-Sangoma James. »Ich bewege mich nachts im Schlaf über alles hinweg«, hören wir immer wieder. Eduardo, der peruanische Heiler, flog durch ein Loch hindurch in die Luft; die Zulu-Sangoma Dorcas verließ nachts ihren Körper und flog durch den Raum.

Entweder bleibt es bei einer einfachen außerkörperlichen Erfahrung, oder das Nah-Todeserlebnis vertieft sich, und die Person nimmt Kontakt zu außersinnlichen Entitäten auf. Der Reisende tritt in eine Welt ein, die sich ihm in Symbolform zeigt als »Haus des Lebens«, als »weiser alter Mann mit weißem Bart« oder als Geisttier, das ihm eine neue Lebenserkenntnis vermittelt. Die Geister statten den Menschen oft auch mit einem Körper nach ihrem Ebenbild aus, wie es von den Bewohnern der Mentawai-Inseln berichtet wird, oder der Lebensbringer, wie das Beispiel von Lebi'd zeigt, erbricht für den Adepten einen Kristall, der ihn mit übernatürlicher Kraft erfüllt.

Bei ihrer Reise durch jenseitige Gefilde gelangen Schamanen oft zum »Rand der Welt«, das heißt wohl zum Rand der menschlichen Daseinskonstitution. Ausgestattet mit Wesenszügen, die sonst nur Geister oder Geisttiere auszeichnen, und geheiligt durch den Kontakt mit Weisen und Lebensbringern, haben sie nun wahrhaftig »sehende Augen und hörende Ohren«. Sie sind Menschen mit »gespaltener Seele und gespaltenen Herzen« oder ein »Haus der Träume« geworden. Die heilige Welt hat sie mit Macht versorgt und sie auch gegen ihren eigenen Willen berufen, sich einer erweiterten Seinserkenntnis zu fügen und sie in unsere menschliche Welt einzuführen. Sie, die Kranken und Leidenden, sind nun Sinbyong, von Geistern gefangen und der geistigen Welt verpflichtet.

9. ZERSTÜCKELUNGSRITUALE UND KNOCHENSCHAU IN DER UNTERWELT

> Ich erblickte zur Linken neben mir einen Engel in leiblicher Gestalt ... sein Angesicht so feurig, daß er zu den höchsten Engeln zu gehören schien, die ganz Flamme zu sein scheinen; es sind wohl die, die wir Seraphim nennen ... In seiner Hand erblickte ich einen langen goldenen Speer, und auf der Spitze desselben schien er eine kleine Flamme zu halten. Es war mir, als ob er mir den Speer mehrmals durch das Herz stieße, der bis in die Eingeweide hineindrang und sie beim Herausziehen mit sich nahm, und er ließ mich ganz entbrannt von großer Liebe zu Gott. Der Schmerz war so groß, daß ich stöhnen mußte, und so überschwenglich war die Süße, die dieser heftige Schmerz mit sich brachte, daß ich nicht wünschen konnte, davon befreit zu werden, und die Seele sich nun mit nichts geringerem als Gott begnügte. Der Schmerz ist nicht körperlich, sondern geistig, wenn auch der Körper gleichwohl daran teilnimmt, sogar in hohem Maße. Das Liebkosen, das nun zwischen der Seele und Gott stattfindet, ist so süß, daß ich zu seiner Güte flehe, er möge es den kosten lassen, der da meint, daß ich lüge.
>
> Die heilige Teresa.[1]

Initiation bedeutet immer Tod und Auferstehung, bei den Übergangsriten zu den verschiedenen Lebensphasen ebenso wie bei der schamanischen Einweihung: Das vergangene Leben muß zerstört und ausgelöscht werden. Bei den Pubertätsriten in Stammeskulturen kommen die Initianten nach der Absonderungsphase oft mit einer neuen Sprache ins Dorf zurück oder haben ihr Gedächtnis verloren, ihre vorherige Existenz vergessen. Sie erhalten daher neue Namen und müssen teilweise erneut in die Gesetze ihrer Kultur eingeführt werden. Schamanen lernen während der Initiation gleichfalls eine geheime, esoterische Sprache, die sie in Verbindung mit den höheren Mächten bringt und in der sie sich untereinander, unverstanden von den übrigen Stammesmitgliedern, unterhalten. Die heilige Sprache ebenso wie der heilige Gesang, die heiligen Machtgegenstände, heilige Symbole oder heilige Drogen lassen den Initianten Teil des magisch-religiösen Universums werden.

Die Einweihungsphase entkleidet den Menschen all seiner sozialen und geistigen Gewohnheiten, all seiner religiösen, weltanschaulichen und philosophischen Vorstellungen. Entsprechend einer lebendigeren, bildreichen Ausdrucksweise bekommt er die Haut abgezogen und die Eingeweide herausgerissen, wie es der heiligen Terese widerfuhr, ihm wird das Fleisch von den Knochen geschnitten, ja er wird regelrecht zerhackt, gekocht, gebraten, so sagen die traditionellen Kulturen. Denn um der Vergänglichkeit der ichbezogenen Welt ins Auge schauen zu können, müssen sich zum Beispiel Eskimo-Schamanen nur noch als Skelett sehen können, und die Yogis in Tibet sollen so lange auf Leichen oder Friedhöfen über den Tod meditieren, bis sie den Zerfall ihres Körpers erleben und sich als Skelett wahrnehmen.

Aus diesem Grund verwenden viele Yogis menschliche Knochen als Ritualgegenstände und ist auf den sibirischen Schamanenröcken ein Skelett abgebildet. Die Geister der Unterwelt nehmen in vielen Traditionen den Körper des Initianten nicht nur unter gräßlichen Bedingungen auseinander – sie fügen ihn auch wieder zusammen, jedoch auf sonderbare Art und Weise, die dem Zerstückelten schließlich übermenschliche Fähigkeiten verleiht. Die Skelettschau ermöglicht eine Erhöhung der geistigen Verfassung, eine Befreiung aus den blinden Kausalzwängen des irdischen Alltags. Skelett- und Knochenschau sind eine Quelle des wahren Lebens, sie verkörpern die mystische Wiedergeburt.

Die traditionelle westliche Psychologie jedoch will vom Ego-Tod nichts wissen: Zu groß sind die Qualen, die damit einhergehen. Weder möchte der Psychotherapiepatient sie ertragen, noch könnte der Therapeut ihm dabei adäquate Hilfestellung leisten. Skelettschau und Zerstückelungserlebnis, wie wir sie gleich besprechen werden, sind von der Warte der modernen Psychologie aus gesehen archaische Seelenerlebnisse, die zu brutal sind, als daß man sie dem verweichlichten modernen Patienten zumuten könnte. Durch Psychoanalyse und Aufarbeitung von Ich-Störungen, Sozialisationskonflikten und Mutterbindungen oder durch die ganze Palette humanistischer Gruppentherapien ist diese einschneidende Erfahrung nicht zu erreichen. Sie verlangt die Bereitschaft zum Tod, zum wirklichen Tod und nicht nur seiner symbolischen Nachempfindung, wozu wir bestenfalls bereit wären.

Das Zerstückelungserlebnis setzt entweder eine intensive seelische Krise oder ein Nah-Todeserlebnis voraus, bei dem ungewiß bleibt, ob man wieder ins Leben zurückfindet. Natürlich mag die Ich-Auslöschung verschiedene Stufen der Eindringlichkeit erreichen. Wie alle transpersonalen Erfahrungen lassen sich Motive des Ich-Todes bis hinein in den Traum oder gar Tagtraum verfolgen, auch wenn sie dort nur noch in äußerst verwässerter Form auftreten. Hier sprechen wir allerdings von einem Ego-

Tod, der haarscharf am echten Tod vorbeigeht, und nicht nur von einer mythopoetischen Imagination des Todes in Form von Allegorien und Archetypen. Die schamanische Todeserfahrung ist eine gefährliche Gratwanderung zwischen Diesseits und Jenseits, keine halluzinative Pseudo-Todesvision.

Viele Schamanen waren über Jahre schwer krank, sozial untragbar und psychisch verwirrt; während ihrer Leidenszeit stellten sich Körper und Psyche auf ein alternatives Wahrnehmungssystem um. Dieser stetige biopsychische Transformationsverlauf gipfelt oft in jenen Zerstückelungserfahrungen, welche den Höhe- und Wendepunkt der inneren Wandlung hin zu einer spirituellen Daseinsverfassung anzeigen. Das Zerstückelungserlebnis stellt nur eine unter vielen Möglichkeiten dar, die paralogische, transsubjektive Welt zu erschließen. Eine unmittelbare Jenseitsreise, Kontakt mit jenseitigen Tieren oder Geistern, Visionen sowie der Erwerb von Machtgegenständen gelten als weitere wirksame Formen, in die grenzenlosen Räume des Bewußtseins vorzudringen.

Die schamanischen Erlebnisse muten uns häufig exotisch oder mythisch an, doch sollten wir uns vergegenwärtigen, daß Tod/Wiedergeburtserlebnisse zu allen Zeiten auftraten und den Ursprung jeder Spiritualität und Religion bilden. Nicht nur Jesus, der unter großen körperlichen Qualen starb, dann aber wiederauferstand, Mohammed, der ins Jenseits reiste, oder Tantalos aus der griechischen Mythologie, der seinen Sohn Pelops tötete und ihn den Göttern auftischte, welche den Jüngling wiederbelebten, indem sie ihn kochten, sondern auch manche unserer europäischen Mystiker bis hin zu neuzeitlichen Menschen gingen aus dem Zergliederungserlebnis verjüngt und neugeboren hervor. Wir stehen hier vor einem transpersonalen Prinzip ersten Ranges, das den Kern aller Mystik und Introspektion verkörpert.

Unser erstes Beispiel handelt von dem japanischen Priester Chiko. Er war eifersüchtig auf den heiligen Gyogi – einen Priester, den der Kaiser mit besonderen Ehren bedacht hatte –, was er als einen Makel auf seinem sonst tadellosen Leben empfand. Als er bald darauf erkrankte, befahl er seinen Schülern, ihn erst nach neun Tagen beizusetzen, falls er sterben sollte. Und wie vorausgesehen, starb er kurze Zeit später. Seine Schüler verbargen pflichtgemäß seinen Leib in einem dunklen Raum. Als sie am neunten Tag wieder nach ihm sahen, war Chiko wieder wohlauf und erzählte von seinen Abenteuern.

Zwei Botschafter seien gekommen und hätten ihn eine Straße entlang gen Westen geführt zu einem goldenen Palast mit zwei angsteinflößenden Wächtern zu beiden Seiten der Eingangspforte. Doch die Wächter ließen sie passieren und hießen sie nordwärts wandern. Unterwegs überkam

Chiko bald eine feurige Hitze, obwohl er nirgends ein Feuer erblicken konnte. Vor ihm entstand eine rotglühende Säule aus Eisen. »Umarme diese Säule«, sagten seine Begleiter bestimmt. Kaum schlang er seine Arme darum, als all sein Fleisch verbrannte und nur sein Skelett übrigblieb. Nach drei Tagen erweckten ihn die Botschafter wieder zum Leben, indem sie die immer noch glühende Säule mit Besen abbürsteten und riefen: »Komm ins Leben zurück, komm ins Leben zurück.«

So stand er wieder auf, und sie setzten ihre Wanderung gen Norden fort, bis eine zweite glühende Säule, diesmal aus Kupfer, vor ihnen auftauchte. Erneut forderten die Botschafter ihn auf, die Säule zu umarmen, erneut verkohlte sein Fleisch, so daß nur sein Skelett zurückblieb. Nach drei Tagen vollführten die Begleiter erneut ihr Wiederbelebungsritual. Auf ihrer weiteren Wanderung erblickten sie eine Wolke, die so vor Hitze glühte, daß selbst die Vögel tot vom Himmel fielen. Jetzt waren sie in Avici, der Hölle, angelangt, wo Chiko zum drittenmal verbrannt werden sollte. Seine beiden Begleiter stießen ihn ins Höllenfeuer, wo er drei Tage lang schmorte; danach wurde er von seinen Weggefährten heimgeführt.

Als er, glücklich, die Qualen hinter sich zu haben, den Palast verließ, mahnten ihn die Wächter, er habe diese Torturen durchstehen müssen, um seine gefährliche Eifersucht gegen den Bodhisattva Gyogi auszumerzen. Als er wieder in seinem Tempel erwachte, waren neun Tage vergangen. Er beichtete dem Heiligen seine Eifersucht, und ihm wurde vergeben. Fortan führte er ein vorbildliches Leben.[2]

Diese dramatische Todeserfahrung weist viele Jenseitselemente auf: den Weg nach Westen, die Hüter am Tor zur anderen Welt, die Hölle, die Geistbegleiter. Im Zentrum steht die Vernichtung Chikos durch Hitze und Feuer. Nur sein Skelett bleibt erhalten – ein Hinweis darauf, daß er eine höhere Bewußtseinsebene erlangt hat. Wie Phönix aus der Asche steigt der Priester aus der Hölle; neugeboren, gereinigt von seinem schlechten Sinnen und Trachten, kann er nun seine Verrichtungen allseits geläutert wieder aufnehmen. Das Feuer hat im wahrsten Sinn des Wortes alles Übel in ihm getilgt, es steht hier als universelles Motiv der Wiederherstellung des Gleichgewichts und der Reinheit. Ob das Feuer nur ein Symbol der Transformation ist oder auch einem realen biochemischen Prozeß entspricht, der als innere Hitze erfahren wird, wie wir es auch in den Schriften über die Kundalini-Energie hören, müssen wir späteren physiologischen Untersuchungen überlassen, die – so darf man hoffen – einmal einen experimentellen Zugang zur schamanischen Erfahrung mit naturwissenschaftlichen Methoden erschließen werden.

Ehe er den Geistern dienen kann, muß auch in Indonesien der Schamane seinen Körper zerreißen lassen. Die See-Dajak bekommen bei der Einweihung den Kopf abgeschnitten, ihr Gehirn wird herausgenommen, gewaschen und später wieder eingesetzt – all dies, damit der zukünftige Schamane einen klaren Geist erhält. Doch erst wenn die Geister ihm Goldstaub in die Augen blasen, wird er ein Sehender und erschaut die andere Welt. Sein Herz durchbohrt man mit einem Pfeil, um sein Mitgefühl und seine Sanftherzigkeit gegenüber Kranken zu erwecken. Bei den Zeremonien der Dajak wird über dem Initianten eine Kokusnuß zerschlagen, wahrscheinlich um die »spirituelle Gehirnoperation« noch einmal auf sichtbarer Ebene zu veranschaulichen.[3]

Wie wir sehen, ist das Ergebnis der psychischen Zerteilung ein klarer Geist, eine erweiterte Wahrnehmung, ein größeres Einfühlungsvermögen, eine echte Sanftherzigkeit gegenüber den Mitmenschen. Offenbar stimuliert nur eigenes, selbsterlebtes Leiden echte Toleranz und wahres Mitgefühl gegenüber anderen Menschen.

Der oberste Zauberdoktor der Hain//om* in Südwestafrika, /Garugu //Khumob litt, bevor er 16 Jahre alt wurde, an einer schweren Krankheit, die ihn fast das Leben gekostet hätte. In den Knien nahm das Leiden seinen Anfang und stieg unablässig höher. Einige Male fiel er in Ohnmacht, seine Seele, sein »Innerstes«, stieg für kurze Zeit in die Höhe zu //Gamab, der obersten Gottheit. Als er mit 16 Jahren die Krise überwand, bildete ihn sein Mutterbruder, ein großer Schamane, im Gebrauch der Heilpflanzen aus.

Eines Tages, allein im Busch, vernahm /Garugu //Khumob krächzende Laute. Eine Frau erschien ihm – Khaendaos; sie kam von //Gamab. Sie machte ihm eine Liebeserklärung und forderte ihn auf, sie zur Frau zu nehmen. Doch /Garugu //Khumob sträubte sich, lieber wollte er eine Menschenfrau heiraten. Auch daß sie ihm vier Kinder versprach, konnte ihn von seinem Entschluß nicht abhalten. Khaendaos geriet in Wut, verprügelte ihn, und da sie stärker war als er, »spielte« sie vier Tage mit seinem Innersten, seiner Seele, herum und zerstückelte zum Schluß seinen Leib. Sein Innerstes nahm sie mit sich zu //Gamabs Heim. Am fünften Tag brachte sie sein Innerstes zurück, da erwachte er aus der tiefen Ohnmacht; er hatte ein Stirnband um den Kopf, auf Brust und Rücken saßen ihm die vier Kinder von Khaendaos. Während der Ohnmacht gelangte er zum Weltenbaum, dem Aufenthaltsort der Seelen ungeborener Kinder und der Verstorbenen.

Der Mutterbruder fragte ihn zu Hause: »Hat Khaendaos dich so zerschlagen?« – »Ja.« – »Setzte dabei Regen ein?« – »Ja.« – »Brannte es dabei wie Feuer?« – »Ja.« – »Ich sehe, du hast vier Kinder von ihr.« – »Ja.«

Nach diesem Erlebnis begann er aus eigenem Antrieb heraus zu heilen. Die vier Kinder verwahrte er in einem Behälter, den er bei seinen

* Die Schrägstriche stehen für klickende Schnalzlaute, die für die Sprache mancher afrikanischer Stämme typisch sind.

Heilritualen stets auf der Brust trägt. Khaendaos beschützt ihn nun vor fremden Geistern, doch muß er sie dafür bezahlen, und verärgert er sie, würgt sie ihn schrecklich.[4]

Die Initiation durch eine weibliche Gestalt, die ihm die Liebe anbietet und sich später als sein Schutzgeist entpuppt, folgt dem Muster der Geisthochzeit, bei der irdischer Mensch und überirdische Entität sich verbinden und bei der die geschlechtliche Polarität über zwei Seinsebenen hinweg transzendiert wird, was sicherlich mit einen Grund für den daraus entspringenden Machterwerb darstellt. Darüber hinaus wurde /Garugu //Khumob noch der Zerstückelung unterworfen, seine Geistgemahlin »spielte« mit seinem Inneren und brachte es sogar zur obersten Gottheit. Er geriet offenbar durch seine Krankheit an den Rand des Todes, reiste ins Jenseits zur Quelle der Weisheit, traf auf den Weltenbaum – den Ausdruck der Einheit der kosmologischen Ebenen oder Daseinszustände – und erhielt eine spirituelle Schutzgemahlin nebst vier machtvollen Geistkindern – ein einmaliger mystischer Erfahrungsreichtum, berücksichtigt man, daß dieser Hain//om damals gerade 16 Jahre zählte.

Der Angakok-Schüler der Ammassalik-Eskimo in Ost-Grönland muß, nachdem er mit einer besonderen Sorte Seegras seinen ganzen Körper gewaschen hat, sich zu den Bergen im Inland aufmachen. Dort sucht er sich einen großen Mahlstein mit einer glatten Oberfläche; einen kleineren Stein reibt er nun gegen den großen, wobei oft Krebse und Krustentiere zwischen die beiden Steine gelegt werden. Stunde um Stunde, Tag für Tag reibt der Schüler den kleinen Stein endlos im Kreis auf dem Mahlstein; dabei fastet er, was seine Konzentrationskraft noch erhöht. Jeden Sommer nimmt er diese Übung in der Einsamkeit wieder auf. Die Überlieferung berichtet davon, daß ein Bär, der so dünn ist, daß all seine Rippen sichtbar sind (Skelettmotiv), nach einiger Zeit aus dem See steigt und den Schüler lebendig verschlingt, aber nur, um ihn später wieder zu erbrechen. Der Initiant stirbt also oder verliert sein Bewußtsein.

Bald nachdem der Bär ihn ausgespuckt hat, erwacht er, und seine Knochen bedecken sich wieder mit Fleisch und Blut, seine Kleider kommen auf ihn zugeflogen, bis er ganz bekleidet dasteht. Jahrelang betreibt er jeden Sommer das Steinereiben und Fasten, bis er auf diese Weise genügend Hilfsgeister beisammen hat. Während dieser Einweihungs- und Ausbildungsperiode eignen sich die Novizen eine spezielle Sprache an, die sie von den Geistern lernen, die Geheimsprache der Schamanen. Die ganze Ausbildung geht im Verborgenen vor sich. Die Nachbarn, ja selbst der eigene Haushalt sollten möglichst nichts davon merken, bis der Schüler nach fünf bis zehn Jahren Steinereiben und Geisterverkehr dann eines Tages erklärt, man solle die Lampen löschen, er wolle seine erste Geisterbeschwörung abhalten.[5]

Das unentwegte Gegeneinanderreiben von Steinen dürfen wir wohl als eine einfache Methode verstehen, in Trance zu fallen. Monotonie, Einsamkeit und gleichmäßige rhythmische Bewegung vereinen sich mit dem Wunsch, einem Hilfsgeist zu begegnen, zu einer Macht, die sämtliche diesseitigen Gedanken und störenden Assoziationen – wie die Schalentiere, die zwischen den Steinen liegen – zerbricht. So wie der Schüler die Krebse zermalmt, so zerfleischt ihn der Geister-Bär zwischen seinen Zähnen. Nicht zu vergessen ist auch das Fasten, welches die Konzentration verstärkt, den Körper schwächt oder genauer gesagt sensibilisiert, denn ohne Verdauung, Völlegefühl und Stoffwechselprozeß läßt sich der Körper leichter auf ein gewünschtes Ziel hin ausrichten. Körper und Geist sind so aus ihrem normalen Rhythmus herausgerissen, und wenn nur noch das eintönige Armkreisen, das ewige Knirschen aneinanderreibender Steine das Bewußtsein beherrscht, verblaßt und stirbt das Ich-Empfinden. Es stirbt, weil keine Anregung, keine Haftfläche mehr vorhanden ist, an der sich die Welt packen ließe.

Während der dumpfe Rhythmus den Sinn erfüllt, beginnt der Verfall des Ego: Der Eisbär steigt aus dem Wasser und verschlingt den Körper des Initianten. Seine Ego-Konstitution ist erloschen. Während der Bär säuberlich das Fleisch von den Knochen nagt, erfährt das Bewußtsein des Initianten jene Läuterung und Reinigung, die Ziel aller spirituellen Erfahrung und Grundlage jeder schamanischen Kraft und Konzentration ist. Das Steinereiben führt uns in seiner ganzen Schlichtheit den grundlegenden Mechanismus der Bewußtseinsveränderung vor Augen. Wie man sieht, bedarf es nicht viel, um unser Bewußtsein in andere Erfahrungsdimensionen zu stoßen.

Es ist nicht nur eine mechanische Tätigkeit, die unsere Ich-Struktur zerbricht; in Stammeskulturen spielt auch die Natur eine gewichtige Rolle. Während seiner Einweihung ist der Initiant von der menschlichen Kultur abgeschnitten; in der Einsamkeit der Berge, des Waldes oder der Tundra muß er sich ganz den Kräften der Pflanzen, Tiere und Felsen überantworten. Das Wesen der Einweihung ist es gerade, voll und ganz mit der Natur zu leben, um ihre Eigenarten studieren zu können und sich ihrer Größe und Macht bewußt zu werden. So ist es nicht verwunderlich, wenn ihm eher ein Bär oder andere Tiere seiner Umwelt erscheinen als etwa abstrakte Gottheiten. Aus diesem Grund hat meines Erachtens auch eine »schamanische Psychotherapie«[6] für unsere Kultur nur beschränkte Bedeutung, da wir zu Bären und Wölfen kaum noch Kontakt besitzen. Meines Wissens gibt es auch kein westliches Medium, das irgendwelche Tiere als Hilfsgeister benutzt. Darüber hinaus muß die Ego-Auflösung nicht in jeder Kultur als Zerstückelungserlebnis auftreten.

Andererseits dürfen wir nicht, wie es viele Ethnologen bisher taten, in der Zerstückelung nur eine Kopie des Jagdverhaltens sehen, bei dem man die Tiere zerlegt, ausweidet und später zerteilt, brät und kocht. Zwar drängt sich bei naturverbundenen Völkern diese Interpretation auf, doch handelt es sich um eine rein oberflächliche und zufällige Analogie, denn das psychische Zerstückelungserlebnis ist ein kulturübergreifendes und universales transpersonales Symbol. Daß die Zerstückelung allerdings oft von Tieren vorgenommen wird, ist ein spezifischer Ausdruck der Lebensweise von Stammeskulturen.

Die Iglulik-Schamanen müssen ihr Skelett sehen; die Eskimo Nordalaskas kennen den »Wurm-Test«: Würmer fressen das Fleisch des Adepten, wodurch er innerlich hell und rein wird und anfängt zu leuchten. Gleiche Vorstellungen haben die Aivilik-Eskimo; und in Westgrönland erlaubt der Schüler allerlei Gewürm, sein Blut abzusaugen, bis er in Ohnmacht fällt; dieses Verfahren soll hochbegabte Schamanen hervorbringen.[7]

Von den Eskimoinitianten auf St. Lawrence Island wird berichtet, wie sie fünf Tage lang vom Wahnsinn befallen sind, nichts mehr essen und trinken, aber dennoch Bärenkräfte entwickeln, daß nicht einmal zehn Männer sie bändigen können. Während der Ausbildungsphase ist der Kandidat krank und verwirrt; allerdings wird er nicht richtig geisteskrank, was man sehr genau zu unterscheiden weiß. Er bleibt draußen, fern der Wohnstätten, in der Tundra und hält Wind und Wetter stand, um von den Geistern und Naturkräften die Schamanenbefähigung zu erhalten. Ohne zu schlafen, betet und fleht er die Geister an und bittet sie um »die Kraft, Tote wieder lebendig zu machen«. Auf seinen einsamen Wanderungen in der Einöde zerbricht der Initiant fünfmal die Knochen eines Vogels, den er aber anschließend wieder zum Leben erwecken muß[8] – ein deutlicher Hinweis auf das, was er später selbst durchzustehen hat.

Das einsame Ringen mit den Naturgewalten, ihnen auf Gedeih und Verderb ausgeliefert zu sein, ist die Voraussetzung des schamanischen Lehrweges; denn angesichts der Erkenntnis seiner Kleinheit und Hilflosigkeit, die ihn bescheiden und demütig werden läßt, verschmilzt der Schüler mit diesen ungeheueren Mächten. Die Erfahrung einer alles zusammenwebenden mystischen Natureinheit ist ein Grunderlebnis der Einweihungszeit und der schamanischen Weltbetrachtung im allgemeinen. Den wilden Tieren und stürmischen Elementen ausgesetzt, nur wenig Schlaf und Nahrung findend, die Gedanken unablässig auf das Gebet, die Geister, Götter und das Heilige gerichtet, wird er – nach dem Zusammenbruch der Ich-Identität – mit einer Einheitserfahrung von Welt, Universum, Natur, Tieren, Pflanzen und vor allem mit sich selbst, seinem transpersonalen Selbst, jenem überpersönlichen Ich belohnt: Er verkörpert nun die Brücke zwischen der Welt der Menschen und der Welt an sich, dem heiligen Dasein, wie es sich nur dem offenbart, der sich zuvor aller »Menschlichkeit« im Zerstückelungsritual entledigt hat.

Bei den Arunta Australiens sucht der werdende Medizinmann eine Höhle auf, die von Iruntarinia, den Geistern der Vorfahren, die in Alcheringa, der Traumzeit, lebten, bewohnt ist. Er legt sich vor den Höhleneingang und schläft, bis einer der Geistvorfahren erscheint und ihm eine Lanze von hinten in den Nacken und bis durch die Zunge sticht, so daß sie zum Mund wieder herauskommt. Die Zunge bleibt das ganze Leben hindurch perforiert und ist schlechthin Ausdruck der Medizinmannwürde. Wie das Loch tatsächlich entsteht, ist unklar, auf jeden Fall ist es groß genug, um einen kleinen Finger hindurchzustecken. Eine zweite Lanze dringt nun seitlich durch den Kopf, von Ohr zu Ohr.

Dann bringt man den Toten in die Höhle, wo ihm die Alcheringa-Vorfahren die Organe herausoperieren und ihm dafür neue einsetzen; wacht er wieder auf, ist er verrückt geworden, doch hält diese Phase nicht sehr lange an. Von diesem Zeitpunkt an, wenn die Vorfahren ihn wieder zu seinem Stamm zurückgebracht haben, besitzt er die Gabe, Geister zu sehen, und verfügt außerdem über eine Sammlung Atoongara-Steine, die ihm die Iruntarinia überreichten und die er bei Heilungen in den Körper des Patienten projiziert, um damit die schlechten Kräfte zu bekämpfen.[9]

In Alcheringa, der heiligen Traumzeit, existieren die materiellen Begrenzungen und physischen Beschränktheiten, wie sie den heutigen Menschen kennzeichnen, nicht. In diese primordiale Zeit kehrt der Novize zurück, wenn er in Beziehung zu den Iruntarinia tritt. Er kostet vom sakralen Wesen des Seins, von einer zeitlosen Zeit, die lebendig für jeden ist, der sich ihr zu öffnen weiß. Das Zusammensein mit den Gestalten dieser Epoche kommt dem Tod oder einer Selbstzerstörung gleich, so gewaltig ist ihre alles transzendierende Kraft.

Zurückgekehrt in die diesseitige Welt, ist der Novize geistesgestört und muß sich mühsam aufs neue in seine menschliche Umwelt eingewöhnen. Unmittelbar aus dem heiligen Raum geschleudert, bringt er die Kategorien unseres Lebens durcheinander, und erst allmählich setzt er das Mosaik der Ungereimtheiten zusammen. Von einer zeitlosen Welt des ewigen Jetzt, der magischen Gegenwart des Raum-Zeitkontinuums, tritt er in unsere Welt ein, in der Raum, Zeit und Materie getrennt voneinander erscheinen. Er ist verunsichert und verhält sich sozial und geistig ungewöhnlich – doch was können wir auch anderes erwarten... Auf jeden Fall wurde so ein Medizinmann geboren, die heilige Traumzeit hat einen Menschen zum Heiler gemacht.

Die australischen Corróboree-Dichter der Unambal erhalten ihre Inspirationen, Gesänge und Tänze aus dem Kontakt mit den Verstorbenen der Unterwelt, den sogenannten Schatten oder Bangumas. Diese Hilfsgeister beschützen den Dichter, zeigen ihm den Weg in die andere Welt und bringen ihn nach seinem Jenseitsausflug zu seinem Körper zurück. Verliert oder vernachlässigt ein Dichter den Bezug zu den Geistern, findet eine Therapie statt: Alle Männer schließen sich zusammen, um die abgerissene Verbindung zu den toten Vorfahren wiederherzustellen. Um den Corróboree-Dichter, der auf dem Boden liegt, hocken sich die Versammelten, singen und massieren seinen Körper solange, bis er in Trance fällt und Jajaru, seine Seele, sich aufmacht, die Totengeister zu suchen.

Stößt der Dichter auf einen Totengeist, der seinerseits ausgesandt wurde, um den nicht mehr auftauchenden Dichter aufzuspüren, klagt er, er habe sich auf dem Weg in die Unterwelt verlaufen und ihm seien die Gesänge entfallen. Der Totengeist – unter Umständen der verstorbene Vater – hilft ihm: Er ruft viele Geister herbei, die nun die Jajaru des Dichters zerhacken; dann nimmt jeder einen Körperteil davon mit in die Unterwelt, wo man die Seele wieder zusammensetzt. Nun besitzt der Dichter wieder die Gabe, die andere Welt zu bereisen, und kann Gesänge und Lieder aus dem Jenseits holen, um sie seinen Stamm zu lehren.[10]

Ähnlich den Corróboree-Dichtern kennen die Ungarinyin Nordwest-Australiens den Devil-Doctor, der von den Águla, den Skelettschatten der Toten, berufen wird, und zwar ganz plötzlich und unvorhergesehen, etwa dann, wenn er gerade im Busch umherwandert. Ihm wird keine lange, beschwerliche Initiationszeit auferlegt. Die Skelettgeister machen den Menschen *»silly along head«*, sie schleppen ihn ins Geisterreich, nehmen sein Gehirn aus dem Kopf und ersetzen es durch ein neues, wodurch er die Fähigkeit erhält, selbst Águla zu sehen. Die Águla lehren ihn auch Gesänge, Corróborees, die er seinen Stammesangehörigen vermittelt und die dann die Runde durch viele Stämme antreten. Diese Traum-Corróborees nehmen im Leben der Gemeinschaft eine nicht wegzudenkende Stellung ein, doch auch sie sind modischen Trends unterworfen und kommen und gehen im Wandel der Zeiten.[11]

Die Zerstückelung, das Auswechseln der Eingeweide oder des Gehirns, ebenso wie das Einführen von Kristallen in den Leib des Initianten sind Metaphern der inneren Wandlung, allegorische, kulturell orientierte Umsetzungen einer introspektiven, psychischen Neugeburt; und regelmäßig tauchen Schamanen aller Traditionen aus diesem Umwandlungsprozeß mit einem Gesang auf den Lippen auf. Vielleicht ist die intuitive Erfahrung leichter mit Melodie und Poesie als mit den Worten der alltäglichen Sprache zu bewältigen. Wenn die Verbindung des Corróboree-Dichters der Unambal zu den Bangumas der Unterwelt abgerissen ist, bedarf er eines erneuten Erlebens des Heiligen: Eine Therapie findet statt. In der Trance nehmen ihn die Verstorbenen auseinander und setzen ihn neu zusammen, so daß die Erinnerung an die andere Welt aufgefrischt, geheiligt und geheilt wird. Er kehrt mit neuen Traum-Corróborees zurück, die letztendlich den Sinn und Zweck haben, Atmosphäre und Geist der Unterwelt auch unter den Menschen zu verbreiten, damit sie, eingeengt im Gehäuse der materiellen Welt, sich vermehrt ihres Daseins erfreuen können.

Wie wir sehen, gibt es die mannigfaltigsten kulturellen Metaphern, um die Auslöschung des Ich-Bewußtseins in Bilder zu kleiden. In Süd-Australien besorgt die Regenbogenschlange den Übergang vom Leben zum Tod und zur Wiedergeburt; wie der Regenbogen verbindet sie die beiden kosmologischen Ebenen Himmel und Erde, und wenn sie den Kandidaten verschlingt, beginnt für ihn die Reise von den irdischen in die himmlischen Gefilde. Jeder Kultur bietet sich der Himmel als Ausdruck des Höherstehenden und Erhabenen an, und kaum eine benutzt ihn nicht in irgendeiner Form als Sinnbild der Transzendenz und gesteigerten menschlichen Erkenntnis. Gleiches trifft für den Bereich unter der Erde, die Unterwelt zu. Für den modernen Bewußtseinsforscher stellen Himmel und Unterwelt oder das Verschlungenwerden durch die Regenbogenschlange daher Ausdrucksformen eines veränderten Bewußtseinszustandes dar.

Australische Yualai-Medizinleute führen den Novizen zu einer Stammesbegräbnisstätte, binden ihn dort auf der Erde fest und entfachen um ihn herum einige Feuer aus Fett. Ein Kandidat berichtet, wie ein Geist ihn besuchte und ein großer Stern neben ihm niederfiel, aus dem sich bald ein Leguan herausbildete. Er war sein Totem, das, kaum geboren, über ihn hinwegsprang und dann verschwand. Dann erschien eine gewaltige Gestalt, die mit einem Jam-Stock ein Loch in seinen Kopf rammte und einen kostbaren Stein hineinlegte, wodurch es dem Initianten später gelang, in die Zukunft zu schauen. Bald erschienen auch die Geister, sie sangen ihm Lieder mit Heilanweisungen vor. Zwei Monate blieb er seinem Stamm fern, erst als viele Jahre verstrichen waren, durfte er seine neuen Kenntnisse anwenden.[12]

In Dampier-Land und dem Gebiet des unteren Fitzroy River werden die Medizinmänner durch die Rai-Geister »gemacht«. Die Rai schlitzen den werdenen Bán-man auf und hängen seine Eingeweide, also Lunge, Herz, Leber und Nieren auf. Seinen Körper legen sie über einen Erdofen mit magischen Kochsteinen. Später ersetzen sie seine Eingeweide und schließen den Körper wieder. Von nun an kann er wie ein Vogel die Luft durcheilen und in das Innerste der Erde reisen. Magische Steine werden in seinen Nabel eingeführt und zwischen Ohren und Augen eingesetzt; zusätzlich verleihen ihm die Rai das »innere Auge«, mit dem er räumliche und zeitliche Distanz überwinden kann.[13]

In Süd-Australien findet der Ritus des »Machens« eines Medizinmannes an einem Wasserloch statt, dort wo die große Wasserschlange lebt. Geht der Initiant in Begleitung eines Kinkin, eines Doktors, fort, trauert man um ihn, weil er geht, um »in Stücke geschnitten zu werden«. Die Wasserschlange verschlingt ihn, und er bleibt unbestimmte Zeit in ihrem Inneren, bis sie ihn wieder ausspuckt. In einer späteren Zeremonie zerteilen diesmal die Doktoren den Novizen noch einmal; sie zerschneiden seinen Körper, allerdings mehr symbolisch, indem sie mit Steinen seine Glieder aufritzen. Er liegt in Totenstellung, und dabei bricht man ihm den Nacken, renkt Handgelenke, Hüften, Knie, Ellbogen und Fußknöchel aus. In jeden Einschnitt legen die Doktoren eine Maban-Muschel, ebenso wie in die Ohren und Kiefergelenke, was ihm die Gabe, mit Geistern, Tieren und Vögeln zu sprechen, verleiht. Weitere Muscheln drücken sie in seine Stirn, damit er alles sehen, und in seinen Nacken, damit er den Kopf in alle Richtungen drehen kann, ebenso in den Magen, um ihn unverwundbar zu machen. Wenn die Doktoren ihn ins Leben zurückgesungen haben, gilt es noch, die endgültige Einweihungsprüfung zu bestehen: Alle bis dahin Initiierten werfen ihre Speere nach ihm – sie prallen ab an ihm, denn er ist nun völlig maban, heilig. Nun steht der Aufnahme seiner Tätigkeit als Medizinmann nichts mehr im Wege.[14]

Die bekanntesten Zerschneidungsbeispiele sind uns von den sibirischen Völkerschaften übermittelt. Dem Schamanenschüler der Burjäten erscheinen die Utscha, seine Schamanenvorfahren. Sie bringen seine Seele, Amin, in den Himmel und vor die Versammlung der Saajtani, die ihn nun fürchterlich quälen, mit Messern in seinem Bauch herumstochern, ganze Fleischstücke von ihm abschneiden und damit um sich werfen. Während dieser Torturen hört der Schamane sein Herz schlagen, sein Atem nimmt ab, und seine Haut färbt sich dunkelblau. Die Geister kochen sein Fleisch, damit es reift, und während dieser Prozedur überkommt den Initianten die innere Erkenntnis: Er begreift die Spielregeln schamanischer Weisheit.[15]

Bei den Tungusen vererbt sich die Schamanenbefähigung von Generation zu Generation. Wenn der Geist eines verstorbenen Schamanen sich anschickt, einen Nachfolger in seiner Sippe auszuwählen, sagt man: »Ein früherer Schamane hat ihn gefunden.« Die verstorbenen Schamanen bilden den Neophyten aus; sie entführen seine Seele, zerstückeln sie und garen ihr Fleisch über einem Feuer oder braten es an einem Spieß. Der Schamane Semjon Semjonov weiß von seiner eigenen Zerschneidung folgendes zu erzählen:

Wenn ich schamanisiere, kommt der Geist des verstorbenen Ilja (sein Bruder, der selbst Schamane war) und spricht durch meinen Mund. Diese meine Schamanen-Vorfahren zwangen mich auch, den Weg des Schamanendienstes zu beschreiten.

Bis zu dem Augenblick, wo ich anfing zu schamanisieren, war ich ein ganzes Jahr lang krank. Ich wurde mit 15 Jahren Schamane. Die Krankheit, die mich zwang, Schamane zu werden, äußerte sich darin, daß mein Leib aufschwoll und häufige Ohnmachten eintraten. Wenn ich anfing zu singen, dann verging die Krankheit gewöhnlich. – Danach schamanisieren meine Vorfahren. Sie stellen mich wie einen Klotz auf und schießen mit ihren Bögen auf mich, bis ich das Bewußtsein verliere. Sie zerschneiden mein Fleisch. Sie teilen meine Knochen ab und zählen sie. Mein Fleisch essen sie roh. Als sie meine Knochen zählten, stellten sie fest, daß einer zu viel dabei war. Hätten die Knochen nicht gereicht, so hätte ich nicht Schamane werden können.[16]

Auch der Schamane Pjotor, der drei Jahre lang an Geistesstörungen litt, mußte die Zerstückelung über sich ergehen lassen. Während seiner Krankheit wechselten Anfälle krampfartigen Singens mit Zuständen völliger Apathie gegenüber der Umwelt ab. Zeitweise mußte man ihn gar fesseln, so ungestüm konnte er sich gebärden. Doch nach all dem Leiden bekam er im Alter von 25 Jahren die Schamanengabe verliehen. Da Pjotors Seele in der unteren Welt auf der zwölften Etage der Schamanentanne erzogen worden war, brach seine Tiermutter (die das Ei betreut, in dem die Schamanenseele im Nest auf dem Baum liegt) in die mittlere Welt auf, um die Zergliederung seines Körpers vorzunehmen. So gewann Pjotor seine Hilfsgeister. Neben seinem Hauptgeist, einem Verwandten in der weiblichen Linie, verfügt er über einen Bären und einen Wolf.[17]

Einen Avam-Samojeden ergriff ein riesiger Schmied und zerriß ihn in der Unterwelt in kleine Stücke. Die Knochen kochte er drei Jahre lang in einem Kessel, bis sich alle Fleischstücke lösten. Den Kopf schmiedete er auf seinem Amboß und belehrte dabei den Unglücklichen, wie er Menschen heilen solle. Die Knochen stellte der Schmied später wieder lebensgerecht zusammen, bedeckte sie mit Fleisch und setzte ihm neue Augen ein, um die Sehschärfe zu verbessern; die Ohren durchbohrte er in der Absicht, auch die Gespräche der Pflanzen für ihn hörbar zu machen.[18]

Stirbt bei den Evenken der Sippenschamane, so unternimmt Chargi, seine Seele, eine Fahrt flußabwärts zum Sippenterritorium der Schamanen-Vorfahrengeister, um Mangi, dem Herrn und ältesten verstorbenen Vorfahren in der Totenwelt, den Tod mitzuteilen. Mangi befiehlt nun jenem Schamanen-Vorfahrengeist, der als nächster wieder ins Leben zurückkehren muß, flußaufwärts zu ziehen, um sich unter den Sippenmitgliedern einen geeigneten Jüngling oder ein Mädchen auszusuchen. Der Berufene liegt nun apathisch auf seinem Lager oder rennt verzweifelt in den Wald; er muß alle Arbeit aufgeben und magert ab. Seine Seele wandert zum Sippenberg der Schamanen-Vorfahrengeister, zu den Wurzeln des Schamanenbaumes. Dort verschlingt ihn seine Tiermutter, um ihn dann als Tier wiederzugebären, das heißt sie erschafft einen tierischen Doppelgänger für ihn, der später sein Schutzgeist wird und der in einem einsamen Baum in der Taiga des Sippengebietes seinen Sitz einnimmt. Die Tiermutter zerstückelt den Schamanen und setzt ihn neu zusammen.[19]

Zum Schamanenbaum sei noch angemerkt, daß er auf einem Berg steht, seine Wurzeln bis in die Unterwelt reichen und sein Wipfel in die Oberwelt vorstößt, während der Stamm unsere irdische Mittelwelt repräsentiert. An den Wurzeln leben die Schamanen-Vorfahrengeister und die Tiermutter, in der mittleren Welt die Menschen und in der oberen Welt, in der Baumkrone, die noch ungeborenen Seelen der Sippengenossen als Vögel. Wie das Motiv der Tiermutter und der Vögel zeigt, wurzelt der Ursprung der Sippe und der Menschen schlechthin im Tierischen. Nicht umsonst berichten alle Mythen von einer uranfänglichen Verbindung von Menschen und Tieren.

Der Weltenbaum manifestiert eine dreiteilige Kosmographie; alle drei Existenzebenen sind heilig, denn der Weltenbaum an sich ist heilig. Oft steht er nicht nur auf dem Weltenberg, sondern auch im Mittelpunkt der Welt. Er versinnbildlicht nicht nur die Weltachse, sondern auch die Welt als Ganzes. Die Verbindung von Schamanentum und Weltenbaum wirkt vielleicht merkwürdig und unverständlich für den modernen Geist, aber auch in psychotherapeutischem Material entdecken wir oft die Vorstellung des Weltenbaumes, die spontan aus unserem Bewußtsein erwächst. Der Baum bietet sich als ideales Abbild einer Verbindung der kosmologischen Ebenen an und wurde von allen Kulturen in der einen oder anderen Form als Matrix der Weltbeschreibung eingesetzt. Wir sollten uns fragen, ob diese poetischen Beschreibungsweisen oft nicht mehr unser Gefühl und unsere Intuition ansprechen als die rationalen und abstrakten Seelengeographien, die die moderne Psychologie entwirft.

In vielen Fällen werden Schamanen nach einer Zerschneidungszeremonie Heiler. Die Jakuten sagen jedoch, der Schamane könne nur jene Krankheiten heilen, deren böser Geist bei der Einweihung des Schamanen einen Anteil an seinem Fleisch erhalten habe. Tatsächlich vermögen später viele Schamanen nur Krankheiten zu heilen, die sie selbst durchlebt haben. Essen zum Beispiel die Geister sein Bein, heilt er anschließend Beinerkrankungen und so weiter. Bei der Zerstückelung teilen die Geister seine Glieder und Fleischstücke unter sich auf. Reicht das Fleisch nicht für alle Geister, vermag er später auch nicht alle Krankheiten zu besiegen. Er darf daher solche Leiden, deren Geister nichts von seinem Körper erhielten, nur einmal behandeln.

Man sagt, je intensiver eine Zerstückelung erlebt wird, desto mächtiger der Schamane, der aus ihr hervorgeht. Unbedeutende Schamanen, sagen die Sibirier, werden nur einmal oder gar nicht zerschnitten, große dagegen gleich mehrmals. Eine Redensart besagt: »Er wurde dreimal zerteilt – er ist ein großer Schamane.« Und wie wir hören, ist er erst dann ein vollkommener Heiler, wenn jedem bösen Krankheitsgeist ein Stück seines Körpers zuteil wurde. Nur derjenige ist zum Heilen berufen, der sich selbst zuvor geopfert und alle Phasen und Facetten der Krankheiten kennengelernt hat. Nach seiner Wiederauferstehung sollen keusche junge Mädchen und Knaben ihn umgeben – was die Zerstückelung und den Krankheitsprozeß erneut als Reinigung hervorhebt, denn der Schamane ist nun neugeboren und unbefleckt von menschlicher Alltäglichkeit.[20]

Vilmos Diószegi gibt das Zerstückelungserlebnis des ehemaligen Schamanen Sunchugasev der Sagay wieder. Sunchugasev erzählt:

Der Kandidat verliert das Bewußtsein, während er krank ist. In dieser Zeit stellt er sich dem Schamanen-Vorfahren seines Klans vor. Wenn er dort ankommt, suchen sie nach seinem Zusatz-Knochen. Sie zerschneiden seinen ganzen Körper in Stücke, nehmen Herz und Lunge heraus und untersuchen jeden Teil im Tageslicht. Unterdessen sieht er bei seiner Zerschneidung zu und wie sie seinen ganzen Körper und seine Eingeweide begutachten, während sie nach dem Zusatz-Knochen schauen...

Sie zerhackten mich, warfen mich in den Kessel und kochten mich. Einige Männer waren anwesend: zwei schwarze und zwei hellhäutige. Ihr Anführer war ebenfalls da. Er gab die mich betreffenden Befehle. All das konnte ich sehen. Während die Stücke meines Körpers kochten, entdeckten sie bei den Rippen einen Knochen, der in der Mitte ein Loch aufwies. Das war der Zusatz-Knochen. Er bewirkte, daß ich ein Schamane wurde. Denn nur jene können Schamanen werden, in deren Körper sich solch ein Knochen finden läßt. Man schaut durch das Loch im Knochen und sieht alles, weiß alles und wird daraufhin ein Schamane... Als ich aus diesem Zustand wieder zu mir kam, erwachte ich. Das hieß, meine Seele war zurückgekehrt. Dann erklärten mir die Schamanen: »Du bist der richtige Mann, um ein Schamane zu werden. Du solltest ein Schamane werden, du mußt anfangen zu schamanisieren!«[21]

Das Motiv des zusätzlichen Knochens finden wir häufig in Sibirien, und wenn sich keine profundere Interpretation anbietet, so dürfen wir sagen, daß dieser überzählige Knochen, der eine andere Anatomie als die des Normalmenschen impliziert, den besonderen Status der Schamanenpersönlichkeit zum Ausdruck bringt. Schaut der Schamane durch das kleine Loch in diesem Knochen, tun sich mit einem Schlag andere Welten vor ihm auf. Die anormale Anatomie ist ein Symbol für eine veränderte, über das Durchschnittliche erhobene Daseinsweise. Darüber hinaus ist das Loch ein weitverbreitetes Motiv des Durchgangs zu einer anderen Ebene, wie jenes Loch, das in die Unterwelt oder den Himmel führt, oder wie jenes Tunnelloch, das bei der Nah-Todeserfahrung so häufig auftritt.

Hier wie bei allen schamanischen Erfahrungen wird die psychische

Verwandlung mit Begriffen, die dem Bereich der materiellen Umwelt entstammen, skizziert. Manche Theoretiker behaupteten deshalb, der »Primitive« sei unfähig, materielle und psychische Wirklichkeit auseinanderzuhalten, was auf einen mangelhaft ausgebildeten Geisteszustand in Stammeskulturen schließen ließe. Die psychische Transformation ist jedoch ein sprachlich nicht faßbarer Prozeß, so daß es durchaus angemessener erscheint, dem Alltag der dreidimensionalen Welt Begriffe zu entlehnen, als eine komplizierte, neue psychologische Sprache zu entwerfen. Das erkannten viele Kulturen und beschrieben daher das Innere in Metaphern des Äußeren.

So sind der überzählige Knochen mit dem darin befindlichen Loch, das Einsetzen von Kristallen in den Körper oder das Kochen und Braten des Fleisches des Eingeweihten in der Unterwelt eindrucksvolle, unter die Haut gehende, plastische Bilder geistiger Zustände. Die Zerschneidungsszenen folgen einer transpersonalen Symbolik, die wir in vielen Kulturen gleichermaßen antreffen und die, obwohl es dabei um die Auslöschung des aufgespeicherten Wissens und den Ego-Zusammenbruch geht, sich zur Charakterisierung des Geschehens dennoch der Begrifflichkeit unserer Welt bedienen muß. Uns ging es hier darum, die schamanischen Metaphern aus der exotischen und irrationalen Sphäre, in die unsere traditionelle Anthropologie sie verbannt hat, zu befreien und zu zeigen, daß sich dahinter allgemeinmenschliche Motive der Psyche verstecken. Sie blieben unserer gängigen Psychologie unbekannt, weil diese sich der höheren Psychologie, der transpsychischen Symptomatik, aus wissenschaftlicher Selbstbeschränkung heraus und aus unbegründeter Angst vor dem nicht Meßbaren bisher verweigerte.

Die Erfahrung der körperlichen Zerstückelung bedarf jedoch keiner aufwendigen Interpretation – sie ist Ausdruck innerer Heilung, Ausdruck eines psychischen Gesundungsprozesses und einer ekstatischen Gipfelerfahrung und nicht etwa der Zerstörung, wie die schamanischen Bilder es zunächst vermuten lassen. Wirkliche Gesundheit, so will uns diese Erfahrung sagen, läßt sich nur über anfängliche Zerstörung, Umstrukturierung, Reformation erreichen. Die Neugeburt, die nun folgt, ist zugleich eine innere Erlösung von alteingefahrenen Normen. Ob wir nun von einer »Wiedergeburt« oder einer »Auferstehung« sprechen – es sind dies doch nur Begriffe, die eine psychische und psychosomatische Wiederverlebendigung anzeigen, die nach der Zerstückelung – der Rückführung in den sakralen Urzustand – dem Menschen eine zweite Existenz ermöglicht. Es ist eine Existenz unter dem Primat von Kräften, die weitaus komplexer und integrer sind als jene des gewöhnlichen Menschen, jenes bloß Einmalgeborenen, der nicht noch einmal zu den Quellen vorgeburtlicher Ganzheit und kosmischer Alleinheit zurückkehren durfte.

10. IMAGINÄRE FREUNDE, TEILPERSÖNLICHKEITEN UND ECHTE TOTENGEISTER

Für einen Schamanen genügt es nicht, daß er imstande ist, sich von sich und seiner Umgebung abzulösen. Es genügt nicht, daß er, indem er seine Seele aus Augen, Gehirn und Eingeweiden fortnimmt, den Geist aus dem Körper herauszuziehen und so die »großen Flüge« durch den Raum und über die See zu unternehmen vermag; es genügt auch nicht, daß er mit Hilfe seiner Macht alle Entfernungen auslöscht und alles sehen kann, sei es auch noch so weit. Denn er wird nicht imstande sein, diese Fähigkeiten zu bewahren, wenn er nicht von helfenden und antwortenden Geistern dabei unterstützt wird ... Er muß sich aber diese Schutzgeister selbst verschaffen; er muß ihnen persönlich begegnen. Er darf sich ihre Art nicht einmal nach seinen eigenen Wünschen wählen. Sie kommen zu ihm aus eigenem Antrieb, stark und mächtig.[1]

Nein, Geister zu sehen, das ist relativ einfach. Man muß bloß eine reine Seele haben.

Der Huichol-Schamane Pedro de Haro.[2]

Ich fragte diese Geist-Figuren, ob ich sie wirklich sähe oder ob ich nur sähe, was in meinem eigenen Gehirn wäre. Sie antworteten: »Beides!«

Eileen Garrett[3]

Ich bin mir bewußt, daß viele sagen werden, niemand kann irgendwie mit Geistern und Engeln sprechen, solange er im Körper lebt; und viele werden sagen, es sei alles Phantasie, andere, daß ich diese Dinge erzähle, um Anerkennung zu finden, und wieder andere werden weitere Einwände vorbringen. Aber von all dem lasse ich mich nicht abschrecken, denn ich habe gesehen, ich habe gehört, ich habe gefühlt.

Emanuel Swedenborg[4]

Anstrengung, Ermüdung, Erschöpfung, Einsamkeit sowohl psychischer als auch physischer Art bringen unser Bewußtsein dazu, eigene, von der

Umgebung unabhängige geistige Produktionen hervorzubringen. Wer kennt nicht das Phänomen des inneren Dialogs, des Selbstgesprächs, das besonders deutlich hervortritt, wenn wir lange allein sind, durch einsame Gegenden wandern oder vor Entscheidungen stehen, bei denen uns niemand helfen kann. Dann beginnen wir eine innere Unterhaltung mit uns selbst, spalten uns auf in zwei oder mehrere Teilpersönlichkeiten und lassen sie miteinander diskutieren. Der normale Gedankengang wird nun in Form eines Gesprächs, in Form von Argumentation und Gegenargumentation geführt.

Da wir in diesem Kapitel ein inneres Verständnis der schamanischen Hilfsgeister und Schutzgottheiten erlangen wollen, ohne bei vereinfachenden psychologischen Erklärungen stehenzubleiben, müssen wir uns wieder das zentrale Prinzip der Bewußtseinsforschung vor Augen führen: das Bewußtseinskontinuum. Der spontane innere Dialog entsteht durch Monotonisierungseffekte wie psychische Einsamkeit und physische Konfrontation mit einem Ganzfeld wie spiegelnden Meeresflächen, Schneefeldern, schillernden Sandwüsten oder auch durch experimentell hervorgerufene sensorische Deprivation. Monotonie führt dazu, daß die psychische Energie sich aus der Verstrickung in vielfältige äußere Reize zurückzieht und zur Erschließung tieferer Schichten des Bewußtseins zur Verfügung steht. Der innere Dialog ist nur eine Form der dann auftretenden Projektionen aus der Tiefe der Seele.

Je intensiver die monotonen Bedingungen werden und je länger sie anhalten, desto vielfältigere Projektionen produziert unser Bewußtsein und desto plastischer und wirklichkeitsnaher gestalten sich die inneren Spaltpersönlichkeiten. Wenn die äußere Reizmannigfaltigkeit gänzlich abgeschnitten wird – etwa bei einem Grubenarbeiter, der durch einen Erdrutsch in einen Bergwerkstollen eingeschlossen wird, oder bei den Experimenten zur künstlichen Reizverringerung, in denen die Versuchspersonen Handmanschetten angelegt bekommen, damit sie sich nicht durch Fingerspiele ablenken können, sowie bei den Experimenten im Isoliertank, bei denen die Personen in licht-, schall- und wärmeisolierten Salzwassertanks treiben, dabei das Gefühl ihrer Körpergrenzen vollständig verlieren und nur noch Gedankenwesen gleichen –, dann verstärkt sich der Wirklichkeitscharakter der imaginierten Figuren enorm, und sie unterscheiden sich von »tatsächlichen« Menschen kaum noch. Hier erkennen wir die ersten Ansätze zur Entstehung von Hilfsgeistern, und die folgenden Beispiele zeigen, wie diese Spaltpersönlichkeiten hilfreiche Partner in Lebensgefahr oder bei schwerwiegenden existentiellen Entscheidungen werden können.

Bekannt ist die Geschichte von Kapitän Joshua Slocum, der um die Jahrhundertwende allein die Erde umsegelte. Während der Überquerung des Atlantiks bei einem Orkan sah er einen bärtigen Mann, der das Steuer in die Hand nahm, als Slocum, durch Krankheit geschwächt, unter Deck in der Kabine bleiben mußte. Slocum glaubte im ersten Augenblick, es sei ein Pirat, doch gab sich der Fremde als ehemaliger Steuermann der Pinta, eines der Schiffe von Kolumbus, aus. Er sagte, daß er immer dann zur Stelle wäre, wenn ein Mensch Hilfe brauche. Trotz der eindrucksvollen, durchaus realen Erscheinung wußte Slocum, daß es sich um eine Halluzination handelte.[5]

Auch der Bergsteiger Reinhold Messner berichtet über die Begegnung mit Phantomgefährten. Er schreibt:

Bei meinem Alleingang am Nanga Parbat 1978 hatte ich ab Wandmitte unsichtbare Begleiter. Ich unterhielt mich in vier Sprachen mit ihnen, obwohl ich nur drei spreche. In meinem Tagebuch (8. 8.) habe ich notiert: »In diesem ausgebrannten Sein, in diesem Leiden werden Gedanken, die ich noch nicht ganz gedacht habe, plötzlich ausgelöscht. Vielleicht ist meine grenzenlos einsame Position nur deshalb noch erträglich. Es ist mir plötzlich, als ob jemand neben mir säße. Ich kann ihn nicht sehen, aber aus den Augenwinkeln glaube ich zu ahnen, daß es ein Mädchen ist. Es ist höchste Zeit, daß ich das Zelt aufbaue. Wir gehen sonst ein bei dieser Hitze. Sie sieht mir zu, wie ich den Schnee niedertrete, und ich denke, es wird ihr zu heiß sein aufzustehen. Obwohl ich weiterhin alles allein machen muß, ist es doch schön, daß sie da ist... Nur um mich herum beobachte ich zwischendurch Kinder, Männer und Frauen, ohne diese zu erkennen und von diesen im speziellen etwas zu wollen. Sie sind nur da, wechselnd. Und ich unterhalte mich mit ihnen.[6]

Besonders Menschen, die später eine mediale Begabung entwickeln, scheinen in ihrer Kindheit oftmals imaginäre Freunde zu besitzen. Im allgemeinen neigen Kinder, die viel allein sind und keine Spielgefährten haben, dazu, sich Phantasiefreunde zu schaffen, mit denen sie sich unterhalten. Sobald aber andere Kinder oder Erwachsene hinzukommen, verschwinden die Projektionen. Ich möchte hier die Kindheitserfahrung von Doris Stokes, die später ein bekanntes Medium wurde, wiedergeben. Doris Stokes war sechs oder sieben Jahre alt, als ihre geheimen Freunde, die »Geist-Kinder«, ihr nach einer langen Krankheit, der sie fast erlegen wäre, begegneten:

Eines sonnigen Nachmittags, ich stand (im Kinderwagen) wie gewöhnlich auf dem Weg und beobachtete lustlos einen Schmetterling, der die Kohlreihen entlang flog, bemerkte ich, daß sich jemand hinter mich gestellt hatte. Überrascht schaute ich mich um und sah ein kleines Mädchen dort stehen.

»Hallo!« sagte sie, »ich bin Pansy.«

Ich starrte sie an. Sie war faszinierend. Ihre Haut war schwarz und glänzte wie Vaters Stiefel! Sie hatte leuchtende weiße Zähne, dickes, lockiges Haar und das schönste Kleid, das ich je gesehen hatte. Es sah aus wie ein langer Umhang, der in wunderbaren hellen Blautönen gehalten war. Noch nie hatte ich so etwas in Grantham gesehen, geschweige denn jemand mit schwarzer Haut. Ich fand Pansy wunderbar.

Sie war ein kluges, fröhliches Mädchen. Wir lachten und plauderten zusammen, und ein wenig später kamen einige ihrer Freunde, zwei kleine Jungens, dazu, um mit uns zu spielen. Jungens mit weißer Haut, sie waren nicht schwarz wie Pansy, aber mit ihnen machte es auch Spaß. Bald spielten wir alle ein ziemlich lautes Spiel – nämlich »Ich sehe etwas, was du nicht siehst«.

Eigentlich wunderte ich mich nie darüber, warum sie nicht zur Schule gingen, wie all die anderen Kinder. Als kleines Kind akzeptiert man viele Dinge, ohne groß zu fragen.

Ich war vollkommen in das Spiel vertieft. Jetzt kam ich an die Reihe. »Ich sehe etwas mit meinen kleinen Augen...« Rasch schaute ich mich um, ich wollte etwas wirklich Schwieriges finden, sah aber lediglich die alte Mrs. Rush, die am Ende des Weges vorbeikam.

»Hallo Doris«, rief sie. »Fühlst du dich besser?«

Ich nickte, und sie ging lächelnd weiter. Ich beobachtete, wie sie mit ihrer schwingenden Einkaufstasche fortging. Ich weiß nicht warum – es gab keinen Grund für sie, eine Bemerkung über meine Freunde zu machen, aber in diesem Augenblick wußte ich mit absoluter Sicherheit, daß sie sie nicht sehen konnte...

Nach einiger Zeit wurde mir klar, daß sie mich nur besuchten, wenn ich allein war. Zunächst traf ich sie nur im Garten, und später, als ich wieder aufstehen und herumtollen konnte, sah ich sie in meinem Schlafzimmer. Die Stunden vergingen wie im Fluge, wenn wir zusammen waren. Wir plauderten und kicherten über kindische Dinge. Wir schauten gern in meine Bücher, und manchmal, wenn ich mit meinen Schularbeiten nicht weiter wußte, half mir Pansy. Ich war ein Versager im Rechnen, während Pansy sehr gut mit Zahlen umgehen konnte.[7]

Eileen Garrett, eine der großen Förderinnen der Parapsychologie und selbst wohl das wissenschaftlich am rigorosesten getestete Medium, spielte als Kind ebenfalls mit Phantomgefährten, die sie trotz aller Unterdrükkungsmaßnahmen ihrer Tante, bei der sie lebte, mehrere Jahre beibehielt. Sie schreibt:

Obwohl ich als Kind selten allein war, hatte ich meine geheimen Kameraden. Zwei Mädchen und einen Jungen. Der Junge und ein Mädchen waren jünger als ich, das andere Mädchen war etwas älter. Ich nannte sie »die Kinder«. Sie kamen zu mir. Ich mußte sie nicht an irgendeinem bestimmten Ort treffen oder etwas verabreden, um sie zu sehen, um mit ihnen zusammenzusein oder um mit ihnen frei sprechen zu können. Das erstemal sah ich sie mit etwa vier Jahren. Ich stand gerade in der Haustür, und sie waren im Garten. Ich starrte sie an. Ich weiß nicht, wie lange wir uns so gegenseitig gemustert haben – so wie Kinder es eben tun –, aber nichts Bestimmtes ereignete sich zwischen uns bei dieser ersten Begegnung.

Ich wollte mich ihnen anschließen, aber ich war es nicht gewohnt, mit anderen Kindern zusammenzusein, und ich glaube, ich drehte mich schüchtern um. Schon am nächsten Tag sah ich sie draußen, und wieder standen wir da und beäugten uns gegenseitig sehr aufmerksam. Zwischen uns kam lediglich dieses merkwürdige Empfinden auf, mit dem ein Kind die Eigenschaften des anderen erfühlt und das die Grundlage für ihre Freundschaft bildet.

»Die Kinder« erschienen immer wieder, und ich gewöhnte mich an sie. Wir unterhielten uns problemlos, aber ohne Worte. Manchmal blieben sie stundenlang bei mir, manchmal nur für kurze Zeit. Ich bemerkte dann plötzlich ihre Gegenwart, und ebenso plötzlich waren sie wieder verschwunden. Alles, was mich umgab, was mich interessierte, unterlag dem Wandel – die Tiere wuchsen auf und wurden alt, die Blumen starben, der Garten verwelkte – aber »die Kinder« veränderten sich nicht. Als der Zeitpunkt näherrückte, da ich in das Internat gehen sollte, fürchtete ich, sie zu verlieren, aber sie versprachen mir, mich dort zu besuchen.[8]

Sich imaginäre Freunde zu schaffen, rührt sicherlich von der Einsamkeit vieler Kinder her; doch bedarf es auch einer hinreichenden Imaginationskraft, was für Kinder, die eher in einer mythischen und magischen Vorstellungswelt leben, wesentlich einfacher ist als für Erwachsene. Wir haben bei den zitierten Beispielen gesehen, wie vielfältig der Kontakt mit einem imaginären Freund sein kann. In allen erdenklichen gefährlichen Situationen haben sich Menschen Phantasiegefährten erschaffen, die ihnen als »gute Geister« wertvolle Hilfe leisteten. Hilfsgeister geben Rat, sie sagen, welchen Weg der Bergsteiger zu wählen hat oder wo sich gefährliche Abhänge befinden. Sie steuern zur Not ein Schiff durch den Sturm wie bei Slocum oder unterhalten den einsam in seinem Cockpit sitzenden Flieger, damit er nicht einschläft, wie es Charles Lindbergh 1927 bei seinem Pionierflug über den Atlantik passierte, bei dem ihm viele Phantomgestalten mit Rat und Tat beistanden.

Auch die moderne Psychologie wendet sich zunehmend den Potenzen des Imaginären, der Phantasie und der psychedelischen Erfahrung zu, denn hier liegen ungeahnte kognitive, emotionale und motivationale Reserven. Der Tagtraum unterstützt den Wunsch, ein Ziel zu erreichen, oder eine innerlich durchgespielte Diskussion mit einem imaginären Partner erleichtert uns, eine zukünftige Auseinandersetzung oder ein Problem anzugehen. Allgemein ermöglichen die modernen Imaginationstherapien ein Grundlagenverständnis für die schamanischen Hilfsgeistervorstellungen. Allerdings stehen wir erst im Vorfeld wirklicher Erkenntnisse, und Hilfsgeister und imaginäre Figuren erscheinen uns noch immer fremd und unverständlich.

Wenden wir uns nun zwei Schamanen zu, die durch die große Einsamkeit in der Natur, obwohl schon durch eine gewisse seelische Disposition vorbereitet, plötzlich und unerwartet ihren Hilfsgeistern begegneten.

Der Polareskimo Odlark, einer der tüchtigsten Jäger seines Stammes, war schon mit 25 Jahren ein Angakok; seine Hilfsgeister traf er in der Einsamkeit der Berge, und obwohl er sich gegenüber anderen Angakoks als nur mittelmäßig begabt bezeichnete, war er doch fest von seinen eigenen Heilfähigkeiten überzeugt. Er erzählt:

Ich wollte Geisterbeschwörer sein und gehe deshalb in die Felsen, weit in die Felsen hinein, sehr weit, und schlafe dort oben.

Dort oben sehe ich zwei Felsgeister, ihrer zwei waren es, zwei große Felsgeister, hoch, so hoch wie ein Zelt.

Sie sangen Trommelgesänge, sie fuhren fort, Trommelgesänge zu singen, die beiden großen Felsgeister. Ich brachte nicht ein Wort hervor; ich hielt mich still, während sie Trommelgesänge sangen; ich schämte mich und durfte nicht zu ihnen sprechen.

Tags darauf ging ich heim; – da war ich ein wenig von einem Geisterbeschwörer, nur sehr wenig von einem Geisterbeschwörer.

Aber zu den vielen Menschen sagte ich nichts davon; ich schämte mich, davon zu reden, weil ich noch sehr wenig von einem Geisterbeschwörer war.

Ein anderes Mal begebe ich mich wiederum auf eine kleine Wanderung in die Felsen auf die Hasenjagd, da mir das Verlangen nach Hasenfleisch gekommen war. Über einen großen Felsen ging ich hinauf, und als ich droben anlangte, legte ich mich nieder, um zu schlafen.

Ich war nicht schläfrig, sondern ich legte mich bloß nieder.

Da liege ich ein Weilchen, liege und höre wiederum dem Gesang der Felsgeister zu; es waren die zwei großen, die ich auch kürzlich gehört.

Der eine hebt nun an zu sprechen, spricht zu mir, bittet mich um eine Kelle aus Holz.

Ich hörte bloß, daß sie sangen und daß sie zu mir sprachen; selber sagte ich nichts.

Als ich hinunter kam zu den Menschen, erzählte ich auch jetzt nicht, was ich gesehen hatte. Aber ich schnitzte aus Holz eine Kelle, eine sehr hübsche Kelle aus Holz, ohne Schmutz.

Das dritte Mal, da ich den Gesang der Felsgeister hörte, war ich nicht in die Felsen gegangen, da war's in meinem Hause. Nun suchten sie mich selber auf, ich begann nun, Geisterbeschwörer zu werden – mehr und mehr, aber die Menschen wußten nichts davon.

Als ich wiederum die Felsgeister sah, lief ein großer Hund ihnen nach, ein buntscheckiger Hund, auch der ward mein Hilfsgeist.

Erst als viele Menschen krank wurden, offenbarte ich mich als Geisterbeschwörer. Und ich half vielen Kranken.[9]

Ob Odlark die Gesänge der Geister übernommen und zu seinen eigenen gemacht hat, geht aus dem Bericht nicht hervor. Wir dürfen das jedoch annehmen, denn das Lied ist eines der zentralen Mittel der Schamanenwerdung – ich gehe im Kapitel über den Machtgesang genauer darauf ein.

Diese Schilderung beeindruckt wieder durch ihre Schlichtheit. Die meisten Schamanenforscher, konfrontiert mit solcher »Primitivität der

Psyche«, können diese Erlebnisse in sich selbst nicht nachvollziehen. Die transpersonale Erfahrung entsteht durch einen Abbau der psychischen Vielfalt, ein Aussteigen aus dem rationalen Modus der Reizvariation: Einsamkeit, gleichförmige Landschaften, monotone Verhaltensweisen, kurzum eine meditative Geisteshaltung bildet die Voraussetzung für höhere Bewußtseinszustände. Dem westlichen Forscher, der mit einer intellektuellen Mannigfaltigkeit aufgewachsen ist, bleibt der Zugang zum Reich der sensorischen »Armut« meist versperrt. Die kognitive Reduktion ist jedoch das Nadelöhr zu einer weiteren Bewußtseinsebene, die ebenso vielfältig, verschlungen und für den Forscher erregend sein kann wie die materielle Ebene der Existenz.

Spencer und Gillen berichten über die Schamanenwerdung eines Mannes der Warramunga, eines Stammes in Zentralaustralien. Dieser Jäger wanderte durch den Busch und war gerade im Begriff, ein Tier zu speeren, als er in der Ferne zwei Männer bemerkte. Er kümmerte sich jedoch nicht weiter um sie, denn er vermutete Stammesbrüder in ihnen, die gleichfalls auf der Jagd waren. Nachdem er das Tier erlegt hatte, wollte er ein Feuer entfachen, doch seltsamerweise gelang es ihm nicht, die beiden Holzstükke so aneinanderzureiben, daß Glut entstand. Als er sich etwas später zu einem nahen Wasserloch begab und sich gerade darüber beugte, um zu trinken, entdeckte er erneut die beiden Männer. Erschreckt und voller Angst flüchtete er zu einem anderen Wasserloch, doch bevor er ankam, saßen dort bereits dieselben Fremden. Nun war er davon überzeugt, sie hätten es auf ihn abgesehen. Des Nachts hielt er sich versteckt, doch kaum tagte es, erblickte er die beiden Gestalten wiederum. Am übernächsten Tag, er kniete gerade wieder vor einer Wasserstelle, standen die beiden Unbekannten, wie aus dem Nichts aufgetaucht, plötzlich vor ihm. Sofort ergriff er seinen Speer und zielte auf sie. Da sprachen sie: »Töte uns nicht, wir sind dein Vater und dein Bruder!« Nun erkannte er, daß es Geister waren. Sie forderten ihn auf, ihnen zu folgen. Es waren Puntidirs, Geistermänner, die ihm einen großen Corróboree, einen Tanz, zeigen wollten. Er aber flüchtete ängstlich zu seinem Lagerplatz.

Als er kurze Zeit später wie von selbst zu tanzen anfing, kamen die Puntidirs mit einem Pointing bone, einem magischen Zeigestock, zurück, den sie auf ihn richteten. Damit verurteilten sie ihn zum Tode. Sie wechselten seine Eingeweide aus und schoben eine kleine Schlange in seinen Körper, die ihm die Kraft des Medizinmannes verlieh. Da er so lange ausgeblieben war, hatten sich seine Verwandten und Freunde Sorgen um ihn gemacht und waren aufgebrochen, ihn zu suchen. Sie fanden ihn bewußtlos auf, doch kurze Zeit später kam er wieder zu sich.[10]

Auch wenn aus diesem Bericht nicht eindeutig hervorgeht, warum dieser Mann plötzlich in einen veränderten Bewußtseinszustand geriet und seine zukünftigen Hilfsgeister wahrnahm, so dürfen wir sicherlich die Einsamkeit des Jägers als einen entscheidenden Auslöser in Betracht ziehen. Typisches Anzeichen für das Eintauchen in eine transpersonale Daseinsebene ist, daß mit einemmal gewohnte Handlungen – wie etwa das Feuermachen – nicht mehr reibungslos vonstatten gehen. Dieses Motiv finden wir in allen Mythen, Märchen und schamanischen Berufungsberichten.

Wenn Slocum, Messner oder Byrd in der Einsamkeit menschenähnliche Begleiter begegneten, so wurden sie deshalb noch lange keine Schamanen; erst der Tod und der Austausch der Eingeweide, eine echte mystische Transformation von Körper und Geist, machen den Australier zum Medizinmann. Der Schamane geht in seinem Kontakt mit den Geistfiguren noch einige Schritte weiter, und wie die nächsten Beispiele zeigen, knüpft er eine dauerhafte Beziehung zu ihnen. Er schließt gewissermaßen einen Pakt und bleibt sein Leben lang mit ihnen in Verbindung. Und da liegt der wesentliche Unterschied zwischen einer nur einmaligen Erscheinung von Geistgestalten, wie wir es in unserer Kultur durch Überanstrengung und sensorische Deprivation oft erleben, und dem zukünftigen Schamanen, der ein intimeres Verhältnis zu diesen Wesen eingeht und der nicht beabsichtigt, sie als Truggestalten oder bloße Imaginationen zu entlarven. Im Gegenteil, er verstärkt ihren Wirklichkeits- und Effektivitätscharakter durch den festen Glauben an das Vorhandensein von Geistern.

Während wir diese Erscheinungen zu Halluzinationen degradieren, gewinnt der australische Warramunga-Mann zweifellos wertvolle Helfer, die ihn zu einer bedeutenden Persönlichkeit in seinem Stamm werden lassen. Der Unterschied ist der, daß wir die transpersonalen Faktoren noch nicht sinnreich für uns zu nutzen verstehen, während in Stammeskulturen ein fruchtbarer Boden für solche Erfahrungen existiert.

So wie Einsamkeit all unsere in der frühen Sozialisation aufgebauten Egostrukturen und kulturellen Wertmaßstäbe erschüttern kann, so zerstört auch die endlose Wiederholung einer Tätigkeit, ihr eintöniger Rhythmus unsere differenzierte und vielfältig abgestufte Ich-Identität. Die Reizvielfalt, die tragende Säule unseres Normalbewußtseins, wird durch Monotonie, Eintönigkeit und das unstrukturierte Ganzfeld untergraben. Fließt der Strom an bekannten Reizen spärlicher, produziert unser Bewußtsein eigene Szenarien oder öffnet sich für bisher unbekannte Dimensionen der Erfahrung. In dieser Sphäre entdecken wir einen zweiten Menschen. Dieser zweite Mensch ist die andere Seite unserer gewöhnlichen Natur; um sie zu entdecken, bedarf es, wie das nächste Beispiel lehrt, keines großen Aufwands.

Um in Trance zu geraten, reiben die grönländischen Eskimo einen kleinen Stein unentwegt auf einem großen. Reidar Christiansen schildert den Fall eines Neophyten, der den ersten Tag seiner Suche nach Hilfsgeistern ganz damit zubrachte, die Steine gegeneinander zu reiben, nachts kaum schlief und morgens seine Tätigkeit von neuem aufnahm. Gegen Abend des zweiten Tages sah er einen Eisbären, einen verkleideten Geist, aus dem See auftauchen. Der packte ihn am Nacken und zog ihn ins Wasser hinab. Er wurde ohnmächtig. Als er wieder erwachte, lag er am Strand, und neben ihm stand ein anderer Geist – ein Zwerg. Splitternackt wie er war, lief er nach Hause – auf dem Weg flogen ihm seine Kleider Stück für Stück entgegen.

Um Kranke heilen zu können, benötigte er jedoch noch einen Robbengeist, weshalb er wiederum mit dem Steinereiben begann. Er setzte es so lange fort, bis der Stein weich wurde und eine Robbe durch ein Atemloch im Eis auftauchte und versprach, ihm zu helfen. Auf gleiche Weise verpflichtete er sich noch etliche andere Hilfsgeister, unter anderen auch jenen, dem er auf einer Kajakfahrt begegnete und der ihn zu sich nach Hause auf eine Insel einlud. Nach diesem Besuch in der anderen Welt schwoll ihm eines Morgens der Kopf an und mächtige Gedanken bewegten ihn; wie von selbst ergriff er die Trommel, und in Anwesenheit aller begann er eine Séance – ein neuer Angakok war geboren.[11]

Erstaunlich wenig bedarf es, das menschliche Bewußtsein umzustülpen und auseinanderfallen zu lassen; das bloße Gegeneinanderreiben zweier Steine bis zur körperlichen Erschöpfung kann uns in Trance versetzen und mit dem Geist konfrontieren, den wir gerade benötigen. In gleicher Weise rieben sich die Schüler in der Medizinmannschule der Yamana auf Feuerland tagelang die Wangen, und in der Imagination durchdrangen sie mit der Zeit drei verschiedene Hautschichten – das heißt wohl drei Ebenen des Bewußtseins –, bis sie in einen Trancezustand gerieten. Ob wir nun zwei Steine aneinanderreiben oder unsere eigenen Wangen reiben oder sonst eine einförmige Tätigkeit ausführen, spielt keine Rolle – die ununterbrochene Wiederholung einer Handlung bis zur vollkommenen Erschöpfung ist ein wesentlicher Auslöser des Geistersehens. Allerdings ist diese seelische Entkonditionierung nur während der Lehrjahre und im Anfangsstadium notwendig. Später braucht der Schamane diese Techniken nur noch in beschränktem Ausmaß – er kann nun jederzeit frei mit seinen Hilfsgeistern kommunizieren.

Eine andere Form der Zerstörung psychischer Gewohnheitsstrukturen ist – wie ich bereits zeigte – die Krankheit. Dazu möchte ich nun die heitere Geschichte eines mexikanischen Bauern und seine Begegnung mit einem koboldartigen Hilfsgeist schildern.

Mit 32 Jahren trafen den Mexikaner Gabriel Mir eine Reihe katastrophaler Schicksalsschläge, eine Seuche raffte seine fünf Kinder sowie seine Frau hinweg. Er selbst lag Monate krank danieder und entkam nur mit knapper Not dem Tod. Er hatte kaum etwas zu essen und war unfähig, sich selbst zu versorgen und deshalb auf die sporadische Hilfe der Nachbarn angewiesen. Zu matt, um sich zu erheben, kaute er nur Körner und trank das Regenwasser von seinem Dach – so siechte er dahin. In all diesem Leid erschien ihm eines Nachts eine ganz in Blau gekleidete vier Fuß große Gestalt – ein Zwerg: Das mußte wohl San Antonio sein, dessen Bild über seinem Hausaltar hing.

»Ich komme, um dir etwas aufzubürden. Du bist krank gewesen, mein Sohn; du warst La Gloria schon sehr nahe!«

Der Zwerg wies auf eine unsichtbare Person, die er heilen sollte. Aber er sträubte sich und sagte, er könne und wolle nicht heilen. Dennoch fühlte er den Puls eines Armes, der aus dem Nichts zu kommen schien. Für eine Woche nun erschien ihm jede Nacht die leuchtende Zwergengestalt und zeigte ihm die verschiedenen Heilungsmethoden. Und jedesmal brachte der Heilige Antonio einen Patienten mit, dessen Körper jedoch nur schemenhaft oder teilweise zu erkennen war. Nach Verlauf der Woche verabschiedete sich der Heilige und sagte, er werde nun seltener erscheinen.

Nach dieser einwöchigen Erfahrung kam Gabriel schnell wieder zu Kräften und brachte Haus und Felder in Ordnung. Jetzt gewahrte er Dinge, die er zuvor nie bemerkt hatte. Die Vögel auf den Bäumen sprachen zu ihm, nachts sah er auf dem Friedhof menschliche Köpfe, die sich über dem Boden bewegten und sich mit ihm unterhielten, und Schmetterlinge, so entdeckte er, seien in Wirklichkeit die Seelen künftiger Babies. Von diesem Zeitpunkt an begann er zu heilen. Dabei sprach er immer im Plural, denn er und sein überirdischer Beschützer heilten gemeinsam. San Antonio blieb immer in seiner Nähe, schrieb ihm Pflanzenmedikamente oder auch solche aus der Apotheke vor und wies ihn in neue Heilweisen ein.

Eines Tages traf er im Wald auf Avelin, einen drei Fuß großen Zwerg mit gelbem Haar, der wie ein Ladino, ein Weißer, gekleidet war.

»Was tust du hier?« fragte ihn Gabriel.

»Nun, ich bin einsam. Ich bin Avelin. Ich dachte mir, daß vielleicht jemand Angst bekommt, wenn er durch dieses Dickicht läuft, und daß ich mir dann zur Gesellschaft seine Seele einfangen könnte. Du bist Gabriel Mir?«

Gabriel, erstaunt über seine Kenntnis, fragte, woher er das wisse.

»Bei der großen Hure, Mann, ich kenne jedermanns Namen. Sag, Gabriel, wollen wir uns nicht eine Flasche Guaro holen und eine kleine

Fiesta veranstalten, nur unter uns, eh? Was meinst du dazu? Ich habe Lust, mich zu vergnügen.«

Gabriel besorgte eine Flasche, und gemeinsam feierten sie recht lautstark in seinem Haus. Seit langem hatte Gabriel nicht mehr so viel gelacht und war so guter Dinge gewesen.

Zu fortgeschrittener Stunde machte Avelin ihn noch mit einigen seiner Freunde bekannt: »Gabriel, altes Haus, ich möchte dich mit einigen Freunden von mir bekanntmachen, Don Diego, Dona Maria, seine Frau, Don Manuel Urrutia und Justo Juez.«

Gabriel konnte die neuen Besucher aber nur wie durch einen Schleier ausmachen, und auch später erinnerte er sich nur verschwommen an sie.

Als sich Avelin verabschiedete, empfahl er ihm: »Nun, Kamerad, eins merke dir besonders gut, wann immer du Hilfe benötigst, versäume nicht, uns zu rufen. Wir müssen öfters zusammenkommen.«[12]

Naturverbundene Ethnien, deren Existenz ganz auf der natürlichen Umgebung gründet und die von der Jagd abhängig sind, beziehen ihre Hilfsgeister und spirituellen Ratgeber aus der Tier- oder Pflanzenwelt, aus elementaren und himmlischen Phänomenen wie Blitz, Donner, Regen und Sturm sowie von der Sonne, dem Mond und verschiedenen Planeten und auch von unterschiedlichsten immateriellen Wesenheiten.

Die beliebtesten Schutzgeister der Thompson-Indianer British Columbias sind Himmelskörper wie die Plejaden, die Venus oder die Milchstraße; Naturereignisse wie Sonnenuntergang, Wind, Regenbogen, Schnee, Eis, Wasserfälle sowie Tiere wie Adler, Kojoten, Otter, Enten, Schwäne, Schlangen, aber auch Tabak oder die Pfeife können Schutz gewähren. Die allen Dingen und Lebewesen innewohnende Kraft vermag als Schutzgeist aufzutreten. Der Indianer Dick Mahwee, ein Schamane vom Stamm der Paviotso, erhielt seine Fähigkeiten ebenfalls von Tiergeistern.

Ein Mann träumt, daß ein Hirsch, Adler oder Bär ihn verfolgt. Das Tier sagt ihm, daß er ein Doctor werden würde. Träumt ein Mann so etwas das erste Mal, glaubt er nicht daran. Träumt er mehr davon, dann macht er sich auf, jene Dinge zu suchen, die ihm die Geister empfahlen (Adlerfeder, wilder Tabak, Steinpfeife, Rassel aus dem Ohr eines Hirsches oder den unbenutzten Klauen des Hirsches). Dann lernt er, ein Doctor zu werden. Er lernt seine Gesänge, wenn der Geist kommt und zu ihm singt.[13]

Tsak'ra^{n}kura, ein berühmter indianischer Schamane der Chemehueve, besaß die Hilfsgeister Ozean-Frau, Fledermaus und Maus. In der Öffentlichkeit zeigte er sie in Form von weißen Bällen oder Eiern vor. Ein Chemehueve erhält seine Hilfsgeister – Tiere, Vögel, Pflanzen, Naturphänomene – entweder spontan, oder er sucht die Gypsum-Höhle auf dem

Kwi'nava-Berg oberhalb des Colorado River auf, schläft dort und erfleht die Medizinmannwürde. Im Traum begegnet ihm schließlich der Hilfsgeist.[14]

Wie persönlich und intim das Verhältnis des Schamanen zu seinen Hilfsgeistern ist und wie real sie erscheinen, das illustrieren die beiden nächsten Beispiele.

Als die Hilfsgeister der yakutischen Schamanin Küögéjér zwei Kinder ihres jüngeren Bruders »auffraßen«, klagte sie: »Nichts als Trauer kann ich empfinden, wenn meine verfluchten Teufel mit in Blut getauchten Krallen und Schnauzen zu mir kommen.« Sie reiste aus Verzweiflung zum Geist der Erde und erreichte, daß ihren Hundegeistern Maulkörbe angelegt wurden, wodurch sich ihre Wildheit auch tatsächlich legte.[15]

Lame Deer erzählt von Godfrey Chips, einem jungen Sioux-Medizinmann, dem Enkel des berühmten heiligen Mannes Horn Chips, folgende Geschichte: Obwohl die Macht zuerst in einem Bruder auftauchte, ging sie später auf Godfrey über, weil dieser Bruder mit der Kraft nicht zurechtkam. Ein Geist sprach zu Godfrey, doch verstand er ihn nicht. Sein Vater riet ihm, die Geister zu bitten, ihm etwas ins Ohr zu stecken, damit er sie besser verstehe. Sie empfahlen ihm, ein Kraut zu suchen, und als er es sich ins Ohr rieb, verstand er augenblicklich die Botschaften der anderen Welt. Mit 13 Jahren war er der jüngste Geisterbeschwörer. Man stellte ihm eine Bestätigung aus, daß er nicht zur Schule gehen müsse, weil er den traditionellen indianischen Weg gehen werde.[16]

Die Beziehung zu einem Hilfsgeist unterscheidet sich oft nicht von der Beziehung zu den Mitmenschen. Häufig hat sie den Charakter einer Ehegemeinschaft, und das ganze Spektrum menschlicher Gefühle wie Liebe, Haß, Eifersucht, Mißtrauen, Hörigkeit, Angst, Sehnsucht, Streit und so weiter bestimmen auch die Beziehung der Welten zueinander. Wer keine imaginären Freunde in der Kindheit hatte oder noch nie Phantasiewesen in Erschöpfungszuständen erlebt hat, kann sich ihr plastisches und wirklichkeitsgetreues Auftreten wohl nur schwer vorstellen.

Nachdem wir uns einige Beispiele des Hilfsgeistererwerbs angeschaut haben, wollen wir zum Abschluß versuchen, etwas tiefer in die psychologischen und spirituellen Hintergründe einzudringen. Gelegentlich finden wir in der Literatur eine Unterscheidung zwischen Kontroll- oder Schutzgeist und Hilfsgeist. Bei den Tungusen und Jakuten schafft der Kontrollgeist des Schamanen andere Hilfsgeister heran. In ähnlicher Weise verfügen abendländische Medien über »Kontrollen«, persönliche Schutzgeister, die das Auftreten anderer Geister, die mit dem Medium nicht persönlich verbunden oder befreundet sind, kontrollieren – sie bilden eine Art Filtersystem zwischen der Welt der Geister und der Welt der

Lebenden. Der Schutzgeist geleitet das Medium auch ins Jenseits, vermittelt dort Kontakte zu bereits Verstorbenen und ist im allgemeinen für die paranormalen Fähigkeiten des Mediums verantwortlich.

Es ist der Kontrollgeist, der die Berufung einleitet, fördert oder erzwingt. Während meistens nur *ein* Schutzgeist existiert, können einem Schamanen dagegen unzählige Hilfsgeister anthropomorpher, tierischer, vegetativer oder kosmischer Natur zur Seite stehen. Alle Lebens- und Existenzformen dienen ihm als Kraftspender und psychische Stabilisatoren. Das erste, was uns bei den angeführten Beispielen des Hilfsgeistererwerbs auffällt, ist ihre kulturelle Überformung. Das sollte uns aber nicht verwundern, besitzt doch jeder Mensch und jede Kultur ihr spezifisches Vokabular und ein historisch geprägtes Vorstellungsvermögen, um psychische und meta psychische Vorgänge zu erfassen.

Erstaunlich ist die oft unvermittelte und abrupte Art und Weise, mit der die Hilfsgeister auftreten. Deshalb erscheinen uns die Erlebnisschilderungen mancher Schamanen ungenau, lückenhaft und inkonsistent, weil uns die Beschreibung des Übergangs von einem sich langsam verändernden Normalbewußtsein zu einem Trancebewußtsein fehlt. Die Berichte hinterlassen alle den Eindruck, als ob eine wirkliche, materielle Gestalt aufträte, die durch so viele unrealistische Elemente gekennzeichnet ist, daß wir sie nicht als der äußeren Welt zugehörig betrachten können.

Bisher neigten wir dazu, Tier- und Geistervisionen als psychischen Barbarismus abzutun. Der sich zunehmend erweiternde Gesichtskreis der Psychologie erweist jedoch immer mehr die psychische Sinnhaftigkeit visionärer und transmaterieller Erfahrungen, und auf dem Wege von der Psychoanalyse zur Transpersonalen Psychologie mußten wir schrittweise unsere Überheblichkeit gegenüber den »Primitiven« ablegen. Inzwischen bekommen wir im Zuge des Wiederauflebens der Selbstachtung der ersten Nationen der Welt den Vorwurf zurück und erkennen: Der Barbarismus der »Primitiven« war unsere eigene barbarische Kurzsichtigkeit, unser psychologischer Reduktionismus.

Eine Objektivität des psychischen Raumes gibt es ebensowenig wie eine des materiellen Raumes. So wie Raum und Zeit im Einsteinschen Universum vom Beobachter abhängige Funktionen sind, so interpretiert auch die kulturell geprägte Psyche nicht nur die äußere, sondern auch die innere Welt subjektiv, entsprechend ihrer eigenen Bezugssysteme. Dennoch zeigen sich hinter der vielfältigen Interpretation der Wirklichkeit und unter dem Schleier der kulturellen Überlagerung Gemeinsamkeiten. Der wichtigste theoretische Leitsatz einer zukünftigen Wissenschaft ist daher: Im transpersonalen Bereich gibt es keine objektiven Strukturen in dem Sinne, daß mehrere Beobachter immer dasselbe erfahren müssen. Andererseits lassen sich dennoch konstante Muster finden, die uns berechtigen, eine Kartographie immaterieller Bewußtseinszustände zu entwerfen.

Im Übergang vom Schamanentum zu den verschiedenen Hochreligionen verblassen die animalischen und anthropomorphen Hilfsgeistvorstellungen langsam, und abstrakte Ideen nehmen Gestalt an, bis völlig entpersonifizierte und entanthropomorphisierte kosmische und existentielle Prinzipien – gelegentlich der Anschaulichkeit halber noch in figürliche Form gebracht – den obersten Platz einnehmen. Dieser historische Wandel wurde oft als Argument für die Primitivität des Geisterglaubens angeführt.

Welche Theorien bieten sich nun an, Hilfsgeister zu erklären? Ich möchte dazu drei mögliche Hypothesen vorstellen:

1. Psychodynamische Hypothese: Bei Hilfsgeistern handelt es sich um einen psychodynamischen Komplex; sie entspringen der Imagination oder einer Projektion des Unbewußten. Geisthelfer sind personifizierte und von innen nach außen verlagerte psychologische Bedürfnishaltungen. Ein Schutzgeist ist ein Phantasiewesen, welches die inneren Bedürfnisse in einer anthropomorphen oder zoomorphen Gestalt zum Ausdruck bringt. Imaginäre Freunde, Phantasiegefährten, unsichtbare Begleiter und so weiter erfüllen eine wirkungsvolle Funktion im psychischen Haushalt. Durch ihre Verlebendigung in einer ratgebenden Gestalt dienen sie als Katalysator der Psyche, sie verstärken die innere Bedürfnisbefriedigung und helfen der Person, einen ihr adäquaten Lebensweg auszuwählen.

Die Ratschläge des Hilfsgeistes entsprechen nach dieser Theorie, die wohl in anthropologischen Kreisen die häufigste ist, den kulturellen Erwartungen und Anforderungen. Sie drücken die nicht eingestandenen Wünsche aus und helfen, das Unsagbare, das Peinliche und Gefährliche ans Tageslicht zu bringen. Die Person braucht sich nicht mit negativen Handlungen, die der Geist durch sie hindurch bewirkt, zu identifizieren, denn der Hilfsgeist ist dafür verantwortlich, und er ist zudem über jede Kritik erhaben. Der Hilfsgeist erleichtert demnach die allgemeine Lebensführung, verhilft zu Entspannung und gelöster Handlungsführung. In diesem Sinne interpretieren die meisten Anthropologen die Vorstellung von Hilfsgeistern, doch berücksichtigen sie nicht, daß sich durchaus auch die westliche Psychologie dieser »Psychotechnik« bedienen könnte.

Andererseits heißt es vielerorts, der moderne Mensch benötige für sein Heil diese Exteriorisationsform psychischer Komplexe nicht mehr. Klingt dabei aber nicht wieder jener Hochmut mit, der unsere Psyche als transparenter und entwickelter als die der »Primitiven« erachtet? Ganz im

Gegenteil glauben wir sagen zu dürfen, daß die Psychologie der Zukunft nicht umhinkommen wird, sich dem Bereich des Geistes und der Geister eines Tages mehr zu widmen, um eine wirksame Psychotherapie des Menschen zu entfalten. Die Inanspruchnahme von Geistern ist daher eine archaische ebenso wie eine futuristische Psychotherapie, die sich den Ressourcen unseres Bewußtseins öffnet und sich ungeahnte, überwältigende Potenzen erschließt.

2. *Transpersonale Hypothese:* Für die Transpersonale Anthropologie stellt der Erwerb eines Hilfsgeistes ein zentrales Mittel zur Mobilisierung psychischer Kräfte dar. Für diese Orientierung bleiben Geistwesen nicht bloße psychodynamische Komplexe des Unbewußten. Sie sind vielmehr charakteristische Erscheinungen einer überpersönlichen Bewußtseinsebene, die sich erst nach Auflösung der Egostrukturen enthüllen. Psychische und körperliche Streßsituationen und Nah-Todeserlebnisse können zu transpersonalen Erfahrungen führen. Ein Schutzwesen ist folglich kein unbewußtes Agens, sondern eine überbewußte Offenbarung, die qualitativ jenseits des Normalbewußtseins steht.

Die Transpersonale Anthropologie kann sich aufgrund der rudimentären Forschungsdaten noch nicht eindeutig entscheiden, welchen Charakter man der Jenseitserfahrung, den Geistwesen und der nichtphysikalischen oder quasi-materiellen Dimension überhaupt zusprechen soll. Sie schwankt zwischen einer psychodynamischen und einer spiritistischen Hypothese. Für sie ist der Geisterglauben zunächst keine unnütze kulturelle Phantasie, sondern vielmehr Ausdruck des Durchbruchs zu einer umfassenderen psychischen Wirklichkeitsebene.

3. *Spiritistische Hypothese:* Wir müssen die spiritistische Hypothese schon deshalb einbeziehen, weil das schamanische Universum ohne Geisterglauben und Totenreich undenkbar wäre. Neben der Parapsychologie gibt am ehesten die zeitgenössische Todesforschung Hinweise auf ein geistiges Überleben des Todes.

So wie Stammeskulturen kennen auch die westliche Volksüberlieferung, der Okkultismus, der Mediumismus und die Metaphysik unzählige Fallbeispiele von Begegnungen mit Verstorbenen und Geistentitäten. Prinzipiell besteht kein Unterschied zwischen westlichen und stammeskulturellen Erfahrungen – ein Vergleich, den die Ethnologie nicht schätzt und nie verfolgt hat, wohl aus der Furcht heraus, daß mit der Erkenntnis einer grundsätzlichen Übereinstimmung beider Kulturkreise die anthropologischen Hypothesen von der geistigen Beschränktheit und Unentwickeltheit des Stammesmenschen sich als wissenschaftliches Abstrusum entlarven würden. Es hat keinen Zweck, die Unmenge spiritistischen und parapsychologischen Materials hier vorzustellen. Der Nachweis einer physikalischen Parallelwelt ließe sich auch damit nicht schlüssig erbringen; weiterhin gilt es, neue Forschungen abzuwarten, ehe wir uns für ein materialistisches oder ein spiritualistisches Universum einsetzen.

11. SAKRALE HOCHZEITEN, GEISTEHEN UND TRAUMSEXUALITÄT

> Ich lernte Gedanken als räumlich ausgedehnte Geschöpfe zu sehen, die, kaum geboren, mit Form und Leben bekleidet werden.
>
> Eileen Garrett[1]

Ein besonderes Verhältnis zur Geisterwelt unterhalten jene Schamanen, die mit bestimmten Geistwesen eine regelrechte Heirat und sexuelle Verbindung eingehen. Allerdings sollten wir auch in diesen Fällen den Unterschied zu anderen Hilfs- und Schutzgeistern nicht überbetonen: Auch zu ihnen unterhält der Schamane oft eine erotisch getönte und intime Beziehung. Die Abhängigkeit vom Hilfsgeist zeigt ein breitgefächertes Spektrum von absoluter Hörigkeit des Schamanen bis hin zu einer verbindlichen Gegenseitigkeit. Der Schamane pflegt zur anderen Welt einen ganz persönlichen Kontakt, weshalb eine sexuelle und erotische Annäherung zwischen den Daseinsebenen nicht als etwas Ungewöhnliches betrachtet werden sollte. Grundsätzlich unterscheidet sich eine solche Liebesbeziehung in nichts von den psychischen Reaktionen, welche wir im irdischen Alltag zeigen. Lieben wir nicht oft auch Ideen, Theorien, Erinnerungen, die Heimat oder eine Landschaft, und ist nicht eigentlich jede Liebe primär eine geistige? Ist nicht selbst die körperliche Anziehung von ideellen Wert- und Schönheitsvorstellungen überlagert?

Doch obwohl der subjektive Projektionsmechanismus bei der geschlechtlichen Verbindung der Psychologie allgemein bekannt ist, verurteilt man eine Liebe zu Geistwesen und »Phantomen« und hält sie für pervers und pathologisch. Zunächst einmal besteht kein Grund, eine alltägliche eheliche Verbindung und eine Geistehe zu unterscheiden: Beide nähren sich nicht nur von hormonaler, sondern auch von geistiger Energie, und die irdische Liebe ist ebenso ideell bestimmt wie die überirdische. Dennoch existiert ein wesentlicher Gegensatz, und zwar hinsichtlich der Bewußtseinsebenen – der Schamane kommuniziert mit seiner jenseitigen Geliebten nur in einem veränderten Geisteszustand.

Die Verbindung zu einer Geistfrau oder einem Geistmann erfüllt nicht etwa nur ein hedonistisches Bedürfnis. Viel eher sind wir konfrontiert mit einer Art spiritueller Arbeitsteilung: Einerseits führt das Geistwesen die Befehle und Wünsche des Schamanen aus, das heißt es heilt durch ihn hindurch, unternimmt hellseherische Erkundungsflüge, beobachtet den Feind, besorgt das Töten eines Konkurrenten; andererseits hat der Schamane während seiner Initiationskrankheit seinem Schutzgeist zum Beispiel versprochen, andere Menschen zu heilen, woran er sich nun notgedrungen halten muß, will er nicht den Zorn seines Geistgefährten auf sich lenken.

Die überirdischen Erscheinungen strahlen, selbst wenn sie mit irdischen Wesen vieles gemeinsam haben, oft eine betörende Schönheit aus. Der sexuelle Kontakt zu einer Gestalt einer anderen Dimension kann daher erquickender und intensiver sein als mit einem diesseitigen Partner. Andererseits findet der Geschlechtsverkehr mit Geistwesen mitunter in einseitiger Weise statt – dann, wenn der Geistpartner den Schamanen geradezu vergewaltigt. Die Schutzgeister besitzen eine seltsame Begabung: Sie verwandeln sich oft in häßliche und gefährliche Ungeheuer. So kann sich eine schöne Geistgemahlin urplötzlich zur alten Hexe oder zum raubtierhaften Biest umformen. Hierin dürfen wir eine Relativierung der transpersonalen Erfahrung sehen, die den Schamanen auf die Projektionsmechanismen seines Bewußtseins aufmerksam machen kann, denn vielleicht sieht er in die Jenseitswelt nur das hinein, was ihn seine Kultur oder sein Ego dort vermuten läßt.

Viele Nah-Todesberichte und Jenseitsskizzen erhellen uns das Spiel des menschlichen Bewußtseins – jeder Mensch sieht die Jenseitsgestalten im Rahmen der Traditionen seiner eigenen Kultur. Allerdings ist es im Lichte neuerer Erkenntnisse der Bewußtseinsforschung nicht mehr möglich, die Konfigurationen des Jenseits nur als unbewußte Produktionen, Archetypen oder Symbole zu begreifen, sondern allenfalls als Archetypen und Symbole mit praktischen Konsequenzen. Eine Geistgattin ist keine tagträumerische Vision eines versponnenen Neurotikers; sie unterweist den Schamanen, macht ihn zu einer bedeutenden kulturellen Persönlichkeit und läßt ihn viele unerklärliche parapsychische Phänomene hervorbringen. Zudem stellt sie die dringend gesuchte Verbindung zu den Verstorbenen her.

Als Botschafter zwischen den Weltebenen festigen der Schamane und sein geistiger Ehepartner die traditionelle Kosmologie. Der Kontakt des Menschen zu anderen Lebensformen und alternativen Seinsebenen gehört zu den archaischen Erfahrungen unserer Spezies; auch die Gesellschaften der Zukunft werden wohl teilweise davon beeinflußt werden, denn viele schöpferische Kulturleistungen entstanden in Zusammenarbeit mit oder durch die Inspiration von Traum- und Geistwesen. Darüber hinaus erfährt jeder Mensch die Bedeutsamkeit höherer Bewußtseinsebenen und -formen, wenn er durch einen Unfall, ein Nah-Todeserlebnis, bei langem Fasten, exzessivem Tanzen, durch Schock, Schmerz, Angst oder Blockierung der normalen neurologischen Mechanismen eine Identitätsauflösung oder -zerstückelung durchmacht.

Auch bei Schizophrenen treten Spaltpersönlichkeiten und figurative Halluzinationen auf. Die mannigfaltigen psychiatrischen Theorien der Schizophrenie bemühen sich jedoch, die archetypischen und transpersonalen Motive zu entheiligen und zu defunktionalisieren, indem sie ihnen eine sinnvolle psychische Aufgabe absprechen, sie durch Psychopharmaka unterdrücken und durch rein personalistisch und reduktionistisch orientierte Therapien eliminieren. Die Vision einer unirdischen Gestalt, ob nun im Traum oder in einer Trance, gehört zu den vornehmsten Fähigkeiten unseres Geistes und ist von Stammesgesellschaften und allen Kulturen der Alten und Neuen Welt richtig eingeschätzt worden – als Quelle schöpferischer Inspiration. Die wirkliche Psychologie – eine, die wir noch zu schaffen haben – wird die Gabe, Geister, Visionen und Jenseitslandschaften wahrzunehmen, zur ersten Aufgabe ihrer Institution erheben und der intellektuellen Potenz mit ihrer erbärmlichen Einseitigkeit therapeutische Hilfestellung durch einen Jenseitsgeist oder eine Geistgemahlin anbieten.

Was heute absurd und lächerlich klingt, wird morgen ebenso alltäglich sein wie die Imaginationstherapien und Traumanalysen von heute. Die Psychologie glaubt, sich zu immer umfassenderer Kenntnis des psychischen »Apparates« fortzuentwickeln; tatsächlich aber werden wir zunehmend zu den arachaischen und traditionellen Erkenntnisquellen zurückgezogen. Der erste Schritt »rückwärts« begann mit der Entwicklung psychophysischer Selbstkontrolltechniken wie Biofeedback und Autogenes Training.

Diese Entwicklung setzte sich fort mit dem immer weitere Kreise unserer Gesellschaft erfassenden Interesse für meditative Techniken und wird heute durch das Aufleben des Interesses für Ethnopsychologie, transkulturelle Psychiatrie und das ganze Spektrum der »Ethnoscience« unterstützt. Besonders aus der neueren Schamanenforschung und natürlich der Hinwendung zu asiatischen Philosophien wird sich eine weitere Kritik unserer derzeitigen psychologischen Theorien ergeben, eine Kritik, die sich aus der Weisheit der Vergangenheit und der Tradition nährt. Die Reise in eine alternative Bewußtseinsdomäne, etwa um die überirdische Ehefrau aufzusuchen, ist gleichzeitig verbunden mit einer erkenntnistheoretischen Zeitreise in die geschichtliche Vergangenheit, mit einer wahren Rückkehr zum *illud tempus* und zum archaischen Wissen.

Untersuchen wir Erfahrungsberichte über Geistehen, so finden wir in der ethnologischen Literatur über Indien eine Reihe stark standardisierter Berufungserlebnisse, in denen die Geistheirat im Mittelpunkt steht.[2]

Diese Beispiele verdeutlichen uns, wie sehr die personalen, psychischen

Erwartungen die transpersonalen Erfahrungen beeinflussen. Dennoch treten allgemein menschliche Prinzipien immer wieder hervor, wie etwa die Abwehr des Geistführers, die Angst, die letztendliche Resignation und die Einwilligung in die Ehe mit einem Geistgatten oder einer Geistgattin, die Geburt von Geistkindern im Jenseitsreich und die Bewußtseinsstörungen, die nach dem Kontakt mit einem Geistwesen entstehen. Nach der typischen Ablehnung des Eheantrags aus dem Jenseits und den Wirrnissen des Abwehrkampfes führt die Annahme des Ehelebens zu einer Beruhigung der psychopathologischen Symptome, die den Kandidaten zuvor plagten – und durch die Heirat wird endlich ein neuer Schamane geboren.

Die Schilderungen sakraler Trauungen muten in ihrer Struktur recht einfach an, doch nur, weil Schamanen ihren Leidensweg auf eine sehr verkürzte Weise wiedergeben. Das tun sie deshalb, weil ihnen der Mechanismus der Bewußtseinsumstellung und die psychischen Prinzipien des Verkehrs mit ihren Geistpartnern nicht in dem Maße transparent werden, daß sie unsere wissenschaftliche und analytische Neugier befriedigen. Der Schamane, der zudem tief und unbewußt mit seiner Kultur verkettet ist, nimmt die Verbindung zu einem Geistwesen als vergleichsweise normales Geschehen hin. Er sieht sich nicht Phänomenen gegenüber, die seinen Lebenshorizont überschreiten; folglich muß er auch nicht nach einer spitzfindigen Erklärung suchen, wie es wohl einem westlichen Menschen ergehen würde, den die Theorien seiner Kultur hier gänzlich im Stich lassen.

Wir wollen nun die Berufungsgeschichte von Champa, einer Schamanin der Saora aus Borai, schildern. Zunächst wehrte sie sich heftig gegen den sie begehrenden Geist, heiratete ihn später aus Angst dann aber doch und gebar ihm ein Geistkind. Das Kind schrie jedoch andauernd, wenn es an die Brust der Mutter kam. Morgens fragten die Nachbarn dann immer, welches Kind geschrien habe. Später gebar sie noch eine Geisttochter. Allerdings heiratete sie zusätzlich auch einen irdischen Mann, von dem sie ebenfalls schwanger wurde. Über ihre Schamanenwerdung berichtet Champa ausführlich:

Die Mutter meines Vaters war ebenso wie seine Schwester eine Schamanin. Nach ihrem Tod erschien mir der Hilfsgeist der Schwester meines Vaters in einem Traum und brachte einen weiteren Geist namens Potnadeyi mit. Er war aus der Kaste der Paik und trug teure Hindukleider. Der Hilfsgeist meiner Tante sagte: »Ich habe diesen Mann hier mitgebracht, damit er dich heiratet, doch mir mußt du auch dienen.« Ich bekam Angst und sagte mir: »Er ist ein Paik, wie kann ich ihn heiraten?« Und so weigerte ich mich.

Wieder und wieder erschien er mir in meinen Träumen, doch ich lehnte ihn ebensooft ab. Dann, eines Nachts, trug er mich in einem Wirbelwind fort und brachte mich zu einem sehr hohen Baum, wo er mich auf einem schwachen Ast absetzte. Dort begann er zu singen, und während er sang, schaukelte er mich hin und her. Ich hatte schreckliche Angst, von dieser großen Höhe herunterzufallen, und gab mich schnell einverstanden, ihn zu heiraten. Dann saßen wir eine Zeitlang gemeinsam da, sangen und wiegten uns auf und nieder.

In der kommenden Nacht erschien mein Geistgemahl erneut und lehrte mich, wie der Wind-Fächer zu gebrauchen sei. Ihn begleiteten viele andere Götter, und sie erklärten: »Wir sind alle sehr zufrieden mit dir; nun besiegle deine Heirat mit einem Fest.« Als ich erwachte und mir alles zu Bewußtsein kam, gebärdete ich mich wie eine Verrückte und fiel ohnmächtig zu Boden. Sechs Monate lang fühlte ich mich unwohl und konnte während der ganzen Zeit nichts tun.[3]

Der Geistgatte kann für die irdische Ehe seines Partners sehr viele Probleme hervorrufen. In solch einer ehelichen Dreieckskonfiguration nimmt natürlich die Person mit zwei Gatten die stärkere Position ein. Somra von Taraba zum Beispiel, ein Saora, dessen Frau Schamanin war und einen Geistgemahl besaß, geriet zwischen die Mühlsteine der jenseitigen und diesseitigen Welt. Als er eines Tages mit seiner Frau stritt, drohte ihm der Geistgatte, er werde seine Frau ganz in seinen Existenzbereich hinübernehmen, wenn er sich noch einmal mit ihr streite. Somra schilderte die Auseinandersetzung wie folgt:

Eines Tages sagte ich zu ihr: »Gib mir ein bißchen heißen Reis zu essen.« Aber alles, was sie tat, war, etwas heißes Wasser über abgestandenen, kalten Reis zu gießen und ihn mir zu geben. Ich war ziemlich verärgert und beschimpfte sie. Am nächsten Tag bekam ich Fieber. Es hielt zwei Tage lang an, und als ich glaubte, sterben zu müssen, bat ich meine Frau herauszufinden, was mit mir los sei. Ihr Gemahl, ihr Hilfsgeist, erschien ihr aus der Unterwelt und sagte zu mir: »Wenn du jemals wieder deine Frau so beschimpfst, nehme ich sie mit mir. Ich bin glücklich mit ihr, deshalb heiratete ich sie, und eigentlich hätte ich sie viel lieber hier bei mir. Sie mag dein sein, aber sie gehört auch mir. Ich habe ein Kind von ihr, doch du hast von ihr einen Sohn sowie eine Tochter, die ich nicht habe. Von nun an hör auf, sie zu mißhandeln und zu schlagen, oder ich komme auf der Stelle und nehme sie dir fort.« Seit diesem Tag habe ich nie mehr mit meiner Frau gestritten. Mein Fieber verschwand noch am gleichen Abend.[4]

Samiya, ein Schamane aus Sogeda, schilderte seine Berufung, kurz bevor er mit 55 Jahren starb. Von seiner Mutter erbte er zwei Hilfsgeister, die er heiratete. Später wollten ihn noch zwei weitere Geistfrauen ehelichen. Als er sich wegen ihrer Kastenzugehörigkeit gegen sie wehrte, prügelten ihn die beiden Hilfsgeister seiner Mutter mit Dornenruten. Bei jedem Fest opferte er nun – nachdem er gezwungenermaßen in die neue Doppelheirat eingewilligt hatte – all seinen Gemahlinnen. Mit einer der Geistfrauen hatte er auch ein Kind. Gelegentlich trafen sich alle seine Frauen und flogen mit ihm in die Unterwelt.[5]

Eine Schamanin aus Sondan verführte ein Geistmann schon im Alter von 10 Jahren, nachdem er ihr Wein zu trinken gegeben hatte. In den Jahren danach fiel sie hin und wieder in Ohnmacht, die aber nur wenige Minuten anhielt. Die Eltern riefen einen Heiler herbei, der der Ursache des Übels auf den Grund ging: Ein Geistmann wollte sie heiraten. Auf diese Nachricht hin fragte der Vater den Geist:

»Warum hörst du nicht auf, das Mädchen zu quälen? Sie stirbt, wenn du sie nicht in Ruhe läßt.« Aber der Geist sagte: »Nein, ich mag deine Tochter. Ich habe ihr viel Wein zu trinken gegeben, und ich werde sie heiraten. Wenn dann jemand krank wird und sie nach mir ruft, werde ich ihr sagen, was das Problem ist, und ihr helfen, den Patienten zu heilen. Ich bestehe darauf, sie zu heiraten. Gebt mir eine Ziege, und ich werde ins Haus kommen.«[6]

Die Eltern gaben seinem Drängen nach, der Geist zog mit ins Haus ein, und die Heirat wurde vollzogen. Bald gebar die junge Frau ein Kind in der Geisterwelt, das ihr Mann ihr jede Nacht zum Stillen an die Brust legte. Nur die Nachbarn hörten sein gelegentliches Weinen, die Eltern aber merkten nichts davon. Später heiratete sie noch einmal, diesmal einen irdischen Mann, doch glaubte sie, mit ihm keine Kinder haben zu können.

Ein Schamane aus Patili, Tarendu, mußte gleich mehrere Geistfrauen ehelichen, obwohl er sich mit allen Mitteln dagegen wehrte. Auch sein Vater war ein Schamane. Dessen Hilfsgeist hatte sich seinerzeit in einen wilden Eber verwandelt, um ihn zu erschrecken und so zur Heirat zu zwingen. Sein Sohn berichtet:

Auch ich hatte viele Schwierigkeiten, bevor ich heiratete, denn mehrere Geistmädchen stellten mir nach. Zuerst eine Töpferin, die sich meinem Haus näherte. Ich versteckte mich, und sie stellte einen Topf auf die Veranda und entfernte sich wieder. Als sie gegangen war, lief ich hinaus und zerschlug das Gefäß. Dann kam ein Pano-Mädchen mit Fellen, und wieder versteckte ich mich im Haus. Sie legte die Felle auf die Veranda. Kaum war sie verschwunden, trat ich hinaus und warf die Felle fort. Dann erschienen zwei Saora-Geister, zwei Schwestern; die ältere schielte, die jüngere war lahm und blind. Als sie näherrückten, kletterte ich schleunigst eine Sagopalme hinauf. Sie riefen nach mir: »Gib uns auch etwas Wein, wir werden dich beide heiraten.« Ich schaute auf sie hinunter und sagte: »O nein, das werdet ihr nicht!«

Zu guter Letzt kam ein Paik-Mädchen daher, ein hübsches, schön gekleidetes Mädchen. Schon aus der Entfernung lächelte sie mich an und sagte: »Ich bin ein Paik-Mädchen, aber du bist nur ein Saora, trotzdem werde ich dich heiraten.« Ich sagte: »Nein«, aber sie packte mich und nahm mich mit in die Unterwelt, wo sie mich in ein Steinhaus einsperrte und mir nichts zu essen gab. Ich wurde so dünn wie ein Tamarindenblatt. Dann brachte sie mich auf den Wipfel einer hohen Dattelpalme und schüttelte sie, bis mir angst und bange ward herunterzufallen, so daß ich letztendlich doch einwilligte, sie zu heiraten. Ihr Name war Sirpanti.[7]

Zu seinem Unglück vergaß Tarendu sein Heiratsversprechen und mußte dafür teuer bezahlen – er wurde verrückt. Als er sich Monate später doch noch an die abenteuerliche Begegnung mit den Geistfrauen erinnerte, gab er der hübschen jungen Sirpanti sofort sein Jawort. Schon Tage danach war er wieder gesund und munter.

Auch in Japan kennt man die Vermählung der Schamanin – Geisterfrau genannt – mit einer Schutzgottheit.[8] In Yamashiro sind die Geisterfrauen erstaunlicherweise fast alle gänzlich erblindet; da sie keiner geregelten Arbeit nachgehen können, gehen sie zu einer Geisterfrau in die Lehre. Dort lernen sie Beschwörungsrituale zur Herbeirufung der Götter, für die kultische Reinigung, für das Herbeirufen von Totenseelen und so weiter. Es zeigt sich bald, wer dafür begabt ist; ungeschickte Schülerinnen schickt die Meisterin fort. Ihr Wissen gibt sie im allgemeinen an nicht mehr als vier bis fünf Lehrlinge weiter.

Vor der Initiationszeremonie leben die Novizinnen in der Einsamkeit; sie fasten, waschen sich immerfort mit Wasser, streifen sich ein weißes Totengewand über und essen auf rituelle Weise die Totenspeisen. Initiation und der Tod des profanen Ego werden hier angedeutet. Ununterbrochen übergießen sie sich mit Wasser und schlagen Reis so lange in einem Mörser, bis er zu einem zähen Teig wird – dann brechen sie wie tot zusammen, kommen aber wieder zu sich, wenn andere Personen sie berühren. Schließlich folgt die Trauung mit dem ihnen erschienenen Geistgemahl.

Nachdem die Schülerin danach noch eine Woche allein im Schrein ihres Klangottes ausgeharrt hat, übernimmt sie das Amt einer Geisterfrau, eines Mediums, in der Öffentlichkeit. Beruft die Gottheit eines Schreins sie zum Dienst, bringt sie die üblichen Utensilien wie Reiskübel, Pfanne und so weiter mit in die Ehe, ganz ähnlich wie auch eine gewöhnliche Frau ihre Mitgift in den neuen Haushalt einbringt. Bis vor kurzem war noch eine geschlechtliche Vermählung zwischen Geisterfrau und dem Schreinpriester, der sozusagen beim Koitus die Gottheit vertrat, gang und gäbe.

Nicht nur besonders sensible Menschen, sondern auch körperlich abnorme Menschen eignen sich also für die Ausbildung zum Schamanen. Blinde Frauen, die nur beschränkt Hausarbeiten erledigen können und keinen sozialen Verpflichtungen nachgehen, haben viel eher die Möglichkeit, die Dimension der Götter zu erkennen. Das Innenleben eines Blinden ist notgedrungen stärker entwickelt als das eines Normalsichtigen, den die Reize der äußeren Welt dauernd in Bann halten. Die Ausbildung von blinden Frauen zu Geisterfrauen bietet sich daher an, ebenso wie jede andere körperliche Behinderung, die den Menschen vom normalen Alltagstreiben ausschließt und einen Rückzug aus dem gesellschaftlichen Leben erzwingt, die Einsicht in alternative Bewußtseinszustände erleichtert.

Ähnlich wie die Grönland-Eskimo durch das endlose Gegeneinanderreiben zweier Steine in Trance geraten und schließlich bewußtlos werden, um dann den Kontakt mit Geistern und Jenseitigen aufzunehmen, so schlagen die japanischen Geisterfrauen pausenlos Reis in einem Mörser, bis sie das Bewußtsein verlieren und ihren himmlischen Gemahl erblicken. Das psychische Prinzip der Entkonditionierung unterscheidet sich, wie wir sehen, trotz der kulturellen Entfernung in keiner Weise. Die frühe Anthropologie erkannte diese Tatsache nicht und glaubte, das Schamanentum sei gewissermaßen ein Abladeplatz für sozial und ökonomisch nicht voll einsetzbare Individuen. Daß psychische und physische Abnormitäten den Zugang zum transpersonalen Bereich fördern können, weil die Personen notgedrungen dem normalen Leben in ihrer Kultur entsagen müssen, übersahen diese Forscher.

Welcher Anthropologe hat sich denn schon die Mühe gemacht, eine solch »unsinnige« Betätigung wie tagelanges Steinereiben oder Mörserschlagen nachzuahmen? Doch nur, wer den Schmerz und die Hilflosigkeit des Individuums in diesen Stunden der Qual und des Kampfes selbst gespürt und bis zum Ende durchgestanden hat, kann darüber urteilen und herausfinden, daß diese einfache, fast ließe sich sagen »verhaltenstherapeutische« Handlung uns aus den Fesseln der Gewohnheit zu befreien und zu den Wohnplätzen der Götter und Geister zu führen vermag. Warum wagt sich unsere Psychologie nicht in diese Grenzbereiche vor? – sind es doch die Bereiche, aus denen uns die höchsten Potentiale und Einsichten erwachsen. Warum verabscheut und meidet der westliche Mensch den Schmerz, warum hütet er sich mit angstvoller Scheu vor dem »kleinen Tod«, einer kurzzeitigen Auflösung des Ich...?

Heute können wir in einer scheinbar so grotesken Handlung wie dem ununterbrochenen Zerstoßen von Reis die Anwendung einer Psychologie der höheren Bewußtseinszustände erkennen und nicht mehr nur den abergläubischen Akt der Ignoranz. Wir müssen den Stammeskulturen eine Psychologie zugestehen, die eines Tages vielleicht auch wieder die unsere sein wird.

Auch in Burma kennt man die Ehe mit einem körperlosen Partner. Dort verursacht die Ablehnung der Verehelichung mit einem Nat-Geist Schmerzen und Krankheit. Da die Nat-Schamanen nicht besonders angesehen sind, versuchen die meisten dieser vom Jenseits auserwählten Individuen, sich so lange wie möglich aus einer solchen Ehe herauszureden. Einige Beispiele, die Melford Spiro gesammelt hat, möchte ich hier wiedergeben.

Als U Ka, ein männliches Medium, 18 Jahre alt war, verliebte sich eine Nat in ihn. Er widersetzte sich ihrem Heiratsantrag, gab aber in seinem 45. Lebensjahr schließlich nach. Immer und immer wieder peinigte seine Nat ihn, ließ ihn all seine Besitztümer und sein Geld verlieren und tötete schließlich sogar seine irdische Partnerin. Um diesem Treiben ein Ende zu bereiten und um Ruhe zu finden, ging er mit ihr schließlich ein Ehebündnis ein. Nun erschien sie ihm im Traum, liebte ihn, schmiegte sich an seine Seite und war ihm wie eine Mutter. Und erst nachdem er ihr zu Willen war, hatte sie auch nichts mehr gegen eine sexuelle Beziehung zu einer irdischen Frau einzuwenden.

Mit 17 Jahren verlor die Schamanin Dwa Pva ihr Herz an einen Nat. Da sie sich aber um keinen Preis für längere Zeit an ihn binden wollte, bat sie einen Heiler um Rat, wie sie sich am besten von ihm befreien könne. Sie nahm sich einen irdischen Mann, verließ ihn jedoch mit 37 Jahren auf Drängen ihres Nat wieder. Während ihrer Ehe quälte sie ihr Nat, weil sie ihn zurückwies. Sie mußte ihre Ablehnung teuer bezahlen: ihr kleines Geschäft, ein Zigarrenhandel, ging pleite; schwere Anfälle, Herzklopfen, Erbrechen plagten sie, und bald konnte sie auch keine feste Nahrung mehr zu sich nehmen. Durch die Hochzeit mit dem Nat jedoch hörten all diese Symptome auf. Obwohl ihr Nat danach einer engen Verbindung zu einem diesseitigen Mann nicht im Wege stand, blieb sie seitdem anderen Männern fern.

Als U Maung Maung mit 25 Jahren ein Nat-Fest besuchte, schenkte ihm eine Nat ihre Zuneigung. Sie erschien ihm im Traum als eine wunderschöne Frau und bat ihn, ihr seine ganze Liebe zu schenken. Obwohl er erst zwei Monate zuvor mit einer menschlichen Frau einen Hausstand gegründet hatte, trennte er sich auf Anraten der Nat von seiner Neuvermählten. Doch kaum wandte er sich liebevoll seiner neuen Nat-Gemahlin zu, entdeckte er, daß sie zusätzlich noch mit einem Nat-Mann verheiratet war. Dieser ärgerte das junge Paar oft und störte U Maung Maung besonders dann, wenn er mit seiner Geisterfrau sexuell verkehren wollte. Das belastete ihre Ehe sehr.

Da Kyoun wurde auf einem Fest von einem Nat in Besitz genommen, als sie sich in Trance tanzte. Obwohl sie bereits über 40 Jahre alt war, ging sie einen überirdischen Ehebund ein, blieb aber dennoch ihrem menschlichen Ehegatten treu.

Der 16jährigen Daw Ei Khin zeigten sich etliche Nat im Traum. Jahre danach nahm sie ein Nat in Besitz; wie in Trance lief sie im Dorf umher und aß und trank kaum noch. Später zog sie mit einem irdischen Mann zusammen und bekam von ihm ein Kind. Der Nat-Gatte verbot ihr nun unglücklicherweise den ehelichen Verkehr mit ihrem diesseitigen Mann; dieser sollte sich darauf beschränken, die Befehle seiner Frau auszuführen und überhaupt ganz ihr Diener werden. Daw Ei Khin vermied den sexuellen Kontakt mit ihrem irdischen Gatten, litt aber sehr darunter. Als sie jedoch begann, mit ihrem Nat-Gatten im Schlaf zu verkehren, verschwand ihr Klagen.[9]

All diese Beispiele führen uns immer wieder vor Augen, daß die Zurückweisung der Liebe eines Geistes nicht ungestraft bleibt: Krankheit, Fehlschläge und eine allgemeine existentielle Misere können die Folge sein. Die Angst vor einer Bestrafung, die der Geist ungeniert in seinem Opfer schürt, ist oft das Hauptmotiv für die Einwilligung in eine Geistheirat. Im allgemeinen begegnet einem zukünftigen Schamanen ein Nat-Geist im zweiten Lebensjahrzehnt; geheiratet wird aber meistens erst in den Dreißigern, wonach der Schamane offiziell bestätigt wird.

Es heißt, ein Nat fühle sich zu einer Schamanin hingezogen, weil er ihre »schöne Seele liebt« – eine treffende Metapher für die psychische Disposition, eine Schamanin zu werden.

Eine bereits voll ausgebildete Schamanin identifiziert den Geist, der sich im Traum oder durch Besessenheit kundtut, anhand seiner Eigenschaften; das ist nicht immer einfach, denn es existiert ein ganzes Pantheon individueller Geister. Die Hochzeit selbst findet in einem Zeremonialraum statt. Eine Schamanin, die mit einem Nat vom gleichen Typ, wie ihn die Braut heiraten wird, zusammenlebt, vollzieht, begleitet von einem Orchester, den Nat-Tanz, während eine zweite Schamanin den Gesang des entsprechenden Nat anstimmt. Die Braut betritt nun ein abgetrenntes Areal des Raumes; darin stehen zwei Betten für Braut und Bräutigam.

Der Kernteil der Heiratszeremonie besteht darin, »die Schmetterlingsseele der Braut in den Schlaf zu geleiten«. Eine Schamanin schiebt einen Spiegel vor dem Gesicht der Braut hin und her und preßt einen anderen gegen ihren Rücken. Eine weitere Schamanin befestigt zwei Baumwollschnüre um Hand- und Fußgelenke der Braut, legt dann eine lange Schnur diagonal über ihre Schultern und sticht schließlich eine mit einem Faden versehene Nadel in ihren Haarknoten. Nun, glaubt man, sei die Seele der Braut »eingeschlafen« und werde bald die Ehefrau des Nat werden. Es ist die »Schmetterlingsseele« der Braut und nicht ihr Körper, den der Geist liebt. In dieser Vereinigung der beiden unsubstanziellen Prinzipien besteht die eigentliche Hochzeit zwischen beiden Welten.

Das Ritual endet mit einem Nat-Tanz der Braut, bei dem sie in Trance fällt. Die Schamaninnen werden nicht nur von ihrem Geist geliebt, sie können sich durch Kostüm und Gestik auch während des Tanzes direkt in ihn verwandeln. Anschließend verbringt die Novizin noch sieben Tage allein mit ihrem Nat-Partner; danach nimmt das normale Leben wieder seinen Lauf. Die Schamanin ist nun eine Nat dadaw, eine Nat-Gemahlin.

Unverheiratete Frauen erhalten durch eine Nat-Heirat die Chance, ihre sexuellen Phantasien und Wünsche frei und gesellschaftlich sanktioniert auszuleben, denn außer- und voreheliche Sexualkontakte sind in dieser Gesellschaft verpönt, und auch Homosexuelle und Transvestiten erhalten in einer sozial anerkannten Nat-Ehe eine Möglichkeit, ihre Gefühle und Lebenseinstellung ohne die Mißachtung der Gemeinschaft auszuagieren. Auch für Bisexuelle bietet sich ein Freiraum an, sie können zum Beispiel von einem zweigeschlechtlichen Geschwisterpaar besessen werden.

Die meisten Anthropologen begreifen solche Succubus/Incubus-Verhältnisse als Ausdruck sexueller Abnormität. Sie sehen die Trauung mit einem Nat-Partner entweder als eine Flucht aus dem Alltag der gewöhnlichen Ehe, aus einer sexuell unbefriedigenden Partnerschaft oder als einen Versuch, sich durch das Ausüben einer sozial relevanten Tätigkeit als Schamane Anerkennung zu verschaffen. Die Hinwendung zur unsichtbaren Dimension des Traumes und der Imagination ist für sie ein psychischer Kompensationsmechanismus und von diesem Standpunkt aus als pathologisch zu bewerten, auch wenn diese Formen der Traumsexualität harmonisch in den Alltag der jeweiligen Kultur eingebettet sind.

Diese Anschauung jedoch stellt die Tatsachen geradezu auf den Kopf; die betreffenden Personen sind nicht krank oder pervers, sie flüchten sich nicht in eine Phantasiewelt, sondern die »Krankheit«, die abweichende psychische Konstitution, ermöglicht die Auflösung der personalen und sozialen Identität und öffnet die Pforte zu höheren transpersonalen Bewußtseinsschichten und zur Geisterwelt. In der verkehrten Welt der klassischen Anthropologie mit ihrer Pathologisierung des transpersonalen Geschehens wird man kaum jemals ein inneres Verständnis eines spirituellen Ehebundes erlangen können.

Während ein normales Individuum in der schamanischen Ausbildung erst aus dem Gleichgewicht gebracht werden muß, um eine andere Wirklichkeit zu erfahren, besitzen sozial abnorme Menschen schon eine gewisse Prädisposition dazu – die schamanische Transformation ist für sie einfacher zu erreichen als für einen fest im kulturellen Wertsystem verankerten Menschen. Krankheit, psychische, physische und soziale Deprivation ebenso wie sexuelle Abweichungen verursachen eine gestörte, unausgeglichene Identität, einen Mangel an innerer Ausgeglichenheit, die den Weg der schamanischen Initiation nur verkürzen und erleichtern können.

Abweichungen von der Norm, Unebenheiten, Störungen, Ver-rücktheit, Irr-sinn, das Unangepaßte und Heterogene sind seit Jahrtausenden das, was transindividuellen Fähigkeiten den Weg ebnet. Der Angepaßte und der Mitläufer sind zu zaghaft, sie zeigen wenig Mut; wer den Aufstieg in eine andere Dimension des Bewußtseins wagen will, muß sich unerschrocken seinen Weg durch die Schranken von Gewohnheiten und Alltagsdenken bahnen. So wie nur der unkonventionelle Geist, der Freidenker, der Kritiker im intellektuellen Bereich Außergewöhnliches erreicht, so gelangt der psychisch »Abnorme«, der körperlich Kranke oder der sexuell Deviante besonders leicht zu einer höheren Ebene der Wirklichkeit, wenn er sich der schamanischen Entwertung aller Werte verschreibt.

Sternberg erhielt von einem Schamanen der sibirischen Golden einen ausführlichen Bericht über dessen Schamanenwerdung und seine Ehe mit einer Geistfrau. Es handelte sich um einen 40jährigen verheirateten Mann, der bis zu seinem 20. Lebensjahr gesund war, dann aber kränkelte. Weil er sich keinen Rat mehr wußte und keine Hilfe kam, begann er für sich selbst zu schamanisieren. Während seiner Krankheit erschien ihm eine außerordentlich reizvolle Frau. Sie war ganz wie eine Goldin gekleidet; die prächtigen Haare, mit kleinen Zöpfen verziert, hingen ihr bis auf die Schultern. Von anderen Schamanen der Golden weiß man, daß ihre Geistfrauen ein halb schwarzes, halb rotes Gesicht haben. Die Geistfrau gab sich ihm zu erkennen und sagte:

»Ich bin eine Ajami von deinen Schamanenahnen. Ich habe ihnen das Schamanisieren beigebracht. Jetzt werde ich dich belehren. Die alten Schamanen sind ausgestorben, es ist niemand da, um die Leute zu heilen. Du mußt Schamane werden.«

Dann sagte sie: »Ich liebe dich. Ich habe jetzt keinen Mann, du wirst mein Mann, ich werde deine Frau sein. Wir werden zusammen schlafen. Ich gebe dir Hilfsgeister, mit deren Hilfe du heilen wirst, und ich selbst werde dich belehren und dir behilflich sein. Die Leute werden uns zu essen geben.«

Ich erschrak und begann zu protestieren. Darauf sagte sie: »Wenn du nicht auf mich hörst, wird es dir schlecht ergehen; ich werde dich erschlagen!«[10]

Tagein, tagaus besuchte und liebkoste sie ihn; des Nachts waren sie wie Mann und Frau miteinander, doch Kinder bekamen sie nicht. Erschien sie nicht als hübsche Frau, dann zeigte sie sich ihm als altes Weiblein, als Wölfin oder als geflügelter Tiger, auf dessen Rücken er flog und in ferne Länder reiste. Die Ajami schenkte ihm drei Hilfsgeister: einen Panther, einen Bären und einen Tiger, die seinem Ruf gehorchten und im Traum herbeieilten. War ihm einer nicht zu Willen, half seine Ajami ein bißchen nach. Während der Séance drangen die Ajami und die drei Hilfsgeister »wie Rauch« in ihn ein. Die Ajami sprach durch seinen Mund, wenn er die Opfergaben aß, denn diese waren eigentlich für sie bestimmt. Bei den Golden müssen auch die Hilfsgeister ernährt werden, sonst schimpfen sie und beschweren sich.

Als der Schamane Sternberg seine Geschichte erzählte, wußte er noch nicht, ob er ein großer Schamane werden würde. Es hinge ganz von seiner

Ajami ab, sagte er, welche Qualifizierung ihm zugestanden würde. Es gibt nämlich drei Schamanenarten:

1. den Siurinka samán, den Schamanen, der Krankheiten heilt;
2. den Némanti samán, der die kleinen Gedenkfeiern abhält;
3. den Kasati samán, der die Totenseelen ins Jenseits führt.

Auf jeden Fall hatte ihm sein Schutzgeist bereits gezeigt, wie das Schamanenkostüm anzufertigen sei, wie die Trommel bemalt und verziert werden müsse und wie er Figuren von den Hilfsgeistern herstellen könne.

Der große Schamane Tschukke Ominka, ebenfalls ein Golde, der noch fähig war, die Seelen ins Totenland zu geleiten, galt zur Zeit Sternbergs, der seine Geschichte aufzeichnete, als der bedeutendste Schamane am Amur. Er war sein ganzes Leben lang auf Wanderschaft, um Totenfeiern abzuhalten. Manche Ortschaften warteten jahrelang auf ihn, wodurch sich dann mehrere Seelen ansammelten, manchmal bis zu zwanzig. Es war dann sehr mühsam, alle auf einmal fortzubringen, denn einige verirrten sich, gingen verloren, und Tschukke Ominka mußte dann umkehren und sie wieder einfangen. Da er seine drei Ajamis, die dauernd in seinem Körper lebten, füttern mußte, betrank er sich ununterbrochen. Doch wie uns Sternberg versichert, führte er seine Zeremonien in aller Klarheit durch. Seine Beschwörungsformeln auf Sternbergs Phonographen zu sprechen, lehnte er erschrocken ab; seine Ajami könne ihn dafür erschlagen, meinte er.

Noch andere seiner Familie waren Schamanen: sein Vater, sein Bruder und seine Schwester. Seine Schamanenlaufbahn begann Tschukke Ominka mit einer Erkrankung, während der sich ihm im Traum eine Ajami offenbarte. Sie war es auch, die er bald darauf heiratete. Sie war bezaubernd schön und sah aus wie eine richtige Goldenfrau. Später nahm er sich noch zwei weitere Ajami, die ihn mit verschiedenen Hilfsgeistern versorgten; mit einem tollen Hund, einem tollen Fuchs, einem Zwerg, einem Menschen ohne Kopf und einem Birkhahn. Vom Vater übernahm er den Hilfsgeist »Himmlischer Geist« sowie Bolo, der ihn fortan bei der Überführung der Seelen ins Jenseits unterstützte. Tschukke Ominka heiratete bald auch eine junge, hübsche irdische Frau. Obwohl sie erst 18 Jahre zählte, kümmerte sie sich liebevoll und geduldig um sein Wohl, was wegen seiner dauernden Trunkenheit keine einfache Aufgabe war. Ihre Stellung als Schamanenfrau füllte sie würdevoll aus, und gegenüber den himmlischen Frauen ihres Mannes hegte sie keinerlei Eifersucht.[11]

Bei den Jakuten heißen die Geistfrauen Abassi; wenn sie dem Schamanen im Schlaf erscheinen, dann weiß er, daß er bald zu einem Patienten gerufen wird. Die Abassi-Mädchen sind Bewohner des Mänarikta challan, des Himmels der Ekstasegeister.[12]

Die Schorzen (Altaivölker) erzählen eine Legende über den Urschamanen. Er war von menschlichem Geschlecht und hieß Kam Atis. Als seine Frau entdeckte, daß ihr Mann neben ihr noch eine himmlische Gemahlin hatte, tobte sie vor Eifersucht und forderte ihn auf, ihr seine Geliebte zu zeigen. Er begann zu trommeln, um seine überirdische Frau herbeizurufen. Da seine Frau die überirdische Konkurrentin jedoch nicht sah, schrie sie verärgert: »Wo ist denn deine Frau? Es ist alles erlogen, du hast gar keine andere Frau außer mir!« Dem Kam (Schamanen) blieb keine andere Wahl; er hieß seine Frau in die Trommel schauen. Anstatt jedoch aus gebührender Entfernung einen Blick in die Trommel zu werfen, stellte sie sich genau davor – darinnen leuchtete etwas sonnenhell, und eine mahnende Stimme sprach: »Du *warst* auf deinen Mann eifersüchtig...« Da fiel die Frau des Kam um und war tot. Bei der Beerdigungszeremonie, während einer Trommelséance, flog der Kam durch das Rauchloch der Yurte davon. Zuvor jedoch erklärte er den Anwesenden, daß die Schamanen, die nach ihm kommen würden, ihn dort besuchen sollten, wohin er jetzt ginge.[13]

Die Kam der Schorzen haben eine himmlische Frau als Hauptgeist und daneben noch andere Hilfsgeister und Geisttiere. Allgemein verbreitet ist bei ihnen die Begegnung mit dem »kleinen Mädchen«, obwohl jeder Kam es verschieden erlebt: mal als schwarze Magd mit sieben Brüsten, mal mit sieben Zöpfen und drei Augen, mal als leuchtendes Mädchen mit weißen Haaren.

Die Berufung zum Schamanen erfolgt durch die Geister. Die ehemaligen Geister eines verstorbenen Klanschamanen erwählen den nächsten Schamanen, indem sie zu Erlik Khan, dem Gott der überirdischen Welt, zurückkehren und ihn bitten, ihnen einen neuen Schamanen als Herrn zu geben. Ist ein geeigneter Kandidat aus dem Stamm ausersehen worden, befällt ihn auch schon die Schamanenkrankheit. Nun beginnt die himmlische Frau mit ihrer Werbung; akzeptiert er sie, nimmt sie Wohnung in seiner Trommel. Die Trommel ist daher die äußerliche Verkörperung der Geistgemahlin. Der älteste Verwandte des neuen Kam fertigt die Trommel an, während der Herstellung nennt er sie »Mädchen« und den Schamanen »Bräutigam«.

In dem mexikanischen Städtchen Tecospa lebt nur ein Schamane, Don Soltero Perez, der in seiner Gemeinde hoch angesehen ist. Durch einen Blitz, der 1918 in sein Haus einschlug, fielen alle Hausbewohner bewußtlos zu Boden, kamen jedoch bald darauf wieder zu sich. Lediglich Don Solteros Erwachen verzögerte sich, nur Schritt für Schritt wich die Bewußtlosigkeit, und auch die auftretende Benommenheit wurde er nur mühsam los. In den nächsten sechs Monaten verlor er jede Woche einmal das Bewußtsein und fiel in Ohnmacht. Die Enanitos, zwergenartige Regengottheiten, die schon seit aztekischer Zeit im Tal von Mexiko leben, entführten seine Seele dann zu ihren Höhlen. Jedesmal wenn sie ihn überfielen, sank er wie tot zusammen, wurde steif und starr, und seine Zähne knirschten bedrohlich. Doch bald entspannte sich sein Körper wieder.

Die kleinen Geister hatten es sich in den Kopf gesetzt, aus Don Soltero einen Heiler zu machen, und schlugen ihn deshalb so lange, bis er sich willig zeigte. Kaum in den Körper zurückgekehrt, besann er sich jedoch anders und brach sein Wort. Hartnäckig kamen die Geister immer und immer wieder zurück. Nach jeder Entführung war er völlig geschwächt. Nach sechs Monaten umbarmherziger Verfolgung und unzähligen Schlägen gab er den Geistern nach, denn sonst wäre er unter ihren Hieben und Quälereien verendet. Die Enanitos überließen ihm nun einen Stab, drei Heilsteine und eine Geistfrau. Der Stab bleibt für den normalen Menschen unsichtbar. Die drei Steine fand er unerwartet in seiner Tasche, und bei näherem Hinschauen erkannte er ihre Formen – eine Puppe, eine Ente und eine Kanone. Während eines nächtlichen Gewitterschauers verlassen ihn diese Steine, andere Steine kommen aber von selbst zu ihm und ersetzen die alten.

Seine Geistfrau, eine Enanita, lebt in einer Höhle mit ihresgleichen. Zweifellos hätte er sein Leben lassen müssen, wäre es nicht zur Heirat gekommen. Ihre gemeinsamen Kinder leben bei der Mutter. Nun, als Heiler, durfte er mit keiner irdischen Frau sexuelle Kontakte aufnehmen. Einmal übertrat er dieses Gebot, fiel aber sofort wie tot zu Boden. Seine Seele wurde zu den Höhlen der Enanitos geleitet, wo er Prügel bezog. Seitdem konzentriert er seine sexuelle Energie ganz auf seine Geistfrau.

Don Soltero nennt man einen Curandero de aire, einen, der mit »Luft« oder »Wind« arbeitet. Er spezialisierte sich auf die Heilung wenig gefährlicher, nicht tödlicher Krankheiten. Er und andere Curanderos de aire sterben jährlich zweimal, damit ihre Seele zu den Höhlen der Enanitos fliegen kann, wo ihre Heilfähigkeiten weiter geschult und verbessert werden. Der erste »Tod« überkommt den Curandero im Oktober/November nach den großen Regenfällen. Alle Curanderos »sterben« zur gleichen Zeit und bleiben, während ihre Seelen an einem Treffen mit den Enanitos teilnehmen, leblos eine halbe oder ganze Stunde liegen.[14]

Don Solteros Berufung setzte mit einem Todeserlebnis ein; ausgelöst durch einen Blitzschlag, enthüllte sich ihm die andere Welt. Durch jährlich sich wiederholende Bewußtlosigkeiten erneuerte und verstärkte er regelmäßig seine Heilkräfte, wenn er in die mythischen Höhlen der überirdischen Welt eintauchte. Tod, Jenseitsreise, Kontakt zu Geistwesen, Widerstand gegen die überweltliche Eheverbindung, Annahme der Berufung, Entwicklung von Heilkräften, Zuhilfenahme von magischen Objekten, dauernde Regeneration und Aufladen der Kräfte durch periodische außerkörperliche Erfahrungen und Seelenflüge ins Jenseits – wiederum liegt uns das ganze Spektrum schamanischer Welterfahrung vor.

Natürlich kennen wir auch im Westen die Vermählung mit einem übernatürlichen Wesen – die christliche Brautsymbolik. Die katholischen Nonnen erleben sich als Bräute von Christus, und sie werden ihm in einer formalen Heiratszeremonie angetraut. In den Klöstern der Benediktinerinnen legt sich die Nonne nach der Weihe in ein mit Blumen geschmücktes Brautbett, auf dessen Kopfkissen ein Kruzifix liegt, mit dem die neuvermählte Jungfrau die Hochzeitsnacht feiert. Das Bild des Braut- oder Minnebetts verwendet die mittelalterliche Mystik in ungezwungener Weise; sexuelle Motive erkennen wir auch bei vielen christlichen Mystikern. Mechthild von Magdeburg hatte eine Liebesaffaire mit Jesus und empfahl allen Nonnen, sich dem 18jährigen Sohn Gottes hinzugeben. Viele ekstatische Nonnen glaubten sich von Jesus umarmt, geküßt und geschwängert, und bei einigen traten Scheinschwangerschaften auf. Andere versetzten sich in die Rolle Marias und wurden in ihrer Einbildung schwanger.

Die Vorstellung von der übernatürlichen Empfängnis war weitverbreitet. In verschiedenen Orden erhielt die Nonne einen goldenen Ehering und wurde als die Braut von Jesus Christus angeredet. Eine zeremonielle Antwort erinnert heute noch daran: »Ich liebe Christus, dessen Bett ich teile.« Sie sollten, heißt es in einem Ritualtext, ihren Geliebten, den Erlöser, umarmen, der vom Himmel herunter in ihre Brust kommt, und ihn festhalten, bis er ihnen alle Wünsche gewährt hat. Die gottgeweihten Jungfrauen überließen Christus ihre Glieder ... Auch Plotin spricht vom »Schwangerwerden der göttlichen Seele« und Origines vom »Schwangersein durch den mystischen Geist«.

In allen mystischen Traditionen beschreibt man die *unio mystica* als geschlechtliche Vereinigung, weil – wie es indische Mystiker formulieren würden – der vom Urselbst Umschlungene weder innen noch außen sein kann. Von der Liebesmystik des Krishnakultes bis hin zu dem ekstatischen Avatar Ramakrishna, der zur Göttin Kali ein erotisch geprägtes Verhältnis hatte, ist die gesamte Geisteswelt Indiens von der Möglichkeit metaphysischer Erotik geprägt. Die ganze Religionsgeschichte kennt die geschlechtliche transmaterielle Vereinigung mit Gott, sie ist in der Tat ein Menschheitssymbol.

12. DER GESANG DER MACHT: FREUDE, FREUDE, FREUDE!

> Lieder sind Gedanken, die mit dem Atemzug hervorgebracht werden, wenn die Menschen sich von großer Kraft bewegen lassen und sich nicht mehr mit alltäglicher Rede begnügen können.
> Ein Mensch wird gleichsam in Bewegung gebracht, wie die Eisscholle, die kreisend in den Strom hinaustreibt. Seine Gedanken werden von einer strömenden Kraft angetrieben, wenn er Freude, Angst oder Kummer fühlt. Wie ein Fluß können die Gedanken über ihm zusammenschlagen, indem sie ihm den Atem rauben und sein Herz zum Klopfen bringen. Etwas, das einer Milderung des Wetters gleicht, wird ihn zum Auftauen bringen. Und dann wird es geschehen, daß wir, die wir stets glauben, unbedeutend zu sein, uns noch geringer fühlen. Und wir werden uns fürchten, Worte zu gebrauchen, aber es wird geschehen, daß die Worte von selbst aus uns aufsteigen. Wenn jene Worte, die wir anwenden, wie von selbst aus uns hervorkommen, dann erhalten wir ein neues Lied.
>
> Orpingalik, ein Schamane der Netsilik-Eskimo[1]

Mit dem Bild der in einem Sog dahintreibenden Eisscholle gibt uns Orpingalik ein wundervolles Gleichnis für die Auflösung unseres festen Gedankengebäudes und unserer starren Egostruktur. Die »strömende Kraft« oder, wie wir es hier nennen, die »Erfahrung des Fließens«, entsteht bei allen Formen erhöhten emotionalen Engagements, bei extremer Angst, bei unerträglichem Schmerz ebenso wie bei ekstatischer Freude oder mystischer Glückseligkeit. Gipfel- und Nadirerfahrungen, positive und negative Gemütszustände führen uns gleichermaßen in den Einzugsbereich dieses »Kraftsogs«.

Orpingalik verwendet ein weiteres eindrucksvolles Bild, wenn er sagt: »Eine Milderung des Wetters wird uns zum Auftauen bringen.« Während Kälte und Eis unsere Poren zusammenziehen, die Gedanken einfrieren und das Gefühl erkalten lassen, erfahren die Eskimo im Sommer eine Wiederbelebung all ihrer menschlichen Fähigkeiten ... »Und dann wird es geschehen, daß wir, die wir stets glauben, unbedeutend zu sein, uns noch geringer fühlen«, sagt er. Während der moderne Mensch des Abendlandes die Idee der eigenen Bedeutungslosigkeit nach Kräften von sich weist, gehört das Gefühl der Nichtigkeit und Kleinheit gegenüber dem universellen Geschehen zu jeder mystischen Inspiration und zu jeder ekstatischen Gipfelerfahrung. So paradox ist unsere Psyche angelegt, daß wir gerade aus der tiefsten Depression wie Phönix aus der Asche mit neuer Lebenskraft emporsteigen – mit einem Lied, einem Machtgesang, der von der »Kraft«, von den »Plätzen der Macht« spricht, die das Universum durchziehen.

Weil wir uns klein gemacht haben, weil wir unser sozialisiertes Ego, unsere gesellschaftliche Natur abgeschüttelt haben wie ein altes Winterfell, nehmen wir nun teil an der Freude der Schöpfung und »lernen die Liebe aller Dinge kennen«, wie der Schamane Avá-Nembiara sagt, den ich später zitieren werde. Das charakteristische Gefühl der Ekstase und der Erleuchtung ist ein unbeschreibbares Glücksgefühl, eine kosmische Freude über die Einheit mit dem höheren Selbst, dem Hilfsgeist oder der Natur. Der Eskimo-Schamane Aua singt, nachdem er im veränderten Bewußtseinszustand einem weiblichen Küstengeist mit dem Namen Aua begegnete, der daraufhin sein Geisthelfer wurde und ihm jederzeit und überall zur Seite stand:

Freude, Freude,
Freude, Freude!
Ich sehe einen kleinen Küstengeist,
Einen kleinen Aua.
Ich selbst heiße auch Aua,
Des Küstengeistes Namensvetter,
Freude, Freude!

»Diese Worte wiederholte ich immer wieder«, erinnert er sich, »bis ich in Tränen ausbrach, überwältigt von großer Furcht; dann zitterte mein ganzer Körper, und ich schrie: ›A-a-a, Freude, Freude! Jetzt werde ich nach Hause laufen, Freude, Freude!‹«

Mit dem Wunsch, ein Schamane zu werden, suchte Aua die Einsamkeit auf, wo er oft schwermütig wurde.

Ich konnte plötzlich in unerklärlicher Weise in Tränen ausbrechen und unglücklich werden, ohne zu wissen warum. Dann schlug mit einemmal meine Stimmung um, und ich fühlte eine große und unerklärliche Freude – eine Freude, so stark, daß ich sie nicht beherrschen konnte. Ich mußte in einen Gesang ausbrechen, in einen gewaltigen Gesang, der nur dieses eine Wort umfaßte: Freude! Freude! Freude! Freude! – und mitten in einer rätselhaften, überwältigenden Beglückung wurde ich Geisterbeschwörer, ohne selbst zu begreifen wie. Aber ich war es, ich konnte in ganz neuer Weise sehen und hören.[2]

Schon für denjenigen, der den heiligen Gesang erfährt, ist das Geschehen schwer zu begreifen. Noch schwerer ist es allerdings für die rationale Wissenschaft, eine Erklärung zu finden, bleibt sie doch immer in der Metaphorik und der äußerlichen Beschreibung stecken. Vielleicht ist der Gesang der Macht der wirkliche Gesang des Lebens, unmittelbarer Ausdruck aller Daseinslust, Dynamik und Vitalität. Die Ekstase ist die Begeisterung über die mystische Einheit aller Dinge und Wesen, sie ist das Gefühl, sich den Wogen des existentiellen Auf und Ab vertrauensvoll überantworten zu können, ohne der dauernden Kontrolle und des ängstlichen Egoismus unserer rationalen Psyche zu bedürfen.

Es gibt vielerlei Arten und Gründe, ein Lied zu singen. Es kann gesungen werden, so wie man ein Buch liest – nur die Zeilen ablesend; es kann aus dem Herzen kommen und eine Improvisation auf den glücklichen Augenblick sein; ein Lied oder eine Melodie kann aber auch wie bei dem Komponisten Beethoven während einer vertieften Konzentration und Absorption halbbewußt aus uns herausfließen; und wir können ein Lied im Traum oder in einem müßigen Augenblick plötzlich in uns hören. Nach einem totalen psychischen und körperlichen Zusammenbruch kann es sein, daß wir in uns ein Lied entdecken, welches unsere allgemeine Verfassung widerspiegelt und uns mit den Archetypen der Seele vertraut macht. Und schließlich mögen wir auch ein Lied von Totenwesen, Geisttieren oder verstorbenen Verwandten auf einer Reise ins Jenseits erhalten. Diese verschiedenen Formen des Erwerbs von Machtgesängen stellen gleichzeitig verschiedene Ebenen auf der Stufenleiter des Bewußtseins dar. Der Gesang ist um so wirkungsvoller, je weiter die Auflösung unseres Ego voranschreitet.

Dem gleichen Prinzip folgen auch Visionen – auch sie können in einem harmlosen Tagtraum entstehen oder durch ein Nah-Todeserlebnis. Unsere westliche Wissenschaft, die glaubt, das Phänomen Schamanismus mit ihren psychologischen Kategorien »erklären« zu können, ist im allgemeinen blind gegenüber diesem Kontinuum der Bewußtseinsebenen und Intensitätsgrade. Sie glaubt, daß sie die Traumoffenbarung irgendeines Patienten oder die Krankheitssymptomatik irgendeiner Neurose unbesehen mit der schamanischen Transformation in Zusammenhang bringen darf. Aus dieser Sicht ist es heute Mode, den Schamanen auf das Niveau der herkömmlichen westlichen Ego-Psychologie herabzuwürdigen. Natürlich bestehen Ähnlichkeiten, aber Ähnlichkeiten, die durch viele Abstufungen getrennt sind – Stufen, die den Schamanen weit über den Durchschnitt des neurotischen Patientengutes der abendländischen Psychotherapie erheben.

Ein Gesang ist daher auch nicht ein irgendwie gearteter Text mit Melodie, sondern Ausdruck einer psychosomatischen und spirituellen

Transformation, die den Schamanen zu einem Repräsentanten einer anderen physischen Dimension werden läßt – wir sprechen deshalb von einer »physischen Dimension«, weil er zu guter Letzt imstande ist, unsere physische Welt zu beeinflussen, wenn auch auf akausalem und nichtmateriellem Weg. Seine Transformation hat praktische Konsequenzen, was wir bei einem »geheilten« Psychiatriepatienten nur selten behaupten dürfen.

Die Bella-Coola-Schamanin Sikwalxlelix taucht mit ihrem Gesang in den »Ort der Kraft« ein, sie singt:

Himmel bewegt sich,
wenn sie singen.
Die Geister singen vom Lachs.

Himmel wogt
auf und nieder.
Die Geister singen.

Ich ertrank
im Wasser,
dem Ort der Kraft
zu Heilen.

Die Geister stießen hinunter
adlerartig,
an die Oberfläche
singend stieg ich auf.

Er zog mich heraus,
er, der rettet
die von der Kraft der Geister
Getroffenen.

Ich schaute tief
in das Gesicht,
das mir die Kraft
gab zum Schamanen.

Er stand aufrecht
im Mittelpunkt,
im Mittelpunkt
der Kraft.

Der Geist steht
auf dem Platz
der versteinerten
Kraft.

Himmel bewegt sich,
wenn sie singen.
Die Geister singen vom Lachs.

Himmel wogt
auf und nieder.
Die Geister singen.[3]

Im »Ort der Kraft« vernimmt sie den Lachsgesang der Geister, die den Himmel wie Wellen auf und nieder wogen lassen. Der Ort der Kraft ist die Domäne der transindividuellen Existenz; hier schöpft der Mensch aus einer Quelle der Macht, die sich auf der irdischen Ebene des normalen Bewußtseins als magische Fähigkeit und Heilkraft kundtut. Die Atmosphäre dieses Ortes ist »kraftgeladen«, ja, »Kraft« scheint sein eigentliches Wesen zu sein, und jeder, der damit in Berührung kommt, kann etwas davon in unsere Dimension hinüberretten, das die kausale Mechanik unserer Welt überschreitet. Sikwalxlelix spricht in allegorischer Form, wohl um das Unbeschreibliche überhaupt beschreibbar zu machen. Sie spricht von einem Wasserbecken. Und ist Wasser nicht ein Symbol der Transformation, der spirituellen Reinigung und des Urquells der Erkenntnis überhaupt? Als nun auch sie von jenem Geist, der die von »Geist-Kraft Durchfluteten« aus dem Urgrund des Seins emporhebt, an die Oberfläche gehoben wird, löst sich spontan ein Lied von ihren Lippen.

Wer in den Bereich der Geister oder des Geistes, den wirklichen Ursprungsort schamanischen Wissens eintaucht, dessen Sensitivität für die Wirklichkeit erhöht sich ganz offensichtlich, er durchstößt die in unserem Alltagsbewußtsein »verstopften« Kanäle der Wahrnehmung. Und mit der »Schau ins Gesicht der Macht« entsteht der spirituelle Befreiungsgesang, von dem so viele Schamanen berichten.

Der Halaait (Schamane) Isaac Tens vom Stamme der Gitskan besaß 23 Gesänge. Er erhielt seine Lieder im Trancezustand, in dem er ein Haus betrat, wo er seine beiden Onkel, zwei ehemalige Halaait traf, die ihm die Lieder vorsangen. Wenn er das Haus wieder verließ, endete auch seine Trance. Für ihn war das »Haus« das, was für Sikwalxlelix das Wasserbekken und für Uvavnuk das große Meer oder der Fluß waren. Die Symbolik mag vielfältig sein – für die Offenbarung des Heiligen ist jeder Ort, jede Stelle im Universum geeignet. Auch wenn es klassische Archetypen der

Einweihungsorte gibt, so kann doch jeder Platz, jedes natürliche Element und jede Form zur Hierophanie, zu einem Träger sakraler Initiation werden. Isaac Tens erhielt die Macht in einem Haus, das einsam auf einer weiten Ebene lag. Er erzählt:

Wenn ich soweit war, zu singen, fiel ich in Trance und sah ein weit ausgedehntes, herrliches Land vor mir; mitten darin stand ein Haus. Ich trat ein und erblickte meinen Onkel Tsigwee, der ein Halaait (Medizinmann) gewesen war. Er war bereits vor einigen Jahren gestorben. Dann erschien ein anderer Onkel – Gukswawtu. Beide waren zu ihren Lebzeiten gleichermaßen berühmt. Ich hörte sie viele Lieder singen. Während sie sangen, rannte ein Grizzly aus der Tür und lief geradewegs ums Haus herum. Dann erhob er sich in die Luft, über die Wolken, beschrieb einen Kreis und flog zum Haus zurück. Beide Onkel nahmen eine Rassel und legten sie in meine Hände. Deshalb benutze ich immer zwei Rasseln bei meinen Heilungen. In meiner Vision sah ich viele Feuer, die unter dem Haus loderten. Sobald ich das Haus verließ, löste sich auch meine Trance. Von nun an sang ich diese Gesänge, so wie ich sie in meiner Vision gelernt habe.[4]

Es besteht natürlich auch die Möglichkeit, einen Heilgesang unmittelbar aus dem Totenreich zu erhalten. In diesem Fall treffen wir wieder auf die Todesszenarien und *Postmortem*-Motive. Meistens sind es bereits verstorbene Verwandte, Medizinleute und undefinierbare amorphe oder mythische Wesen, die dem Schamanen den Machtgesang übertragen.

Dazu ein Beispiel von den Avá-Chiripá aus Paraguay. Ein Schamane dieses Stammes, Avá-Nembiará, flog im Schlaf ins Totenreich, wo ihm sein Großvater einen Heilgesang schenkte und ihm das Geheimnis der Leiter, die Himmel und Erde verbindet, offenbarte. Auf einem Berg des Jenseits verfolgte er nun die Tänze und hörte die Gesänge. Später wurde er in eine Prüfungssituation verwickelt: Er sollte einen toten Mann heilen, der am Wegrand lag. Durch den Einsatz seiner neuen Lieder gelang ihm das auch. Selbst erstaunt über seine ungeahnte Heilkraft, ließ er sich von der Wirksamkeit des Gesanges überzeugen. Nach dieser Jenseitserfahrung war seine Ausbildung noch nicht abgeschlossen; im Schlaf unterrichteten ihn seine überirdischen Helfer im Heilmittelgebrauch, und aus dem Totenreich heraus fand eine regelrechte Schulung statt.[5]

Die Papago-Indianer, in deren Religion der Machtgesang im Mittelpunkt steht, kennen verschiedene Arten, Macht zu erwerben. Die erste Form besteht darin, im Krieg einen Skalp zu erbeuten. Doch benutzten die Papago-Krieger den Skalp lediglich zur Vorbereitung auf das »Träumen« des Machtgesangs. Krieg, Töten des Feindes und Sklapjagd waren aufwühlende Erlebnisse, die das Bewußtsein des Kriegers so weit zu erschüttern vermochten, daß anschließend durch »Träumen« ein Gesang aus dem erfolgreichen Krieger hervorbrechen konnte. Nach der Heimkehr vom Kriegszug lebten die Skalpjäger eine Zeitlang außerhalb des Dorfes in »Quarantäne«. Jeder bekam dabei einen Beschützer zugeordnet. Selbst die Frau des Skalpjägers mußte 16 Tage in Isolation verbringen. Der Krieger saß dabei die ganze Zeit über bewegungslos auf einem Fleck, mit verschränkten Armen und auf die Brust gesenktem Kopf. Fasten und Einsamkeit bescherten ihm bald einen Gesang, und dann hielt ihn nichts mehr vom Singen ab.

Die Papago erkennen sogar die einfachsten Zeilen als neuen, individuellen Machtgesang an, selbst wenn das Lied in nur wenigen Worten von dem des Vaters oder Onkels abweicht. Das Lied, das zu dem Krieger kommt, dient ihm für den Rest seines Lebens als magisches und therapeutisches Hilfsmittel. Am 17. Tag der Einsamkeit zündet man ein großes Feuer an und tanzt darum herum. Nun erhält der Krieger von seinem Beschützer einen Korb, in den er den »Gefangenen«, den Skalp, legt und ihn wie einen eingekerkerten Geist behandelt. Jetzt verfügt der Mann über Skalp-Power.

Erbeutet ein Mann keinen Skalp und will dennoch die Möglichkeit zum »Träumen« erhalten, dann tötet er einen Adler und beginnt anschließend eine viertägige Fasten- und Traumzeit. Bald träumt er: Ein Adler kommt zu ihm, aber nicht in seiner Vogel-, sondern in seiner ursprünglichen menschlichen Form, und singt zu ihm. So erhält der junge Mann Klarheit über seinen Lebensweg. Einer »träumte«, er würde ein Spieler werden – eine anerkannte Tätigkeit unter den Papago –, und tatsächlich, er verlor niemals im Spiel. Ein anderer »träumte«, er würde ein Läufer werden, was ebenfalls eintrat. Ist jemand mit seinem »Traum« unzufrieden, tötet er im kommenden Jahr einen weiteren Adler und erwartet einen neuen Gesang. Nach viertägigem Fasten versammeln sich alle ehemaligen Adlertöter und stimmen für den neuen Bruder ein Lied an.

Der dritte Weg des Machterwerbs ist eine viertägige strapaziöse Pilgerfahrt zum Golf von Kalifornien, um Salz von den Brandungsfelsen zu holen, welches das Meer dort abgelagert hat. Die Pilger brechen in Richtung Süden auf, der »Richtung des Leidens«, wie die Papago sagen. Die Entbehrungen und Strapazen der Wanderschaft, verbunden mit rituellen Vorschriften, sowie der ersehnte Anblick des unermeßlichen Ozeans sind für die Papago, ein Wüstenvolk, derart überwältigend, daß sie mit übernatürlichen Offenbarungen beschenkt werden. Vor Beginn der Reise singt ein erblicher Priester die heiligen Gesänge und führt ein Ritual durch, um die Pilgerfahrt »sicher zu machen«. Während vier aufeinanderfolgender Jahre muß der Initiant zur Salzpilgerschaft antreten. Früher gingen die Papago zu Fuß, heute reiten sie. Wenn sie rasten, ruhen sie mit dem Kopf in Richtung Ozean, damit seine Macht sie anzieht.

Während der Salzpilgerschaft werden weise Reden gehalten, wobei der Schluß eines jeden Satzes durch einen hohen Ton besonders hervorgehoben wird. Nähert sich der Redner dem magischen Teil der Ansprache und beginnt mit den Göttern zu sprechen, so verzerrt sich sein Sprachfluß zu einem seltsamen Tuckern, das an das Geräusch eines Automotors erinnert. Am Nachmittag des dritten Tages gelangt die Gruppe der Pilger zu einem legendären Wasserloch am Fuße des Mount Pinacate; doch vorerst vermeidet man jede Berührung mit dem Wasser, und alle eilen freudig auf die Bergkuppe hinauf. Der Anblick des Ozeans versetzt die Pilger in Entzücken, sie strecken die Hände nach ihm aus, um etwas von seiner Kraft aufzunehmen, und reiben sie dann in ihren Körper hinein. Nun, nach einem letzten Schluck Wasser vor dem großen »Endspurt«, reitet man ohne Pause bis zum Zielort. Diese letzten 24 Stunden sind wie ein Wettrennen; die Salzpilger reiten die ganze Nacht über, weiter und weiter, dem Weltmeer entgegen.

Für ein Wüstenvolk, das keine vollen Wasserstellen und keine wasserreichen Flußläufe kennt, ist die Begegnung mit dem Meer etwas Heiliges. Ausgehungert und geschwächt durch die Anstrengungen der Reise, warten die Pilger auf eine Vision. Haben sie das Salz von den Felsen gekratzt und auf die Pferde geladen, waten sie ins flache Wasser und opfern dem Ozean Maismehl. Jetzt erwarten sie voller Spannung Zeichen des Göttlichen aus den Tiefen des Ozeans. Und manche sehen einen See-Kojoten eigenartig auf dem Wasser dahingleiten. Andere rennen stundenlang am Strand entlang und entdecken vielleicht in einer Felsnische die Kraft des Heilens, oder ein Schwarm Kraniche ruft sie in den Himmel, um dort mit ihnen um die Wette zu fliegen.

Die Neophyten befinden sich nach solchen Visionen in einem geläuterten und geheiligten Zustand. Auf dem Heimweg berühren sie ihren eigenen Körper nicht, und jeder geht allein, weil der Kontakt mit dem anderen zu stark sein könnte – schließlich sind sie nun alle mit Power aufgeladen. Niemals dürfen sie zum Meer zurückschauen, denn es könnte sie zurückrufen. Wieder daheim, unterziehen sie sich einer 16tägigen Fastenperiode und flehen um weitere Visionen und Gesänge; erst danach gelten sie als reife Männer, die in die Gesellschaft aufgenommen werden können.

Auch Frauen besitzen die Möglichkeit, einen Gesang zu erwerben, doch nehmen sie weder an der Salzpilgerfahrt teil, noch stehen ihnen die anderen Wege des »Träumens« und Power-Erwerbs offen. Sie ziehen sich während der Menstruation vier Tage lang zurück; ebenso wie der Adlertöter oder der Skalpjäger bauen sie sich einen einfachen Unterschlupf und vermeiden jede Begegnung mit dem anderen Geschlecht, denn sonst würden ihre magischen Kräfte schwinden. Wenn sie eine Vision und einen

Gesang erhalten möchten, dann unterwerfen sie sich noch zusätzlich einer Fastenkur.

Die Papago-Gesellschaft hat ein eindrucksvolles Zeremoniell entworfen, vermittels dessen jedes Stammesmitglied nach einer Vision und einem Machtgesang streben kann. Ob es nun ein waghalsiger Kampf, das Töten eines Adlers, eine entbehrungsreiche Salzpilgerschaft oder auch nur die Absonderung während der Menstruation ist: Alle diese Formen der Askese – wenn sie den Körper nur bis zum Äußersten beanspruchen und das Bewußtsein, durch zusätzliches Fasten unterstützt, in einen aufnahmebereiten Zustand versetzen – werden als geeignet erachtet, dem Initianten eine Vision oder einen Traumgesang zu bescheren. Die Pilgerfahrt oder die Absonderung während der Menstruation sind universelle Methoden, in Kontakt mit höheren Machten und unentdeckten menschlichen Ressourcen des Bewußtseins zu kommen. Daß jedoch eine Gesellschaft auch Krieg und Skalpjagd in einen heiligen Kontext einzuspannen versteht, spricht für das hohe Niveau psychischer Integration der Papago.[6]

Wo sich psychischer Aufbau und Regeneration des Lebens ankündigen, sind diese von Freude, Gesang, Tanz und Rhythmus begleitet. Das schamanische Lied rührt aus einer tiefenpsychischen Reinigung und Entleerung her – und sind nicht Reinheit und Leere die Eckpfeiler einer universellen Ur-Therapie, die langsam auch die westliche Industriegesellschaft wieder für sich entdeckt? Der aus innerer Harmonie geborene Gesang ist daher spontaner Ausdruck geistig-seelischer Klarheit.

Der Machtgesang schläft nur in uns, latent ist er immer vorhanden. Erst durch ein schweres körperliches oder existenzielles Leiden erwacht er plötzlich und strömt dann wie von selbst als melodische Komposition aus dem Inneren hervor. Alle transpersonalen Erfahrungen schlummern in uns, sie liegen verschüttet unter dicken Schichten normalpsychologischer, personal orientierter Prozesse. Erhöhte Konzentration und verschärfte Aufmerksamkeit jedoch bahnen sich wie ein Bohrer ins Zentrum unserer Persönlichkeit vor: Eine Ego-Schicht nach der anderen wird durchstoßen, bis das höhere Selbst oder die transpersonale Dimension erreicht ist. Was der Bohrer dann – um bei diesem Bild zu bleiben – an Spänen aus diesem Bereich herauszieht, mag, wenn vielleicht auch nur ein bescheidener Teil dieses umfassenden Bereichs der Psyche, ein Lied oder eine Vision sein, die den Menschen tiefgreifend verwandelt und zu einem Botschafter anderer Welten werden läßt.

Die Sprache der anderen Wirklichkeit ist die Poesie. Die Sprache des Normalbewußtseins ist Prosa, hart und eckig; ihr Klang bleibt unmelodisch, ihr Sinn mechanisch und kalkuliert. Der Gesang der Macht dagegen ist Lyrik, spontaner Rhythmus, der sich ungewollt und frei entfaltet. Mit den Geistern steht der Schamane im »Platz der versteinerten Kraft«, im »Mittelpunkt der Macht«. Dort ist Poesie die einzig angemessene Sprache, der Heilgesang dauernde Wirklichkeit und allgemeine Weise der Begegnung, denn der Ort der Macht ist immer der Ort des Heils, des Heilens, des Heiligen.

Der Schamane taucht ein in diese Sphäre, sie heilt ihn, und geheilt holt er ein Stück dieses Seins in unsere Welt herüber. Da er durch den bloßen Kontakt zu diesem Bereich des Bewußtseins zum Kraftträger erhoben wurde, kann er das Heil nun auch auf andere übertragen. Der Machtgesang ist Ausdruck einer transpersonalen Erfahrung, und er kann sich zum Heilgesang, zum therapeutischen Agens entwickeln. Er ist heilig, weil er dem Zentrum des Heils entsprang. In unserer Terminologie heißt das: Die Gipfelerfahrung, die Trance, der egolose Zustand oder die meditative Versenkung sind in sich selbst gesundheitsfördernd und heilsam, sie legen die höchsten menschlichen Potentiale des Bewußtseins bloß.

Der Machtgesang ist die Sprache der transpersonalen Dimension. Das Gedicht ebenso wie das Machtlied reden nicht über etwas, sie repräsentieren etwas. Aber auch die metaphorische Sprache vermag das veränderte Bewußtsein nicht in Worte zu fassen – allein die Melodie und die Schwingung der Töne vermitteln uns etwas vom »Geschmack« des entautomatisierten Bewußtseins. Die Erforschung des transpersonalen Gesanges stößt hier an die Grenzen der wissenschaftlichen Aufklärung – es sind die Grenzen zum Paradoxen. Wenn wir im Zentrum der Macht stehen, fühlen wir in uns den Gesang, doch gleichzeitig darüber zu reden, kommt uns nicht in den Sinn. Intellekt und Intuition sind von jeher miteinander verbunden, aber wie die Vorder- und Rückseite einer Medaille vermögen sie sich nicht anzuschauen – ihre Blicke werden sich niemals treffen.

Wenn Abraham Maslow sagt, Gipfelerfahrungen und Ekstasen seien ein biologisches Bedürfnis des Menschen, so trifft das auch auf den Gesang zu, gleichgültig, ob profaner oder sakraler Natur. Der Gesang entspricht dem Bedürfnis, eine integrierte Erfahrungsebene zu erlangen; er möchte hinausreichen über die Begrenzungen der Dingwelt und alles miteinander verbinden – was ein einfaches Lied ebenso wie ein schamanischer Heilgesang zu leisten vermag. Der Unterschied besteht lediglich in der Eindringlichkeit und Tiefe der Erfahrung – das Lied bleibt personal gebunden, der Machtgesang reicht ins Unergründliche hinein. Singen bei einer Séance alle Teilnehmer gemeinsam, überbrücken sie damit ihre individuelle Existenz und schweißen sich zu einer Gruppe zusammen. Wenn der Schamane singt, verbindet er materielle und spirituelle Welt. Er legt eine Leiter an den Himmel, erklettert den kosmischen Baum, hangelt sich am Weltenseil in die Oberwelt, und im magischen Flug überwindet er im Nu die Trennung der Sphären.

Die transpersonale Erfahrung säubert und entschlackt das Bewußtsein; die spirituelle Zerstückelung, die existenzbedrohende Krankheit oder die überwältigenden Schmerzen lassen es zu bedeutsamen psychischen Erkenntnissen durchbrechen, die in einer neuen Weltsicht gipfeln. Der Mensch, mit allen Poren seines Wesens neu geboren, ist nun gereinigt, geheiligt und wiederauferstanden.

Das sehen wir auch bei der berühmten Eskimo-Schamanin Uvavnuk: In einer Vision dringt eine himmlische Feuerkugel in ihren Körper, und urplötzlich schlägt die gewohnte Wirklichkeit in pulsierende Lebendigkeit um; jedes Gefühl entfaltet sich nun, endlich vom materiellen Ballast entbunden, frei und unbeschwert. Eine Lebensfreude durchflutet den Menschen in diesem Zustand, die alle Muskelstränge und Nervenfasern zu einem einzigen Aufschrei der Ekstase vereint und ihn ein Hohes Lied auf die Befreiung anstimmen läßt. Das Lied ist die absichtslose Reaktion auf die sich neu formierende psychophysische Konstitution; der »Gesang des Herzens« ist ein spontaner psychischer Vorgang, der vom Eintreten in ein persönliches Paradies, der Erlangung einer Balance zwischen Bewußtem und Überbewußtem kündet. Der Schamane Aua erzählte Knud Rasmussen die Geschichte der Einweihung von Uvavnuk, die durch ein machtvolles visionäres Erlebnis zu einer angesehenen Schamanin wurde.

Eines Abends war sie hinausgegangen, um Wasser zu lassen. Es war ein dunkler Winterabend, und da zeigte sich plötzlich eine leuchtende Feuerkugel am Himmel. Sie kam zur Erde herniedergefahren, und zwar gerade auf die Stelle zu, wo Uvavnuk saß. Sie wollte flüchten; aber noch ehe sie davonlaufen konnte, wurde sie von der Feuerkugel getroffen. Sogleich merkte sie, daß alles in ihr leuchtend wurde. Sie verlor das Bewußtsein und war von diesem Augenblick an ein großer Geisterbeschwörer. Der Geist der Feuerkugel hatte Wohnung in ihr genommen, und man erzählte, daß dieser Geist aus zwei verschiedenen Teilen bestand. Die eine Seite glich einem Bären, die andere einem Menschen; der Kopf war der eines Menschen, hatte aber Raubtierzähne wie ein Bär.
Uvavnuk kam halb bewußtlos ins Haus gelaufen und sang ein Lied, das seitdem ihre Zauberformel wurde, wenn sie den Menschen helfen mußte. Sobald sie sang, wurde sie sinnlos vor Freude, und auch alle anderen im Haus gerieten außer sich vor Freude, denn ihr Sinn wurde gereinigt von all dem, was ihn belastete. Man hob die Arme empor und warf alles fort, was Arglist und Bosheit hieß. Wie ein Stäubchen von der Handfläche blies man es fort mit diesem Lied:

> Das große Meer hat mich in Bewegung gebracht,
> Hat mich in Fahrt gesetzt.
> Es bewegt mich wie eine Alge im Fluß.

Das Himmelsgewölbe und die gewaltige Luft bewegen mich,
Sie bewegen mein Inneres und haben mich mitgerissen,
Daß ich zittere vor Freude.[7]

Daß ein Lied zur Zauberformel, zum magischen Kraftspruch, zum letzten Refugium bei existentieller Bedrohung, Krankheit und Todesgefahr werden kann, aber auch zum Instrument der Krankenheilung, erscheint uns nicht mehr abwegig, wenn wir das Singen als einen Ausdruck innerer Entkrampfung, als Lockerung der Fesseln der Vernunft betrachten. Das Leiden löscht die erlernten Strukturen in unserem Gedächtnis aus, reißt die Unterteilungen in unserem Bewußtsein nieder und öffnet uns auf diesem Trümmerhaufen personalistischer Weltbeschreibung die Augen für ungeahnte Weiten und holistische Zusammenhänge. Aus den Ruinen der kleinkarierten Egowelt erhebt sich jetzt das entfesselte Bewußtsein, das dreidimensionale Beschränkungen und mechanische Einseitigkeiten transzendiert hat. Was ehemals getrennt und nur für sich existierte, ist auf einmal mit allen anderen Dingen verbunden – akausale Kontakte, geheimnisvolle Synchronizitäten und die Gesetze des Paradoxen regieren die Welt.

Wie sich für Sikwalxlelix der Himmel zum Rhythmus des Geistergesangs in Wellen bewegt, so wird Uvavnuk von den Luftmassen des Himmelsgewölbes bewegt, ja, ihr Gefühl und der Himmel sind eins und vibrieren mit dem Klang der Schöpfung. Auch Uvavnuk gibt ihrer Erfahrung mit dem Bild des großen Meeres oder Flusses Ausdruck, in dem sie sich wie eine Alge treiben läßt, passiv, sich selbst aufgebend und ganz im Strom der Kraft schwimmend. Poesie und Melodie des Liedes spiegeln ein von allen Bewertungen und Urteilen befreites Bewußtsein wider – und Freude ist die einzige Empfindung, die zurückbleibt.

Uvavnuks Einweihung begann mit einem Lichterlebnis; eine Feuerkugel erleuchtete sie innerlich. Doch ist die Erleuchtung, wie die Raubtierzähne des Bären andeuten, nicht ganz ungefährlich. Der Geist der Feuerkugel zerreißt den Schleier vor den Augen der Initiantin – der Geist selbst ist die Erleuchtung und die Zerstörung der alten Gewohnheitsstruktur in einem – er beschenkt, indem er gleichzeitig nimmt. Uvavnuk glüht vor ekstatischer Freude, ihr Inneres wacht auf und wird mitgerissen vom Wunder des Seins. Ob wir hier eine Erleuchtung vergleichbar dem Samadhi der Hindus oder dem Kensho im Zen annehmen dürfen, bleibt ungewiß, denn wir wissen zu wenig über die innere Erfahrung der Eskimo. Euphorie und Glückseligkeit aber sind mit Sicherheit deutliche Hinweise auf eine transzendente Gefühlslage.

Der spontane Ausbruch in ein Lied nach einer transpersonalen Erfahrung begegnet uns bei vielen schamanischen Initiationen. Während einer Nah-

Todeserfahrung hören wir, wie die modernen Untersuchungen zeigen, Sphärenklänge von unbeschreiblicher Schönheit, die Atmosphäre ist geradezu gesättigt mit Klangfiguren, ja sie ist selbst reine Musik. Es scheint, als ob in einem erweiterten Bewußtseinsraum alle Strukturen des Seins sich gleichzeitig als musikalische Kompositionen darstellen und selbst Töne sind. Die Erfahrung der Umwelt als Klangvibration ist wie andere synästhetische Erfahrungen ein allgemein bekanntes Phänomen im veränderten Bewußtseinszustand. Und vielleicht begegnen wir im transpersonalen Bereich deshalb so häufig dem überirdisch schönen Gesang, der aus allen Poren der neuen Welt herauszutönen scheint, weil – so läßt sich spekulieren – die jenseitige Welt, das entkonditionierte Bewußtsein eine synästhetische Welt ist, in der die Abgrenzungen zwischen Form, Farbe, Klang, Geruch und Geschmack nicht so rigide und einseitig sind wie im Diesseits.

Worauf wir hier hinauswollen, ist folgendes: Dem Schamanen und dem Medium haftet nach der Himmelsreise oder dem Initiationstod noch etwas von der Jenseitssphäre an, sie haben etwas zu uns herübergerettet und sind ein mikrokosmisches Abbild dieser höheren Dimension geworden. Der Gesang, den der Schamane aus diesem Zustand mitgebracht hat, vermag ihn auch in diese Bewußtseinslandschaft zurückzuversetzen und gibt ihm darüber hinaus die Kraft zur Heilung und Weissagung. Der Schamane verkörpert den Kosmos im kleinen, er ist eine Inkarnation der überirdischen Welt, er ist der Repräsentant höherer Mächte, die durch ihn wirken, weil er selbst einmal Teil von ihnen war, weil er »dort« war. Die Wiederholung seines Gesanges ist daher auch ein Wiedervergegenwärtigen dieser Erfahrung, eine Resonanz der Sphärenmusik auf menschlichem Niveau.

Aber das ist nur eine Seite der Erklärung. Gesang und Musik sind unbestreitbar die ältesten Mittel, den Menschen mit sich selbst, seiner Umwelt und mit der Natur in Harmonie zu bringen. Zunehmend erkennen auch unsere Psychologen die Heilkraft von Rhythmus und Melodie und verwenden sie in der Therapie. Und wenn ein von außen kommender Gesang uns heilt, warum soll dann nicht die Weisheit des Körpers im Bemühen um Selbstheilung einen eigenen inneren Gesang hervorbringen? Vielleicht ist der schamanische Initiations- und Transformationsgesang die Quintessenz der Anstrengung, den Weg zum höheren Bewußtsein zu finden? Vielleicht ist der Gesang die Lösung eines jahrelangen inneren Kampfes um Selbstmeisterung und transpersonale Einsicht. Und wenn, wie wir bisher gesehen haben, das Machtlied von Freude zeugt, dann ist es wohl die Freude über die gelungene Vereinigung mit der höheren Natur in uns.

Der inspirierte Gesang, das Machtlied, ist ein weltweites Phänomen eines psychischen Entkonditionierungsprozesses. Im Kontext des Heiligen spielen der Gesang und das Lied eine bedeutende Rolle. Der Schamane findet bei seinem Stamm oft nur durch Lieder und Zeremonien Gehör. Erst der Rhythmus und die Melodie versetzen die Zuhörer in eine aufnahmebereite Stimmung, und der Gesang löst sie aus den Verstrickungen in die Alltagsprobleme. Die Schöpfungen neuer Lieder und die Heiterkeit, die sich mit dem Gesang verbreitet, sind die wichtigsten Vorboten des heiligen Rauschs.

Ein Umbruch im Normalbewußtsein mit seinen rationalen Vorbehalten, mit seinem Wenn und Aber, findet nicht plötzlich statt. Es bedarf einfühlsamer Vorbereitung, und der Gesang ebenso wie das Zeremoniell bieten sich als Träger des Heiligen *par excellence* an. Vielen Schamanen sind daher Musik und Gesang zur zweiten Natur geworden; einerseits benutzen sie Lieder, um die zeremoniellen Handlungen zu begleiten und um das Publikum auf die Ankunft der Geister bei einer Séance einzustimmen, andererseits benötigen sie selbst die Begeisterung und Spannung der Zuschauer, um sich selbst in Trance zu begeben. Dabei dürfen wir allerdings nicht den Unterschied zwischen dem persönlichen Machtgesang und den öffentlichen Ritualgesängen übersehen.

Den ehemaligen Karagassen-Schamanen Kokuiev, den Vilmos Diószegi interviewte, zwang eine lange Krankheit dazu, Schamane zu werden. Über drei Jahre hinweg strömten die Lieder nur so aus ihm hervor, bis er, völlig vom Leiden aufgezehrt, einwilligte, den Weg des Schamanen auf sich zu nehmen. Nun verbesserte sich sein Zustand. Er verwandelte sich, wie er Diószegi versicherte, in eine andere Person. Sein Dasein erweiterte sich, die Welt erhielt eine neue Struktur, was nur zu verständlich ist, wenn wir den Schamanen als einen Mittler zwischen zwei verschiedenen Ebenen oder Bewußtseinsdimensionen begreifen. Hier folgt nun ein Bericht über sein Krankheits- und Wandlungserlebnis, während dessen ein frei aus ihm herausströmender Gesang für ihn zu einem Heilgesang wurde, der gleichzeitig seinen Gesundungsprozeß einleitete:

Auch ich war krank, als ich Schamane wurde. Zuerst tat mir der Kopf weh, dann schmerzten meine Hände. Bei Vollmond habe ich immer noch Kopfschmerzen. Oft besuchten mich die Geister. Während ich schlief, sang meine Zunge. Sie sang, wie der Schamane singt, aber ich wußte nichts davon. Als ich erwachte, sagten mir Vater, Mutter und Schwester: »Du hast Lieder gesungen, Schamanenlieder!« Ein paar Tage ging es mir besser, aber nach drei oder vier Monaten begann es wieder. Ich hatte ständig Kopfschmerzen, und während ich schlief, sang meine Zunge wieder Schamanengesänge. Das wiederholte sich alle drei bis vier Monate, drei Jahre hindurch. Es war ein Leiden, ein unaufhörliches Leiden. Man möchte ruhen oder schlafen, und da fängt die Zunge an zu singen. Natürlich weiß man selbst nichts von diesen Gesängen, denn es ist ja der Geist, der da singt. Doch nicht alle Geister singen gleich. Manche singen schön, andere wiederum häßlich. Am besten singt Uluy (der Große). Ich war 27 Jahre alt, als ich den Geist zum erstenmal singen hörte. Mich besuchte Čaryš (der Kleine). Er schlüpfte in meinen Mund, und ich begann Schamanenlieder zu singen. Schließlich hatte ich keine Kraft mehr, immer weiter zu leiden. Ich tat, was mir der Geist gebot, und willigte ein, Schamane zu werden. Ich veränderte mich vollständig, nachdem ich Schamane geworden war, da ja ein Schamane ein ganz anderer Mensch wird.[8]

Nicht jede Krankheit führt zur Berufung zum Schamanen, nicht jeder spontane Gesang ist ein Machtgesang. Es bedarf natürlich einer Reihe von persönlichen Veranlagungen und psychischen Dispositionen, damit ein Leidensgeschehen zum Persönlichkeitswandel führt. Die Schamanenkrankheit kommt nicht von ungefähr, sie besitzt ihren Ursprung in der Psyche des Schamanen selbst. Die Krankheit trägt aber nur einen geringen Teil des inneren Kampfes nach außen, sie gibt nur die Außenansicht eines mysteriösen internen Kampfes des Bewußtseins. So wie ein Fieber sich zwar auf dem Thermometer ablesen läßt, aber nichts über die biochemischen Vorgänge enthüllt, so sind auch die Krankheitssymptome nur Indizien für Vorgänge auf einer tiefenpsychologischen Ebene, die dem werdenden Schamanen selbst oft völlig rätselhaft sind.

Franz Boas schildert die Krankheitsgeschichte eines Kwakiutl-Mädchens, die an einer schamanischen Transformation vermutlich haarscharf vorbeiging. Schon seit langer Zeit hustete sie, ihr Körper bestand nur noch aus Haut und Knochen, und ihre Verwandten glaubten sie schon dem Tode nahe. So bauten sie ihr eine kleine Hütte, legten sie hinein und ließen sie dort allein. Aber jeden Tag besuchte sie ihr Vater und fragte, ob ein Traum zu ihr gesprochen habe. Als sie ihre Hände schon nicht mehr erheben konnte und zu jeder Bewegung zu schwach war, floß plötzlich ein Lied über ihre Lippen, gerade als sie zu sterben begann. Viermal umrundete das Lied ihre kleine Hütte, kehrte dann aber zu seinem geheimnisvollen Ursprungsort zurück. Auch in der zweiten Nacht erklang das Lied auf gleiche Weise. Vier Tage hintereinander wiederholte sich das Geschehen, und sie erhielt vier heilige Gesänge, die zwar ihre Krankheit zum Verschwinden brachten, ihr aber leider nicht die Kraft des Heilens schenkten.[9] Es gilt demnach, darauf zu achten, ob ein Gesang nur der individuellen Gesundung oder Befreiung dient oder ob er darüber hinausreicht und die Person zu einem Schamanen macht.

Huskos zum Beispiel, eine Ainu-Schamanin (Japan), überkam mit 15 Jahren jeden Nachmittag das starke Bedürfnis, laut zu singen. Doch obwohl man sie mit den notwendigen schamanischen Instrumenten ausstattete, entwickelten sich ihre Fähigkeiten erst nach einer seelischen Krise im Alter von 38 Jahren, als ihre Tochter ertrank. Kaum gewahrte sie die Leiche ihres Kindes, fiel sie vor Entsetzen in Ohnmacht. Nach diesem Erlebnis begann sie, einige Riten zu leiten, und nach dem bald darauf eintretenden Tod ihres Sohnes – nach einer erneuten schweren Krisensituation – änderte sich ihr Leben von Grund auf: Sie begann, regelmäßig als Schamanin zu praktizieren.[10] Es bedurfte stärkerer Leiden, um Huskos zu einem tieferen Eindringen in ihre Psyche zu zwingen. Zwar besaß sie die Veranlagung zur Schamanin, doch fehlte ihr noch eine intensive Leidenserfahrung – denn nur durch Leiden lernen wir Menschen die Welt schätzen und bemühen uns, die versteckten Ursachen von Krankheit und Schmerz aufzudecken. Was aber ist Weisheit und Erkenntnis anderes als ein Gang durch Stadien der Selbstentäußerung?

Natürlich ist es nicht nur der Inhalt des Gesangs, der die Heilung bewirkt; auch sein Rhythmus versetzt den Schamanen zurück an den Ort seiner Initiation. Dieser Ort entspricht keiner wirklichen oder auch nur halluzinativen Topographie. Er steht vielmehr für eine Bewußtseins- und Erfahrungskapazität des Menschen, die umfassender als das diskursive und rationale Denken ist und Heilungen und Erkenntnisse hervorbringt, die jenseits mechanischer Wirkprinzipien liegen. Über Rhythmus und Text des Gesanges fühlt der Schamane sich in die Heiligkeit der Gegenwart ein – und das löst ganz unwillkürlich seine außersinnlichen Fähigkeiten zur Heilung und Wahrsagung aus. Der Gesang ist daher das klassische Mittel archaischer Magie und Psychologie, eine uralte Methode, um das Bewußtsein auf eine höhere Wahrnehmungsebene einzustimmen.

Um das Bild des Gesanges abzurunden, sei noch erwähnt, daß Klang und Ton nach vielen esoterischen Traditionen eine psychophysische Wirkung ausüben. Wir wissen heute, daß bestimmte Tonfrequenzen einen Menschen töten und physisch schädigen können und einige Tierarten mit hohen Tönen ihre Feinde umbringen, ebenso wie der japanische Samurai bestimmte Schreie verwendete, um seinen Gegner zu lähmen. In den indischen Philosophien besitzen die Chakras bestimmte klangmäßige Entsprechungen, und das ganze Universum sieht man als eine Manifestation abgestufter Schwingungen oder Tonfolgen, so daß das Hervorbringen bestimmter Tonsequenzen vielen Yogis den Zugang zu okkulten Kräften verspricht. Das Mantra »AUM« gilt in Indien als der schöpferische Urlaut, und Buddha sprach vom inneren Klang und vom inneren Hören.

Die moderne Wissenschaft diskutiert die Entstehung von Materie aus verdichteten Licht-Ton-Vibrationen[11], was das Wissen um die schöpferische Kraft des Tones, wie es in den alten spirituellen Traditionen vorhanden war, erneut belebt. Die Sikhs sprechen von Naam, die Christen vom Wort, die Hindus von Nada Brahma, die Theosophen von der Stimme der Stille – welchen Namen die zeitgenössische Wissenschaft dafür finden wird, bleibt noch ungewiß.

13. HEILIGE DROGEN: WO DIE WELT GEBOREN WIRD

Ich kann bis zum Ursprung hinabblicken. Ich kann bis dorthin gehen, wo die Welt geboren wird.
Maria Sabina, wenn sie die Ninos santos, die heiligen Pilze, nimmt.[1]

Die Grundstimmung der (psychedelischen) Erfahrung ist ein ungeheuerlich erregendes Gefühl einer starken metaphysischen Erleuchtung. Für den durchdringenden Blick liegt die Wahrheit offen da – jenseits der Wirksamkeit aller blindmachenden Tatsachen. Das höhere Bewußtsein sieht alle logischen Verbindungen mit einer offenkundigen Feinheit und Plötzlichkeit, wohingegen das normale Bewußtsein nichts Vergleichbares zu bieten hat; nur wenn die Nüchternheit zurückkehrt, verblaßt das Gefühl der Einsicht und man bleibt zurück, leer auf einige unverbundene Worte und Sätze starrend, so wie man auf einen toten, fahlen Schneegipfel schaut, von dem das Glühen des Sonnenuntergangs gerade geflohen ist, oder aber auf die schwarze von einem verloschenen Feuer zurückgelassene Schlacke.[2]

Das sind unverkennbar die Worte von William James, dem berühmten Bewußtseinsforscher und Psychologen, die er nach einer Erfahrung mit Lachgas niederschrieb.

Das normale Wachbewußtsein, das James nach der Erfahrung des Heiligen so ernüchternd anmutet, kennzeichnen die südamerikanischen Jîvaro als »falsch« oder als eine »Lüge«; erst die Intoxikation mit psychedelischen Substanzen führt für sie zur Geburt der wirklichen Welt, weshalb sie ihren Kindern schon einige Tage nach der Geburt einen Vorgeschmack dieser Wirklichkeit geben, aber auch wenn sie ungehorsam sind. Sie wollen ihnen damit eine andere Realität zeigen, die umfassender ist als jene, auf die sie ihr gegenwärtiges Verhalten gründen, und ihnen beweisen, daß ihr Wissen, verglichen mit dem der Erwachsenen, gering ist. Und aus dem gleichen Grund füttern sie auch Jagdhunde mit Ayahuasca (Caapi, »Ranke der Seelen«, oder wissenschaftlich *Banisteriopsis caapi)*, denn der Kontakt zur übernatürlichen Sphäre schärft die Jagdinstinkte.[3]

Die Menschheit verwendet seit frühesten Zeiten halluzinogene Pflanzen. Das umfassende Wissen vieler Naturvölker um Heilmittel und deren richtige Anwendung war für Menschen unserer Kultur immer wieder Grund zur Verwunderung. Auf welche Weise haben die Naturvölker ihr

Wissen erworben? Durch Zufall, durch Versuch und Irrtum, hören wir. Daß Schamanen jedoch durch Offenbarung – durch veränderte Bewußtseinszustände – Eingebungen und Visionen über die richtige Machtpflanze oder das gerade benötigte Heilkraut erhalten können, schließt die traditionelle Ethnologie grundsätzlich aus. Gleichgültig, wie es wirklich zur Entdeckung heilsamer Pflanzen kam, beim schamanischen Krafterwerb erhält der Suchende im veränderten Bewußtseinszustand oft Hinweise auf den richtigen Kaktus, die wirksame Liane oder Wurzel.

Ebenso wie körperliche und geistige Exerzitien die normalen Filter des Bewußtseins durchbrechen, bewirken psychoaktive Drogen eine Herabsetzung der Informationsaufnahmeschwelle; zusätzliche, ansonsten unbewußt und subliminal bleibende Umwelteigenschaften können nun verarbeitet werden, wodurch sich eine erhöhte Empfänglichkeit und Eindringlichkeit der Gefühlswahrnehmung einstellt. Der Erregungs-Hemmungsmechanismus, der unsere Wahrnehmung reguliert, verändert sich. Eine explosionsartige Ausdehnung der Wirklichkeit vollzieht sich im Bewußtsein des Schauenden, und der Vorhang zu einer größeren Lebensbühne schwingt zur Seite – eine Vision tritt ins Leben.

Bevor die psychedelische Ausbildung zum Schamanen beginnt, läutern die Initianten in vielen Kulturen zuerst ihren Geist und Leib. So bleibt der Novize der kolumbianischen Siona-Tukano einen Monat lang völlig isoliert, um seine Erinnerung an die normale Welt verblassen zu lassen, denn die irritierenden Gedanken aus der Alltagssphäre stehen den neuen Lernprozessen nur im Wege. Danach folgt die Einnahme von Ayahuasca in bestimmten Intervallen: Drei Tage hintereinander nimmt er die Droge ein, dann schließt sich ein Ruhetag an – diesen Rhythmus mag er für zwei Wochen oder gar bis zu zwei Monaten beibehalten. Während dieser Zeit durchläuft er verschiedene psychische Phasen. Die erste ist lediglich von einer Art Trunkenheit gekennzeichnet. Bald aber setzt Todesfurcht ein – die eigentliche Prüfung beginnt. Wer hier aufgibt, kann nichts gewinnen, wer aber seine Angst überwinden lernt, begegnet der Jaguar-Mutter. Sie weint über das Schicksal des Novizen; er werde sterben, meint sie. Doch damit prüft sie bloß seine Standhaftigkeit. Wenn der Schüler endlich an ihrer Brust zu saugen beginnt, regrediert er zum Säugling, er wird wieder zum Kind. Auch ausgebildete Schamanen verwandeln sich oft in kleine Jaguare und fühlen sich dann als Kind der Jaguar-Mutter.

Die Rückkehr zur kindlichen Unschuld, Reinheit und geistigen Unversehrtheit ist die allgemeinste Voraussetzung; erst dann kann man zur Phase der »Visionen des Wissens« weitergehen. Nachdem die Furcht als Ausdruck ego-orientierter Zweifel an einer anderen Wirklichkeit überwunden ist, dringt der Schüler in den subliminalen Bereich der »wirklichen Welt« ein. Dazu muß er jedoch zuvor seinen Körper verlassen haben, denn er nimmt jetzt alles mit dem Seelenleib wahr, den die Siona sich als Papagei vorstellen. Die Schüler lernen während ihrer Ausbildung auch auf kleinen Rohrflöten spielen, allerdings sind es keine gewöhnlichen Flöten – sie sind vom Himmel gefallen, wo die Yajé-Menschen leben. Außerdem wächst nun in ihrem Körper die Kraft heran – jenes Wissen, das sie letztendlich zum Schamanen macht.[4]

Die Yebámasa im Amazonasgebiet unterteilen die Drogenerfahrung in drei Stadien. Zuerst erstrahlt alles in helleren Farben als gewöhnlich, und bunte Linien flattern durch die Luft. Im zweiten Stadium erscheinen Dinge, die in der Alltagswirklichkeit gar nicht vorhanden sind. Und schließlich treten die mythischen Heroen, die Götter und Dämonen auf, und man reist durchs Universum und ergründet das Geheimnis der Welt.[5]

Florian Deltgen, einer der wenigen Anthropologen, die psychedelische Drogen – in diesem Fall Cají *(Banisteriopsis spp.)* – an sich selbst ausprobiert haben, fühlte sich in drei Sub-Egos aufgesplittert: ein Körper-Ego, ein Seelen-Ego, das aus seinen Gefühlen bestand, und ein spirituelles Ego, das der Meister jener Trinität war. Im wesentlichen nahm er mit seinem spirituellen Ego, seinem eigentlichen Bewußtsein wahr:

> Ich »sah« unmittelbar mit meinem Gehirn, nicht mit meinen Augen ... Ich sah mit meinem Bewußtsein. Und was ich sah, war in sich selbst reiner Geist. Ich sagte zu mir selbst: »Oh, das ist reine Spiritualität.« Und ich verstand jene Mystiker, die über die »Vermählung der Seele mit Gott« geschrieben haben.[6]

Die Yebámasa unterscheiden fünf Klassen spiritueller Männer oder Kumú, wobei die fünfte und höchste Stufe der des Schamanen entspricht, der mit dem spanischen Begriff Payé bezeichnet wird. Jedes männliche Stammesmitglied bemüht sich, eine dieser Stufen zu erreichen; wer gar keinen Grad erhält, verliert den Respekt der Stammesgruppe. Die Droge selbst bringt keinen Schamanen hervor, denn die Anlage zum Kumú muß bereits vorhanden sein. Die Einnahme von Cají ist gewissermaßen ein Test, der die spirituelle »Begabung« enthüllt. Cají kann also lediglich latente geistige Qualitäten hervorlocken, nicht aber solche erzeugen. Die Disposition zum Kumú ist angeboren.

Die fünf Grade der spirituellen Meister bei den Yebámasa sind folgende:

1. der Maśari Masí, ein Ritualsänger, der die Tänze und Lieder kennt,
2. der Nangúri Masí, der Sprecher, der um die Überlieferungen weiß und die Rezitationen der mythischen Texte, insbesondere des Schöpfungsmythos, anleitet,
3. der Baséri Masí; er gilt als Heiler mit beschränkten Fähigkeiten, er kuriert einige Krankheiten durch Saugen und das Blasen von Tabakrauch auf die Wunde. Er kennt die Pflanzen, sieht in die Zukunft und

verfügt über die Kraft, andere zu beeinflussen. Außerdem übt er schwarze Magie aus,

4. der Masíni Masí, ein vollkommenerer Heiler als der Baséri Masí,
5. der Jé-Yái, der Schamane und Priester, der die Gruppe beschützt, den psychedelischen Trank zubereitet und außerdem über die Kenntnisse der anderen vier Gruppen verfügt.

Rein ästhetische Erfahrungen reichen, wie wir sehen, nicht aus, um ein Schamane zu werden. Visionen der mythischen Vergangenheit müssen auftauchen, und Jéhino, das oberste Wesen, oder Rómikumu, die Göttin und erste Schamanin, die die Welt erschuf, oder auch Váihino, die mythische Anaconda, gilt es zu sehen.

Nach einem Fest, bei dem die Männer Cají trinken und dann tanzen und singen, erzählen sie sich gegenseitig ihre Visionen und deuten sie. Äußerlich läßt sich nicht erkennen, ob die Tänzer unter Drogeneinfluß stehen, denn man sagt, ein Mann solle sich nicht von Cají beherrschen lassen, vielmehr solle *er* Cají im Zaum halten, denn sonst würden Dämonen in sein Bewußtsein einfahren, und er würde zum Sklaven von Cají werden.

Der Medizinmann oder Pujai der Kariben in Holländisch-Guayana ist der Herr der Geister, der Geisterbeschwörer oder einfach der Großvater, wie er von seinen Dorfgenossen genannt wird, weil er Führer und Vorbild für alle ist. Im Zustand der Trance sieht der Pujai keine materiellen Dinge, sondern nur die überirdischen Wesen, die wie Bilder im Traum erscheinen, von den Traumgestalten aber dennoch grundsätzlich verschieden sind. Die Erfahrung der anderen Welt bezeichnet man als »Aufsteigen«; der Körper befindet sich im Zustand einer Ohnmacht, und der Novize muß nun lernen, in die Himmelsregion der Geister »aufzusteigen«.

Der Pujai Maliwiaju schilderte Philipe Penard seine Einweihung. Für ihn und die anderen damaligen Schamanenkandidaten baute man eine Hütte und legte ein neues Tabakfeld an, dessen Blätter zur Bereitung des Tabaksaftes benötigt wurden. Man schnitzte eine Sitzbank für die Schüler und fertigte ein Drehgestell an, in dem sie herumgewirbelt werden konnten. Die schnelle Drehung ruft nämlich einen Trancezustand hervor. (Auch die Bewußtseinsforscher Robert Masters und Jean Houston entwickelten nach der Idee der Hexenschaukel ein Gerät, den *»Altered States of Consciousness Induction Device«*, mit dessen Hilfe eine Person durch vertikale oder horizontale Bewegungen nach etwa 20 Minuten einen alternativen Bewußtseinszustand mit hochgradig realistischen Phantasien erfahren kann.) Jeder Lehrling bastelte sich außerdem eine Rassel und einen Zauberstab und erhielt ein junges, unberührtes Mädchen beigeordnet, das ihm abends den Körper mit roter Farbe bestrich und den Tabaksud für ihn bereitete.

Nach einer dreitägigen Unterrichtsperiode, in der nachts getanzt und gesungen wurde, gab es drei Ruhetage, in denen der Meister die Novizen aber weiter unterwies. Während der Initiationszeit mußten sie fasten, Tabakwasser trinken, Tabakblätter kauen und lange Zigarren rauchen, was stark narkotisierend wirkte. Tabakrausch, Fasten, rhythmisches Tanzen und unentwegtes Singen, nur unterbrochen von den Lehren über die verschiedenen Geisterarten, geleiten den Initianten in einen veränderten Bewußtseinszustand. In der fünften Nacht schließlich erhielten sie gar nichts mehr zu trinken; der Lehrer führte sie nun nach »oben«, zur Mutter des Tabaks, zum großen Tabakbaum. Für die Himmelfahrt spannte der Meister einige Seile auf, einige tiefer, andere höher, so daß die Schüler, die während der Nacht darauf tanzen sollten, mit den Füßen auf den unteren stehen und sich mit den Händen an den höhergespannten Seilen festhalten konnten – über die Seile balancierend und tanzend stiegen sie dann gegen Mitternacht zum »Kreuzpunkt von Leben und Tod« hinauf.[7]

Maliwiaju erzählte auch von seiner persönlichen Reise ins Geisterreich. Der Himmel, sagte er, erstrahle in wunderbarem Licht. Als er sich dorthin aufmachte, begegnete er einem freundlichen Geist, der ihm versicherte, er werde nun gleich himmelwärts geführt. In Begleitung eines anderen Geistes stieg er eine Wendeltreppe hinauf und erreichte so das erste Stockwerk des Himmels; hier besuchte er die Dörfer und Städte vieler Geistervölker. Er schilderte nun ausführlich die verschiedenen Geisterarten und ihre Wohnstätte, bis er schließlich an einen überirdischen Strom kam, wo er und sein Begleiter nicht mehr weiterkonnten. Da tauchte aus dem Wasser eine schöne Jungfrau auf und lud sie ein, mit ihr in die Tiefe hinabzutauchen. Doch er zog lieber mit seinem Geistführer weiter, überquerte den Fluß und stand bald am »Scheideweg von Leben und Tod«. Hier belehrte ihn sein Führer über das Leben nach dem Tod.

Nach diesen Erlebnissen erwachte er, denn sein Meister hatte ihm ein mit Ameisen gefülltes Netz auf Stirn und Bauch gelegt und die Bisse der kleinen Tiere brachten ihn zurück in die irdische Welt. Alle Schüler berichteten nun von ihren Himmelsreisen; nur einer sagte, er sei lediglich bewußtlos gewesen und hätte nicht an der Himmelsreise teilgenommen.

Eine andere Methode der Kariben, um eine außerkörperliche Erfahrung zu erreichen, ist das bereits erwähnte Drehgestell, in das sich der vom Tabaksaft berauschte Schüler setzt. Das Drehgestell ist an einem Seil aufgehängt und wird von Helfern aufgedreht, bis es sich von selbst mit großer Geschwindigkeit zurückdreht. Der Schüler singt dabei: »Pujai Alanapalis Drehgestell wird mich zum Himmelsgewölbe bringen. Ich werde Tukajanas (des Geistes) Dorf von innen sehen.«

Eine andere gebräuchliche Droge neben dem Tabaksaft ist ein Saft aus dem Takini-Baum, der den Schüler ebenfalls in die Himmelsregion führt, ihn anschließend aber mit starken Fieberphantasien, Lähmungen und Schüttelfrost quält. Die Droge aus dem Saft des Takini-Baumes wird von guten und bösen Geistern beherrscht; durch den Kontakt mit ihnen soll sich der Schüler in der Bekämpfung von Krankheiten und negativen Auswirkungen schulen, so daß er später auch die Heilung von Kranken erfolgreich durchführen kann.[8]

Tabak als Katalysator für psychische Erfahrungen verwenden auch die Guajiro Venezuelas und Kolumbiens. Wenn die Piache, die Schamanen, während ihrer Berufungskrankheit nicht mehr weiter wissen und die Qualen kaum noch ertragen können, geben ihnen die Geister oft die Anweisung, Manilla, eine Paste aus fermentiertem Tabak, zu essen oder Tabaksaft zu trinken. Die Piache Graziela erhielt eine solche Aufforderung:

Ich war krank, als die Geister kamen. Ich ging zu einem Arzt, aber er konnte mir nicht helfen. Die Geister sagten mir, daß sie mich heilen würden, wenn ich Manilla äße. Die Geister kamen nicht auf einmal. Das eine Jahr kam der eine Geist, das darauffolgende Jahr der andere. Jedesmal wurde ich krank; ich bekam Fieber. Meine Schwester war die erste, der ich sagte, daß ich eine Piache sein würde.[9]

Offenbar bewirkt der Tabak eine psychedelische Aufklärung der psychischen Situation des Initianten, denn anschließend fühlen sich viele geheilt. Die Initiationsträume mit ihren Hinweisen auf Tabak dürfen wir als Form der Selbstheilung verstehen. Durch die Droge enthüllen sich Ursachen und Symptome der Krankheit. Nach einer solchen psychedelischen Vision befinden sich die Piache im Besitz von »Wissen«.

Die Piache Petronilda glaubte, die Geister hätten sich in ihr festgesetzt und sprächen durch sie. Doch wie sich zeigt, spricht tatsächlich der Tabak durch sie, er bringt Wissen, Klarheit und Visionen.

Wenn ich träume, kommen die Geister. Manchmal sehen sie aus wie kleine [Guajiro-]Jungen, manchmal wie Arcjuna [Europäer], aber immer sind sie klein und sitzen auf meinen Schultern. Die Geister sind nicht wie Menschen, sie stecken vielmehr im Menschen drin. Sie sprechen durch die Gedanken der Piache. Ich kaue Tabak, und mehr Geister kommen herab. Ich sehe sie nicht, sie kommen aus meinem Kopf; der Tabak spricht durch meine Gedanken.[10]

Die Geister benötigen den Tabak, heißt es, deshalb muß jede Piache fortwährend Tabak kauen. »Der Tabaksaft gibt einem das Gefühl, betrunken zu sein. Aber eine Piache verliert nicht die Kontrolle über sich wie ein Betrunkener«, sagt die Schamanin Juanita.[11]

Durch den Genuß von Yajé oder auch von Vihó *(Piptademia)*, einem psychoaktiven Pulver, das durch die Nase eingezogen wird, durchbrechen die südamerikanischen Desana, eine Untergruppe der Tukano, die Schranken unserer natürlichen Umwelt und dringen zu Ahpikondiá, der anderen Welt, vor.[12] Während der Visionen wandert der Payé über die Milchstraße. Er muß fähig sein, sie als einen langen Weg mit Bergen, Seen und Malocas (Häusern) zu erkennen. Jene, die nicht in dieser vorgeschriebenen Weise auf die Droge reagieren, sehen bloß Steine und Wolken in der Trance, verlieren die Kontrolle, entkleiden sich, urinieren und defäkieren in aller Öffentlichkeit. Die wirklich erfahrenen Payé haben sich allerdings unter Kontrolle; sie schwingen sich zur Milchstraße empor und verkehren mit den dort wohnenden Wesen. Später reisen sie zu ihrem Körper zurück, der ruhig in der Hängematte schläft.

Durch Vihó erreichen die Tukano Ventúri, den Zustand der Visionen. Sie betreten die »blaue Zone«, wo sie Vihó-mahsë, den Herrn des Schnupftabaks, treffen. Vihó-mahsë ist ein Wesen, das Gutes und Schlechtes bringen kann und von dem man die Erlaubnis erhält, die blaue Zone zu betreten. Unter diesen Wesen befindet sich auch Vaí-mahsë, der Herr der Tiere, der unbedingt angerufen werden muß, bevor man auf die Jagd geht. Erhält man von ihm die Erlaubnis, einige Tiere zu jagen, muß der Jäger dafür schwören, zum Ausgleich einige Menschen zu töten, deren Seelen dann als Tiere zu Vaí-mahsë zurückkehren und seine Herde auffüllen.

Zum Fundament der Tukano-Religion gehört die Visions-Interpretation. Nur Männer nehmen an den kollektiven Visions-Sitzungen teil, während die Frauen im Hintergrund der Maloca sitzen und sie zum Erzählen ihrer visionären Erfahrungen anspornen. Da der Tukano-Mythos berichtet, daß die Menschen mit dem Schlangen-Kanu in diese Welt gekommen sind, reisen sie nun mittels der Droge visionär zurück zu ihrem Ursprungsort. Den Topf, in dem Yajé zubereitet wird, nennt man aus diesem Grund auch »Schlangen-Kanu«. Während die Männer in der Mitte der Maloca sitzen, machen sich bald nach der Drogeneinnahme die ersten Anzeichen eines veränderten Bewußtseinszustandes bemerkbar.

Der Kumú (Schamane) interpretiert dann Stufe für Stufe alle ihre Visionen, die mehrere Phasen durchlaufen; während der ersten verspürt man einen starken Luftstrom, so, als ob heftiger Wind die Männer hinwegtragen wolle. Der Kumú erklärt, dies sei der Aufstieg zur Milchstraße. Um das Diesseits zu verlassen, müssen die Tukano mit dem Wind Kontakt aufnehmen; nur so können sie zu Ahpikondiá aufsteigen, wo alles in gelbes Licht getaucht ist. Die zweite Phase beginnt mit der Ankunft in Ahpikondiá. Leuchtende Gestalten in verschiedenen Farben, die ihre Größe dauernd verändern, leben hier. Der Kumú erklärt den Visionären, daß dies die Töchter der Sonne seien. Nach und nach begegnet der Visionär nun allen urzeitlichen und mythischen Wesen.

Die jüngeren Teilnehmer haben noch keine klaren, eindringlichen

Visionen, sie sehen nur verschwommene Lichter und bekommen Kopfschmerzen. Die Frauen lachen und singen: »Trink nur! Trink nur! Denn das ist eure Aufgabe. Durchs Trinken erfahrt ihr alle Traditionen eurer Väter. Durchs Trinken werdet ihr tapfer. Wir werden euch helfen!«[13] Yajé trinken wird bei den Tukano gleichgesetzt mit der Rückkehr in den kosmischen Uterus, zum Urquell aller Dinge. »Yajé nehmen heißt sterben«, sagen die Desana.[14] Mit eigenen Augen sehen und am eigenen Leib erfahren sie den universellen Ursprung durch die Begegnung mit den übernatürlichen Wesen. So wird die religiöse Tradition in jedem einzelnen verankert. Jeder hat das Schlangen-Kanu gesehen und auch, wie der erste Mensch davon heruntersprang. Mit seinem Gesang leitet der Kumú die Visionen der Männer in vorgegebene Bahnen und unterstützt sie mit seinen Deutungen.

Aus der Drogenerfahrung, in der jeder die Geburt der Welt und der Menschheit von neuem persönlich miterlebt, kehren die Individuen mit mehr Vertrauen in ihre Kultur und ihre mythischen Überlieferungen wieder in die normale Welt zurück. Mit psychoaktiven Pflanzen wird hier der Sozialisationsvorgang unterstützt. Da sie das Empfinden für die Großartigkeit des Seins verstärken, festigen sie gleichzeitig auch die kulturelle Identität und die individuelle Autonomie.

Der Kessel, in dem Yajé gebraut wird, symbolisiert für die Tukano den Uterus; und Ayahuasca zu nehmen, sagte ein Tukano, ist ein »spiritueller Koitus«. Für diese Kultur ist die geistige Erfahrung eng mit der sexuellen verbunden. Die Männer unternehmen Zeitreisen zurück in die embryonale Phase, zurück in den mütterlichen Bauch oder noch weiter zurück zum Ursprung des Universums, um dort den Stammesgottheiten zu begegnen. Die Entstehung des Seins, die Entstehung der Menschheit als Schöpfung der göttlichen Kulturheroen werden ebenso wie die Geburt im Drogenrausch visionär nacherlebt.[15]

Yajé verstehen die Tukano als göttliches Sperma und die narkotische Ekstase als einen Orgasmus, den sie mit dem Ertrinken vergleichen – denn für sie »ertrinkt« der Mensch auch während der sexuellen Vereinigung.[16] Einige Indianer wiesen darauf hin, daß sie während des Geschlechtsaktes die gleichen Visionen hätten wie unter Yajé-Einfluß. Wenn man Yajé trinkt, stirbt man. Die Zeit läuft gleichsam rückwärts – man regrediert in die Embryonalphase und kehrt damit zu den Anfängen der Menschheit und dem Ursprung des Universums zurück.

Wie andere Stämme auch, kennen die Tukano Abstufungen der Drogenerfahrung und unterscheiden im wesentlichen drei markante Phasen:

1. Die erste Phase ist von starken körperlichen Reaktionen begleitet – Erbrechen, Durchfall und starkem Schwitzen. Dabei fühlt der Visionär,

wie er zur Milchstraße emporfliegt. Eine Serie leuchtend gelber Blitze und tanzender Flecken erscheint, die bald von kleinen, durch den Raum treibenden, glänzenden Bildern ersetzt wird, welche ihre Figur und Farbe dauernd kaleidoskopisch verändern: Das sind die »Yajé-Bilder«. Die Schauenden verlieren sich dabei ganz in die wechselnden Muster, die tanzenden Sterne und Blumen. Diese einleitende Phase der Vision gilt als sehr angenehm.

2. Während der zweiten Phase verschwinden die symmetrischen Lichtmuster langsam, und der ekstatische Flug über die Milchstraße geht in traumartige Szenen über. Menschen, Tiere und Ungeheuer treten auf, wie man sie von den mythischen Erzählungen her bereits kennt. Die Tukano begegnen »jenseits der Milchstraße« dem Sonnen-Vater und seinen Töchtern sowie dem Anakonda-Schlangen-Kanu, dem Herrn der Tiere und anderen übernatürlichen Wesen des Schöpfungsmythos, etwa dem Donner-Menschen oder dem Jaguar-Geist. Der Visionär erlebt die Schöpfung. Er beobachtet die Errichtung der ersten Maloca, die Aufführung des ersten Tanzes, die Einführung des ersten musikalischen Instrumentes, und hört, wie die Tiere in einer dem Menschen verständlichen Sprache reden. Man glaubt, in dieser Phase sterbe der Mensch, sein Geist werde dann im »uterinen« Bereich des Jenseits wiedergeboren, kehre aber später, wenn die Trance abklingt, ins Diesseits zurück.

Es heißt auch, der Visionär kehre in Form eines Phallus in die Gebärmutter zurück, und da er all das nur durch Yajé erreicht, sagt man, er dringe als Phallus in die Vagina – die auf den Yajé-Kessel als Repräsentation des weiblichen Körpers gemalt ist – und damit in den Geburtsbereich ein. Der Kessel wird daher auch als »Ort des Ursprungs«, »Uterus« oder »Ort des Todes« verstanden.

3. Die dritte Phase ist beherrscht vom gelblich-grünen Licht des Paradieses; es erscheinen offene, weite Landschaften, in Licht gebadete wandernde Wolken, und leichte Wellen von Musik dringen ans Ohr des Berauschten, der in Kontemplation vertieft ist.[17]

Die spirituelle Ausbildung bei den Tukano findet unter der Anleitung eines erfahrenen Payé abseits, an einem versteckten Ort statt; sie kann bis zu einem Jahr dauern. Die Schüler leben während dieser Zeit unter den einfachsten Bedingungen. Tagsüber jagen, singen, tanzen und rauchen sie, und abends geben sie sich dem Yajé hin. Während der psychedelischen Trance fallen Machtobjekte vom Himmel und materialisieren sich plötzlich vor dem Schüler. Solche Objekte können Steine oder Quarzkristalle sein. Der Meister der Drogen, Vihó-mahsë (Schnupftabak-Person) ist bei den Visionen – und auch während der Schüler seine schamanischen Ausrüstungsgegenstände anfertigt – immer gegenwärtig. Durch die eingeschränkte Nahrungsaufnahme, den mangelnden Schlaf und die allabendlichen Visionssitzungen steigt der Schüler schließlich zur Milchstraße, zum Heim von Schnupftabak-Person, auf. Später, als ausgebildeter Payé, wird es seine Aufgabe sein, mit Vihó-mahsës Unterstützung mit dem Herrn der Tiere, Vaí-mahsë, über die Erlangung von Nahrung, medizinischen Kräutern oder Jagdtieren zu verhandeln oder andere übernatürliche Wesen um ihren Beistand im Überlebenskampf zu bitten.[18]

Reichel-Dolmatoff hat auf die neurochemischen Grundlagen der während der Visionen auftretenden Formen und Farbmuster hingewiesen.[19] Unter Bezugnahme auf die von Purkinje 1819 entdeckte Vielfalt »galvanischer Lichtmuster« – die Purkinje Phosphene nannte und die auch bei sensorischer Deprivation, hypnagogen Zuständen, emotionalem Streß und bei Erschöpfung, aber auch durch Druck auf die Augen oder einen Schlag auf den Kopf auftreten – argumentiert Reichel-Dolmatoff, die Lichterfahrungen und Dekorationsmotive der Tukano hätten ihren Ursprung in einer Erregung der Gehirnzellen, die sich auch auf der Retina der Augen bemerkbar mache. Durch systematische elektrische Stimulation der Hirnrinde ließen sich inzwischen eine große Anzahl von Lichtmustern, die dabei wahrgenommen werden, katalogisieren. Sie stimmen zu einem großen Teil mit denen der Tukano überein. Geometrische Muster treten jedoch vornehmlich während der Anfangsphase der Intoxikation auf und figurative Phosphene wie Blumen, Tiere und Landschaften in einer späteren Phase.

Die psychedelische Erfahrung beginnt, wie die Beispiele zeigen, meistens mit der Schau rein neurologischer Muster und personaler Motive und endet mit Visionen kosmischer Archetypen und transpersonaler Metaphern. Die Phosphene gehören daher lediglich zu einer niedrigen Stufe – zur physischen Stufe – der Visionserfahrung, und der Versuch, die menschlichen Symbole, wie schon C. G. Jung spekulierte, auf gehirneigene Erregungsmatrizes (Engramme) zurückzuführen oder die mystischen Erfahrungen und Phosphenmuster, ist wohl kaum ernst zu nehmen oder empirisch zu untermauern.

Daß mystische und parapsychische Erlebnisse, während sie vom Gehirn verarbeitet werden, natürlich auch einer Filterung unterliegen und sich daher den Strukturen der Neuro-Anatomie anpassen, wird sich früher oder später wahrscheinlich nachweisen lassen. Die Vision als solche ist damit allerdings noch längst nicht ausreichend erklärt. Gleichgültig, ob sie eines Tages als höhere Form des Unbewußten oder als jenseits unserer Physiologie liegende Manifestation erkannt werden wird – dem innersten

Wesen und Ursprung von mystischen Visionen werden wir womöglich nie ganz auf die Spur kommen.

Ein weiterer Erklärungsversuch aus dem Repertoire des modernen Physiologismus bringt die gehirneigenen Opiate, Amphetamine und Kokaine ins Spiel, die nun ihrerseits für halluzinative Erscheinungen verantwortlich gemacht werden. Diese Theorien sind darauf angelegt, die fruchtbaren kathartischen und therapeutischen Potenzen der Visionen abzutun und Theorien, die den transindividuellen, körperunabhängigen kosmischen Aspekt dieser Visionen betonen, auszuschließen. Die modernen holistischen Forscher neigen dagegen dazu, das Gehirn als Filtersystem zu betrachten, das nur kleine Ausschnitte einer größeren Wirklichkeit zur bewußten Wahrnehmung freigibt. Sie gehen davon aus, daß durch psychoaktive Drogen die Filterwirkung des Gehirns verringert wird, die »Pforten der Wahrnehmung« aufgestoßen werden[20] und die Drogen somit zu einer »objektiveren« Erkenntnis der Welt beitragen.

Im Mittelpunkt der Forschungen, die sich mit alternativen Bewußtseinszuständen befassen, steht die Erkenntnis, daß unsere Weltwahrnehmung aus Gewohnheitsstrukturen entsteht, die durch Veränderungen des biochemischen und neurologischen Haushalts sehr schnell zerstört werden können. Es scheint, daß zum Beispiel eine Störung der Zellsekretion, durch die Serotonin freigesetzt wird, einen Enthemmungs- und Entkonditionierungsvorgang auslöst. Nichts erscheint uns dann mehr altbekannt und gewohnt, die Welt entsteht neu vor uns. Mit großen Kinderaugen betrachten wir die Wunder des Daseins, alles fasziniert, das Alltägliche bekommt Leben, und das Bekannte wird geheimnisvoll. Wir werden neu geboren, wir kehren zurück zur embryonalen, pränatalen und urzeitlichen Welt. Hier entsteht keine halluzinative, krankhafte Selbsttäuschung. Im Gegenteil: Die Welt des Alltagstrotts wird hinweggeschwemmt, und eine Farben- und Formenpracht tritt an ihre Stelle, die wir nur in Begriffen des Märchenhaften beschreiben können.

Serotonin dämpft die Reaktion auf einlaufende Reize und ist sofort überall zur Stelle, wo es einen übermäßigen Reizeinfall zu verhindern und abzuschwächen gilt. Serotonin fördert damit die Gewohnheitsbildung und schützt uns so vor Informationsüberfluß. Psychedelika verzögern offenbar den Beginn der Gewohnheitsbildung, indem sie die Serotoninproduktion blockieren. Doch auch Fasten, Erschöpfung, Temperaturextreme, Meditation und Konzentration können die Serotoninsynthese unterbrechen. Das Gehirn reagiert nun auf an sich altbekannte Reize wie auf etwas vollkommen Neues.[21] Deshalb ist zum Beispiel das Peyotekauen für die mexikanischen Huichol eine Rückkehr zur Kindheit, zu deren Naivität und Frische, durch die wir alles neu sehen. So sagt der Mara'akame (Schamane) zu den Peyoteros, die nach Wirikuta, dem heiligen Land des Peyotekaktus, pilgern: »Kaue es gut, *damit du dein Leben siehst.«* Die Huichol glauben, man verlöre seine Seele in Wirikuta, was wir als Verlust des Ego, als Ekstase oder mystische Einheit beschreiben. In Wirikuta kauen die Pilger Peyote; dabei nimmt die Zeit mythische Dauer an, die Geschichte wird aufgegeben und die Ewigkeit erreicht.[22]

Ganz allgemein sind für den psychedelischen Zustand die Auflösung der Egogrenzen, der Zusammenbruch der Ich-Welt-Dichotomie, erhöhte emotionale Ansprechbarkeit und eine Herabsetzung der Schwelle für Reize aus dem Unbewußten und Überbewußten sowie der äußeren Umwelt charakteristisch. Intellektuelle und psychische Probleme werden in einem weiteren Kontext thematisiert, da eine größere Flüssigkeit und Flexibilität der Wahrnehmung entsteht. Visuelle Imagination, Phantasie und Konzentration sind ebenso wie die Empathie für externe Prozesse, Objekte und Menschen gesteigert.[23] Die Denkprozesse und das Differenzierungs- und Empfindungsvermögen sowie sensorische Sensibilität und Erfahrungsreichtum sind über die bekannten Grenzen des Normalbewußtseins hinaus gesteigert, und die Wahrnehmung der eigenen Person und der Umwelt bringt eine präzisere Realitätserkenntnis und ein objektiveres Verständnis für die menschlichen Zusammenhänge mit sich.

Daher wirken Drogenerfahrungen nicht nur psychotherapeutisch; philosophisch und moralisch sind sie ebenso wertvoll. Die Ausweitung der bewußten Wahrnehmung darf daher als älteste Psychotherapie und gleichzeitig als die radikalste ganzheitliche Heilungsform gelten, die wir kennen. Es werden nicht, wie in der modernen Psychologie üblich, irgendwelche Facetten des Verhaltens behandelt. Vielmehr ist die Relativierung des individuellen Seins, die Ausdehnung unseres Wesens hin zu anderen Wesen und Formen das eigentliche Ziel. Kommunikation zwischen den Spezies, Kontakte zu überpersönlichen Wesen und personifizierten, anthropomorphen Komplexen des höheren Selbst ebenso wie zu kosmischen Entitäten und archetypischen Formationen führen zu einer holistischen Welterfahrung, die den inneren menschlichen Bedürfnissen eher entspricht als jene zeitgenössische Psychologie, die mit aller Macht versucht, uns auf den kleinstmöglichen gemeinsamen Nenner biopsychischer Kapazität zu begrenzen.

Die Erweiterung des psychischen Fassungsvermögens durch die Einnahme von Ayahuasca resümiert Michael Harner zum Beispiel folgendermaßen:

1. Man fühlt, wie sich die Seele vom physischen Körper trennt und durch die Luft fliegt.
2. Es treten Visionen von Jaguaren, Schlangen und anderen Tieren auf.
3. Man tritt mit übernatürlichen Wesenheiten in Kontakt.

4. Es erscheinen Visionen von Personen, Städten und Landschaften, die weit entfernt sind.
5. Man kann Diebstähle und kriminelle Taten beobachten.
6. Man kann wahrsagen.[24]

Harners Aufzählung stammt nicht nur von Informanten; er nahm auch selbst Ayahuasca und schreibt darüber: »Was mich selbst betrifft, kann ich mit Gewißheit sagen, daß ich, als ich Ayahuasca nahm, von einem Schwindelgefühl ergriffen wurde und dann eine Luftreise erlebte, bei der ich, so erinnere ich es, die wunderschönsten Ausblicke hatte – große Städte, aufragende Türme, herrliche Parks und andere außerordentlich anziehende Gegenstände wahrnahm.«[25] Ganz gezielt nehmen die Cashunahua-Indianer Ayahuasca. Sie wollen über entfernte Gegenden, über andere Personen und so weiter Informationen erhalten. Einige haben zum Beispiel Szenen aus Pucallpa, der großen Stadt am Ucayali Fluß, wo sie noch nie gewesen waren, mit hinreichender Detailtreue beschrieben. Dem Ethnologen Kensinger sagten sechs von neun Männern, die an einem Ayahuasca-Treffen teilgenommen hatten, daß sie den Tod seines Großvaters gesehen hätten. Zwei Tage später erfuhr er über Funk von dessen Tod.[26] Erfahrungen dieser Art haben viele Ethnologen gemacht, man findet sie in ihren Büchern aber meistens nur versteckt in Reiseberichten und Monographien.

Alternative Bewußtseinszustände scheinen eine hohe Ebene der Einheitserfahrung in uns wachzurufen und, wie William James sagt, die Differenzierungen unserer Welt, die in Wirklichkeit nur gradueller und definitorischer Natur seien, auszulöschen. Und so schrieb er nach seiner Erfahrung mit Lachgas:

... und diese Wahrheit war, daß jede Polarität, gleichgültig zwischen welchen Dingen, in einer höheren Einheit, in der sie begründet ist, aufgeht, daß alle sogenannten Gegensätze lediglich Unterschiede sind, daß alle Unterschiede nur graduell sind, daß alle Gradunterschiede gleicher Art sind, daß ungebrochene Kontinuität das Wesen des Seins ist und daß wir uns sprichwörtlich inmitten einer Unendlichkeit befinden, um das Leben zu erfahren, was das Höchste ist, was wir erreichen können.[27]

Wie alle hier besprochenen schamanischen Bewußtseinsphänomene dokumentieren, liegt unter unserer scheinbar wohlfundierten Alltagsrealität ein Reich undifferenzierter Einheit, in dem unser Ego, einmal hineingeschleudert, seine Isoliertheit verliert und überall auf unverhoffte Wechselwirkungen, Synchronizitäten und Paradoxa stößt. Das Ichgefühl löst sich beim Schamanen allerdings nicht vollkommen auf, der Schamane erfährt zwar ein unbegrenztes Bewußtseinsfeld, strebt aber nicht wie der asiatische Mystiker eine Auflösung aller Bewußtseinsformen an.

Die bloße Einnahme einer psychoaktiven Droge genügt noch nicht, um mit einer mystischen Erfahrung belohnt zu werden. So sagen die Anhänger der indianischen »Native American Church of Peyote«, ohne ein dazugehöriges Ritual und ohne vorbereitende physische und psychische Reinigung sei das Kauen des Peyote-Kaktus zwecklos. Darüber hinaus soll der Peyotist demütig, ehrlich, sich seiner persönlichen Schwächen bewußt und fähig sein, sich ganz auf Peyote zu konzentrieren. Ohne Introspektion, Gebet und Geständnis der Fehlschritte sei keine authentische Offenbarung zu erreichen.[28]

Aber nicht nur innerliche Reinheit führt zur Einheit mit den Kräften des Kaktus, der Liane oder des Pilzes, persönliche Selbstaufgabe, Vertrauen und besonders Liebe sind auch notwendig. Maria Sabina, die im Westen so bekannt gewordene mazatekische Curandera (Heilerin), redet mit den Pilzen, die sie liebevoll »Ninos santos«, die »heiligen Kinder«, nennt, und sagt ihnen: »Ich werde euer Blut trinken, euer Herz werde ich zu mir nehmen, denn mein Gewissen ist rein und sauber wie das eure. Laßt mich die Wahrheit schauen.«[29] Wem es wie Maria Sabina glückt, die Pilze als lebendige Wesen zu sehen, und wer zugleich ein mythologisches Konzept mitbringt, in das er seine Beziehung zu ihnen einzuordnen vermag, der hat eine Chance, die Weisheit der Pilze zu erhalten. Maria Sabina sagt:

> Den Pilzen soll man Ehrfurcht erweisen. Im Inneren fühlte ich, daß sie mir verwandt waren. Sie waren wie meine Eltern, sie waren mein Blut. Es ist wahr, ich bin mit meinem Schicksal geboren, dem Schicksal, eine Weise zu sein. Ich bin eine Tochter der Ninos santos.[30]

Wer von uns kann schon behaupten, er sei von gleichem Blut wie eine Pflanze, wer kann einen Pilz seine Eltern nennen? Es sind Selbstaufopferung, vollkommene Hingabe und innigste Gläubigkeit, die den Weg zu den letzten Wirkkräften der heiligen Drogen öffnen.

14. MACHTERWERB DURCH VERERBUNG, ÜBERTRAGUNG UND GESCHLECHTSUMWANDLUNG

Ich möchte euch das [die Schamanenkraft] nicht geben; ich möchte, daß ihr normal lebt und nicht zu leiden habt.

Der Chemehuevi-Schamane Tsakara zu seinen sechs Kindern[1]

Ein Pejuta wicaśa, ein Arzt und Heiler, wirst du, weil ein Traum es dir sagt. Doch kein Mensch träumt von aller Medizin. Du mußt die Heilkunst dort anwenden, wo deine Kräfte liegen. Diese Kräfte erbst du nicht; du mußt hart arbeiten, du mußt für sie fasten, sie herbeiträumen. Sie werden nicht immer kommen. Es stimmt, daß aus manchen Familien eine Linie guter Medizinmänner hervorgeht, und es hilft auch, einen Medizinmann im Verwandtenkreis zu haben, der dich unterrichtet und versucht, seine Kräfte auf dich zu übertragen. Es klappt manchmal, aber nicht immer. Medizinmänner sind keine Pferde. Du kannst sie nicht züchten. Du kannst einem Jungen ein Auto schenken und ihm das Fahren beibringen, doch wenn kein Benzin im Tank ist, nützen ihm das Lernen und das Auto wenig. Manchmal überspringt die Kraft eine Generation und kehrt in einem Enkel wieder.

Ein Medizinmann versucht, wenn er alt wird, seine Vision und sein Wissen an seinen Sohn weiterzugeben. Es gibt da eine Kräftelinie, aber manchmal kommt der Saft einfach nicht durch. Wenn trotz all dem Lernen und Versuchen und Betteln um eine Vision einem Mann diese Kraft versagt bleibt, dann wird er das einsehen.

Lame Deer[2]

Wenn wir von Vererbung des Schamanentums sprechen, so ist das zunächst nicht im Hinblick auf die moderne genetische Forschung gemeint, obwohl sicherlich auch von einer biologischen Vererbbarkeit gesprochen werden kann, denn die physiologische Disposition zu erhöhter Sensibilität vererbt sich wie andere Anlagen auch. Die Schamanenforschung der Zukunft wird sich näher mit der genetischen Grundlage der Schamanenkräfte befassen müssen. Dazu bedarf es vorerst allerdings des

Studiums und der Kenntnis jener psychobiologischen und psychophysiologischen Kriterien, die alternative Bewußtseinszustände hervorrufen. Erst wenn wir die Parameter der Medialität und der paranormalen Psyche entschlüsseln, lassen sich auch angeborene Qualitäten untersuchen.

Vielleicht erlaubt uns die zukünftige Erforschung der Genstruktur, eine Veranlagung beziehungsweise eine Disposition zur Transpersonalität festzustellen. Forschungen zu einer verhaltensgenetischen Bestimmung liegen bisher nicht vor, was zum Teil daher rührt, daß der psychologische und physiologische Ansatz zur Untersuchung alternativer Bewußtseinszustände bei Ethnologen weitgehend noch keinen Anklang findet.

Viele Kulturen glauben, ein Schamane werde mit seiner Gabe bereits geboren und die Befähigung sei nicht erlernbar. Dennoch läßt sich bei der Geburt nur schwer erkennen, ob das Kind zum Schamanen bestimmt ist. Der Iglulik-Schamane Angutingmarik erzählte Knud Rasmussen:

> Von mir selbst glaube ich, ein besserer Schamane als andere meiner Landsleute zu sein. Ich wage zu sagen, daß ich fast nie einen Fehler mache bei den Dingen, die ich erforsche, und darin, was ich voraussage. Ich bezeichne mich daher als einen vollkommeneren und besser ausgebildeten Schamanen als jene meiner Stammesangehörigen, die oft Fehler begehen. Meine Kunst besteht in einer Kraft, die vererbt werden kann, und wenn ich einen Sohn habe, wird er gleichfalls ein Schamane werden, denn ich weiß, daß er von Geburt an mit meiner eigenen besonderen Kraft begabt sein wird.[3]

Die Maliseet-Passamquoddy-Indianer erklären, der Schamane werde mit einer übermächtigen Macht geboren, insbesondere wenn er als jüngerer von Zwillingen mit einem Schleier über dem Kopf das Licht der Welt erblicke (das Geborenwerden mit einer feinen Haut über dem Kopf gilt auch in der holländischen Volksüberlieferung als Anzeichen für die Fähigkeit des Hellsehens) oder wenn er der siebte Sohn oder der siebte Sohn eines siebten Sohnes sei – eine Vorstellung, die aber auch europäischen Ursprungs sein könnte.[4]

Bei der Wahaerama-Tanabaru-Gruppe Mittelcerams (Indonesien) ist das Schamanentum erblich, die Macht muß jedoch zusätzlich in einem Ritual übertragen werden. Der Vater übergibt dem Sohn sein Kopftuch, das Würdezeichen des Schamanen, indem er es anhaucht, zu Stirn und Nabel führt und dabei sagt: »Nun mußt du von mir auf meinen Sohn übergehen.« Mit »du« ist die schöpferische Kraft Alahatala gemeint – das Kopftuch gilt nur als Kraftträger. Bei dieser Zeremonie verläßt die Heilkraft den Vater. Gleichzeitig nimmt der Sohn den Platz am Mittelpfosten des Hauses in Besitz, denn durch ihn steigt Alahatala, der Schöpfer, herab.[5]

Der tungusische Schamane ist mit dem Sippengeist verbunden, für den, sollte sein Herr sterben, ein neuer Schamane gefunden werden muß. Und der jakutische Schamane wird von seinen schamanischen Vorfahren berufen. Es heißt, der Schamane sei »Käp tounar«, er sei dazu bestimmt *(käp)* und besitze die Disposition zum Schamanenberuf. *Tounar* heißt soviel wie »singen«, denn der Schamane erzählt in Liedern von seinen Leiden bei der Berufung.[6]

Die Mandschuren kennen die Vererbung des Schamanentums innerhalb des Klans. Shirokogoroff, der 1915 eines ihrer Dörfer besuchte, schildert, wie Großvater und Vater einer Familie – beides Schamanen – starben und ihre Geister zurückließen. Irgend jemand aus dem Klan mußte notgedrungen die Geister, die schon seit Generationen zur Sippe gehörten, übernehmen. Die Geister suchten sich die Enkelin beziehungsweise Tochter der beiden aus. Das sahen die anderen Sippenmitglieder jedoch nicht gern, sie wollten keine Schamanin haben. Die Frau flüchtete in den Wald, erkletterte den Wipfel eines Baumes und blieb oben in der Krone sitzen, trotz aller Anstrengungen der ihr hinterhereilenden Männer, sie herunterzuziehen. Später verschwand sie gänzlich und kehrte erst nach acht Tagen ins Dorf zurück, wo man sie nun zur Schamanin weihen mußte.[7]

Wie die Beispiele zeigen, müssen wir zwischen einer diesseitigen und einer jenseitigen Vererbung unterscheiden. Oft vermitteln die Geister Verstorbener oder ehemaliger Schamanen aus dem Jenseits durch Träume, Visionen und Zeichen ihr Wissen. Bei der diesseitigen Vererbung und Übertragung übergibt dagegen zum Beispiel der Vater dem Sohn sein Wissen, wobei er seine Kraft ganz verlieren, sie aber auch behalten kann.

Ein Vererben der Schamanenkraft aus dem Jenseits heraus kennen auch die Burjäten Sibiriens. Der Geist der Vorfahren, Uxta, fordert den Verwandten auf, ein Schamane zu werden. Das äußert sich auf der irdischen Ebene in einer Ohnmacht des Auserwählten; er bekommt Konvulsionen, hat Visionen, wird nervös oder schüchtern und meidet Menschen. Bei Uxta handelt es sich entweder um einen verstorbenen Vorfahren oder um einen Geist, der bereits seit Generationen von einem Familienmitglied zum anderen weitergegeben wurde.[8]

Die Xon, die Medizinleute der Selk'nam Feuerlands, reiben den Novizen mit flachen, kreisenden Handbewegungen und übertragen derart ihre Kräfte auf seinen Körper. Die Selk'nam sprechen vom Wáiyuwen, einer immateriellen Macht, die ein Schamane an seine Schüler weiterreichen kann. Setzt der Umwandlungsprozeß ein, wird das Innere des Schülers »daunenartig«. Extrasensorische Fähigkeiten entwickeln sich, der Schüler vermag nun über große Entfernungen hinweg oder ins Innere anderer Menschen zu sehen. Er weiß auch mit Sicherheit, wo sich ein anderer Xon aufhält, denn dieser strahlt große Helligkeit ab. Diese Transformation dauert etwa zwei bis vier Jahre. Bei schamanischen Ritualen vereinigt sich, so sagt man, die Seele mit dem Wáiyuwen, und vielleicht gilt gleiches auch für die Kraftübertragung.[9]

Bei den Point-Hope-Eskimo kann sich jeder durch angemessene Bezahlung diese Kraft erwerben. Doch trotz Bezahlung muß sich der Anwärter bei der Initiation bewußtlos schlagen lassen, offenbar um in tiefere Schichten des Bewußtseins einzudringen. Anschließend unterrichtet ihn ein erfahrener Schamane. Wie wir sehen, ist ein Mindestmaß an psychischer Eigenerfahrung erforderlich, und die Bezahlung stellt eher eine allgemeine Vergütung für die Ausbildung dar.[10]

Bei vielen Stämmen gibt es die Möglichkeit, seine Schamanenkräfte und Hilfsgeister zu verkaufen, oder aber Schamanen beschenken sich gegenseitig mit kraftgeladenen Objekten oder treten dem Freund großzügig einen Hilfsgeist ab. Andererseits ist es möglich, die Hilfsgeister eines verfeindeten Schamanen zu stehlen.

Bull Lodge, der bereits erwähnte Medizinmann der Gros Ventres, hatte kurz vor seinem Tode die Vision, er werde in acht Tagen sterben. Am Vortag seines vorherbestimmten Todestages, nachdem er alles für sein Ableben arrangiert hatte, nahm er eine Art Kraftübertragung an seiner Tochter Garter Snake Woman vor – anschließend starb er. Bei der Kraftübertragung erschien in Garter Snake Womans Hand eine kleine glasartige Kugel von kristallener Klarheit – ein Hagelkorn. Bull Lodge steckte dieses Hagelkorn in den Mund und blies dann seiner Tochter in den Mund, wobei sie etwas ihre Kehle hinuntergleiten fühlte. Auch wenn uns der Vorgang der Übertragung unverständlich bleibt, so läßt sich hier doch das Motiv des Machterwerbs durch die Introjektion von Kristallen oder seltenen glänzenden Objekten erkennen. Garter Snake Woman erzählt:

Mein Vater zündete seine Pfeife an und begann zu rauchen. Nachdem er mehrere Züge genommen hatte, legte er die Pfeife nieder und begann, einen der Hauptmedizingesänge zu singen. Es war ein Lied, das während des Auswickelns der Gefiederten Pfeife gesungen wird. Er sang es viermal, und während er sang, stützte er seine Hände über der Hüfte in die Seiten. Nach dem Singen schüttelte sich sein Körper von der Hüfte an aufwärts und er hustete leicht. Das wiederholte er viermal.

Als er zum vierten Mal hustete, hatte ich ein Gefühl, als hätte etwas meine Hände berührt. Er fragte mich, ob ich etwas an den Händen gespürt hätte, und ich sagte »Ja«. Meine Augen waren geschlossen, aber er forderte mich auf, in meine Hände zu schauen. Als ich das tat, sah ich einen runden Gegenstand darin. Er hatte die Größe einer gewöhnlichen Murmel und war kristallklar. In seinem Innern sah ich das Bild eines Säuglings; sein ganzer Körper war rot. Mein Vater sang dann noch einmal, und als er wieder viermal gesungen hatte, fragte er mich erneut, was ich in meinen Händen sähe. Ich sagte ihm, ich sähe den Körper eines Säuglings in dem

Gegenstand und daß er rot sei. Er fragte mich, ob ich wüßte, was dieser Gegenstand sei, und ich sagte »Nein«.

Es sei ein Hagelkorn, sagte er. Er nahm es mir aus der Hand, und es in der Hand haltend, begann er von neuem zu singen. Er sang das Lied viermal, wonach er den Stein in den Mund nahm und mich aufforderte, den Mund zu öffnen. Dann blies er dreimal sanft hinein. Als er das vierte Mal in meinen Mund blies, fühlte ich etwas meine Kehle hinuntergehen. Ich fühlte, wie es abwärts glitt, bis es meinen Magen erreichte. Dann fühlte ich es nicht mehr. »Nun kannst du gehen und dich hinsetzen«, sagte er.[11]

Zum Abschluß sei noch ein Krafttransfer bei den Comanchen geschildert. Sanapia, eine Medizinfrau, hatte schon vier Jahre Ausbildung im Kräutersammeln, Diagnostizieren und Heilen hinter sich, als der Höhepunkt ihrer Einweihung herannahte. Ihre Mutter, ebenfalls Schamanin, übertrug ihr in vier Phasen die Macht. In der ersten Phase der Kraftübergabe träufelte ihr die Mutter die Kraft in Hände und Mund. Sanapia mußte dabei glühende Holzkohle in den Händen halten, ohne daß sie jedoch Schmerzen oder Hitze verspürte; im Gegenteil, ihre Finger fühlten sich kühl an. Die Kälte war ein Zeichen dafür, daß Macht in den Händen konzentriert war. (Viele Feuerläufer berichten gleichfalls von Kältegefühlen an den Füßen!) Zwei Adlerfedern wurden ihr viermal durch den Mund gezogen; beim letzten Mal verschwand eine der Federn spurlos. Sie war in Sanapias Mund eingedrungen und verblieb dort für den Rest ihres Lebens. Sanapia meinte, sie habe nicht die Feder selbst, sondern lediglich ihre Symbolkraft aufgesaugt.

Tabus erlegte ihr die Mutter auch auf: Sie durfte kein Geflügel mehr essen und beim Essen niemanden hinter ihrem Rücken vorbeigehen lassen, denn auch der Adler, dessen Macht sie erworben hatte, duldet niemanden hinter sich, wenn er frißt. Beim zweiten Krafttransfer löste sich ein Ei, das die Mutter in der Hand hielt, regelrecht in Luft auf und drang – auch diesmal wieder nur die Essenz davon – in Sanapias Magen ein. Fortan galt das Tabu, keine Eier mehr zu essen. Als sie später einen großen Appetit für Eier entwickelte und einen Adlerdoktor das Ei aus ihrem Körper entfernen ließ, büßte sie auch die damit verbundene magische Kraft ein. Bald danach stellte sich jedoch bezeichnenderweise ein Ekelgefühl gegenüber Eiern ein – wohl eine Art Bestrafung für die Zurückweisung der Macht.

Bei der dritten Kraftübertragung erhielt sie einen Machtgesang, der aber so machtvoll ist, daß sie ihn nur verwendet, wenn alle anderen Mittel versagen. Durch den Gesang erscheinen ihr die Hilfsgeister ihrer Mutter und ihres Onkels. Damit geht das Tabu einher, niemanden jemals geradewegs um etwas zu bitten. Sie weiß jedoch Abhilfe, indem sie sich recht umständlich und gewunden ausdrückt. Darüber hinaus muß sie bei ihren Heilungen allein sein, da die Macht sonst die anderen Teilnehmer schädigen würde. Lediglich andere Adlerheiler oder Personen mit einer der ihren ebenbürtigen Medizin dürfen sie notfalls unterstützen.

Sanapias Berufung kommt durch einen ritualisierten Krafttransfer zustande. Eine neue Energie durchdringt ihren Körper. Sie sagt, die Macht selbst sei unerschöpflich, gehöre jedoch zu einem anderen Existenzbereich als dem der Menschen, Tiere und Geister und benötige zu ihrer Vermittlung daher immer eine Art Träger oder Brücke. Käme der Mensch unmittelbar mit der Quelle der Kraft in Berührung, würde ihn das töten.[12]

Mit dem Erwerb der Macht und der Berufung geht bei manchen Völkern auch eine Geschlechtsumwandlung einher. So gibt es bei den sibirischen Tschuktschen »Frauenartige«, zur Frau gewordene Männer, und »Männerartige«, zum Mann gewordene Frauen. Diese Verwandelten heiraten auch; und wenn eine »Männerartige« Kinder haben möchte, geht sie eine »Tauschehe« ein, aus der auch ein Kind hervorgehen mag.[13]

Bogoras, der mehrere solcher Geschlechtstransformationen miterlebt hat, schreibt, die Frau verwandle sich auf Geheiß der Geister in einen Mann, wenn sie sich den Wechseljahren nähert. Sie nimmt regen Anteil an Männerangelegenheiten, führt Arbeiten des anderen Geschlechts aus und hält sich eine Geliebte oder heiratet eine Frau. Die Tschuktschen nennen einen Schamanen, der sich in eine Frau umbildet, auch »Weichling«, weil er sich in ein weicheres Geschlecht verwandelt hat.

Bei genauerem Hinsehen erkennt man verschiedene Abstufungen der geschlechtlichen Umformung, wobei die vollkommenste wohl die ist, bei der ein Geist dem jungen Mann eingibt, sich in eine Frau zu verwandeln, und dieser nicht nur beginnt, Frauenkleidung zu tragen, sondern auch Gewehr, Lanze, Lasso oder Harpune beiseitelegt und zu Nadel und Hautschaber greift. Er weist fortan alle Merkmale der Frau auf und spricht auf weibliche Art. Körperlich kann er, da sein Kampfgeist verebbt und er zusehends schwächer wird, nicht mehr mit den anderen Männern ringen und rennen, er wird schüchtern, hegt und pflegt gerne Kinder. Er sucht sich einen männlichen Liebhaber, heiratet nach den üblichen Gepflogenheiten und verkehrt sexuell mit ihm; der Ehemann geht auf die Jagd, und der »Weichling« widmet sich den häuslichen Arbeiten. Der verwandelte Mann ist natürlich Anlaß zu Gespött, aber keiner wagt es, offen darüber zu sprechen, da man vor ihm noch mehr Respekt und Angst hat als vor dem gewöhnlichen Schamanen.[14]

Bei den Eskimo von St. Lawrence Island wird zwar nicht jeder sexuell Transformierte ein Schamane, sie kennen jedoch gleichfalls den »weichen« oder »fraulichen« Mann (Anasik) und sein Gegenstück, die Frau, die zu einem Mann wird (Uktesik). Bei ihnen ist, wie bei vielen anderen Stämmen auch, der Brauch, der von der kulturellen Norm abweichenden Sexualität einen anerkannten Platz in der Gesellschaft zuzugestehen, inzwischen ausgestorben.[15] Homosexuelle und Transvestiten oder Hermaphroditen – wie der Navajo-Medizinmann Hosteen Klah einer war, von dem man erwartete, daß er männliche und weibliche Aspekte zu einer großen Synthese vereine, was ihm tatsächlich in aller Vollkommenheit gelang[16] – fallen durch ihre psychophysische Andersartigkeit aus dem Rahmen der Gesellschaft und entwickeln dadurch eine erhöhte Sensibilität für die Umwelt, sich selbst und ihre inneren Kräfte. Diese Sensitivität dürfen wir als fruchtbare Grundlage für die schamanische Intuition verstehen – und das dürfte auch der Grund für die in vielen Kulturen auftretenden »sexuell abnormen« Schamanenpersönlichkeiten sein. Für eine schamanische Ausbildung werden immer die sensibelsten, psychisch auffallendsten Einzelgänger ausgewählt, und die sexuell Unangepaßten gehören natürlich mit dazu.

15. DIE ABLEHNUNG DER MACHT

In vielen Einweihungsschilderungen wehrt sich der Berufene gegen die Wünsche der Geister und lehnt es ab, eine schamanische Laufbahn einzuschlagen, selbst wenn dabei sein Leben auf dem Spiel steht. Bei Menschen, die ohnehin schon durch lange Phasen des Leidens, der Krankheit und der Nah-Todeserlebnisse gegangen sind, bedeutet eine Verweigerung gegenüber den Jenseitskräften, die sie in Bann halten, eine weitere Verlängerung der Qualen, möglicherweise eine Verewigung der Krankheit, wenn nicht gar Verrücktheit oder den Tod.

Offenbar lassen sich die Durchbrüche in eine neue psychische Dimension, in eine andere Welterfahrung, nur schwer rückgängig machen. Einmal im Sog der Macht, hilft nur noch eine bewußte konsequente Weiterführung der mentalen Entkonditionierungsprozesse, um die körperlichen und psychischen Leiden zu überwinden. Vielleicht haben wir in den modernen »Psychotikern« teilweise Menschen vor uns, die zwar Einblicke in transpersonale Bereiche gewonnen haben, aber weder wissen, wie man weitergehen noch wie man zurückkehren kann. Vielleicht sind sie zwischen Normalität und Transpersonalität steckengeblieben, im Niemandsland der Psyche, halb geheilt und halb erkrankt, und gehören nun keiner der beiden Welten mehr an.

Ein Mann, der zwar keine psychischen Störungen aufwies, aber dennoch zwischen zwei Welten hin und her gerissen wurde, war der sibirische Schamane Mukulka Borgoyakhov aus dem Dorf Pitrahti. Er sollte, nachdem sein Bruder, ein Schamane, verstorben war, dessen Geister übernehmen. »Laß ihn an seines Bruders Stelle Schamane werden!« sagten die Geister, aber er sträubte sich, diese Verantwortung zu übernehmen. Er lehnte die Geister ab. Als all ihre Bemühungen scheiterten, zerrten sie ihn aus der Yurte und drohten ihm: »Wenn du dich so aufführst, lassen wir die Geister aller toten Schamanen auf dich los!« Da ergab er sich. Als sie ihm daraufhin alle Ausrüstungsgegenstände und Schamanenkleider zuwarfen, wies er sie dennoch zurück, und fortan mußten sich bis zu fünfzehn Geister zusammentun, um ihn zum Schamanisieren zu bewegen. Ansonsten führte er ein gewöhnliches Leben.[1]

Eine Schamanenberufung kann allerdings auch aufgehalten und rückgängig gemacht werden. Ruth Underhill führt folgenden Bericht einer Papago-Indianerin an:

Als junges Mädchen rannte ich immer durch die Wüste und schaute mir alles an. Mein Herz war nicht ruhig. Ich dachte, ich sähe Kojoten, auch wenn kein Kojote in der Nähe war. Dann bemerkte ich eine Spinne am Mittelpfosten des Hauses; sie hielt inne und schaute mich an, im Begriff, zu mir zu sprechen. Ich erfand ein Lied; ein Lied vom Kojoten.

Sie holten einen Schamanen, der über mir sang, um herauszufinden, was mit mir los sei, und am Morgen sagte er: »Sie könnte eine Schamanin sein.«

»Das ist nicht möglich«, sagte mein Vater. »Wir haben einen Schamanen im Haus, und das genügt.«

Die Weissagungs-Kristalle wuchsen bereits in mir, aber der Schamane saugte sie heraus. Er beugte sich über mich und saugte sie aus meiner Brust, einen nach dem anderen. Sie waren so lang wie das Glied meines kleinen Fingers, waren weiß und bewegten sich wie Würmer.

Der Schamane sagte: »Schau! Ich habe sie herausgenommen, ehe sie noch größer werden.« Dann schnitt er ein Loch in einen Riesenkaktus und verbarg sie dort.[2]

Die Yamana-Indianerin Melly Lawrence verweigerte den Kontakt mit ihrem Schutzgeist (Aóna-xéola oder Yefácel), geriet dadurch in Todesnähe und wäre fast gestorben, hätte eine Schamanin sie nicht davor bewahrt. Sie erzählt:

Einst ging ich mit meiner kleinen Tochter durch den Wald. Aus einem Baumstamme erklang plötzlich ein sonderbares lautes »Páx«. Ich schaute zurück und sah in jenem morschen Stamme ein niedliches Aóna-xéola, das mir sehr freundlich winkte. Ich hielt es nicht für Asikáku [geistiges Schauen], sondern für einen gewöhnlichen Késpix [Seele]. Wie wenn ich bewußtlos geworden wäre, schleppte ich mich weiter: Unheimliche Angst steckte mir in allen Gliedern, und eine unwiderstehliche Ermattung warf mich auf mein Schlaflager. Ich träumte, und wieder stand jenes Aóna-xéola vor mir. Sehr freundlich lächelte es mir zu und überschüttete mich mit allerlei Geschenken, mit Fellen und Körbchen, Schmuckschnüren und Yékus [Pfeilspitzen]; sogar einen besonderen Gesang überließ es mir. Nachdem ich benommen erwacht war, klang jener Gesang noch lange in meinem Innern weiter.

Mehrere Tage war ich matt und krank, ich fühlte mich wie entkräftet und leblos. Eine Yékamuskipa [Schamanin] redete mich an: »Wie bist du doch jetzt gar so matt? Vor kurzem erst sah ich dich frisch und gesund!« Ich gab ihr keinen bestimmten Bescheid, sondern bot ihr eine Tasse Tee an. Sie ergriff die Tasse und schreckte zurück: »Warum bietest du mir dieses ekelhafte Tier an?« Ich stutzte und sagte: »Aber ich habe dir doch eine Tasse Tee angeboten?« Jene Frau erwiderte erregt: »Nein, das ist ein ekelhaftes Tier!« Mich hat nämlich jenes Aóna-xéola seit meinem Traum nicht mehr freigegeben, es hat mich verfolgt auf Schritt und Tritt. Langsam kam mir die Überzeugung, ich müsse mich als Yékamus betätigen; denn das eben strebte jener Geist bei mir an. Aber dazu konnte ich mich nicht entschließen.

Jene Yékamuskipa wurde nun, als sie die Tasse Tee in Händen hielt, von ihrem

Geist aufgeklärt, und sofort erkannte sie, was mir zugestoßen war. »Du mußt eine Yékamus werden!« sagte sie mir. Sie sah nämlich: Jenes Aóna-xéola hatte mir einen Fellmantel umgelegt, der mir mit einem Lederriemen am Hals hing; eben dieser Mantel drückte mich so sehr, daß ich oft zu Boden fiel! Voller Angst um mich eilte jene Frau in ihre Hütte zurück. Bald schlief sie ein. Im Traume sah sie, wie jener Fellmantel mir immer mehr die Kehle zuschnürte, daß ich in wenigen Tagen erstickt wäre. In aller Morgenfrühe begann sie geängstigt ihren Gesang. Sie rief mich herbei und fragte: »Hast du dort im Walde ein Asikáku gehabt und hast du seitdem das Gefühl, als ob jemand dich würgt, daß du oft niederfällst aus Atemnot?« Ich sagte ihr: »Ja, so ist es!«

Nun mußte ich mich vor ihr auf den Boden niederlassen. Mit beiden Händen griff sie andauernd nach jenem Fellmantel und nach den vielen Geschenken, mit denen das Aóna-xéola mich überhäuft hatte; alles warf sie mit energischen Bewegungen so lange beiseite, bis ich endlich von diesen Dingen frei war; auch den Gesang und das Asikáku nahm sie von mir. Erst dann fühlte ich mich erleichtert, und seitdem habe ich keine Beschwerden mehr. Jener Yékamuskipa danke ich ihre Hilfe heute noch, sie hat mich vor einem nahen Tode bewahrt.[3]

In vielen Fällen geht die Verweigerung der Macht nicht so glimpflich aus. Die Person behält als Mahnzeichen ein körperliches Leiden oder eine psychische Störung zurück. Reidar Christiansen zitiert den Fall eines Mackenzie-Eskimo, der immer wieder ein seltsames Wesen aus der See auftauchen sah. Man riet ihm, dieses Tier zu verfolgen, damit er ein großer Angakok werde. Doch er konnte sich dazu nie überwinden und wollte ein normales Leben führen. Einmal erkundigte er sich bei dem Wesen, ob er über das Wasser wandeln könne, wenn er es als Hilfsgeist annehme. Es bejahte diese Frage und versprach ihm zudem, er werde Rentiere und Robben anlocken können. Doch selbst diese Aussichten stimmten ihn nicht um.

Im nächsten Jahr fragte er erneut, ob er denn in Anwesenheit seines Stammes in die Luft fliegen und den Schnee von den Wolken herabholen könne. Das Wesen verneinte das, doch eventuell könnten andere Hilfsgeister angerufen werden, um das zu bewerkstelligen. Doch immer noch zeigte sich dieser Eskimo unschlüssig. Über seinen Ungehorsam erzürnt, kündigte ihm das Wesen an, er werde nun nie mehr Fisch essen können. Daraufhin wurde der Eskimo ohnmächtig. Bald fand man ihn ohne Unterkiefer daliegen; das Wesen war mit seinem Gebiß im Wasser verschwunden. Nun konnte er nur noch flüssige Nahrung zu sich nehmen.[4]

Ich habe einige schamanische Berufungen angeführt, die nicht zum vollen Erfolg führten, entweder weil die Personen vorzeitig geheilt wurden oder den Geist beziehungsweise die Kraft aus sich herausnehmen ließen, da ihnen ein Leben ohne sakrale Aufgaben unbeschwerter und lebenswerter schien. Andere wieder weigerten sich standhaft und erfolgreich gegen jenseitige Heimsuchungen und Übergriffe. Die Schamanen beschreiben ihre Berufung durch die Geister oftmals so, als ob von außen eine Macht, die stärker ist als sie, Einfluß auf ihre Psyche und geistige Disposition nimmt.

Der Widerstand von Schamanen und Medien, bis zu einem gewissen Grade auch von Psychotikern, ist der Widerstand des »normalen« gegen das übernormale Bewußtsein. So wie Krankheit und Leiden als psychische Reinigung von kurzsichtigen Anschauungen und eingeengten biologischen Wahrnehmungs- und Erkenntnisstrukturen nicht zu verstehen sind, ist der Widerstand gegen die neuen Mächte Ausdruck der Ignoranz des Normalbewußtseins, das sich nicht aus seinen eingefahrenen Gewohnheitsmustern herauskatapultieren lassen möchte. Der Übergang zu einer höheren Wahrnehmungsform bedeutet, daß das Ego sterben muß, wobei der Körper oft in Todesnähe geführt wird. Körper und Geist wehren sich natürlich gegen den Tod, auch wenn eine Wiedergeburt darauf folgt – von der sie allerdings vorher nichts wissen.

Außer psychologischen gibt es auch soziale Gründe, die zu einer Ablehnung der Verwandlung zum Schamanen führen. Die Stellung des Schamanen ist in vielen Gesellschaften, wie zum Beispiel in Korea, nicht besonders angesehen. Oft lebt der Schamane isoliert, und es ist ihm nicht erlaubt, Reichtümer zu erwerben. Die Position des Schamanen ist nicht immer mit den normalen menschlichen Bedürfnissen zu vereinbaren; moralische, ethische, ökonomische und sexuelle Faktoren führen daher zur Verweigerung gegenüber dem Sakralen. Die Verantwortung gegenüber dem Geistigen, der gefährliche Umgang mit ihm, die möglichen Gefahren, die sich aus dem Kontakt mit Machtgegenständen, Geistern, feindlichen Zauberern oder der Verletzung bestimmter Regeln und Tabus ergeben, erzwingen eine besonnene und beherrschte Lebensführung.

Die Ausbildung selbst, Askese, langes Fasten, Beschränkungen im Umgang mit dem anderen Geschlecht, Nahrungstabus, Verhaltensmaßregeln sowie das Auswendiglernen schwieriger Gesänge und Mythen, ja sämtlicher Stammestraditionen, erfordern eine Anspannung aller mentalen und intellektuellen Funktionen und gestatten es nur einem überdurchschnittlich begabten und einfühlsamen Menschen, diese Aufgabe zu erfüllen. Das Unvermögen, diesen großen Anforderungen zu genügen, führt häufig zum vorzeitigen Abbruch der schamanischen Laufbahn. Ein weiteres Hindernis mag die bei manchen Stämmen hohe Bezahlung für die Ausbildung oder den Eintritt in eine Medizingesellschaft sein. Kann der Novize für die notwendigen Zeremonien und Opfer nicht aufkommen, wird ihm der Aufstieg zum Schamanen unmöglich gemacht, oder er muß sich mit einer kleinen Zeremonie, die eine geringere Anerkennung und einen niederen Einweihungsgrad mit sich bringt, abfinden.

16. DER VERLUST DER MACHT

Das Kreuz zerbrach mich,
die Taufe des Pfarrers drückte.
Der lappische Zauberer Päivio[1]

Nachdem der Eskimo-Schamane Aua zum Christentum übergetreten war, sandte er notgedrungen all seine Hilfsgeister zu seiner Schwester zurück nach Baffin Island.[2] Tanklins von den australischen Kurnai verlor seine schamanische Befähigung durch übermäßiges Trinken. Als seine Kristalle verschwanden, büßte er auch seine Macht ein, und er sollte sie nie mehr zurückerhalten.[3]

Im Jahre 1906 begegnete der Eskimoforscher Steffansson dem Schamanen Alualuk aus dem Mackenzie Delta; dieser erzählte ihm von seinem halben Dutzend Hilfsgeistern, durch die er Krankheiten heilen und sogar Tote auferwecken könne. Als Steffansson ihn später wiedertraf, hatte er jedoch seine Hilfsgeister fortgeschickt und den christlichen Glauben angenommen. Er gestand nun, er sei gegenüber den jenseitigen Mächten ebenso hilflos wie jeder gewöhnliche Sterbliche, und ohne seine Geister, die ihn früher in allen Lebenslagen unterstützt hätten, fühle er sich unwohl und kraftlos. Ohne sie sei er oft einsam, den er vermisse ihre Freundschaft und Nähe. Auch die Geister waren einsam und traurig, ihr Dasein nun ohne ihn verbringen zu müssen. Sie taten ihm leid. Doch einige waren verärgert, manche gar beleidigt, weshalb sie versuchten, ihm bei jeder Gelegenheit eins auszuwischen. Daher mußte er immer auf der Hut sein, regelmäßig beten und die christlichen Gebote befolgen, damit ihn die Kirche und Jesus Christus vor den Angriffen seiner ehemaligen Diener beschützten.[4]

Die Frau des sibirischen Schamanen Kyzlasov erzählte, wie der Schamane Kopkoyev, nachdem die Sowjetmacht sich in ihrem Gebiet konsolidiert hatte, das Schamanentum aufgab. Er suchte seine Schamanenvorfahren auf, beschwichtigte sie mit einigen Geschenken, gab ihnen alle Hilfsgeister zurück und kehrte dem Schamanentum ganz den Rücken.[5]

Auch der Gitksan-Schamane Isaac Tens verlor seine Kräfte, als er zum Christentum übertrat. Er sagte:

Jetzt benutze ich eine andere Methode bei der Behandlung meiner Patienten. Ich verwende nichts weiter als das Gebet, das ich in der Kirche gelernt habe. Ich bete wie der Pfarrer – das Vaterunser. Es ist von Reverend Mr. Price von Kitwanga ins Gitksan übersetzt worden. Ich habe die Betätigung als Halaait [Schamane] vollkommen aufgegeben. Meine beiden Kinder wurden krank – Philip (Piyawsu) und Mary (Tsigumnoeq). Die Leute von hier hetzten mich auf und bedrängten mich, das Halaait-Ritual über ihnen auszuführen. Sie tadelten mich wegen meiner Weigerung und erklärten, daß ich, würden die Kinder sterben, dafür verantwortlich sei. So versuchte ich eines meiner alten Amulette wiederzubeleben – die Sonne oder den Mond (Hlorhs). Aber mein Körper fühlte sich ganz anders an, als er es gewöhnlich tat. Ich war mir sicher, daß ich meine Kräfte als Swanassu [Schamane] verloren hatte.[6]

Christin, ein Eskimo, verlor durch die Bekehrung zum Christentum gleichfalls all seine Hilfsgeister. Das Versiegen seiner Kraft schildert er folgendermaßen:

Später besaß ich eine große Anzahl Hilfsgeister unter den Feuer-Leuten, und sie unterstützten mich oft, besonders wenn ich von einem Sturm oder von Unwetter überrascht wurde. Als ich mich entschied, zur Westküste zu reisen, um mich taufen zu lassen, erschienen sie mir und drängten mich, es zu unterlassen. Aber trotzdem tat ich, was ich wollte. Seitdem haben sie sich mir nicht mehr gezeigt, weil ich sie mit meiner Taufe verriet.[7]

Dem sagenumwobenen lappischen Zauberer Päivio kam zu Ohren, daß das Christentum die Zauberer zerstöre. Er reiste daher zum schwedischen König, um das Christentum für Lappland zu erbitten. Doch tat er das nicht ohne Hintergedanken: Alle sollten getauft werden, so daß es schließlich keine anderen Zauberer mehr gäbe und er der einzige mächtige Zauberer im Lande wäre. Als der Pfarrer nach Kittila zu Päivios Familie kam und seine Kinder taufte, verloren sie ihre Zauberkraft. Der Vater besaß nun auch in der Familie keine Konkurrenten mehr.[8] Nach einer anderen Version büßte jedoch auch Päivio durch die Taufe seine magische Kraft ein.

Rosa, eine Piache (Schamanin) der südamerikanischen Guajiro, verlor ihre Geister durch die Auseinandersetzung mit der Welt der Civilisados (Weißen). Sie sagt:

Ich glaube, daß meine Geister nicht mehr da sind. Einmal wurde ich sehr krank. Ich ging nach Maracaibo zum Arzt und bekam viele Spritzen, und der Arzt mußte sich viel um mich kümmern. Das verärgerte meine Geister sehr. Sie litten unter den Spritzen, diese Behandlung machte sie krank. Vor allem der männliche Geist fühlte sich sehr elend, denn die Geister akzeptieren als Nahrung nur Tabak.[9]

Doch nicht nur durch die Bekehrung zu einer anderen Religion oder durch den Kontakt mit der abendländischen Zivilisation verlieren Schamanen ihre Kraft. Auch der unvorsichtige Umgang mit der Macht, die Unfähigkeit oder die moralische Schwäche, die »Spielregeln« einzuhalten, führen häufig zum Machtverlust. Der Zugang zum Heiligen, die Offenbarung magischer Kräfte, verspricht zwar ungewöhnliche Fähigkeiten, doch gleichzeitig wird diese Erweiterung des psychischen Aktionsradius durch ebenso drückende Tabus und beschränkende Verhaltens-, Nahrungs- und Lebensregeln wieder aufgewogen.

Der Kwakiutl Síwít zum Beispiel sollte sich nach seiner Berufungszeit vier Monate lang von seiner Frau fernhalten. Einmal während einer Heilzeremonie legte er seine Rassel plötzlich beiseite und führte die Heilung nicht zu Ende – er glaubte, er habe seine Frau zu früh zu sich kommen lassen. Ein anderes Mal legte er erneut seine Rassel aus der Hand und verweigerte fortan jegliches Essen. Auf die Frage, warum er das täte, erwiderte er, er habe die Anweisung bekommen, die Rassel nie mehr zu benutzen. Daraufhin hungerte er sich zu Tode.[10]

Wenn bei den Chemehuevi ein Schamane unglücklicherweise seinen »Traum« vergaß, verfolgte man ihn mit einem Feuerbrand oder hängte ihn auf und entzündete unter ihm ein Feuer; die Furcht, in den Flammen umzukommen, sollte ihn zwingen, sich zu erinnern. Verlor der Schamane tatsächlich seine Heilkräfte, beschuldigte man ihn der schwarzen Magie. Danach konnte er zwar noch träumen, aber nicht mehr heilen. Doch verlor selten ein Schamane seine Fähigkeiten, es sei denn im Alter, wenn er seine Kraft an jemand anderen weitergab. War das geschehen, starb er bald, denn er hatte dann, wie man sagte, nichts mehr, wofür er leben konnte.[11]

Mun-yir-yir aus dem nordwestlichen Arnhem Land ging seiner Geister ebenfalls auf eigenartige Weise verlustig. Seine Hilfsgeister hatte er an einem Wasserloch erworben; als er dort trinken wollte, zogen ihn seine späteren Beschützer, zwei Knaben und ein Mädchen, alle drei Wassergeister, in die Tiefe, beförderten ihn aber auch wieder nach oben, damit er nicht ertrank. Als er wieder zu sich kam, schlug er mit seiner Steinaxt nach ihnen; sie hatten sich inzwischen in Opossums verwandelt. Anschließend heilte er sie wieder, indem er sie anhauchte. Zurück in seinem Camp, machten die Geister durch Klatschgeräusche auf sich aufmerksam; sie nahmen auf Mun-yir-yirs Schultern Platz und verliehen ihm dadurch die Gabe des Heilens. Fortan massierte er die Heilbedürftigen, blies auf ihre kranken Stellen und saugte daran.

Die Geister legten ihm allerdings auch verschiedene Tabus auf, die letztendlich zu seinem Kraftverlust führten. Er durfte kein Hundefleisch essen, sollte dicht beim Feuer schlafen und seinen Körper nie mit Salzwasser benetzen. Bei einer Kanufahrt übers Meer rammte ihn jedoch versehentlich ein anderes Boot. Da kenterte er mitsamt seinen Hilfsgeistern. Danach wollte die Behandlung der Kranken nicht mehr richtig glücken. Wollte er durch die Patienten hindurchsehen, sah er nur noch Dunkelheit. Er hatte seine Doctor-Kinder verloren.[12]

Der Paviotso Joe Green vom Pyramid Lake in Nevada erhielt durch Träume von seinem verstorbenen Vater die Kraft übertragen. Von ihm ererbte er die Kraft des Otters, der ihm in einer Traumvision erschien und ihn aufforderte, er möge ihm das Fell abziehen, es längs vom Kopf bis zum Schwanz in breite Streifen schneiden und an den Löchern im Nacken Adlerfedern befestigen. Bei Heilzeremonien solle er das Fell vor sich auf dem Boden ausbreiten. Für jede Zeremonie gab ihm der Otter einen besonderen Gesang ein. Merkwürdigerweise fand Joe Green das Otterfell jedoch zu lang und schnitt einen Teil des Kopfes ab. Dadurch erkrankte er, und als ihm der Otter das letzte Mal erschien, sprang er in den Pyramid Lake und eilte dann über den Wüstensand fort. Zwar heilte ihn ein anderer Schamane, aber seine Otterkraft hatte er eingebüßt.[13]

Eine weitere Möglichkeit des Machtverlustes ist der Kampf der Schamanen. Ein letztes Beispiel soll das veranschaulichen. In einem Gespräch zwischen dem westlichen Schamanen Prem Das und dem Garnmaler Eligio Carrillos Vicente, beides Schüler des Huichol-Schamanen Don Jose (Matsuwa), schildert Eligio, wie ihm ein fremder Mara'akame (Schamane) die Macht der Vision raubte.

»Als ich ein kleiner Junge war, hatte ich die Fähigkeit, auf besondere Weise zu sehen... Mein Vater nahm mich einmal mit zu einer Huichol-Rancho nahe unserem Wohnsitz. Ich saß neben einem Samenkasten und lauschte dem Gesang eines Mara'akame und konnte in farbenprächtigen Visionen das sehen, was er sang. Dann geschah etwas Schreckliches. Ein anderer Mara'akame, der der Zeremonie beiwohnte, starrte mich durchdringend an, und ich begann, mich wie betrunken zu fühlen. Die Visionen verschwanden, und ich sah seitdem nie mehr in dieser Weise... Du mußt begreifen, es existiert Neid zwischen den Mara'akame. Wenn du durch das Nierika [Durchgang zum Jenseits] schauen, gut singen oder heilen kannst, versuchen sie, deine Fähigkeiten psychisch zu überdecken. Alle Mara'akame haben die Kraft, so etwas zu tun, und mißbrauchen manchmal ihre Fähigkeiten in dieser Weise.«

Eligio schüttelte den Kopf und fügte dann hinzu: »Ich wäre vor Jahren ein Schamane geworden, wäre das nicht passiert; es ist wirklich traurig, daß so viele Schamanen sich der Hexerei zuwenden.«[14]

Viele Schamanen verlieren, wie wir gesehen haben, durch den bloßen Kontakt mit unserer überwältigenden und erdrückenden Zivilisation den Glauben an ihre Götter und Geister oder lassen sich so weit auf unsere Kultur ein, daß sie von ihr abhängig werden und die eigenen Kulturwerte aus den Augen verlieren oder gar für minderwertig erachten.

Die Aufgabe des überlieferten Bezugsrahmens macht auch Schutzgeister und Krafttiere überflüssig, da der Glaube an ihre Wirksamkeit erlischt. Zudem wird derjenige, der einen neuen Glauben annimmt, oftmals von den Kräften, die er einst beherrschte, bestraft und ist anschließend geistig gestört oder körperlich behindert. Vielleicht finden wir hier den Ursprung für Geisteskrankheiten und physische Krankheiten, die einige Forscher bei Schamanen gefunden haben.

Die Auswirkungen einer versuchten Rückkehr zur Normalität sind auf jeden Fall ebenso unerforscht und unerklärlich wie das Entstehen der Medialität und Paranormalität selbst. Der geistige Lebensweg kann nicht ungestraft verlassen werden; wer ihn einmal betreten hat, bleibt diesem Daseinsbereich verbunden. Die Rückkehr zu einer niedrigeren Erfahrungsebene verursacht offenbar einen Bruch oder Schock; das erweiterte Denken und Fühlen läßt sich nicht mehr problemlos einengen und reduzieren – psychische und physische Krankheiten sind die Folge.

So wie das plötzliche unvorbereitete Eintauchen in die mediale Sphäre vom »dreidimensionalen« Denken nicht verarbeitet werden und eine psychische Verwirrung oder gar Psychose zurückbleiben kann, so ist auch der Rückzug aus dem geistigen Erleben mit drastischen Störungen verbunden. Kurzum: Wenn wir die »Pforten der Wahrnehmung« einmal geöffnet und eine mannigfaltigere Welt erfahren haben, lassen sie sich nicht mehr schließen – die durch diese Schleusentore hereinströmenden Eindrücke stauen sich sonst, überfluten alles und ertränken uns in einer unkontrollierten mystischen Schau.

Auch die eher anonyme paranormale Energie, mit der Schamanen arbeiten, mag verloren gehen. Dies kann geschehen durch falschen oder unvorsichtigen Umgang mit den Machtfetischen, wenn die Instruktionen, Gebote und Tabus nicht befolgt werden, wenn die Träume mißachtet, die Visionen nicht ausgeführt oder falsch interpretiert werden, die Heilkräfte nicht richtig eingesetzt, mißbraucht oder rituelle Vorschriften nachlässig gehandhabt werden, oder wenn insgesamt der heilige Lebensweg von irdischen Lüsten und Unreinheiten nicht frei ist. Wer seine inneren Kräfte und überirdischen Energie- und Lebensspender aus den Augen verliert, vernachlässigt, zeitweise vergißt oder ungebührend behandelt, erkrankt, wird vom Mißgeschick verfolgt oder stirbt. Das zu verstehen, dürfte uns nicht schwerfallen, denn resultiert nicht jede Krankheit aus einem Zuwiderhandeln gegen die eigenen körperlichen und seelischen Bedürfnisse?

So wird auch klar, daß es um so gefährlicher ist, gegen die eigene Natur zu verstoßen, je mehr man sich ihr geöffnet hat. Der Weg des Schamanen ist deswegen eine gefährliche Gratwanderung zwischen der Welt übernormaler Gesundheit und tödlicher Krankheit: Unentwegt muß er sich im Gleichgewicht halten und darf sich nicht von verführerischen Wünschen, Habgier, Neid, Haß oder falschen Hoffnungen ablenken lassen. Blindlings soll er seiner Vision, seinen inneren Hinweisen folgen, denn entfernt er sich nur einen Schritt von der inneren Wahrheit, verkehren sich seine positiven Kräfte ins Gegenteil – zu Krankheit, existentiellen Katastrophen, Armut, Unfällen und allerlei Mißgeschicken, die nicht mehr als bloßer Zufall zu deuten sind. Nicht ohne Grund weigern sich daher so viele Menschen, diesen prekären Balanceakt auf sich zu nehmen. Denn wer seine einmal erworbenen Kräfte nicht pflegt und nicht in Einklang mit seiner inneren und äußeren Natur lebt, gegen den wenden sich diese Kräfte mit aller Intensität.

Dritter Teil:

WANDLUNGSSYMBOLE DES BEWUSSTSEINS

Irgendwo muß es Urformen geben, deren Bilder die Ideen sind. Wenn man sie sähe, könnte man den Zusammenhang zwischen Materie und Geist und das Wesen des Seins erkennen.

Gustave Flaubert

Ich gelangte nicht durch mein rationales Bewußtsein zur Erkenntnis der fundamentalen Gesetze des Universums.

Albert Einstein

17. IN DEN EINGEWEIDEN DER ERDE

Heute findet man im Zentrum vieler von Christen über keltischen Heiligtümern erbauten Kirchen die Grotte oder Krypta, die eine Öffnung zu einer unterirdischen Quelle hin besitzt. Dieser Mittelpunkt des Gotteshauses, nahe der Erde und dem Wasser, ist das innerste Heiligtum.

Urquelle, Urwasser, heiliges Wasserloch, Höhle oder Krypta sind Formen eines ewigen Transformationssymbols. Wasser ist ein Agens der Reinigung, Heilung und Wiedergeburt, ein Mittel zur Umpolung der profanen in eine sakrale Wirklichkeit. Daß Einweihung und Berufung zum Schamanen oft in einer Höhle oder in einer Grotte mit einer Quelle beziehungsweise an einem Wasserloch – im weiteren Sinne auch an einem See, Tümpel oder am Meer –, in die der Initiant eintaucht, stattfinden, ist nicht verwunderlich. Ist doch die Höhle ein Ort der Geborgenheit, der Zuflucht und letztlich eine Stätte des Mysteriums, ja ein Ausdruck des Selbst. Hier wird der Schamane, abgeschlossen vom bunten Treiben und den selbstsüchtigen Bestrebungen der Welt und umgeben von nackten Wänden, auf sein Inneres, auf sein höheres Selbst verwiesen. Und über die unterirdische Quelle nimmt er Verbindung zu den tellurischen Strömen der Erde auf, zum Gefäßsystem unseres Planeten, und läßt diese Energien durch sich hindurchfließen.

Samarbahadur, ein Sunuwar-Schamane aus Sapra in Nepal, ein direkter Nachkomme des »Ersten Schamanen«, begegnete mit dreizehn Jahren im Dschungel kleinen elfenartigen Wesen, die ihn in eine Grotte führten und ihn dort verschiedene Mantras lehrten. Für drei Tage verlor er das Bewußtsein. Als ein Suchtrupp Samarbahadur fand, brachte ihn sein Vater zu Bakshi, einem bedeutenden Schamanen, der ihn heilte und als Lehrling aufnahm. Samarbahadur lernte Formeln, mit denen er Geister herbeirufen und den offiziellen Zeremonien vorstehen konnte. Später besuchte er andere Schamanen und lernte von ihnen. Nach neun Jahren Militärdienst begann er mit Sadhus und Yogis umherzuwandern, und mit 26 Jahren verstand er sich als voll ausgebildeter Puimbo, als Schamane.[1]

Auch bei den nordamerikanischen Walapai muß der Initiant, begleitet von seinen Verwandten, eine Höhle in einem Berg aufsuchen. Er entfacht ein Feuer und versucht, während der Nacht in seinen Träumen mit den Geistern in Kontakt zu kommen, denn von ihnen verspricht er sich einen

Zuwachs an Kraft. Doch hält er sich nur des Nachts in der Höhle auf – den Tag verbringt er im Freien bei seinen Verwandten, die keinen Fuß in die Höhle setzen dürfen. Nach seinen geistigen Begegnungen führt er sich wie ein Verrückter oder Betrunkener auf und rennt sinnlos kreuz und quer durch die Wüste. Während seiner Einweihungszeit darf er einen Monat lang nur dann und wann einen Löffel Wasser zu sich nehmen, was seine geistige Konzentration nur weiter steigert.[2]

Der Medizinmann der Unambal Australiens träumt, seine Seele begebe sich zu jener Wasserstelle zurück, aus der sie ursprünglich bei ihrer Wiedergeburt entstiegen war. Doch die Seele bleibt nicht im Wasserloch, sie reist tiefer, bis zu den Eingeweiden der Erde, und trifft dort in einer hell erleuchteten Höhle zwei sich paarende Ungud-Schlangen – Ausdruck der schöpferischen Urkräfte. Aus der Vereinigung der Schlangen gehen Kinderkeime, Ungud-Teile oder Jallalas, hervor, von denen viele in den Medizinmann einfahren und so seine Seelenkraft bereichern und stärken.

Nach anderen Berichten erwirbt der Medizinmann in der Höhle Medizin-Kristalle, in denen die Farben des Regenbogens leuchten, denn Ungud ist symbolisch mit dem Regenbogen verbunden. Die Kristalle oder Alumburru dringen in Schlüsselbeingruben, Nabel und Penis des Medizinmannes ein. Von nun an fühlt er ein strahlendes Licht in seinem Inneren.

Anstelle der Kristalle kann der Medizinmann in der Höhle auch zwei Eier erhalten, die in seinem Körper allmählich wachsen. Wenn er wieder auftaucht, ist er krank und fiebrig. Man rät ihm, viel Wasser (Ungud-Kraft) zu sich zu nehmen, denn das werde ihn stärken. Mit dem Anwachsen der Ungud-Kraft und zunehmender Helligkeit in seinem Inneren kann er alsbald verborgene Krankheiten erkennen und schließlich andauernd in der lange herbeigesehnten Traumzeit, Lalai, leben.[3]

Tanklins vom Stamm der australischen Kurnai wurde durch Träumen ein Mulla-mullung, ein Medizinmann. Dreimal träumte er das gleiche: Von mehreren Medizinmännern begleitet flog er durch die Luft und landete an einem steilen Felsabhang, in dem sich ein Spalt befand. Sein Vater verband ihm die Augen und geleitete ihn durch die Öffnung ins Berginnere, wo er sich an einem taghellen, lichterfüllten Ort wiederfand. Mehrere Männer waren um ihn herum versammelt und zeigten ihm viele glänzende Gegenstände. Der Vater lehrte ihn, wie man die glänzenden Dinge im eigenen Bein verschwinden lassen und auch wieder hervorholen konnte, um damit nach Menschen zu zielen, die einem feindlich gesinnt sind.[4]

William Beynon schrieb die Erzählung von Qamkawl, Only-One, einem großen Halaait der kanadischen Tsimsyan nieder: Bei den Gyilodzau am

Klarhgyals Fluß entschieden sich drei Männer dazu, die Macht des Halaait zu erwerben. Sie gingen zu einem Loch in der Nähe des Flusses, aus dem man oft seltsame Geräusche, Singen und Schreie gehört hatte. Alle glaubten, dort wohne ein übernatürliches Wesen. »Bindet das Seil um meine Hüfte und laßt mich hinunter«, sagte der erste von ihnen. »Ich will sehen, was dort unten ist. Das muß der Wohnsitz eines übernatürlichen Wesens sein.« Sie hatten ihn noch nicht besonders weit hinabgelassen, als er schon ängstlich schrie: »Zieht mich rauf! Zieht mich rauf, oder ich muß sterben!« Als ihn die beiden anderen hochgezogen hatten, berichtete er: »Als ihr mich hinabließt, griff mich ein großer Schwarm Insekten an und drohte, mich zu ersticken.«

Nun versuchte es der zweite Mann, doch auch ihn mußten sie gleich wieder hochziehen; sein bewußtloser Körper war mit Stichwunden von Insekten übersät, und erst nach geraumer Zeit kam er wieder zu sich. Nun wagte sich der dritte in die Tiefe; er gelangte ohne Zwischenfälle bis zum Boden des Erdloches. Es war stockdunkel. Da ertönte ein donnerartiges Grollen, das ihn fast betäubte.

Plötzlich öffnete sich eine Tür, und ein leuchtender Mensch trat auf ihn zu und erkundigte sich: »Woher kommst du und was möchtest du?« – »O Übernatürlicher, ich komme, um Halaait-Kraft zu erwerben, damit ich mein Volk heilen kann.« – »Komm mit mir«, sagte die Lichtgestalt. »Ich werde dich zu meinem Vater bringen. Er kann dir helfen.« Der Mann durfte neben dem großen Häuptling Platz nehmen; jener hielt in jeder Hand eine Rassel, die wie von selbst geschüttelt wurde. Nachdem er sich gesetzt hatte, öffnete sich eine weitere Tür, und ein junger Mann trat ein, ausgerüstet mit zwei Rasseln und einer Schürze aus Hirschhufen, die mit jedem Schritt zusammenschlugen.

Durch eine andere Tür kamen nun Holzstücke herbeigeflogen, die sich von selbst vor dem Feuer aufstapelten. Alle Anwesenden sangen und folgten der Melodie des jungen Mannes. Die Trommelstöcke tanzten von selbst auf der Trommel – alles schien lebendig. Schließlich erhob sich der große Häuptling und rieb dem Eindringling die Augen, worauf dieser plötzlich sein Augenlicht verlor. Da erinnerte er sich an die Schnur um seinen Körper und rief seinen Begleitern zu, sie sollten ihn hochziehen. Oben angelangt, konnte er glücklicherweise gleich wieder sehen.

Auf der Heimfahrt spuckten die beiden Männer, die zuerst hinabgestiegen waren, Blut und wurden dann beide bewußtlos; lediglich der Mann, der in die Höhle eingedrungen war, blieb bei Sinnen und wohlauf. Die beiden anderen hatten das Zeichen der Halaait-Würde erhalten; sie erholten sich bald und heilten von nun an die Kranken. Ein Jahr nach diesem Ereignis verschwand der dritte Mann unerwartet, und als die Leute nach etlichen Tagen eines Nachts von einem Lärm hinter seinem Haus aufwachten und nachschauten, was los sei, fanden sie ihn im Schlamm liegen.

Sie hielten ihn für tot und wollten sich abwenden, doch er begann zu singen und verkündete: »Ich wurde zurückgerufen ins Haus, in dem ich letztes Jahr war, und erwarb dort größere Macht als jeder andere Halaait. Jetzt habe ich Kräfte bekommen, die mir erlauben, die Toten wieder ins Leben zurückzuholen. Ich habe einen Halaait-Namen erhalten: Qamkawl, Only-One. Und die beiden Begleiter, die mit mir kamen, werden meine Gehilfen sein.« Bald wurde er über die Grenzen seines Landes hinaus berühmt, erweckte Tote, sah große Ereignisse voraus und wurde ein reicher Mann.

Viele Jahre später, Only-One war inzwischen alt geworden, kam ein Botschafter zu ihm und sagte: »Der Meister will dich sprechen.« Only-One stand auf und bereitete sich für die lange Reise vor; vor seinem Aufbruch ließ er seine Helfer zu sich kommen und teilte ihnen mit: »Ich werde euch nun die Kräfte überlassen, die ich besitze. Auch werde ich euch immer zur Seite stehen. Ich gehe auf eine lange Reise und komme wohl nie mehr zurück, aber ihr sollt die Kraft haben, meine Arbeit unter dem Volk weiterzuführen.« Damit bestieg er sein Kanu und glitt damit von selbst und ohne zu paddeln über das Wasser fort zu der Höhle, in der er damals seine Halaait-Kraft erworben hatte. Er verschwand und wurde nie wieder gesehen. Er war zum Sitz des Großen Halaait gereist, er wurde dort oberster Meister und verteilte die Kraft an andere zukünftige Halaait.[5]

Dieser Geschichte nach wohnt das Übernatürliche tief in den Eingeweiden der Erde. Ein Loch führt hinab zur Heimat des leuchtenden Wesens, einer Mischung aus dem Herrn der Tiere (denn er trägt eine Schürze aus Hirschhufen), dem Herrn der Erde und dem Lebenspender. Während des Einweihungsrituals, das von melodischen Gesängen begleitet wird, manifestiert sich die Kraft, sie bewegt Trommelstöcke, bringt die Trommel von selbst zum Dröhnen und dringt schließlich auch in den Initianten ein. So wie alles um ihn herum aus sich selbst heraus lebendig scheint, wird auch er mit Leben erfüllt. Mit der reinen Lebensessenz im Leib muß er nun noch »sehen« lernen. Er erblindet und verliert die beschränkte Schau der physischen Augen, aber nur, um später auf zweifache Weise sehen zu können – physisch und geistig.

Da er in den Schoß der Erde, in die Dunkelheit, hinabtauchte, wurde er erleuchtet; da er erblindete, wurde er sehend. Das ist die paradoxe Welt des Schamanen, das auf den Kopf gestellte Dasein. Hier schimmert das Mythologem der verkehrten Welt hindurch: Im Inneren der Erde ist es hell, und außerhalb ist es dunkel, weil dort nur unser unerleuchtetes Normalbewußtsein herrscht. Und nur wer die Augen schließt oder geblendet wird, vermag die verborgene, feinstoffliche Welt und die Ursachen der Geschehnisse zu »sehen«. Die Reise ins Erdinnere weist uns auf die paradoxe Daseinskonstitution des Schamanen hin: Er muß eine andere Existenzebene, nämlich die Unterwelt, betreten haben, um sich verwandeln und um anschließend bewußter und ganzheitlicher leben zu können.

Eremiten, die sich in eine Höhle, Mönche, die sich in eine klösterliche Gebetszelle oder Versuchspersonen, die sich in einem Laboratorium in eine Kammer für sensorische Deprivation einschließen lassen – sie verfolgen alle das gleiche Ziel: die Ausschaltung der vielfältigen Sinneswelt, um Konzentration und Innenschau zu erreichen. Äußere Ruhe bewirkt innere Ruhe, äußere Reizlosigkeit einen Zustand innerer Leere – und diese Leere ist Voraussetzung für geistige Ausgeglichenheit, die ihrerseits dazu führt, daß wir die kosmische Harmonie und Lebenskraft aufnehmen können. Wer ins Herz des Seins vorstößt, indem er ins Innerste der Erde eindringt, hat teil am Ganzen. Selbst wenn er das Gewahrsein der allumfassenden Einheit aller Dinge und Wesen nicht ständig aufrechterhalten kann, hat er doch durch Surrogate der Ganzheit an der Essenz allen Seins teil – durch einen Kristall, ein Mantra oder ein Geistwesen, das sein Helfer wird.

Hier sei noch das Erlebnis des Flathead Indianers Charlie Gabe erwähnt, der mit 14 Jahren bereits auf die Suche nach einem Schutzgeist ging. Nach einem viertägigen Fasten erklomm er einen hohen Berg. Schon beim Aufstieg widerfuhren ihm verschiedene mysteriöse Dinge, und auf dem Gipfel fand er ein großes Loch. Vorsichtig beugte er sich über den Rand und schaute in die Tiefe; zu seinem Erstaunen tanzten dort unten die »Kleinen Leute«. Er stieg in das Loch hinab, und als er unten angelangt war, lud ihn der Häuptling dieser Wesen ein, an dem lustigen Fest teilzunehmen.

Vier Tage lang tanzten sie die ganze Nacht und ruhten sich tagsüber aus. Nach diesen wilden Nächten versuchte Charlie Gabe, einen der »Kleinen Leute« zu fangen; es gelang ihm jedoch erst nach dem vierten Anlauf. Daraufhin sagte der Zwerg: »Nun, nach dem vierten Versuch, hast du mich endlich gefangen. Gut, dafür mußt du mich vier Jahre lang aufnehmen und ernähren. Danach mußt du mich zurückbringen zu meinem Volk und mich freilassen. Dann werde ich dir etwas Wichtiges verraten.«

Vier Jahre sorgte Charlie Gabe nun für ihn und gab ihm nur vom Besten zu essen. Als er ihn zur verabredeten Zeit zum Kraterrand zurückbrachte, verabschiedete sich der Zwerg: »Ich bin dein Gast gewesen. Von nun an konzentriere dich auf mich, solltest du in Nöten sein oder etwas brauchen; ich komme dir dann zu Hilfe, und du brauchst nie mehr zu leiden. Darüber hinaus werde ich dir meine Kraft geben, wann immer du jemandem helfen möchtest.«[6]

Wie in der Erzählung von Only-One tanzen und feiern die Bewohner der unterirdischen Welt auch in vielen anderen Berichten in überschwenglicher Freude. Ganz durchdrungen und erfüllt von Lebensenergie, richtet sich ihr einziges Trachten darauf, sich im ewigen Rhythmus der universellen Kraft zu wiegen. Der Tanz der Unterwelt- oder Himmelswesen ist ein zeitloses transpersonales Motiv für die überschäumende Lust und Seligkeit jener, die im Mittelpunkt kosmischer Vitalität stehen. Charlie Gabe erhielt einen Teil dieser Energie, nachdem er mit Geschick einen Träger dieser Kraft eingefangen und unter großem persönlichen Aufwand vier Jahre lang ernährt hatte. Geschicklichkeit, Ausdauer und Selbstlosigkeit, so zeigt uns diese Begebenheit, gehören unabdingbar zum Weg der Initiation.

18. LICHTERFAHRUNGEN UND FEUERBÄLLE

Im dritten Teil der *Divina Commedia,* im »Paradies«, beschreibt Dante das Ewige Licht als fließenden Glanz, in dem er die »verstreuten Blätter des Universums« erschaute und in dem Substanz und Zufälle zu einer einzigen Flamme verschmolzen.

Es hat viele Versuche von Künstlern, Literaten, Heiligen und Visionären gegeben, die mystische Erfahrung in Worte zu fassen, doch keiner war davon überzeugt, es sei ihm nur annähernd gelungen. Walt Whitman schrieb daher in »Prayer of Columbus«: »Seltenes Licht, unbeschreiblich hell, das wirkliche Licht, jenseits aller Bestimmungen, Beschreibungen und Sprachen.« Das strahlende Licht ist auch ein zentrales Thema der griechisch-orthodoxen und römisch-katholischen Kirche, der östlichen Spiritualität und natürlich der schamanischen Transformationserlebnisse.

Nach den Upanischaden findet das Atman als »inneres Licht« Ausdruck. Im Tibetischen Totenbuch erscheint der Seele nach dem Tod ein Licht, in dem es gebadet wird. Und Dionysos beschreibt die andere Welt als »blendend, mit Überfluß an Licht«.

Lichterfahrungen treten auch auf bei Autogenem Training, bei der Hypnose und in psychotherapeutischen Behandlungen nach dem Abreagieren von traumatischen Erinnerungen, außerdem nach Schockerlebnissen und Primärerfahrungen – und natürlich bei der Konfrontation mit dem höheren Selbst. Lichtemanationen dürfen wir ganz allgemein als Ausdruck eines Durchbruchs zu anderen Daseinsebenen, des Übergangs vom Ego zum Selbst verstehen. Das Lichterlebnis ist ein Wesensmerkmal aller mystischen Erfahrung, es gehört schlechthin zum Verlauf der transpersonalen Umformung. Auch die Landschaftsszenerien und Wesen des Jenseits, wie sie bei einer Nah-Todeserfahrung auftreten, sind in überirdisch strahlendes Licht getaucht. Selbst Gegenstände scheinen dort aus sich selbst zu leuchten, so daß viele nicht angeben können, woher das Licht kommt; es ist wie Luft überall vorhanden und alles durchflutend.

Eine weitere Form der Lichterfahrung ist die Begegnung mit Lichtträgern, leuchtenden Gestalten, strahlenden Göttern oder Geistern. So tritt der Schöpfer der australischen Wuradjeri, Baiami, als Mensch unter die Schamanenschüler und sendet Lichtstrahlen aus seinen Augen. Der Schamane Only-One begegnete in einer Höhle dem Lebensspender in Form eines leuchtenden Menschen, der ihm die Heilkraft übertrug, und der Mexikaner Gabriel Mir wurde von einer leuchtenden Zwergengestalt eingeweiht.

Einer dritten Form von Lichterscheinung begegnen wir in außerkörperlichen Erfahrungen während oder nach der Durchquerung eines Tunnels oder einer ähnlichen Passage. Das Jenseits scheint von Licht geradezu durchflutet zu werden, es erleuchtet den Betroffenen, läutert und regeneriert ihn. Moderne Menschen mit außerkörperlichen Erfahrungen sprechen häufig von der transformierenden Lichtintensität, die den Menschen heilt und ihn das Sein als wunderbar, heilig und von einer geheimnisvollen erneuernden Kraft durchdrungen erfahren läßt. Die Menschen fühlen sich anschließend glückselig, haben die Angst vor dem Tod verloren, wissen um eine innere Kraftquelle der Dinge und sehnen sich zurück nach dieser Lichtexistenz.

Erinnern wir uns des Unambal-Medizinmannes, der im Seelenkörper in eine erleuchtete unterirdische Höhle reiste, in der sich die Ungud-Schlangen paarten. Deren Fruchtbarkeit ging in ihn über, wonach er als innerlich strahlende Person wieder ans Tageslicht trat. Oder denken wir an Elsie Parrish, die Pomo-Schamanin, die in der anderen Welt dem weißen Licht begegnete, welches sie dann überallhin geleitete. Ähnliches erlebte der sibirische Schamane Nikolan Markov: Er flog durch ein dunkles Land, bis sich ihm eine paradiesische Lichtlandschaft auftat. Und die Augen des ihn begleitenden Schamanen Küstäch leuchteten bereits bei der Himmelsreise und glühten wie ein Feuer, das ihm den Weg weisend vorauseilte. Den Grund für die Dunkelheit auf unserer Erde erfuhr Markov auch: Die mittlere Welt habe sich zu sehr der Sünde ergeben. Wieder also das Motiv, daß ein niedriger Bewußtseinszustand für die Leiden der Welt verantwortlich ist. Das Leben im Licht und das Leben in der Dunkelheit, innere Erleuchtung und innere Blindheit – diese ältesten Symbole geistiger Entwicklung werden hier einander gegenübergestellt.[1]

Alle Lichtmanifestationen rufen Veränderungen in uns hervor; sie machen uns mit einer spirituellen Welt bekannt, mit einer geistigen Wirklichkeit. Damit er diese Essenz des Seins begreife, werden bei den Eskimo dem Initianten Eingeweide, Augen und Gehirn herausgenommen und auf neue Weise wieder eingesetzt. Im Inneren seines Körpers beginnt es nun zu leuchten, weshalb es auch heißt, ein Schamane sei in Licht getaucht. In Nordalaska stößt der Meister seinen Schüler in ein großes Atemloch im Eis. Dort überfallen ihn Schwärme von Würmern und verzehren ihn gänzlich; so wird sein Inneres »hell« und »leuchtend«, und dieses innere Licht lockt nun die Geister herbei.[2]

Schamanen ziehen durch ihr inneres Licht Geister an, denn ihre Ausstrahlung reicht nun in die Daseinsgefilde der Verstorbenen hinein. Ihre Erleuchtung hebt sie auf die Ebene der Totengeister, und sie nehmen noch zu Lebzeiten Wesensmerkmale der anderen Welt an, beispielsweise einen Körper aus Licht. Bei den Copper-Eskimo erkennen die Luftgeister – selbst leuchtende Schatten – den Schamanen an seinem strahlenden Körper. Sie fühlen sich zu ihm hingezogen, möchten in seinem Licht baden und in seinem Körper wohnen, um von seiner Stärke, seinem Licht und Wissen durchflutet zu werden. Ein solcher Geist tritt durch den Nabel des Schamanen ein und macht es sich in seiner Brust bequem.

Gewöhnliche Sterbliche, sagen die Eskimo, sind wie erloschene Lampen; innen finster, ziehen sie keine Geister an.[3] Der Schamanenschüler erreicht die Illumination, Qaumaneq, durch Meditation in der Einsamkeit. Das Licht entfaltet sich in seinem Kopf, und er kann urplötzlich die Dunkelheit durchdringen und die Zukunft und die Geheimnisse anderer Menschen erkennen.

Für den Schüler, der erstmals Qaumaneq erfährt, sei es so, sagen die Eskimo, als ob er sich mit seinem Haus in die Luft erhebe. Nach diesem überwältigenden Gefühl der Leichtigkeit und der Erhabenheit vermag er, in die Ferne und über Berge hinwegzuschauen und in die Tiefen der Erde hinabzusehen. Ihm bleibt nun nichts mehr verborgen. Jetzt gelingt es ihm, bis zum Ende der Erde zu schauen, alle Geheimnisse auszukundschaften und entführte oder verlorengegangene Seelen, die sich in fremden Ländern oder im Land der Toten aufhalten, zu entdecken.[4]

Rasmussen zitiert an anderer Stelle einen Eskimo-Schamanen, der eine Erleuchtung erfahren hatte:

> Jeder wirkliche Schamane muß in seinem Körper eine Erleuchtung fühlen, im Inneren seines Kopfes oder in seinem Gehirn, etwas, das wie Feuer glüht, etwas, das ihm die Kraft gibt, mit geschlossenen Augen in der Dunkelheit zu sehen, hinter die verborgenen Dinge, in die Zukunft oder in die Geheimnisse eines anderen Menschen. Ich fühlte, daß ich im Besitz dieser wunderbaren Fähigkeit war.[5]

Der Iglulik-Schamanin Uvavnuk, die in einer dunklen Winternacht die Schneehütte verlassen hatte, um Wasser zu lassen, erschien ein glühender Feuerball am Himmel, der auf sie zuraste und in sie eindrang. Im gleichen Augenblick erfüllte sich ihr Inneres mit einem glänzenden Licht, und sie verlor das Bewußtsein. Der Geist des Meteors war in sie eingetreten, um aus ihr eine Schamanin zu machen. Kurz bevor sie in Ohnmacht fiel, nahm sie gerade noch die Gestalt des Geistes wahr: Er hatte zwei Körper, die glühend durch die Luft jagten; eine Seite glich einem Bären, die andere einem Menschen. Der Kopf war wie der eines Menschen, nur hatte er die

Zähne eines Bären. Als sie wieder zu Bewußtsein kam, rannte sie singend in die Schneehütte, enthüllte sämtliche verbotenen Taten des Haushalts und reinigte so alle. Von nun an blieb ihr nichts mehr verborgen.

Seltsam an Uvavnuk war, daß sie, sobald sie aus der Trance herauskam, all ihre Fähigkeiten verlor und wie ein normaler Mensch auftrat. Dann hatte das Licht ihren Körper verlassen. Nur wenn das Licht des Meteorgeistes in sie einfuhr, schien sie allwissend. Kurz vor ihrem Tod hielt sie eine große Séance ab und forderte die überirdischen Mächte auf, ihrem Volk reichlich zu essen zu geben, damit es nicht zu leiden habe. Sie brachte Wild in Hülle und Fülle aus dem Inneren der Erde hervor; ein Jahr lang hatten so die Menschen ihres Dorfes einen großen Überfluß an Walen, Walrossen und Seehunden.[6]

Die Erleuchtung entfaltet sich nicht nur subjektiv im Inneren des Schamanen; auch äußerlich wird oft ein Strahlen an diesen Personen wahrgenommen. Über dem Eskimo-Schamanen Kritdlarssuark zum Beispiel leuchtete, wenn er mit dem Hundeschlitten seinem Stamm voran durch die weiße Einsamkeit fuhr, für alle sichtbar eine helle Flamme.[7]

Eine andere Form der Lichtoffenbarung und seine Begegnung mit Verwandten im Jenseits schilderte ein Zuni-Indianer der Anthropologin Ruth Bunzel:

> Als ich Masern hatte, war ich sehr krank. Am dritten Tag wußte ich nichts mehr. Vielleicht wurde ich ohnmächtig, oder vielleicht starb ich wirklich und kam dann wieder zurück. Ich habe nie geglaubt, daß so etwas geschehen könne, doch es geschah wirklich, denn als ich zurückkam, drehte und drehte sich der Raum herum, und ein kleines Licht kam durch das Fenster geflogen, obwohl der Raum bereits von einem hellen Licht erfüllt war. Als ich tot war, träumte mir, ich ginge nach Westen... Ich war überglücklich, meinen Großvater zu sehen. Seitdem habe ich mich nie mehr vor dem Sterben gefürchtet, selbst wenn ich sehr krank war, denn ich habe all die Toten gesehen, wie sie noch immer am Leben sind, so wie wir.[8]

Lichterfahrungen bei Nah-Todeserlebnissen sind sehr häufig. Stammesgesellschaften nehmen ganz allgemein an, daß das innere Licht nicht mit dem physischen, sondern in einem veränderten Bewußtseinszustand mit dem Seelenkörper wahrgenommen wird. Die Seele wird aber auch selbst als Lichtkörper verstanden.

Da nach diesen Anschauungen die Seele unser geistiges Wesen verkörpert, führt das zu dem Schluß, daß unser wirklicher existentieller Mittelpunkt nichts anderes als eine Lichtemanation ist. Daher vergleichen die Desana die Seele des Payé mit dem Feuer, das die Dunkelheit durchbricht. Das Licht des Payé und das des Blitzes, sagen sie, seien von gelber Farbe; sie repräsentieren die energetische und befruchtende Strahlung der Sonne. Im Gegensatz dazu sagen sie von einem Schamanen, der keine große

Tulári, psychische Kraft, besitzt: »Seine Seele sieht man nicht, sie brennt nicht, sie glänzt nicht.«[9]

Die Seele des Payé leuchtet also, und sein durchdringendes inneres Licht zerstreut alle Dunkelheit. Diese übernatürliche Lumineszenz soll auch sichtbar sein, wenn er singt oder seine psychedelischen Erfahrungen schildert. Von einem Payé dagegen, der seine Visionen, die er nach der Einnahme von Ayahuasca erfährt, nicht klar und deutlich erzählen kann, sagt man, er leuchte nicht. Die Kraft, die der Payé erhält, kommt geradewegs von der Sonne, und wenn er mythische oder genealogische Passagen rezitiert, »wirft er ein Licht«. Durch seine tiefgreifende Identifikation mit dem Mythos gerät er in einen anderen Bewußtseinszustand; er taucht in die mythische Szenerie ein und reflektiert gewissermaßen das überirdische Licht dieser Daseinsgefilde.[10]

Die innere Erleuchtung des Payé ist eine unabdingbare Voraussetzung, um ins Innere eines anderen Menschen sehen zu können. Auch die Medizinleute der Selk'nam Feuerlands müssen, damit sie die Gedanken ihrer Mitmenschen lesen können, eine innere Helligkeit entwickelt haben; doch nur andere Schamanen können die Lichtkraft in ihrem Kollegen ausmachen. Bei den australischen Unambal bewirken die Alumburro, die Kristalle, eine mystische Lichterfahrung, wenn sie bei der Initiation in den Körper eingeführt werden. Diese innere Helligkeit erlaubt dem Medizinmann, ununterbrochen in Lalai, der Traumzeit, zu leben. Die Verinnerlichung der Kristalle bringt den Medizinmann mit der Ungud-Schlange, dem primordialen Prinzip des Schöpferischen, zusammen. Das dadurch hervorgerufene innere Leuchten dringt auch nach außen, so daß er mit geistigen Augen auf neue Art sehen lernt.[11] Er erkennt eine Welt hinter der Welt.

Wie es aus der Verbindung von Erleuchtung und Wandel des Sehvermögens zu einer intuitiven, paranormalen Schau kommt, bleibt unklar. Hier aber nur einen Symbolismus, der innere Helligkeit mit äußerer Erhellung gleichsetzt, anzunehmen, wäre kurzsichtig. Die Erleuchtung führt, auch wenn wir heute noch nicht wissen, wie und warum, wohl eher zu einer *de facto* Ausweitung psychischer Fähigkeiten. Mit dem Einbruch einer anderen Wahrnehmungsdimension durch eine Lichterscheinung kündigt sich in allen mystischen Traditionen eine Bewußtseinstransformation an.

Aber auch der Blitz, wie der Kristall eine Hierophanie des Himmels, bewirkt geistige Erleuchtung. Die koreanische Schamanin Oh Un-sool träumte zum Beispiel von Donner und Blitz. Daraufhin traf sie gleich dreimal eine Lichtsäule, und ihr erschienen drei Männer aus dem Himmel. Der inneren Erleuchtung geht oft ein auch anderen sichtbares physisches Lichtphänomen voraus, das sich als Blitz, Feuerball, Feuersäule, fliegendes Feuer, Lichtgestalt oder einfach als Lichtstrahl kundtut. Das innere

Licht läßt sich allerdings in den meisten Fällen nur wahrnehmen, wenn man bereits eine höhere Bewußtseinsebene erreicht hat, sich in Trance befindet oder Körper und Geist hinreichend erschöpft und aus dem Gleichgewicht gebracht hat, so daß sie sich neuen Erkenntnissen gegenüber offen zeigen.

Ich möchte hier noch ein weiteres Lichtphänomen erwähnen: den Feuerball. Der Feuerball stellt nicht nur – wie im Fall der Eskimo-Schamanin Uvavnuk – eine mystische Erleuchtung dar; in vielen Fällen hat er einen negativen Ursprung, denn Zauberer bekämpfen sich oftmals mit Hilfe von Feuerbällen oder schicken solche aus, um ihre Opfer zu töten. In Mexiko unterscheiden die Tzeltal von Oxchuc rote, gelbe und grüne Feuerbälle.[12] Auf der Insel Dobu in Neu-Guinea fliegen die Zauberinnen, Feuerschweife hinter sich herziehend, durch die Luft und überfallen bald darauf fremde Seelen.[13] Die Schamanen der Alaska-Eskimo verwandeln sich in Feuer oder Feuerbälle; man sieht sie während der ersten dunklen Nächte im Herbst einen nach dem anderen über den Himmel jagen.[14] Und ein Penobscot-Indianer weiß über seine Begegnung mit einem Feuerball folgendes zu berichten:

Ich jagte im Landinnern an den Ufern des St. John River. Eines Nachts erschien ein riesiger Feuerball, der stromaufwärts durch die Luft raste. Er hatte einen großen Kopf und einen schlangenartigen Körper. Ich konnte sogar Narben an den Wangen der Kreatur sehen. Kurz darauf tauchte ein anderer auf. Ich dachte, es seien Eskuda'hit, Feuertiere, aber mein Vater meinte, es müssen Madeoli'nuwak (Schamanen) gewesen sein.[15]

Die Schamanen der Lappen vermögen als Feuer durch das Firmament zu fliegen; aus diesem Grund wurde ihnen auch der Name »Feuer-Lappen« beigelegt. Streiten sich bei ihnen zwei Schamanen, setzen sie sich gegenüber und singen, bis sie sich in Licht verwandeln. In Form von Lichtern treffen sie sich dann am Himmel, und unter schrecklichem Getöse und Lärm kämpfen sie miteinander. Die *Aurora borealis*, das Nordlicht, wird oft in dieser Weise gedeutet. Der Schamane, dessen Licht langsam am Himmel verglüht, wird später erkranken; jener Schamane aber, dessen Licht im Kampf gänzlich erlischt, muß kurz darauf sterben.[16]

Auch bei den australischen Wuradjeri jagen gefährliche Feuer über das Land. Es sind böse Zauberer, die in Feuerform reisen, wenn sie sich aufmachen, ihre Opfer zu fangen. Jack King, der Informant des Ethnologen R. M. Berndt, berichtet, wie sein Stiefvater »King« Dick und er, als sie unter freiem Himmel kampierten, ein solches 'Wi'maju, ein fliegendes Feuer, sahen. Sein Vater stand auf und wandte es durch Singen ab, da es sonst versucht hätte, sie zu verhexen. Das Feuer knisterte, prasselte und schien alles zu versengen. Es hatte wohl einen Durchmesser von 15 Metern, und wenn es ab und zu verschwand, dann nur, um bald an anderer Stelle wiederaufzutauchen. Dick ging dem Feuer nach und hielt es von jedem Camp ab, auf das es zusteuerte, bis er auf den »Clever man« Bobby Boney stieß. Nun übernahm dieser die Verfolgung des Feuers, und Dick konnte heimgehen. All das geschah aber nur im Geiste.[17]

Ein unerhörtes Erlebnis berichtet der englische Polizeiinspektor James H. Neal aus Keta, der Hauptstadt des Ewe-Volkes in Afrika, einem Zentrum von Medizinmannbünden. Er war dabei, einen Diebstahl in einem staatlichen Betrieb aufzuklären. In der Nacht weckte ihn ein Spektakel: Draußen zwitscherten aufgeregt die Vögel, Hunde kläfften, und die Hühner flatterten durch den Hof. Verwundert, was dies zu bedeuten habe, blickte er aufs Meer hinaus. Am Horizont ging ein großer feuriger Ball auf und schaukelte sich in den Himmel empor. Dann wankte das flammende Ding, das dreimal so groß wie der Mond erschien, und spuckte bunte Lichtfetzen aus. In der nächsten Nacht erhob sich die Leuchtkugel wieder aus dem Wasser und ließ das Leben der Tiere erwachen. Neal und seine Inspektoren, die das Schauspiel ebenfalls erlebt hatten, rätselten über das außergewöhnliche Zeichen am Himmel.

Nachdem in zwei aufeinanderfolgenden Nächten solch ein goldener Ball über Keta geschwebt hatte, klärte sich das Phänomen auf, als sich der vergeblich gesuchte Dieb den Beamten freiwillig stellte: Der Täter hatte sein Diebesgut mit zwei befreundeten Juju-Leuten (Medizinmännern) nicht teilen wollen. Aus Rache ließen sie des Nachts eine künstliche Sonne aufsteigen, die, ist sie erst dreimal erschienen, einen qualvollen Tod bei dem damit Verhexten verursacht. Da sich der Ewe daraufhin aus freien Stücken in die Hände der Polizei gab, sahen sich die Zauberer auf diese Art gerächt.[18]

Besonders bekannt sind die fliegenden Feuerbälle in Hawaii. Es gibt wohl kaum einen Hawaiianer, der nicht behaupten kann, Akualele, »fliegende Geister« oder »fliegende Götter«, gesehen zu haben. Akualele fliegen horizontal über den Himmel, dicht über den Dächern der Häuser, und dringen in diese ein; dort wird dann bald Krankheit oder Tod auftreten. Es gibt größere und kleinere Akualele; sie gleichen Sternschnuppen und können sich auch verästeln. Die Feuerbälle werden durch schwarze Magie, Hoomanamana, erzeugt. Akualeles zeigen sich angeblich aber auch noch jahrelang an dem Ort, wo ein Besitzer von Unihipili zu Lebzeiten gewohnt hat. Unihipili sind die Knochen von verstorbenen Verwandten oder Freunden, die durch Gebete und Opfer mit einem Aumakua, einem Geist, belebt worden sind und zum Heilen dienen, aber auch, um schwarze Magie zu betreiben.[19]

Zusammenfassend läßt sich konstatieren, daß die innere Erleuchtung, die häufig urplötzlich und ohne Vorwarnung auftritt und mit aller Macht über den Initianten hereinbricht, nachdem er zuvor jahrelang bestimmten geistigen Übungen nachgegangen ist, zu den ältesten mystischen Erfahrungen der Menschheit gehört. Licht gilt als höchste Manifestation geistiger Schau, und nicht nur die überirdischen Welten bestehen gänzlich aus oder sind erfüllt von gleißendem Licht, sondern auch die Seele selbst ist ein Lichtkörper. Doch um die andere Welt, die Geister, sehen zu können, muß auf der ganzen Welt bei den Séancen Dunkelheit herrschen, denn die Geister sind extrem empfindlich gegenüber dem »harten« Licht unserer irdischen Welt.

Wir kennen die verschiedensten Lichtphänomene: Lichter, die bei religiösen Anlässen, etwa in den indianischen Schwitzhütten, je nach Geistesverfassung der Teilnehmer als blaue, rote, orangefarbene oder grüne Feuerzungen auftreten. Dann gibt es natürlich das ganze Spektrum von Lichtphänomenen im Christentum: die Aureole der Heiligen, Emanationen von Reliquien und Marienerscheinungen, die glänzende Strahlen aussenden, oder etwa die Emanation, die vom Körper vieler Mystiker ausgeht. Ignatius von Loyola war von einem solchen glänzenden Licht eingehüllt, während er betete, und der heilige Columba soll immer von strahlendem Licht umgeben gewesen sein. Aus einem ähnlichen Grund nannte man Jesus Christus das »Licht der Welt«. Aus anderen Kulturkreisen sind uns diesbezügliche Erscheinungen gleichfalls bekannt. So heißt es zum Beispiel von dem indischen Avatar Ramakrishna, daß er schon als Kind golden glänzte und sich, um nicht aufzufallen, in einen Mantel hüllen mußte.

Lichtgestalten, ja, mystische Lichterscheinungen überhaupt, lassen sich nicht als Halluzination oder als bloße Nervenüberreizung hinwegdiskutieren. Spirituelle Lichterlebnisse treten nach einem Zerfall der Egostrukturen, nach rigoroser geistiger Askese, Konzentration und Meditation auf; es sind Entkonditionierungsphänomene allerersten Ranges.

19. AUFSTIEG AUF DEN WELTENBAUM

Bei vielen sibirischen Völkerschaften spielt der Weltenbaum bei der Initiation zum Schamanen eine wichtige Rolle. Den Höhepunkt einer solchen Zeremonie bildet bei den Golden die Auffahrt zum Himmel. Der Schamanenvater (der Lehrer) erklimmt eine Birke und umkreist dabei den Stamm neunmal, bis er zum Wipfel gelangt.

Diese äußere Handlung symbolisiert lediglich einen tieferen Vorgang, nämlich den Aufstieg der Seele in den Himmel. Jede Umkreisung des Stammes verkörpert die Durchquerung einer Himmelsschicht, deren Beschaffenheit der Schamane allen Zuschauern jeweils ausführlich schildert. Ist er oben angelangt, kommt er auf gleiche Weise mit neun Umkreisungen des Stammes zur Erde zurück. Nun ersteigen der neue Schamane und auch die früher geweihten Schamanen den Baum in gleicher Manier.

Bei einer Variante dieser Zeremonie im Kreise Balagansk wird der Schamanenanwärter auf einer Filzmatte neunmal um neun von Osten nach Westen in einer Reihe stehende Birken getragen. Dann erklettert er jede einzelne der Birken mit jeweils neun Umkreisungen des Stammes und ruft aus dem Baumwipfel die Geister an. Sein Lehrer tut unten das gleiche, während er den Baum umwandert.[1]

Der Weltenbaum, die *Axis mundi,* die Himmel, Erde und Unterwelt verbindet, gilt als Öffnung oder Kanal zu anderen Seinsbereichen. Götter und Jenseitige steigen an ihm auf die Erde hinunter oder die Seelen der Lebenden in den Himmel empor. Diese kosmische Achse hält das Weltall im Gleichgewicht und stellt gleichsam sein Zentrum dar. Der Weltenbaum ist Symbol einer kosmischen Erfahrungsdimension; aufgrund der Beschränktheit von Sprache und diskursivem Denkvermögen kann dieses Bild jedoch nur einen schwachen Widerschein davon vermitteln – ein zweidimensionales Bild eines vieldimensionalen Kontinuums. Die *Axis mundis* ist nur intuitiv und mystisch erfahrbar, niemals aber rational beschreibbar; selbst die subtilsten poetischen Skizzen helfen hier nicht weiter.

Alle Archetypen, so auch der Baum, sind lediglich Allegorien einer höheren Wahrnehmungsweise, bloße personale Bilder einer transpersonalen Wirklichkeit. Die Erfahrung des Wechsels der Existenzebenen, des

Übergangs in andere psychische Daseinsformen, mag man daher als Abstieg in die Unterwelt, als Aufstieg in den Himmel oder auf den Lebensbaum beschreiben. Psychische Transformationsprozesse – wie gefühlsmäßige und geistige Erfahrungen überhaupt – bedürfen sinnbildlicher Übertragung, Metaphern aus unserer materiellen Welt, wenn man darüber sprechen will. Das Unbewußte scheint sich in allen Kulturen des Baums oder ähnlicher länglicher Formen als Bild zu bedienen, um das Überwinden kosmologischer Ebenen für die normale Geisteshaltung faßbar zu machen.

Weltenbäume, Weltenberge oder Weltenpfeiler sind Symbolformen, durch die sowohl Geister in unsere Welt oder, wie die Dajak Indonesiens glauben, Totenseelen zum obersten Gott gelangen als auch die Schamanen in andere kosmische Bereiche. In vielen Kulturen, etwa bei den Eskimo oder in Mittelceram, gilt der Mittelpfosten des Hauses als Weltachse, durch die die Geister herabsteigen. Allerdings stellen der Baum oder ihm verwandte Formen immer nur *eine* Möglichkeit dar, ins Geisterland zu reisen. Leitern, Schnüre oder Taue sind ebenfalls als Pfade ins Reich der Geister gebräuchlich.

Die nepalesischen Schamanen der Bhujel sehen, wenn sie singen und trommeln, einen Baum vor dem inneren Auge, den die anderen Stammesangehörigen nach ihrer Beschreibung dann suchen gehen. Ist er gefunden, wird er bis auf den Wipfel von allem Astwerk befreit und im Dorf aufgestellt. Der Schamane überträgt nun seine Ekstase auf den Schüler, der dann den Baum erklettert. Neunmal schreit der Meister »Hö«, während sein Schüler synchron dazu wieder herabsteigt – genau beim neunten Mal erreicht er den Erdboden.[2]

Auch bei den Magar erklettert der Schamane einen Baum. Während des Aufstiegs sind ihm die Augen verbunden; das soll andeuten, daß die Reise ins Reich zwischen Himmel und Erde rein visionär ist. Nach dem Abstieg bringt er Wissen und Weissagungen aus dem Zwischenreich mit.[3]

Den australischen Kurnai-Doktor Tanklins setzten die alten Männer, nachdem er in einer leuchtenden Höhle eingeweiht worden war, zum Zeichen seiner Neugeburt in die Krone eines Baumes. Nun war er ein Mulla-mullung geworden. Später wachte er unter dem Baum liegend auf und hielt glänzende magische Gegenstände in den Händen.[4]

Noch eindeutiger tritt die Bedeutung des kosmischen Baumes in den Schilderungen der beiden sibirischen Schamanen Kizlasov und Sunchugasev hervor. Der Schamane Sunchugasev erzählt:

Auf dem Weg zum Schamanen-Vorfahren treffen die Schamanen in der Nachbarschaft ihrer Berge und Flüsse auf den »fruchtbaren Birkenbaum«. Sie rasten an seinen Wurzeln und untersuchen seine Tamgas [Zeichen], die von den Schamanen daran angebracht wurden. Denn gewöhnlich bringen alle Schamanen, die die Nachfolger des Schamanen-Vorfahren sind, an dieser goldblättrigen Birke mit ihren stark verästelten Zweigen ihre Markierung an. Diejenigen, die ihre Kraft durch den Berggeist oder durch Krankheit erhalten, besitzen solche Symbole nicht. Wenn ein Familienmitglied Schamane wird, verlebendigt sich das Tamga des toten Schamanen des gleichen Klans: Am Stamm der Birke wird es wieder klar sichtbar. Zu dieser Zeit sagen sie gewöhnlich: Einer des Klans wird bald ein Schamane werden.

Kizlasov führt das Thema des »fruchtbaren Baumes« weiter aus:

Wenn ein Schamane zum obersten Schamanen geht, das heißt zum Vorfahren der Familie, muß er den Hamsaraschan-harazi-Berg auf seinem Weg überwinden. Auf der Spitze dieses Berges steht eine Tanne, ihr Stamm gleicht einem sechseckigen Pfahl. Dort zwischen die Kanten schnitzen die Schamanen ihre Symbole hinein. Jeder, der sein Zeichen, sein Tamga, einritzt, wird ein wirklicher Schamane. Gelegentlich geschieht es, daß ein bestimmtes Tamga »herunterfällt«, es verschwindet vom Baum. Dann stirbt sein Besitzer. Nach einer Rast an der Baumwurzel wird die Reise schließlich fortgesetzt.[5]

Mit dem »fruchtbaren Baum«, der auf einem Berg steht, ist mit Sicherheit der Weltenbaum gemeint – die kosmische Achse. Ritzt sich der Schamane mit seinem Zeichen in dieses geistige Symbol ein, wird er eins mit seinen Prinzipien. Durch diese Handlung verbindet er in sich Himmel und Erde und hat teil an der Fruchtbarkeit der Schöpfung, denn der Baum steht für das lebendige Sein schlechthin. Der kosmische Baum selbst ist ein Initiationssymbol; das Einritzen des eigenen Namens und die Verlebendigung der Namen der Schamanenvorgänger, wenn ein neuer Schamane sich in der Geschlechterfolge des Klans entwickelt, bedeutet wohl Teilnahme an der Heiligkeit des Baumes und damit Zuwachs an spiritueller Kraft. Der Schamane steht nun wie der Baum im Mittelpunkt der Welt, das heißt auf dem Höhepunkt seiner psychischen Macht.

Die Burjäten und Altaier errichten eine junge Birke in der Jurte und schnitzen unten in den astlosen Stamm neun Kerben, die dem Schamanen beim Aufstieg als Stufen dienen. Während der Weltenbaum für sie die drei Schichten von Ober-, Mittel-und Unterwelt durchdringt, existiert für die Golden in jeder Daseinsschicht ein eigener Weltenbaum.[6]

Die Tungusen der unteren Tunguska kennen Tuuru, den Weltenbaum, der im Himmel wächst und auf dem die Seelen der Schamanen als Eier in Nestern liegen. Je näher ein Nest dem Himmel liegt, desto machtvoller wird der daraus hervorgehende Schamane. Schamanen auf halber oder mittlerer Höhe werden nur mittlere oder kleine Schamanen. Ausgebrütet werden die Eier von der Tiermutter, einem großen Vogel, der dem Schamanen insgesamt nur dreimal erscheint: bei der Geburt, bei der Zerlegung des Körpers und bei seinem Tod.[7]

Alle Schöpfung entsteht in einem Zentrum, das man in der symbolischen Sprache Nabel der Welt, heiliges Ei, versteckter Samen, Wurzel der Wurzeln, aber auch Weltensäule, Weltenbaum oder Weltenberg nennt, die auch als Pyramide, Ziggurat und Stupa dargestellt werden können. Dies sind die Symbole für die Mitte der Welt. Ist es aber nicht unlogisch, wenn es viele Weltenbäume und ebenso viele Baumkulte gibt? Müßten wir dann nicht die Existenz von ebenso vielen Mittelpunkten annehmen? Diese Frage zu stellen, heißt, die visionäre Erfahrung des Mittelpunktes mit einem realen geographischen Mittelpunkt zu verwechseln. Natürlich ist dem sibirischen Schamanen bewußt, daß der Baum in seinem Initiationsritual nicht ein wirklicher Weltenbaum ist, sondern lediglich ein geistiges Symbol. Doch andererseits gehen Stammeskulturen von einem holographisch organisierten Universum aus, in dem jeder Ort, jeder Baum und jeder Mensch als Mittelpunkt der Welt gilt – womit ein in allen Aspekten heiliges Universum entsteht, in dem jedes Detail das Ganze verkörpert und daher alles miteinander in Beziehung steht. Der Kult des Weltenbaumes offenbart somit einen Kosmos mystischer All-Einheit. Die Welt gleicht einer »Urkugel«, die unzählige Mittelpunkte besitzt, in denen das Heilige allgegenwärtig ist.

Der Weltenbaum ist auch der Lebensbaum, der Fruchtbarkeit und Regeneration des Lebens sowie Unsterblichkeit verkörpert. Wer ihn erklimmt, steigt zum wirklichen Leben auf. Und je höher er klettert, um so vollkommener wird seine Erfahrung kosmischer Einheit und der Verbundenheit allen Lebens. Die Vision des Weltenbaumes beschenkt uns mit neuem Leben, weil wir durch die Schau des Kosmos in seiner umfassenden Dimension die Beschränktheit unseres alltäglichen Bewußtseins durchbrechen und unseren irdisch eingeengten Horizont aufgeben. Wir spüren die kreativen Kräfte des Seins, das Geheimnis der Fruchtbarkeit und des Wachstums.

Regeneriert durch den Anblick des Schöpferischen und belebt durch die Erfahrung anderer Welten steigen wir beglückt, verzückt und wie neugeboren vom Weltenbaum herab. Unsere Daseinsperspektive hat sich erweitert, unser Mitempfinden gegenüber der Welt ausgedehnt, der Einblick in die Hierarchien der Himmel hat uns zum Visionär, Seher und Schamanen gemacht.

20. PFORTEN ZU HIMMEL UND UNTERWELT

Viele amerikanische Völker, besonders die Pueblo-Indianer, aber auch die Stämme der großen Ebenen, kamen ihren Schöpfungslegenden nach aus den innersten Höhlen der Erde durch ein Loch in die Oberwelt. Aber nicht nur ein ganzer Stamm oder das Leben überhaupt tritt durch eine schmale Öffnung ins Dasein, auch der einzelne Medizinmann erhält seine Kraft oder den Zugang zu einer höheren Dimension, indem er eine enge Passage durchquert und damit in einen anderen Seinsbereich eintritt.

Der Medizinmann der australischen Kurnai – immer in Begleitung seines Mrart (Hilfsgeistes) – klettert an Maramgrang, einer Art Seil oder Treppe, hinauf in den Himmel, wobei ihm ein Totengeist ein Loch öffnet, durch das er hindurchschlüpft.[1]

Ein australischer Medizinmann der Barkinyi-Nation schnitt aus dem Bauch einer toten Frau ein großes, kreisrundes Stück Haut mit Fett, trocknete das Gewebe und kaute ein kleines Stück davon, wodurch ihm der Gumatch, der Geist, jener Frau erschien. Der hob ihn empor und trug ihn in den Himmel. Dort kam er zu einem Loch oder Fenster, welches von einem anderen Gumatch bewacht wurde. Er bat ihn um Einlaß ins jenseitige Land, in dem er einst auch als Totengeist weilen werde. Hinter dem Loch traf er freundliche Totengeister, die ihn viele Dinge lehrten, ihn allerdings bald drängten zurückzukehren.[2]

Die Tsimshian haben in ihren Totenpfählen oft Löcher, die als zeremonielle Öffnungen zum Haus Haidzermerhs, des Schöpfers, dienen. Durch dieses »Loch im Himmel« tritt der Schamane seine Seelenreise an. Die mexikanischen Huichol sprechen diesbezüglich vom Nierika, und südamerikanische Indianer sagen nach der Einnahme von Ayahuasca: Der »Horizont öffnet sich wie eine Tür.«[3] Ein sibirischer Schamane erzählt: »Als ich mich umschaute, bemerkte ich ein Loch in der Erde... Das Loch wurde größer und größer. Wir [der Schamane und sein Geisthelfer] stiegen hinab und erreichten einen Fluß...« – und mit dem Erblicken des Totenflusses begann seine Jenseitsreise.[4]

Das Loch ist der Durchgang zur Welt des Geistes; nicht nur die Menschen benutzen es als Passage, auch die Geister benötigen offenbar ein solches. Daher haben die indonesischen Tobeloresen in ihren Häuserwänden ein Loch, durch das die Geister hereinkommen können. In diesem

Loch steckt ein Arenpalmenblatt, durch das ein Stock hindurchgeht, der die Verbindung zwischen drinnen und draußen herstellt. Diese Konstruktion bezeichnet man als den »Weg der Geister«.[5]

Etwas ausführlicher möchte ich hier auf eine Legende der kalifornischen Chumash-Indianer eingehen, in der der schwerkranke Magier Axiwalic bei dem Versuch, sich selbst zu kurieren, durch ein Loch in die andere Welt schlüpft. All seine Anstrengungen, sich zu heilen, waren bis dahin fehlgeschlagen, weshalb er sich entschloß, an einem menschenfernen Platz zu sterben. Als er eines Nachts am Meeresufer entlang zu einem einsamen Ort unterwegs war, tauchte auf den Felsklippen ein Licht auf. Es flog umher, verschwand wieder und tänzelte kurz darauf erneut über die Klippen. Der Zauberer faßte sich ein Herz: Er wollte es, koste es, was es wolle, einfangen.

Das kleine Licht wehrte sich verzweifelt: »Laß mich gehen«, rief es. Doch nach langem Wortwechsel und heftigem Hin und Her gab es dem Willen von Axiwalic nach und brachte ihn zu einem engen Loch, das der Eingang zu einem langen Tunnel war. Als sie ihn durchquert hatten und an seinem Ende ein Haus betraten, verschwand das kleine Licht, und er fand sich in Gesellschaft der verschiedensten Tiere wieder – Hirsche, Biber, Vögel. Bald strömten noch mehr Vierbeiner herbei, Kojoten, Bären, Wildkatzen, und alle defäkierten auf Axiwalic. Erst als er über und über mit Kot bedeckt war, fragte ihn ein alter Hirsch, was er hier wolle. Er sei krank und suche Heilung, erwiderte Axiwalic. Die Tiere veranstalteten daraufhin ein großes Fest, und zum Abschluß der Feier badeten sie Axiwalic, der sich daraufhin bald besser fühlte. Er kehrte wieder in seine Heimat zurück, das heißt, er tauchte aus einer Quelle wieder in seiner Welt auf.

Er erzählte seinem Volk von dem kleinen Licht, der Tunnelreise, den Tieren, die ihn mit Kot bedeckt hatten, dem Fest, dem anschließenden Reinigungsbad, seiner Rückkehr und dem Auftauchen in einer Quelle, und er war höchst erstaunt, als man ihm sagte, er sei drei Jahre und nicht, wie er glaubte, nur drei Tage fort gewesen.[6]

Axiwalics komplexes Heilungserlebnis weist eine Vielzahl von transpersonalen Motiven auf. Das Licht als Manifestation der anderen Welt steht hier sicherlich für die sonst üblichen Geistgestalten, die dem Suchenden den Weg weisen. Nach der Reise durch das Tunnelloch, die Verbindung von Diesseits und Jenseits, kehrt er ins Haus der Tiere ein, das Symbol der Regeneration, der Schöpfung des Lebens und höchstes Symbol des Selbst. Daß die Tiere ihn mit Kot beschmutzten, ist nicht verwunderlich. Wer Reinheit erlangen will, muß zuerst den Schmutz kennenlernen, wer das Heilige erfahren möchte, muß den »Dreck« des Profanen an sich selbst gesehen haben. So wie der Bauer seine Wiese mit Jauche besprengt, um das

Wachstum zu fördern, so defäkieren die Tiere, die lebendigen Sinnbilder naturhaften Lebens, auf Axiwalic und veranstalten ein großes Wiederauferstehungsfest für ihn, das sie mit einem Reinigungsbad beschließen, jenem klassischen Einweihungssymbol, welches den Übergang von einem alten zu einem neuen Ich zum Ausdruck bringt.

Durch die sprudelnde »Quelle des Lebens« taucht Axiwalic als Neugeborener, als Geheilter wieder in der hiesigen Welt auf. Aber bald verschlägt es ihm die Sprache – drei Jahre hat er in der anderen Welt verbracht, obwohl seinem subjektiven Empfinden nach nur drei Tage vergangen waren. Die andere Welt, das erweiterte Bewußtsein, hat andere Zeitmaßstäbe, und in letzter Konsequenz existiert dort eine zeitlose Zeit – die göttliche Zeit.

Die Differenz im Zeitablauf verschiedener Welten ist ein beliebtes Motiv in Märchen, Mythen und auch in Erzählungen über Bewußtseinsreisen sowie bei der Bewußtseinsveränderung ganz allgemein. Eine Relativitätstheorie von Raum und Zeit für die Bewußtseinstransformation gilt es noch zu formulieren. Axiwalics eindrucksvolle und abenteuerliche Bewußtseinsodyssee führt uns wieder einmal vor Augen, welche großen Heilungsergebnisse wir erwarten dürfen, wenn wir durch das himmlische Loch ins »Haus« unseres höheren Selbst reisen.

21. NATURHERREN UND LEBENSPENDER

Woher kommt die schöpferische Kraft im Menschen, woher der Reichtum der Erde? – Leben ist für das Verständnis vieler Naturvölker vitale Kraft, die unmittelbar vom Schöpfer des Seins oder von untergeordneten Lebenspendern, Naturherren und Naturgottheiten kommt, und keine banale Sequenz von Verhaltensweisen und Bewegungen, wie es unsere Wissenschaft uns so gerne weismachen möchte. Wie es scheint, erhalten viele Schamanen ihre Kräfte zunächst aus diesen Quellen, und erst später erfahren sie unterschiedlichste Unterstützung durch Hilfsgeister oder Machtobjekte.

Vaî-mahsë, der Herr der Tiere der Tukano-Indianer, wohnt in der Erde oder im Wasser. Dringt ein Tukano in sein Reich ein, kommt das einer geschlechtlichen Vereinigung gleich. Der Herr der Tiere gibt hin und wieder Feste, auf denen alle Tiere tanzen und wie die Menschen Yajé trinken. Der Payé, der Schamane, der daran teilnimmt, verspürt danach einen großen Kraftzuwachs; auch der Wildbestand erhöht sich anschließend erheblich. Die Teilnahme am Animalischen, an den Tanzfesten der Tiere, macht den menschlichen Zuschauer selbst zu einem Lebenspender, der an der schöpferischen Vitalität teilhat und so zu einem Schamanen wird. Der Tukano-Schamane läßt sich daher auch definieren als jemand mit erhöhter Lebenspotenz und der Kraft zu heilen, zu heiligen.

Um aber den Herrn der Tiere besuchen zu können, benötigt er die Vermittlung von Vihó-mahsë, dem Schnupftabakwesen, das den psychoaktiven Tabak kontrolliert. Will er etwa herausfinden, wo sich Wild aufhält oder wann der günstigste Zeitpunkt für einen groß angelegten Fischfangzug kommt, muß der Payé Vihó, Schnupftabak (*Virola sap.*) zu sich nehmen, um im psychedelischen Rausch mit Vihó-mahsë sprechen zu können. Der Meister des Schnupftabaks wohnt in der Milchstraße, von wo aus er die Menschen ständig beobachtet. Zu ihm, ins Land der Fruchtbarkeit und Gesundheit, reist der Schamane.

Wie wir sehen, sind Schamanen innig verbunden mit dem Wohlergehen des Planeten. Der Payé, wenn auch im kleinen, ist ein Herr des Lebens, der durch sich die Vitalkraft höherer Lebensspender filtern und an sein Volk weitergeben kann, weil er ein tiefes Empfinden für die Naturvorgänge und das Verhältnis Mensch-Natur besitzt. Sein Name, Payé, kommt daher nicht von ungefähr: Das Wort heißt soviel wie »kohabitieren«. Der Tukano-Schamane verkörpert die Fruchtbarkeit an sich und trägt zur Betonung dieser Eigenschaft um den Hals einen weißlichen Quarzkristall – den Sonnenpenis. Er sammelt auch Quarzkristalle, die man durch Blitze entstanden glaubt und als Samentropfen versteht. Und die Rassel des Payé ist ein Phallus-Stab, von dem, so berichtet der Schöpfungsmythos, das Sperma des Sonnenvaters auf die Erde heruntertropfte.

Wie wir sehen, ist der Payé mit einer Anzahl von Fruchtbarkeits- und Lebensattributen ausgestattet – mit einem Phallus, mit zu Kristall geronnenem Sperma und mit der Kraft der Sonne und der Milchstraße im allgemeinen. Er »kohabitiert« mit der Natur, er liegt sozusagen am Busen der Natur, verschmilzt mit ihren Manifestationen und verkörpert die Naturprinzipien durch seine übernatürlichen Fähigkeiten, die nichts anderes sind als die natürlichen Kräfte der Natur.

In vielen Kulturen tritt die Schlange als Inkarnation des Lebens auf. Die Schlange, wie das im folgenden angeführte Beispiel des Heilers Loti von den Fidschi-Inseln zeigt, ist im Besitz der Mana, der Lebenskraft. Doch Loti wird bei ihrem Anblick angst und bange. Während der australische Adept von der Regenbogenschlange verschlungen wird und auf diese Weise an ihrer Kraft partizipiert, muß Loti der Seeschlange das Mana abringen. Das Motiv des gefährlichen Hindernisses verbindet sich hier mit dem der heiligen Kraft.

In allen Mythen trachten die Heroen danach, das höchste Wissen, die heilige Wahrheit aus den Krallen von schrecklichen Urtieren zu entwenden. Es gehört Tatendrang und Mut und insbesondere eine bestimmte psychische Veranlagung dazu. Meistens wird der Held in unseren westlichen Interpretationen als tapfer, stark und von robuster körperlicher Natur geschildert, doch das ist eher eine materialistische Deutung. Benötigt der Held, der Initiant, nicht ganz andere Veranlagungen – nämlich parapsychische und transpersonale? Ist die sich als Schlange oder Drachen manifestierende Gestalt nicht bloß Ausdruck der eigenen Ängste und der in die Welt projizierten Gefahren? Aber was für eine Art Angst ist das? Doch nicht jene uns allen bekannte Furcht, sondern die Angst vor der Selbstauflösung, vor der Zerstörung unserer festgefügten Welt innerer Strukturen.

Die mythologischen Urtiere und Gefahrenquellen, die Hindernisse bei der Seelenreise, sind die Ängste vor dem Ego-Verlust. Wer seine Ängste bändigt und dem Unbekannten mutig entgegentritt, merkt, daß er nichts zu befürchten hat. Zwar sieht er, wie die Dämonen ihn zerschneiden, die Schlange ihn verspeist oder der Bär seine Knochen zermalmt, doch schaut er dabei gelassen, fast unbeteiligt zu. Seine Verwandlung geschieht ganz von selbst, ohne sein eigenes Zutun. Wie im Traum, wie hinter einem

Schleier verfolgt der Initiant das Geschehen. All diesen Berichten aber fehlt jener bewußte Impuls des willentlich überlegten Handelns – alles geht reibungslos und wie von allein und scheint schon von Anfang an vorgegeben zu sein.

So ging es auch Loti, denn als er schlief, erschien ihm der Dorfpatron als eine Frau, die ihm gebot, aufzustehen und über die nahen Klippen zu springen. Sie versicherte ihm, er werde unten am Strand ein Kanu aus alter Zeit vorfinden. Wie von selbst sprang er die Felsen hinab und landete auf dem Boot, das mit ihm auf See hinausfuhr. Plötzlich tauchte vor ihm eine Seeschlange auf. Um den Hals trug sie an einer goldenen Schnur die Mana-Schatulle.

Die Stimme des Dorfpatrons ermahnte Loti, sich des Mana zu bemächtigen, doch voller Angst versuchte Loti lediglich, mit einem langen Pfahl die Kette mit dem Kästchen vom Nacken des Ungeheuers abzustreifen. Zweimal versuchte er es, doch ohne Erfolg. Da gab ihm die Stimme ein: »Heute erhältst du das Mana nicht.« Am nächsten Tag erschien der Dorfpatron wieder: »Du bekommst noch eine Chance! Spring in das Kanu und nimm die Mana-Schatulle.« Diesmal nahm er, ohne zu zögern, furchtlos die Schatulle vom Hals der gefährlichen Seeschlange und gelangte so in den Besitz großer Heilkräfte.[1]

Es ließen sich noch unzählige Geschichten von Begegnungen mit den Herren oder Herrinnen aller Naturphänomene und Tiere anführen. Die angeführten Beispiele personifizierter Naturkräfte sollen uns nur die allgemeinen Prinzipien in der Begegnung mit dem Übernatürlichen vor Augen führen. Für den modernen Menschen stehen hinter den sichtbaren Naturformen keine weiteren feinstofflichen Manifestationen.

Die Biologie ist in die zellulären und molekularen Strukturen eingedrungen und fand nichts, was nicht heute oder in naher Zukunft rational erklärt werden kann. Naturvölker und Bauernkulturen dagegen sehen nicht nur die ganze Welt als belebt an – etwas, das unsere Kultur nach einer langen Phase der Zerstörung der Umwelt erst wieder zu lernen hat –, sondern sehen sie auch beherrscht von immateriellen Wesen, die gewissermaßen die Essenz, das wirklich bewegende Prinzip des jeweiligen Naturphänomens bilden. Diese Wesen nehmen für die verschiedenen Völker entsprechend ihren kulturellen Überlieferungen verschiedenartige Formen und Verhaltensweisen an.

Lebenspender und Naturherren verleihen dem Schamanen seine Kräfte und machen ihn zum Vermittler zwischen Natur und Kultur, zwischen Menschen, Verstorbenen und nicht-humanen Geistgeschöpfen. Der Schamane steigt daher zur Übernatur, zum Übernatürlichem auf, denn er hat nun Anteil an der Macht der Geistwesen. Und selbst wenn der Biologe ein tiefgehendes Verständnis, eine liebevolle Anteilnahme und ein großes Erstaunen gegenüber den kleinen Wunder der Tier- und Pflanzenwelt entwickeln kann, geht der Schamane noch einen Schritt darüber hinaus: Er versetzt sich durch äußerste Konzentration so weit in das Lebendige hinein, daß er hinter seine äußeren Formen zu schauen vermag und die Matrix oder, wie Platon sagen würde, die Ideen des Seins erfährt, was er dann in der Sprache des Transpersonalen oder in Symbolen des Bewußtseins als Teilnahme am Tanz der Tiere oder Zwerge ausdrücken mag.

Vielleicht wird auch die Wissenschaft einmal – allerdings in ihrer Sprache – diesbezüglich von Energiefeldern, bioenergetischen Abläufen oder, wie es Rupert Sheldrake formuliert, von morphogenetischen Feldern sprechen, gleichsam das Gerüst unserer sichtbaren, stofflichen Welt bilden. Und vielleicht müssen wir eines Tages feststellen, daß der Schamane uns auch hier wieder einmal weit vorausgeeilt ist und in symbolischer Sprache eine Welt offengelegt hat, die wir nur ablehnen, weil uns seine Symbolwelt fremd, aber noch fremder die Vorstellung einer psychischen Einfühlung in alle lebendigen Dinge ist.

22. KRISTALL KAM WIRBELND, KRISTALL KAM REGNEND

Ha-a, ha a, ha a, ha, ha-a nae, ha a a nee.
Ich wurde weit fort zum Quarzberg geführt.
Ich wurde weit fort zum Quarzberg geführt.
Quarz kam wirbelnd, Quarz kam regnend.
Ich wurde weit fort zum Quarzberg geführt.
Ha-a, ha a, ha a, ha, ha-a, nae, ha a a nee.

Ich wurde mit Kristallen bedeckt auf dem Quarzberg.
Ich wurde mit Kristallen bedeckt auf dem Quarzberg.
Ich tanzte den Matem-Tanz, meine Gelenke waren Kristalle.
Ich wurde mit Kristallen bedeckt auf dem Quarzberg.
Ha-a, ha a, ha a, ha, ha-a nae, ha a a nee.

Ich wurde ein Vogel, ein Matem auf dem Quarzberg.
Ich wurde ein Vogel, ein Matem auf dem Quarzberg.
Eine Wolke kam und brachte mich zum Rand der Welt.
Ich wurde ein Vogel, ein Matem auf dem Quarzberg.
Ha-a, ha a, ha a, ha, ha-a nai, ha a a nee.[1]

Das ist der Gesang der Matem-Tänzer, der von einem Schauspieler in der großen Winterzeremonie der Kwakiutl-Indianer gesungen wird. Dieser Initiationsgesang zeigt uns in aller Klarheit die Bedeutung der Kristalle bei der Einweihung. Kristalle verquicken sich hier mit dem Symbol des heiligen Berges. Auf oder im Quarzberg empfängt der Schamane Steine, deren Transparenz seine eigene durchsichtige Psyche widerspiegelt. Er wird geradezu damit überschüttet und führt den Tanz des mythologischen Vogels Matem auf, wird selbst zum Vogel, verläßt offenbar seinen Körper und fliegt »zum Rand der Welt« – in eine neuartige Seinsdimension.

Kristallomantie und Kristallsehen hat es zu allen Zeiten gegeben; glänzende, spiegelnde, glatte und reflektierende Objekte aller Art wurden als Divinationsmittel verwendet. Wir kennen den Spiegelzauber im klassischen Altertum, das Wahrsagen aus einem mit Wasser gefüllten Becken, das Betrachten von geschliffenen Steinen, von Gemmen oder von mit Öl bestrichenen Fingernägeln. Kristalle wurden auch vom Begründer der wissenschaftlichen Hypnose, James Braid, zur Fixierung des Blicks verwendet, und sein Vorläufer Franz Anton Mesmer benutzte aus gleichen Gründen zur Herbeiführung des animalischen Magnetismus einen Spiegel.

Das Kristallsehen findet auch Erwähnung bei Agrippa von Nettesheim, Paracelsus, John Dee und Cagliostro. Kristalle und Steine ganz allgemein haben an der Heiligkeit des Himmels teil, sie sind vom höchsten Wesen auf die Erde herabgeworfen oder von den himmlischen Thronen der Gottheiten abgebrochen worden. Kristalle fallen durch ihre Eigenartigkeit, Seltenheit, Transparenz und außergewöhnliche Form so aus dem Rahmen des Gewohnten heraus, daß wir kaum umhin können, ihnen einen besonderen Wert zuzusprechen. Auch in unserer Kultur ist die Freude an glitzernden Edelsteinen von alters her verbreitet. Nach dem Prinzip Gleiches bewirkt Gleiches fördert die Aufnahme von Kristallen in den Körper die innere Transparenz und Helligkeit, die Erleuchtung und die Kraft der Konzentration sowie die Auffahrt in den Himmel.

Bei den australischen Ureinwohnern haben Kristalle einen ganz besonderen Stellenwert. Alle australischen Stämme verwenden Quarzkristalle, die entweder als Ausscheidungen der mythischen Regenbogenschlange angesehen werden – und damit direktes Abbild der Schöpfung und der kosmischen Kreativität sind – oder als Symbol des Himmelsgottes gelten, womit ebenfalls ihre überirdische Herkunft betont wird. Aus den Tiefen des Wassers oder dem Erdinneren erhalten die Medizinmänner von der Regenbogenschlange Kristalle. Für die Unambal zum Beispiel dringen die Alumburro, die Kristalle, in die Schlüsselbeingrube, den Nabel oder Penis des Menschen ein und erfüllen ihn im Inneren mit einem strahlenden Licht.[2]

Treten Kristalle in den Körper ein, werden sie schmiegsam und schaffen, wie die Medizinmänner der nördlichen Kimberleys sagen, im Inneren eine große Helligkeit. Mystische Lichterfahrung und Durchsichtigkeit des Kristalls sind hier miteinander assoziiert. Beim Eindringen der Kristalle in seinen Körper empfindet der Mulla-mullung eine angenehme Wärme, einen süßlichen Geschmack, und gleichzeitig beginnt er, Dinge zu sehen, die normale Menschen nicht wahrnehmen können. Bei anderen wachsen die Kristalle langsam im Körper. Für die Yualayi-Schamanen sind Kristalle lebende Geister, die man aus dem Inneren herausholen und wieder hineinstecken kann.

Einige Stämme verwenden auch Muschelschalen, die die gleiche Wirkung besitzen. Seit dem Einbruch der westlichen Zivilisation benutzte man auch Glasscherben, Porzellanstücke, Münzen, Metallknöpfe, Glaskugeln und überhaupt alle leuchtenden Objekte. Ihr Gebrauch wurde jedoch später aufgegeben, als man erkannte, daß diese künstlichen Produkte wertlos sind.

Das Glänzende ist Substitut und Symbol der Regenbogenschlange. Alles Glänzende bewirkt, sobald es in den Körper eindringt, innere Erleuchtung. Der mikrokosmische Glanz eines kleinen Kristalls oder Metallknopfes wird mit dem überirdischen Glanz der Weltschöpferin und dem Ursprung des Lebens gleichgesetzt, denn für den mythisch orientierten Geist gibt es lediglich eine Abstufung zwischen Mikro- und Makrokosmos, aber keinen wirklichen Unterschied.[3]

Kristalle spielen in fast allen Kulturen bei Heilbehandlungen eine eminente Rolle. Die Hopi-Indianer Arizonas gehen davon aus, daß der Körper entlang der Wirbelsäule verschiedene spirituell-physiologische Zentren besitzt, vergleichbar den Chakras im Hinduismus. Sie verwenden Kristalle, durch die sie hindurchsehen, um diese Zentren besser wahrnehmen zu können.[4] In ähnlicher Weise bedienen sich die Tarahumare-Schamanen Mexikos der Hechizero, der Kristalle, um innere Krankheiten zu diagnostizieren. Nicht viel anders verwenden die südamerikanischen Tukano bei der Heilung durchsichtige Kristalle gleichsam als Lupe und zur Verstärkung der Sehkraft. Mit dieser »Lupe« ziehen sie auch die Krankheit aus dem Körper heraus.[5]

Die Keresan-Pueblos entlang des Rio Grande benutzen Kristalle zur Lokalisierung von Objekten, die von Hexen in den Körper der Patienten hineingezaubert wurden. Andererseits sind Kristalle auch als Mittel zum Hellsehen in Gebrauch[6] oder werden, wie bei den Yuki Kaliforniens, zum Blutlassen verwendet.[7]

Papago-Schamanen besitzen Kristalle, »scheinende Steine«, die »heller als Autoscheinwerfer oder Fackeln leuchten« und so den Ort der Krankheit aufdecken oder einen sich versteckenden bösen Schamanen enttarnen. Die meisten Heiler bei den Papago besitzen vier dieser kostbaren Steine. Sie führen sie in ihrem Herzen mit sich, weshalb ihre Spucke, wenn sie sie über dem Patienten versprühen, auch so viel Kraft mit sich führt. Den Erwerb eines Kristalls beschreibt ein Papago wie folgt:

> Der Adler riet mir, bei Sonnenuntergang einen bestimmten Platz aufzusuchen, um nach Kristallen zu schauen. Das tat ich, und in einem kleinen Loch sah ich vier von ihnen beisammenliegen. Ich streckte meine offene Hand aus, und da sprangen alle hinein. Dann hielt ich meine Hand vor den Mund, und einer nach dem anderen sprang meine Kehle hinunter.[8]

Bei den Oruncha Australiens hat der Initiant eine recht strapaziöse und schmerzhafte Einweihung durchzustehen. Zwei Medizinmänner bringen ihn zu einem abgelegenen Ort, wo er ruhig und gelassen mit auf dem Rücken gefalteten Händen, ohne sich zu bewegen, dastehen muß, einerlei was ihm widerfahren wird. Während ein dritter Mann den Novizen von hinten fest umklammert, holen die Medizinmänner aus ihrem Körper viele Kristalle hervor und ritzen und drücken sie ihm in die Beine und aufwärts zur Brust hin. Blut fließt, und langsam dringen die Steine in das Fleisch ein. Auch aus der Entfernung werden Kristalle in den Novizen projiziert, oder sie werden gegen die Kopfhaut gepreßt und tief ins Fleisch unter die Fingernägel gestoßen.

Der Initiant muß die so entstandenen Löcher zupressen, damit die Kristalle nicht herausfallen. Dreimal am Tag wiederholt sich diese Prozedur. Außerdem erhält er auch in Wasser aufgelöste Kristalle zu trinken. Zum Abschluß der dreitägigen Zeremonie wird seine Zunge durchlöchert, sein Körper mit Bildern von Geistern und den heiligen Alcheringa-Wesen bemalt sowie mit weißen Linien, die die in ihn eingegangenen Kristalle symbolisieren.[9]

Der Kwakiutl-Schamane Lebid, der ins Jenseits reiste und dort vom Häuptling der Wölfe die Kraft des Heilens erhielt, verfügte über Kristalle, die in seinem Inneren ruhten. Die Geister führten ihn bei seiner Einweihung nicht nur »zum Abgrund der Welt«, sie heilten ihn auch durch magische Kraft und ihre Kristalle. Der »Lebenspender«, ein Wolf, gab ihm die Kristalle, so daß er zum Schamanen, zum Heiler wurde. Nach seiner Rückkehr aus dem Totenland sang er:

Ich wurde ergriffen
und vom Geist,
der magischen Kraft,
dem Kristall
weit, weit fort
zum Rande der Welt geleitet.
Ha wo ho.

Erst dann
wurde ich geheilt;
der drang
tief in mich ein,
der Lebenspender
der Wölfe,
der Kristall.
Ha wo ho.

Ich bin ein Lebenspender.
Ich komme, um zu heilen
auf die Art

der Wölfe;
mit den Kristallen
werde ich heilen.
Ha wo ho.

Ich bin gekommen
mit lebendigen Wassern,
den Heilmitteln
der Wölfe,
den lebendigen Wassern,
dem Geistkristall.
Ha wo ho.[10]

23. DER RHYTHMUS DES LEBENS

Der Himmel erhob sich, und Blut tropfte von seinen Rändern; klatschend fielen die Tropfen in den Ozean. – Dies »träumte« Fanny Flounder, eine Yurok-Indianerin aus Espeu in Kanada. Neben ihr stand plötzlich eine bis zum Himmel reichende Frau, die einige der vom Himmel herunterhängenden blutigen Eiszapfen abbrach und in Fannys Mund steckte.

Mit dieser blutigen Symbolvision übergab der Lebenspender dieser Schamanin die Kraft. Später erschien ihr bei einem Tanz ein Hühnerhabicht-Geist; auch er legte ihr etwas in den Mund, worauf sie ohnmächtig wurde. Immer wenn ihr dieser Hilfsgeist nun auf dem Weg zu einer Heilzeremonie erschien, wußte sie, sie würde erfolgreich sein. Während ihrer Heilungen fiel Fanny in eine tiefe Trance und erinnerte sich anschließend nicht mehr, was sie gesungen hatte.

Für die Yurok legt der Schutzgeist »Schmerzen« in den Novizen, die dann erst einmal »gekocht«, das heißt gezähmt werden müssen, und zwar durch langes Tanzen und Singen. Fanny tanzte fünf Tage im Schwitzhaus, und erst nachdem sie »etwas« erbrochen hatte, konnte sie schließlich mit ganzer Kraft und Hingabe tanzen.

Transzendentale Erfahrungen können zu Schmerzen führen, Schmerzen, die einer neuen biopsychischen Daseinskonstitution und Erkenntnisweise zum Durchbruch verhelfen. Der Weg des Mystikers ist immer der des Leidens, nicht nur der bewußten Askese, sondern vor allem auch des im Zuge der Entwirrung und Entknotung des personalen Ego entstehenden Leidens. Doch die Schmerzen müssen gezähmt werden; dazu sind rigorose Ausbildung und unnachgiebiges Üben, das heißt Konzentration und Meditation notwendig. Der Weg der Yurok ist der des Tanzes, durch ihn lernen sie, die neuen Erfahrungen zu verarbeiten.

Eine andere Yurok-Schamanin träumte vom Chilula-Mann, der ihr Hirschfleisch zu essen gab; am nächsten Morgen erkrankte sie. Daraufhin fastete sie zehn Tage lang und ging jede Nacht ins Schwitzhaus tanzen. Einmal tanzte sie, bis sie ohnmächtig wurde. Erst am zehnten Tag gelang es ihr jedoch, ihre »Schmerzen« zu kontrollieren, und wie bei Fanny Flounder kam etwas aus ihrem Mund, das wie Lachsleber aussah. Sie schlief im Schwitzhaus, wo sie von etlichen Männern scharf bewacht wurde, damit sie sich in der Trance nichts antat und unbeabsichtigte

Handlungen beging. Einmal träumte sie, ein Untier käme; ein Bein des Wesens war gerade, das andere schien krumm; zudem besaß es nur ein Auge. Erschreckt sprang sie mitten in der Nacht auf und rannte zum Fluß hinunter. Ihre Bewacher verfolgten sie und brachten sie wieder ins Schwitzhaus zurück.

Anschließend tanzte sie drei Nächte hindurch und erhielt dabei ihre viertgrößten »Schmerzen«. Insgesamt dauerte diese Ausbildung zwei Jahre, und in dieser Zeit strengte sie sich sehr an, weil sie eine gute Medizinfrau werden wollte. Tanzte sie lange, gelang es ihr hinterher, die Krankheiten in anderen Menschen ausfindig zu machen, doch konnte sie nicht alle Patienten oder Krankheiten heilen.[1]

Alle schamanischen Berufserlebnisse haben eines gemeinsam: den Prozeß der Entautomatisierung des gewöhnlichen Bewußtseins. Alle Mittel, die den normalen Gedankenstrom, den normalen Gefühlsablauf, die üblichen Erfahrungsstrukturen, die gewohnten physiologischen Prozesse unterbrechen, stören, durcheinanderbringen und in einen anderen Rhythmus versetzen, sind potentielle schamanische Techniken. Es sind darüber hinaus universelle Techniken, die von allen esoterischen und spirituellen Orientierungen, Geheimgesellschaften, Bruderschaften, Medizinorden und so weiter verwendet werden.

Eine Form, unser Bewußtsein umzustrukturieren und damit in eine andere Welt einzudringen, ist das Tanzen, das in unserer Kultur leider weitgehend profanisiert und nur noch rudimentär mit alternativen Bewußtseinszuständen in Zusammenhang gebracht wird. Der Tanz ergreift den ganzen Körper, versetzt ihn in Schwingung, und wir wiegen uns zum Rhythmus der Trommeln und Gesänge. Inwieweit musikalische Rhythmen die Gehirnwellen modulieren und damit zu einem veränderten Bewußtseinszustand führen, beginnen wir erst zu erforschen.

Pausenloses Tanzen unterbricht auf alle Fälle den assoziativen Strom der Gedanken, der jede Sekunde einen neuen Gedächtnisinhalt, eine Idee oder eine Empfindung hervorbringt. Monotone Rhythmen oder Tanzbewegungen synchronisieren oder harmonisieren die sonst in unserem Bewußtsein vorherrschende Überlagerung und Desorganisation verschiedenster Denkfragmente und spontaner Assoziationen. Das Bewußtsein beruhigt sich auf diese Weise und wird zu einer leeren Leinwand, auf der sich die Wahrnehmungsobjekte, die unbewußten und intuitiven Erlebnisinhalte, die sonst durch den ununterbrochenen chaotischen Denkfluß aufgehalten, verwischt, unterdrückt und entstellt werden, abbilden können. Tanzen ist eines der ältesten und effektivsten Mittel, um diese Klarheit und Reinigung des Bewußtseins zu erreichen. In diesem Sinne läßt sich der Trance-Tanz der Yurok als eine gezielte Ausbildung verstehen, die, geht sie mit Fasten einher, den Schamanenschüler sicher ins Reich der Visionen geleitet.

Eine Frau der kalifornischen Shasta hörte, wie eine Stimme mit großem Nachdruck zu ihr sprach. Sie sah einen Mann mit Pfeil und Bogen, der ihr befahl, den Schmerz, den sie beim Schuß in ihr Herz spüren würde, durch Singen zu vertreiben. Sie tat, wie ihr geheißen wurde, fiel dabei aber in Ohnmacht. Jetzt wurde auch ihre Familie, die ihre schon seit geraumer Zeit auftretenden ungewöhnlichen Träume verfolgt hatte, aufmerksam und versammelte sich um sie. Am ganzen Körper zitternd, wälzte sie sich röchelnd auf dem Boden hin und her. Bald aber ging ihr Stöhnen in einen Gesang über, und kurze Zeit später sprach sie die Namen der Geister deutlich aus. Im selben Augenblick begann Blut aus ihrem Mund zu fließen.

Wieder bei Bewußtsein, machte sie bald die ersten Schritte ihres Initiationstanzes, bei dem sie sich an einem Tau, das von der Decke hing, festhielt. Drei Tage tanzte sie nun ununterbrochen und erhielt am letzten Tag von ihrem Hilfsgeist die Kraft des Schamanen. Als sie sein Kommen spürte, rief sie: »Er wird mich erschießen, er wird mich erschießen!« Ihre Freunde, dicht um sie geschart, achteten darauf, daß sie nicht zu Boden fiel. Die Kraft des Geistes drang in ihren Körper, und zwar in Form eines Eiszapfens, den sie während des Tanzens aus sich hervorholen und zeigen und dann wieder verschwinden lassen konnte.[2]

Bei den Yuki Kaliforniens ist der Tanz ebenfalls ein zentraler Bestandteil der Ausbildung. Nach einem solchen Tanz träumte ein Schamane vom Schöpfer, den er im Himmel traf, wo er auch viele Farben und Blumen sah. Am nächsten Morgen blutete er aus Mund und Nase und fürchtete sich schrecklich. »Als ich den Schöpfer das erste Mal sah«, erzählte er, »sang er ein Lied, das ich immer singen sollte. Etwas wie eine Schnur verband ihn mit meinem Kopf. Er sang ein weiteres Lied und forderte mich auf, dieses gleichfalls zu benutzen.«[3] Sein Bruder begann nun, mit ihm zu singen, und allerseits war man davon überzeugt, man werde einen neuen Heiler bekommen.

Wer in einen veränderten Bewußtseinszustand eintaucht, wird von etwas durchdrungen, was ich hier den Rhythmus des Lebens nennen möchte – eine kosmische Vitalität, die wir wissenschaftlich noch nicht ergründet haben, die aber entsprechend den Aussagen vieler Mythen und Religionen an der Wurzel aller Lebensvorgänge existiert. Während unsere Wissenschaft nur wenige Energieformen kennt, gehen die Vorstellungen von Stammeskulturen meistens von vielfältigen Energien und Kräften aus, die im wissenschaftlichen Weltbild kaum gewürdigt werden. Ein Schamane, der sich von der Kraft des Schöpfers durchflutet fühlt, bleibt uns deshalb unverständlich.

Der Schamane erfährt die schöpferische Kraft meistens durch ein bestimmtes Medium, sei es ein Kraftobjekt, ein Blitz, eine Vision, durch Hilfsgeister, Kristalle oder Lichtphänomene, aber auch durch Gesänge und Tänze. Immer wieder stoßen wir auf das Motiv des Tanzes der Tiere, Zwerge oder Geister – sei es nun in der Unterwelt oder im Himmel –, zu dem der Initiant geladen wird. Der Novize tanzt also nicht nur in unserer Realität und gerät dadurch in Trance, er tanzt auch im veränderten Bewußtseinszustand oder der anderen Welt. Bei diesen Festlichkeiten in Unter- und Oberwelt werden ihm auch die Lieder beigebracht, die er auf die Erde mit zurückbringt und die dann seine eigentliche Macht zum Ausdruck bringen – denn mit ihnen versetzt er sich in das Initialerlebnis zurück, das er bei seiner Einweihung hatte.

Das Fest, dem der Schamane in der Unterwelt beiwohnt, der Tanz und der Gesang gehören einer anderen Seinsordnung an als unsere alltäglichen Tänze, Feste und Gesänge. Das Leben selbst wird hier als endloses Fest, als ewiger Tanz und Rhythmus, als dauernd pulsierender Klang verstanden – das Leben ist für den Initiierten eine vibrierende, synchronisierte Melodie. Womit der Schamane arbeitet oder was ihn im wesentlichen zum Schamanen macht, ist eben dieses Gefühl des Mitschwingens im kosmischen Tanz der Energiefelder, die der Ursprung, die Matrix aller Materie sind.

Tanz, Gesang, Bewegung gehören ebenso wie Fasten, Schmerzen, Einsamkeit und Krankheit zu den ältesten Mitteln, sich über eine körperliche und psychische Veränderung und Umkonditionierung neuen Daseinsbereichen zu öffnen. Diese Methoden sind so alt wie die Menschheit selbst und daher wirklich archaisch. Aber gleichzeitig sind sie auch heute noch wirksam, anwendbar und zeitgemäß. Tanz und Gesang werden in unserer Zivilisation nur noch in bescheidenem Maße und ohne Ekstase und vollkommene Hingabe geübt. Auch wenn sie für Entspannung im Alltag oder für Beschwingtheit und gute Laune sorgen und Schwung ins Leben bringen, so lassen sie doch die Intensität und Konzentration vermissen, die der Schamane aufbringt, um in eine andere Welt zu reisen.

Im Machtgesang des Schamanen, im ekstatischen Trance-Tanz aber erkennen wir die wirklichen Potenzen von Rhythmus und Klang. Sie sind Pforten zu einer Dimension, der wir uns nach deren Verlust in der modernen Zivilisation erst wieder öffnen müssen. Gesang und Tanz sind mit Sicherheit keine bloßen Symbole, sondern Ausdruck einer inneren psychophysischen Haltung, die eine Umschaltung des Bewußtseins herbeiführt; sie bringt uns näher an den Puls des Lebens und damit näher zu uns selbst.

24. GEHE IM GLEICHGEWICHT, GEHE IN SCHÖNHEIT

> Doch der Sensitive läuft nicht immer mit seinem Kopf in den Wolken umher. Die Bedeutung der Medialität ist Balance – Balance zwischen zwei Welten – und du bist die Radnabe in der Mitte.
>
> Ena Twigg, ein englisches Medium.[1]

Was ich sagen will, ist schwer zu erklären und schwer zu verstehen ... außer, außer du hast selbst am Rand des tiefen Canyon gestanden und bist unversehrt wieder zurückgekehrt. Vielleicht hängt alles von dir selbst, von deinem ureigenen Wesen ab – einerlei, ob du versuchst, die Wasserschlange oder die heilige Maisblüte zu sehen, oder ob du ausziehst, dem Tod gegenüberzutreten oder Leben zu suchen.

Es ist so: Solange du im Reich der großen Wolkenwesen bleibst, kannst du tatsächlich den Rand des tiefen Canyon entlangwandeln, und dir geschieht kein Leid. Du wirst vom Regenbogen und von den großen Wesen beschützt. Du brauchst dich nicht zu sorgen und brauchst auch nicht traurig zu sein. Du kannst mit den Hexen kämpfen, und begegnest du ihnen leichten Herzens, ohne ängstliches Zittern, wird dich der Kampf stärken. Er hilft dir, dein Lebensziel zu erreichen; er wird dir die Kraft geben, anderen zu helfen, geliebt und geschätzt zu werden und weiterhin Leben zu suchen.[2]

Gleichgewicht, inneres und äußeres, hält die übernatürlichen Kräfte des Schamanen zusammen; eine diffuse, unausgeglichene Geisteshaltung würde die Kräfte gegen den Schamanen selbst wenden. Ramón Medina Silva, ein Huichol-Schamane, demonstrierte in einer zerklüfteten, von Wasserfällen zerfurchten und von bis zu 300 Meter tiefen Schluchten durchschnittenen Felsgegend sein Gleichgewicht. Ramón meinte, dies sei der richtige Platz für einen Schamanen, und bereitete sich vor, einen der Wasserfälle zu überspringen. »Der Mara'akame [Schamane] muß ein ausgezeichnetes Gleichgewicht besitzen. Andernfalls wird er sein Ziel nicht erreichen, und es wird ihn mal in diese, mal in jene Richtung verschlagen. Man springt hinüber. Es ist sehr eng, und ohne Gleichgewicht fressen einen die Tiere dort unten.[3]

Das archaische Motiv der Überwindung von Hindernissen begegnet uns hier in Form der steil abfallenden Felsen und des Wasserfalls. Der Weg ist versperrt, und nur jener gelangt sicher auf die andere Seite, dessen geistige, psychische und körperliche Kräfte in ausgeglichenem Verhältnis zueinander stehen. Die Ausbalanciertheit der Psyche ist nicht nur ein transpersonales Symbol, es ist eine Persönlichkeitskomponente, die das Wesen des Erleuchteten, des transpersonal realisierten Menschen kennzeichnet – transpersonal, weil nur das Überschreiten der personalen Dimension des Ego zu Gelassenheit und innerer Harmonie führt.

Solange unser Ich dauernd verstrickt ist in Überlebensentwürfe, Daseinsprojekte und Sehnsüchte aller Art, bleiben wir ein Dickicht widerstrebender Motive, und innerer Aufruhr läßt uns nie zur Ruhe kommen. Nur wer über die ich-gebundene Motivation hinausgeht und von einer höheren Warte aus auf das persönliche Drama hinabschaut, vermag die Motive und Tendenzen der eigenen Psyche richtig einzuschätzen und damit auch zu harmonisieren.

Der Sprung über den Wasserfall verlangt körperliches Gleichgewicht, Konzentration, Mut, Selbstvertrauen und Ichlosigkeit; wenn nur eine dieser Qualitäten versagt, kann es den Tod bedeuten. Das ist nicht der harmlose Weitsprung des Sportlers, der Sieg und Ichaufwertung anstrebt, sondern ein Wagnis, um Gewißheit über die Harmonie der eigenen Kräfte zu erhalten, eine wirkliche Prüfung auf Leben und Tod, die makellose Balance erfordert.

Die Kunst des Schamanen besteht in der Heilung, die er herbeiführt, indem er den Patienten in die Sphäre des Heiligen führt und ihn sein menschliches Wesen als Ganzheit erfahren läßt. Auf diese Weise gewichtet er die Kräfte des Patienten bewußt aufs neue und setzt sie in ein richtiges Verhältnis zueinander. Doch um dem Kranken Einsicht in sein höheres Selbst zu geben, muß der Schamane nicht nur das Ungleichgewicht in anderen erkannt, sondern es auch in sich selbst eleminiert haben. Er muß im Gleichgewicht gehen können, und das ist gleichbedeutend mit innerer Schönheit. Diese Schönheit ist es auch, die ihn über die Schluchten springen läßt.[4]

Nachdem Ramón sich der Sandalen entledigt hatte, stellte er sich an die schlüpfrige Kante des Wasserfalls: »Er schickte sich an, den Wasserfall zu überspringen, von Fels zu Fels. Häufig innehaltend, den Körper vornübergebeugt, die Arme ausgebreitet, den Kopf zurückgeworfen, balancierte er vogelartig bewegungslos auf einem Fuß. Er verschwand, tauchte wieder auf, sprang und erreichte schließlich die andere Seite.«[5]

Barbara Myerhoff erwähnt noch ein weiteres Beispiel schamanischer Balance, das des Luiseño-Schamanen Domenico, eines berühmten indianischen Heilers, der Menschen aller Nationalitäten – weiße Amerikaner, Mexikaner, Indianer – zu seinen Patienten zählte. Domenico kletterte öfters auf den Dachgiebel seiner kleinen Hütte und stand dort lange Zeit auf einem Bein. Anfangs vermutete Barbara Myerhoff, daß er dies tat, um nach seinen Patienten, die immer am Wochenende eintrafen, Ausschau zu halten. Doch später wurde ihr klar, daß es sich um eine Gleichgewichtsübung handelte.[6]

Der sibirische Tofa-Schamane Bolchojew berichtete dem Schamanenforscher Vilmos Diószegi von seinem Großvater, wie dieser über Felsen und Klippen sprang:

Ich hörte erzählen, daß er imstande war, während er schamanisierte, über Felsen zu fliegen. Aber er sprang auch oft von einem Felsen auf den anderen, so etwa vom Surar yaja auf den Soyny yaja [zwei Klippen an der unteren Gutara, die etwa einen halben Kilometer voneinander entfernt sind].[7]

Während einer Unterhaltung mit den Schamanen Sunchugasev und Kyzlasov, deren Erfahrungen wir bereits schilderten, kam Diószegi darauf zu sprechen, was der Schamanenseele auf ihrer Reise ins Totenland alles zustoßen kann. Sunchugasev erzählte dazu:

Seine Seele wird zum Schamanen-Vorfahren gebracht, und dort zeigen sie ihm einen Kessel voll kochenden Teers. Es befinden sich Menschen darin. Einige davon sind dem Schamanen bekannt. Nur ein Seil ist quer über den Kessel gespannt, und sie befehlen ihm, darüberzulaufen. Gelingt es ihm, wird er lange leben. Fällt er in den Kessel, mag er dennoch ein Kam [Schamane] werden, aber gewöhnlich überleben sie es nicht.

Und die Frau von Kyzlasov führte die Beschreibung weiter aus:

Dieser Kessel ist immer da. Nicht nur Schamanen fallen dort hinein. Man sagt, daß die Seele eines Kranken ebenfalls dort hineinstürzt. Einige Schamanen lassen sich nicht dazu bringen, über den Kessel hinüberzubalancieren. Das weiß ich von einigen Leuten, die mir erzählten, sie seien gezwungen worden, über den Rand des Kessels zu laufen. Als sie es taten und nicht in den Kessel fielen, wurden sie Schamanen.[8]

Der Schamane wird hier zum Seiltänzer, nicht in physischer, sondern in psychischer Hinsicht. Die äußere Gelassenheit und Ruhe entspricht der seelischen Ausgewogenheit. Fliegt er ins Totenland, muß er absolute Standfestigkeit und Konzentration mitbringen, denn wenn er die Prüfungen, die ihm die Schamanen-Vorfahren auferlegen, bestehen und über jenen Teertopf – ein Sinnbild der Hölle – balancieren will, dann braucht er die meditative Wachheit, die nur dem wirklichen Schamanen eigen ist.

Vierter Teil:

RELIGION UND WISSENSCHAFT

Die Weißen, sagte er, sähen mit den Augen einen Teil der Welt, für den er blind sei. Wenn sie dagegen in die Seele blickten, sähen sie wenig. Umgekehrt sei es bei den Menschen seiner Rasse. Die sähen eine große Welt im Inneren, die eine gute Welt sei. Daher seien die Weißen im Inneren schwarz, die Schwarzen aber im Inneren weiß.
(Göbel 1976, S. 36)

25. WENN DIE ANTHROPOLOGEN KOMMEN, VERLASSEN DIE GÖTTER DIE INSEL[1]

Von allen harten wissenschaftlichen Fakten sind mir keine gewichtigeren und grundlegenderen bekannt als die Tatsache, daß, wenn man zu denken aufhört (und standhaft daran festhält), man nach einer gewissen Zeit unterhalb oder jenseits des Denkens zu einer Bewußtseinsregion kommt, die sich in Beschaffenheit und Charakter vom gewöhnlichen Denken unterscheidet – einem Bewußtsein von quasi-universaler Qualität. Dadurch erwacht ein umfassenderes Selbst als jenes, an das wir uns gewöhnt haben. Und da das gewöhnliche Bewußtsein, mit dem wir im Alltag zu tun haben, vor allem auf dem kleinen lokalen Ich basiert, welches in der Tat in einem beschränkten lokalen Rahmen selbstbewußt ist, läßt sich schlußfolgern, daß daraus auszusteigen heißt, dem gewöhnlichen Ich und der gewöhnlichen Welt zu sterben.

Man muß im gewöhnlichen Sinne sterben, doch in einem anderen Sinne gilt es, aufzuwachen und zu entdecken, daß das »Selbst«, unser wirkliches, intimstes Wesen, das Universum und alle anderen Wesen erfüllt – daß die Berge, das Meer und die Sterne Teil unseres Körpers sind und unsere Seele in Verbindung mit den Seelen aller Kreaturen steht...

So großartig, so wunderbar ist diese Erfahrung, daß man sagen kann, in ihrem Angesicht werden alle kleineren Probleme und Zweifel hinfällig. Und es ist gewiß: Kommt ein Mensch nur einmal damit in Berührung, wird, wie Abertausende von Fällen zeigen, sein folgendes Leben und seine Weltschau vollkommen revolutioniert.[2]

Ich weiß nicht, ob es eine treffendere Charakterisierung der Erfahrung des Schamanen gibt als jene Passage aus Edward Carpenters *The Drama of Love and Death*. In der Tat, das Ich muß sterben. Das Alltags-Ego des werdenden Schamanen, seine logische, kausale und mechanische Welterklärung, muß zertrümmert werden. Doch stirbt er nicht wirklich, nur seine Bindung an alles Weltliche fällt von ihm ab. Er erfährt die existentielle Ganzheit, Samadhi, wie die Hindus sagen würden, und von Erleuchtung oder *Unio mystica* würden unsere westlichen Spiritualisten sprechen.

»Es gibt ein Kontinuum des kosmischen Bewußtseins, gegen das unsere Individualität lediglich zufällige Zäune errichtet und in das unsere vielen Ichs eintauchen wie in ein Mutter-Meer oder Sammelbecken«, schrieb William James[3] und fragte sich in diesem Zusammenhang: Können wir trainiert werden, die äußerste Grenze unserer Energie zu erreichen, da wir doch gewohnt sind, nur einen kleinen Teil unserer potentiellen Kräfte zu verwenden? James glaubte, der normale Mensch sei nur halb wach und ähnle einem Hysteriker, dessen Wahrnehmungsfeld stark eingeengt ist. »Es scheint keinen Zweifel zu geben«, sagt er, »daß jeder und alle von uns bis zu einem gewissen Grade Opfer einer Gewohnheits-Neurose sind.«[4] Und an anderer Stelle bemerkt er:

> Ich hege keinen Zweifel daran, daß die meisten Menschen, ob nun körperlich, geistig oder moralisch, in einem sehr begrenzten Ausschnitt ihres ganzen Wesens leben. Sie benutzen einen sehr kleinen Teil ihres potentiellen Bewußtseins und ihrer seelischen Ressourcen, vergleichbar einem Mann, der mit seinem ganzen körperlichen Organismus die Gewohnheit annimmt, nur seinen kleinen Finger zu bewegen... Wir alle haben Lebensreserven, auf die wir zurückgreifen könnten, von denen wir nur träumen können.[5]

In ähnlicher Weise begreift Evelyn Underhill unsere Realität weitgehend als eine mentale Konstruktion, die wenig Bezug zur Wirklichkeit aufweist – Mystik dagegen stellt für sie die echte Vereinigung mit der Wirklichkeit dar.[6] Und C.G. Jung glaubte, unser abendländisches Bewußtsein sei keinesfalls *das* Bewußtsein schlechthin, sondern vielmehr ein historisch und geographisch konditioniertes, das lediglich einen winzigen Aspekt des Gesamtbewußtseins repräsentiere.

Wie sieht nun aber unser hier so viel kritisiertes Normalbewußtsein überhaupt aus?

Plato vergleicht unser Alltagsbewußtsein mit einem Schiff, auf dem die Seeleute gemeutert und Kapitän und Navigator in die unteren Kabinen eingeschlossen haben. Nun segeln sie los, doch niemand will lange am Steuer bleiben. Sie wechseln sich ab, weil es ihnen langweilig oder aber zu ermüdend wird. Auch auf den Kurs können sie sich, wollen sie einen Hafen ansteuern, nicht einigen, so daß das Schiff ziellos hin und her kreuzt. Es treibt hilflos auf den Wellen, und erst wenn Kapitän und Navigator freigelassen werden und ihre Arbeit wiederaufnehmen, macht das Schiff gute Fahrt und hält den richtigen Kurs.

William James spricht diesbezüglich vom »Bewußtseins- und Gedankenstrom«; unser Denken hält nie an, es fließt unaufhörlich weiter, ein Gedanke gibt den anderen, und daher werden wir uns unser selbst nicht bewußt. Alle mentalen Techniken, die das Ziel verfolgen, sich diesem Zwangscharakter dauernden Denkens und Assoziierens zu entziehen, benutzen Konzentration, Aufmerksamkeitseinengung, hypnoide Bewußtseinsfokussierung, Beruhigung der Denkprozesse, Entspannung der physiologischen Funktionen und Vereinheitlichung des sensorischen Feldes.

Innere Reinigung durch Erbrechen, Aufsuchen der Schwitzhütte oder Beräucherung sowie Fasten, Gebet und Opfer sind nur einige der Mittel, die die Naturvölker benutzen, um sich von geistigen und materiellen Besitztümern zu lösen. Mit dem Abstreifen der Ego-Motive, die unsere alltägliche Welt konstituieren, tritt ein umfassenderes, universales Ich, das höhere Selbst, hervor, das mit aller Natur verbunden scheint. Alle Spiritualität steht im Dienst der Egoaufgabe und der Entdeckung der kosmischen Einheit, der Entdeckung eines trans-individuellen, kosmischen Selbst. Wenn ich mich der Nahrung enthalte, mich im Gebet höheren Kräften anheimgebe und mich, wie es der Sioux-Medizinmann Black Elk ausdrückte, »demütig mache, niederer als die kleinste Ameise«, wenn ich mir wertvollen Besitz opfere, etwas von mir weggebe, das mir lieb ist, so übe ich mich in der Loslösung von Bindungen und befreie mich von Gier, Habsucht und Ichbezogenheit.

Das Ich, das sich aus all diesen äußerlichen Faktoren zusammensetzt und den Schein einer geordneten, dualistischen Welt hervorruft, wird fallengelassen. Innere Reinigung, Gebet und Opfer ebenso wie sakrale Riten und Zeremonien öffnen durch eine fokussierte Konzentration den Zugang zur Einheit mit der Natur, erzwingen den Durchbruch zu einer neuen Welterfahrung.

Ohne uns in eine komplizierte Diskussion über die Frage »Was ist Bewußtsein« einzulassen, sei nur gesagt, daß sich das Normalbewußtsein ganz allgemein aus den uns bekannten emotionalen, kognitiven und motivationalen Komponenten zusammensetzt und durch Logik, Kausalität, dreidimensionales Denken und lineares Zeitgefühl gesteuert wird. Bei genauerem Hinsehen läßt sich aber nur schwer die Abgrenzung zum alternativen Bewußtseinszustand bestimmen, denn schon Schlaf, Traum, Tagtraum, Phantasie, innerer Monolog, Kreativität, Imagination und so weiter zeigen die mentalen Charakteristika des Bewußtseinswandels. Vermutlich wird sich mit weiteren Forschungen die heute noch betonte Dichotomie – hie »normales«, dort »verändertes« Bewußtsein – zugunsten der Vorstellung eines Spektrums und einer Mannigfaltigkeit diskreter, aber doch ineinander übergehender Geisteszustände auflösen.[7]

Erika Bourguignon konnte zeigen, daß von 488, das heißt von 57% aller Gesellschaften, 90% institutionalisierte und kulturell geprägte Formen alternativer Bewußtseinszustände verwenden.[8]

Ganz allgemein betrachtet ließen sich dabei folgende Verwendungsmöglichkeiten der Bewußtseinsveränderung anführen: Bei Zeremonien und Ritualen, die den traditionellen Rahmen einer Kultur aufrechterhalten, spielen alternative Bewußtseinszustände eine große Rolle; sie wirken in Zeiten sozialer Krisen und bei Akkulturation stabilisierend, können aber auch neue, der Lebensveränderung angemessene soziale Institutionen hervorbringen; sie dienen als wirksame Lernmethode, nämlich zur Verankerung der Stammestradition während der Initiations- und Übergangszeremonien; sie befähigen zu einer erhöhten Kontrolle körperlicher und psychischer Funktionen; sie dienen zur Beeinflussung von Menschen und Tieren – negativ zu Schädigungszwecken, positiv zum Beispiel zur Heilung oder zum Herbeiführen einer guten, heiligen Atmosphäre bei Séancen und Ritualen; sie dienen zur Kontaktaufnahme mit nicht-irdischen, extra-sensorischen Wirklichkeiten und Entitäten; sie helfen, Beziehungen zu atmosphärischen und stellaren Kräften, zur Fauna und Flora zu schaffen; sie spielen bei der Psychotherapie, Selbstfindung und schamanischen Initiation eine bedeutende Rolle; und sie sind die allgemeine Voraussetzung dafür, auf paranormale Weise Raum und Zeit zu überwinden und normalerweise nicht zugängliche Informationen zu erhalten.[9]

Überall und zu allen Zeiten haben sich Kulturen bemüht, Menschen mit parapsychischen Fähigkeiten zu fördern und auszubilden, damit diese den Überlebenskampf ihres Volkes wirkungsvoller unterstützen können. Andererseits gehört die Suche nach psychischen Grenzerfahrungen zur ältesten Motivation des Menschen und darf gleichzeitig als ein wesentliches Ziel unserer Spezies verstanden werden, als wirkliche »Gipfelerfahrung«, wie Abraham Maslow es nennt.

Nachdem Freud uns die »kranke Hälfte« der Psychologie beschert hat, fordert Maslow, den gesunden statt den kranken Menschen zu untersuchen.[10] Die Wahrnehmungsweise des gesunden Menschen beschreibt er als nicht-manipulierend, nicht-einmischend, nicht-abstrahierend und ohne Erwartungen und Forderungen. Gleichzeitig zeige dieser Mensch eine große Liebe zur Welt, betrachte sie unverstellt und objektiv und sei frei von subjektiven Projektionen.

Die gesunde Person ist für Maslow selbstaktualisiert und fähig, die Dinge gänzlich selbstlos, mit voller Konzentration und in totaler Absorption zu erfahren, weil sie keine ego-orientierten, subjektiven Erwartungen und eigensüchtigen Wünsche mehr hegt. Wenn die negativen Impulse – Neid, Angst, Haß und Neurose – verschwinden, stoßen wir zum Höhepunkt der mystischen Erfahrung vor. Ein Vorstadium davon ist für Maslow die Kreativität, bei der wir uns in der Gegenwart verlieren und uns von Raum und Zeit lösen – höchste Kreativität und »Gipfelerfahrung« sind identisch. Im schöpferischen Zustand können wir uns ohne Erwartungen oder Ziele selbstvergessen der Welt anheimgeben.

Weitere Voraussetzungen für das Auftreten dieses spontanen psychischen Vorgangs sind das Verschwinden von Furcht, Abwehr und Hemmung. Wir haben volles Vertrauen in uns selbst; die Welt und die bewußte Ego-Kontrolle sind ausgeblendet, und eine, wie Maslow sagt, »taoistische Rezeptivität« wird geboren. Dieses ganzheitliche spontane Handeln, bei dem Person und Welt verschmelzen, nennt er »Seins-Erkenntnis«. Eine solche Erfahrungsform tritt in den besten Augenblicken des Lebens bei den am weitesten selbstverwirklichten Menschen auf. Diese »Gipfelerfahrung« ist das Ziel aller Maslowschen Psychotherapie.

Maslows »Seins-Psychologie« beschäftigt sich daher mit End-Zuständen, End-Erfahrungen, dem Klimax, der Totalität, reiner Glückseligkeit, Ekstase, wunsch- und zwecklosen Zuständen, Wachstums- und Metamotivation, aber auch mit jenen negativen Zuständen, die zu mystischer Inspiration hinführen, wie Hoffnungslosigkeit, Versagen, Regression, akuter Psychose, Nadir-Zuständen.

Maslow, der die Humanistische Psychologie und später die Transpersonale Psychologie ins Leben gerufen hat, wandte sich energisch und konsequent gegen die mechanistische Methodologie und Wissenschaft, weil sie nach seiner Ansicht die volle Menschlichkeit nicht erfaßt, ethnozentristisch und atomistisch orientiert ist, auf abstraktem statt auf Erfahrungswissen basiert und die Frage nach der psychischen Gesamtpersönlichkeit ebenso ausschließt wie subjektives Wissen, Selbsterkenntnis und mystische Erfahrungen. Er wollte einen Rehumanisierungsprozeß einleiten und damit den Anspruch der orthodoxen Wissenschaft, der einzig wahre Weg zum Wissen zu sein, eindämmen.

Die von Zwangsvorstellungen besessene Weltauffassung, die mechanistische und objektivistische Methodologie begreift nicht, so meint er, daß der Beobachter sich nicht willkürlich von seinem Forschungsgegenstand distanzieren kann. Er sei unentwirrbar mit ihm verstrickt, denn auch der Beobachter sei Teil der Beobachtung, weshalb Subjekt und Objekt in gleicher Weise der Untersuchung bedürften. Damit schnitt Maslow schon sehr früh die Problematik der Einheit von Ich und Welt in der Bewußtseinsforschung an.[11]

»Offensichtlich ist das, was wir in der Psychologie ›normal‹ nennen«, schreibt Maslow, »nur eine Psychopathologie des Durchschnittlichen, die so undramatisch und so weit verbreitet ist, daß wir sie gewöhnlich nicht einmal bemerken.«[12] Doch um das schlechthin Normale zu verlassen, seien Tragödien, Traumata, Nah-Todes- und Tod-Wiedergeburtserlebnisse sowie Schocks unumgänglich. Hier stoßen wir wieder auf die »schamanischen Leiden« – Leiden, die »hart genug sind, jemanden zu töten«.

Der selbstverwirklichte und wachstumsmotivierte Mensch – im Gegensatz zum defizitmotivierten Menschen, welcher in einen Reiz-Reaktionsmechanismus eingespannt ist –, hat seine Basisbedürfnisse befriedigt; er hat häufiger Grenzerfahrungen, besitzt mehr Kreativität, Spontaneität, Autonomie, größeren emotionalen Reichtum und eine echte Identifikation mit seinen Mitmenschen. Er besitzt darüber hinaus eine große Ich-Stärke, transzendiert jedoch paradoxerweise am leichtesten das Ich und löst seine Probleme auf meditative und kontemplative Weise. Gegenüber dem weniger entwickelten Menschen, der in einer aristotelischen Welt der Begriffe und Kategorien mit scharfen Grenzen lebt, sind ihm Kontinuum und Ganzheit alles. Seine Wahrnehmung ist nicht aktiv, sondern passiv-rezeptiv, denn um möglichst viel wahrzunehmen, muß man sich selbst vergessen können, weshalb Liebe für die Welt und das Wahrzunehmende eine wesentliche Voraussetzung dazu sind.

Maslow unterscheidet zwischen »Seins-Liebe« (bedürfnislos) und »Defizit-Liebe« (eigennützig). Seins-Liebe ist nicht-possessiv und kommt einer ästhetischen oder mystischen Grenzerfahrung gleich. Diese Grenz- oder Gipfelerfahrung ähnelt sehr der Welterkenntnis des Schamanen, der nicht nur einige fragmentarische Aspekte des Seins wahrnimmt, sondern durch seine unterschiedslose Hinwendung zur Welt diese als einmalig und einzigartig erfährt. In der Gipfelerfahrung haben subjektive Belange keinen Platz mehr, Raum und Zeit werden vergessen, eine Zeitausdehnung wie in der Ekstase findet statt. Scheu, Verwunderung, Ehrfurcht und Bescheidenheit sind die Reaktionen auf diesen Zustand.

Die Grenzerfahrung ist dem Sterben oder dem Tod verwandt, und die Welt enthüllt sich dabei als Einheit; Konflikte und Dichotomien verschmelzen, und Gegensätze erscheinen als Produkte fragmentarischer Erkenntnis. Diese Erfahrung ist das zentrale Agens Maslowscher Psychotherapie ebenso wie der Praxis des Schamanen. Sie wirkt therapeutisch, denn durch sie verschwinden Angst und Desintegration, und ein starker Drang, diese Erfahrung zu wiederholen, tritt auf, eine Art Sucht nach Ekstase und Einheit. Auf der Grundlage dieser Erkenntnisse und angesichts der Entwicklung der neuen Bewußtseinspsychologie glaubt Maslow sagen zu können: »Wir befinden uns jetzt mitten in einer solchen Änderung der Vorstellung von den menschlichen Kapazitäten, Potentialen und Zielen. Eine neue Vision der Möglichkeiten des Menschen und seines Schicksals beginnt sich abzuzeichnen.«[13]

Schamanische Gipfelerfahrungen und die mystischen Erfahrungen in anderen Kulturen oder Religionen unterscheiden sich bis auf eine Reihe kultureller Ausdrucksformen nur wenig. Die schamanische Weltschau ist daher ein integraler Bestandteil einer universalen mystischen Tradition, der *Philosophia perennis* (Ewige Philosophie), wie Aldous Huxley sie taufte. Schaut man sich die religionsethnologische Literatur an, so gelangen leider nur sehr wenige Autoren zu diesem Schluß. Mircea Eliade ist einer der wenigen, die den Brückenschlag zwischen Schamanentum, Buddhismus und christlicher Mystik vollzogen haben. Er schreibt: »Wie dem auch sei, der Schamanismus repräsentiert die glaubwürdigste mystische Erfahrung der religiösen Welt der Primitiven. Innerhalb dieser archaischen Welt spielt er dieselbe Rolle wie die Mystik in der offiziellen Religiosität der großen historischen Religionen vom Buddhismus bis zum Christentum.«[14]

Die Schwierigkeit des Nachweises mystischer Erfahrung beim Prozeß der Schamanenberufung liegt zum einen an den kulturellen Formulierungen, die nur annähernd auf die klassischen Merkmale der Erleuchtungsphänomenologie zu übertragen sind. Zum anderen herrscht offenbar bei allen Stammeskulturen die Eigenart vor, psychische Erfahrungen im Rahmen kulturell tradierter Metaphern und in Form verdinglichter Kräfte wie Göttern, Geistern, Tieren und so weiter auszudrücken. Das abstrakte psychische Erleben wird, um es überhaupt verständlich zu machen, konkretisiert und in mythologische Begriffe verpackt, so daß die originäre Erfahrung oft nur noch blaß durch diese geistigen Verbrämungen hindurchschimmert.

Der Schamanenforscher steht daher oft vor einer undurchdringlichen Welt kosmologischer Entwürfe und kultureller Eigenart, die ihm den Einblick in die wirklichen psychischen Hintergründe verbauen. Wir glauben, daß dies der Grund dafür ist, daß man dem Schamanen die mystische Inspiration aberkennt und ihn nicht mit den Mystikern anderer Religionen in eine Reihe stellt.

Andererseits muß ein Medium, ein Geisterseher oder Wettermacher, wie viele Schamanen es sind, natürlich noch lange nicht eine durch kosmische Einheitserfahrung geprägte Persönlichkeit sein. Sicherlich trifft der Begriff Mystiker nur auf einen engen Kreis von Schamanen zu, während der Rest sich einzelnen Facetten des transpersonalen Bereichs, dem Geistersehen, den magischen Fähigkeiten oder den hypnotischen und visionären Psychotherapien verschrieben hat.

Werden die klassischen Merkmale mystischer Erfahrung aufgezählt, kommen die meisten Autoren etwa zu folgender Übersicht:

Nach einer Periode langer Störungen, nach Krankheit und Krise erwacht das höhere Selbst. Erleuchtung, Ekstase und das Absolute werden erfahren. Durch den Tod des alten Ego und den Durchbruch zum transpersonalen Selbst fühlt sich der Betroffene gereinigt und befreit, was den vorherigen Lebensstil unangemessen und banal erscheinen läßt. Ein höherer Standort, die Einheitserkenntnis, vermittelt das Gefühl der Heiligkeit, der Transzendierung von Raum und Zeit, die absolute Gewißheit, jenseits von Gegenwart, Vergangenheit und Zukunft zu stehen, gleichzeitig aber vollkommen in dem Augenblick eingetaucht und von einer höheren Kraft gelenkt zu sein, woraus die Überzeugung der Existenz einer übersinnlichen Kraftquelle erwächst. Bei der Rückkehr in den Alltag bleibt eine positive Nachwirkung zurück, das Leben wird nun intensiver gelebt, das Dasein kann vollkommener, beherzter ausgeschöpft und bewundert werden, was gleichzeitig aber mit einer Abkehr vom Materiellen einhergeht.[15]

Abraham Maslow beschreibt diese Erfahrungsweise folgendermaßen: Es ist ein Gefühl überschwenglicher Freude, des Triumphes, der Ehrfurcht und der Verwunderung; ein Gefühl, das ganze Universum auf einmal zu begreifen und mit ihm eins zu sein; ein geistiges Erwachen, ein transzendentales Mitgefühl und eine überpersönliche Liebe erfüllen das Individuum; seine Angst vor dem Tod löst sich auf; eine psychische Verjüngung und ein Erstarken der geistigen Kräfte setzen ein; man möchte seine Erfahrung mit anderen teilen und ihnen helfen, gleiches zu erleben; ein charismatischer Persönlichkeitswandel findet statt, der oft mit einer Entwicklung extrasensorischer Fähigkeiten verbunden ist.[16]

Wir haben gesagt, der Schamane lebt in einem psychischen Universum, in dem er außer dem rational-sezierenden noch über einen tranceartig-holistischen Bewußtseinsmodus verfügt. Will nun der Forscher mit seinen kausalen Raum-Zeit-Kategorien in die schamanische Welterfahrung eindringen, ist er zum Scheitern verurteilt. Er wird ein Bild des Schamanen entwerfen, das eher einem Spiegelbild seiner selbst gleicht. In seiner Methode ähnelt er jemandem, der mit einem Tonbandgerät die »Töne eines Gemäldes« aufnehmen will, dabei aber bloß das Hintergrundrauschen seines eigenen Geräts auf die Spur bannt. Was ich damit sagen möchte, ist: Ein Tonbandgerät ist ein ungeeignetes Instrument zur Aufnahme eines Bildes. Ebenso ist die mechanistische und objektivistische Methodologie der Schamanenforschung nicht das richtige Instrument, um das Wesen des Zauberers zu verstehen.

Was uns als Forschungsresultat imponiert, ist nur das, was wir ohnehin in die Forschung hineingesteckt haben, nämlich unsere eigenen Vorstellungen und Philosophien, unsere zeitgenössischen Projektionen. Zwar gibt es Hunderte von Aufsätzen über Schamanentum, doch hat unsere Methodik nur die kulturelle Hülle oder die Außenansicht des Schamanen untersucht. Das Wesen alternativer Bewußtseinszustände und die schamanische Innenwelt bleiben unangetastet.

Die Forscher kommen vollgeladen mit Forschungsresultaten und Aufzeichnungen nach Hause, aber in Wirklichkeit haben sie nur sich selbst bestärkt und bestätigt. Gewappnet mit Vernunftdenken und euklidischen Welt- und Wertvorstellungen begaben sie sich in die Fremde und kehrten nach Hause zurück, ohne etwas dazugelernt zu haben. Der Großteil der bisherigen Schamanenforschung sagt uns nur etwas über *unsere* Philosophie und *unsere* Verstrickung in die eigenen Kulturwerte. Wenn wir lernen, die Aufsätze und Bücher über Schamanen kritisch zu würdigen, helfen sie uns, unsere Projektionen und ritualisierten Erwartungen gegenüber anderen Kulturen zu analysieren und eine Morphologie der abendländischen Selbstbespiegelung zu entwerfen.

Doch auch die Versuche der meisten Bewußtseinsforscher, sich dem inneren Erleben zu nähern, beschränken sich entweder auf Nachweise physiologischer Veränderungen während eines alternativen Bewußtseinszustandes oder auf die Wiedergabe der Beschreibungen von Personen, die bereits solche Zustände erlebt haben. Einmal abgesehen davon, daß Schamanen bisher für physiologische Messungen oder das Aufzeichnen ihrer psychischen Erlebnisse wenig Kooperationsgeist gezeigt haben, kann mit diesen Methoden weder die kathartische Atmosphäre einer Zeremonie noch das Gefühl der Heiligkeit im veränderten Bewußtseinszustand nachvollzogen werden, die jedoch das Wesentliche bei der Heilung oder Initiation ausmachen.

Unsere Wissenschaftsform bleibt dem wirklichen Leben gegenüber distanziert, während Schamanen das Leben an seinen Wurzeln packen und eine lodernde Realität erfahren. Worte wie »heilig« oder »magisch« vermögen nichts von einem anderen Bewußtseinsbereich wiederzugeben, sie bleiben leer und substanzlos – es sind die Schatten einer uns verschlossenen Dimension. Religion ist Erfahrung, eine Transformation des Wachbewußtseins, die Wort und Schrift niemals widerzuspiegeln vermögen. Die Landkarte ist nicht die Landschaft, das Gemälde nicht das wirkliche Leben, und doch vergißt unsere schriftbesessene Kultur nur zu oft, daß Rationalität und Sprache nicht an das gelebte Leben heranreichen. Alfred Tennyson, ein englischer Dichter des 19. Jahrhunderts, hat das treffend beschrieben:

Ich hatte nie irgendwelche Erscheinungen durch Anästhetika, doch eine Art »Wachtrance« – in Ermangelung besserer Worte –, die ich seit meiner Kindheit häufig erfuhr, wenn ich allein war. Der Zustand kam über mich, indem ich meinen eigenen Namen leise wiederholte, bis ganz plötzlich, so als käme es durch die Konzentration auf das Bewußtsein meiner Individualität, die Individualität selbst sich aufzulösen und in ein grenzenloses Sein einzugehen schien. Und das war kein verwirrter Geisteszustand, sondern der klarste, der wirklichste der Wirklichkeit, vollkommen jenseits aller Worte – wo der Tod beinahe eine lächerliche Unmöglichkeit, der Verlust der Persönlichkeit keine Auslöschung, sondern das einzig wahre Leben schien. Ich schäme mich dieser Beschreibung – doch will ich nicht sagen, dieser Zustand sei gänzlich jenseits aller Worte.[17]

Lame Deer sagt das gleiche auf seine Weise:

Du mußt verstehen, daß man über gewisse Dinge nicht sprechen soll. Dinge, die in Ruhe gelassen werden müssen. Nehmen wir an, es gäbe eine Person, die alles erzählen könnte und auch alles erzählen würde –, dann gäbe es keine Geheimnisse mehr, und das wäre sehr schlecht. Der Mensch kann ohne Geheimnisse nicht leben. Er braucht sie dringend.[18]

Wir kennen die Scheu des Schamanen, über seine Erfahrungen in alternativen Bewußtseinszuständen zu sprechen. Das rührt aber nicht nur daher, daß es ihm als ein Sakrileg erscheint, sich darüber mit einem Fremden oder Nicht-Eingeweihten zu unterhalten, oder daß er sich etwa im Normalzustand nicht mehr an das Trancebewußtsein erinnert. Es liegt wohl auch daran, daß er einfach keine Worte dafür findet. Er bedient sich höchstens der tradierten Umschreibungen seiner Kultur, die aber selbst wieder nur Kategorisierungen des Nicht-Kategorisierbaren sind. Unser westliches Vertrauen in die Sprache ist eine Folge der Tatsache, daß wir glauben, die Worte seien genaue Abbilder der Prozesse unserer äußeren Umwelt.

Bertrand Russell vermutete, daß wir aus eben diesem Grund so viel über Physik, aber so wenig über alles andere wissen.[19] Wir besitzen keine Sprache für die innere Welt, die paradox und akausal angelegt ist. Unser Sprachrepertoire ist auf eine einseitige Interpretation von Raum, Zeit und Kausalität zugeschnitten, wodurch es uns an Mitteln fehlt, eine erweiterte Denksphäre zu beschreiben. Auch die Erkenntnisse der modernen Physik lassen sich nur schwer oder gar nicht in der mechanistisch-materialistisch orientierten Sprachstruktur ausdrücken. Die Frage, ob wir nicht eines ergänzenden Wortschatzes bedürfen, der neue Assoziationen ermöglicht und es uns erlaubt, paradoxe Gedankengänge und Gefühle zu formulieren, ist gerechtfertigt. Was wir benötigten, wäre eine mehrwertige Logik, multidimensionale Sprachfiguren und vieldeutige Begriffe, die Ambivalenzen besser abbilden können – doch ginge es uns bei diesem Unterfangen wie Wesen einer zweidimensionalen Welt, die von einem dreidimensionalen Universum träumen...

Läßt sich dann das Problem einer ethnologischen Methodologie für die Schamanenforschung überhaupt lösen? Muß der Forscher etwa selbst ein Schamane werden, um mitreden zu können? Wir glauben, das wäre die günstigste, nicht aber unbedingt die machbarste Lösung. Denn einerseits kennen wir die Methode der absoluten Distanz, Negation und Außenbeobachtung, andererseits benötigten wir eine vollkommene Hingabe an den schamanischen Bewußtseinsprozeß. Doch zwischen diesen beiden Extremen liegt ein Bereich zunehmender Empathie, Sensitivität und Einführung des Forschers in das schamanische Weltbild. Der Weg des Bewußtseinswandels ist ein Weg zunehmenden Mitgefühls, zunehmenden Ablegens rationaler Distanziertheit. Er durchläuft vom Normalzustand bis zum höchsten veränderten Bewußtseinszustand ein natürliches Kontinuum der Bewußtseinsintensivierung.

Je mehr wir die verschiedenen Bewußtseinszustände als Forscher selbst erfahren, um so besser dürfte uns später auch ihre Skizzierung auf rationaler Ebene gelingen. Der Yogi-Wissenschaftler, der Schamanen-Wissenschaftler, der Mann, der zwei Welten verkörpert, besitzt sicherlich die beste Qualifikation für die Bewußtseinsforschung, denn er kann aus eigener Erfahrung und von innen heraus beschreiben, und er versteht wirklich das, was er beschreibt.

Folgende Stufenfolge der Einfühlung in das schamanische Universum wären für den Forscher denkbar:

1. Reine Außenbeobachtung und objektivistische Verhaltensbeschreibung.
2. Empathisches Mitschwingen und Sympathie für die schamanische Lebensweise sowie der Versuch, sie in Worte zu kleiden, die persönliche Anteilnahme zeigen.
3. Der Ethnologe nimmt die mentalen Techniken und Erfahrungen des Schamanen ernst und probiert sie teilweise an sich selbst aus. (Einige Forscher wie V. Brown, Boyd, Cushing, David-Neel, Eaton, Katz, Kunze, J. R. Walker und andere haben entweder psychoaktive Drogen benutzt, gefastet, gebetet oder sind auf Visionssuche gegangen; sie haben bis zu einem gewissen Grad den Lebensweg des Schamanen von innen heraus nachvollzogen.)
4. Der Ethnologe geht ein Schülerverhältnis zu dem Schamanen ein, womit er die klassische Wissenschaftlerrolle transzendiert, seine forscherische Neugierde auf ein neues Niveau hebt und Lernen und aktives Reflektieren zu kombinieren versucht. (Inzwischen gibt es eine ganze Reihe von westlichen Personen, die eine schamanische Ausbildung teilweise oder in Ansätzen durchlaufen haben, z. B. Boshier, Córdova-Rios, Derlon, Harner, Prem Das.)

Sicherlich erhalten wir die profundeste Beschreibung und den tiefsten Einblick in das schamanische Leben, wenn der Forscher selbst sich anderen Bewußtseinszuständen überläßt. Je mehr das Gefälle zwischen Forscher und Schamanen aufgehoben wird, desto mehr nähern wir uns einer wirklich transpersonalen und transkulturellen Wissenschaft.

Einen solchen Erfahrungs-Ansatz fordert auch Larry Peters. Er möchte über die einfache Partizipation hinausgehen und die Selbstbeobachtung und Erfahrung des Ethnographen, die er beim Nachvollzug des anderen Lebensstils macht, in die wissenschaftliche Diskussion einbringen.[20] Das setzt eine große Kenntnis der Kultur voraus, bedingt aber gleichzeitig auch eine bereitwillige Hingabe und rezeptive Haltung. Peters gehört zu jenen Forschern, die selbst einmal in Trance gegangen sind und aus dieser Erfahrung neue methodische Forderungen ableiten.

Ein ähnliches Vorgehen wünschte sich wohl auch der bekannte Schamanenforscher Adolf Friedrich[21]; er forschte nicht objektivistisch, sondern durchlebte das schamanische Weltbild selbst leidenschaftlich. Es bereitete ihm große psychische Probleme, in akademischer Weise darüber zu referieren und zu schreiben.

Ein verhältnismäßig unbekannt gebliebener Protagonist des neuen Erfahrungs-Ansatzes war das anthropologische Genie F. H. Cushing, der fünf Jahre lang bei den Zuni-Indianern im Südwesten der Vereinigten Staaten lebte und zum Bogenpriester und ersten Kriegshäuptling des Stammes geweiht wurde. Er eroberte auch einen Skalp von feindlichen Apachenkriegern, durchlief verschiedene Initiationsriten und paßte sich dem Lebensstil dieses Pueblo vollkommen an. Wohl um sein »unseriöses« Vorgehen wissenschaftlich zu rechtfertigen, sprach er von einer »reziproken Methode«, entsprechend der er zum Beispiel nicht einfach die Mythen dieses Volkes sammelte, sondern im Austausch dafür von ähnlichen Traditionen und Ritualen der christlichen Kirche oder aber Sagen und Märchen unserer Kultur erzählte.

Cushing verfiel nicht in die distanzierte Haltung des akademischen Ethnologen, er besaß ein ganz natürliches, unbeschwertes Verhältnis zu den Indianern. Ohne komplizierte theoretische Vorurteile verhielt er sich gegenüber seinen Gastgebern wie ein normaler Mensch oder Nicht-Wissenschaftler und brachte die eigenen Gefühle, Probleme und Gedanken in seine Forschungen ein. Seine ethnographischen Berichte sind daher von solcher Lebendigkeit und Spannung, daß sie immer wieder als geniale Schöpfungen gelobt und als – wenn auch aus den Rahmen fallend – epochemachend gefeiert wurden. Doch wegen seiner persönlichen Anteilnahme am Leben der Zuni mußte dieses *enfant terrible* der Wissenschaft später auf Anordnung der Washingtoner Smithsonian Institution das Pueblo verlassen, da er sich gegen führende indianerfeindliche amerikanische Politiker gewandt hatte.[22]

Noch einen Schritt weiter ging Robert Van de Castle. Er besuchte die Cuna-Indianer der San Blas Inseln vor Panama in Begleitung eines westlichen Mediums, das die Neles, die einheimischen Schamanen, durch seine paranormalen Heilfähigkeiten und seine Gabe des Hellsehens so beeindruckte, daß sie schnell Zugang zu der Dorfbevölkerung fanden.[23] Das Zusammenbringen westlicher Medien und traditioneller Schamanen gehört sicherlich zu den interessantesten Kapiteln der zukünftigen Schamanenforschung.

Die Ethnologie wehrt sich gegen ein psychologisches Verständnis des Schamanen – zu Recht, denn unsere westliche Psychologie ist von allem Anfang an unleugbar ethnozentrisch und hat den Stammespsychologien und -philosophien seit jeher die Anerkennung, ja die Aufmerksamkeit verweigert. Die Transpersonale Wissenschaft dagegen ist aus einer Verbindung von asiatischen Philosophien und westlicher Bewußtseinsforschung entstanden, wie die Transpersonale Anthropologie die Weisheit und Erkenntnissysteme anderer Kulturen zu ihrer Wissenschaftsgrundlage gemacht hat. Diese Form transkultureller Wissenschaft wird die Brücke zwischen traditionellen und modernen Gesellschaften schlagen: Sie ist ein Zwitterwesen, das von den Kräften mehrerer Lebensstile zehrt und bereits den Auftakt zu einer wirklich planetaren Wissenschaft vom Menschen gegeben hat. Sie wird jene bornierte Schamanenforschung, die den Schamanen nur als Objekt und Produkt sozialer Umstände kennt, wissenschaftlich bald überboten haben. Über jene mechanistische Forschung bemerkte der Sibirienforscher Shirokogoroff:

Ich bin sicher, daß kein europäischer Gelehrter einem unwissenden Außenseiter erlauben würde, in sein Laboratorium zu kommen, an seinen empfindlichen Instrumenten herumzuspielen und mit einem ironischen Lächeln Fragen über den Einfluß des Sexualkomplexes des Gelehrten auf seine Laborexperimente zu stellen. Nur eine äußerste Höflichkeit und die Erkenntnis der Notwendigkeit, sich der Anmaßung des mächtigen Repräsentanten der »Zivilisation« zu fügen, hält Schamanen davon ab, solche Forscher abzuweisen.[24]

Ganz im Gegenteil dazu stehen die Forschungen Kai Donners, der Anfang dieses Jahrhunderts zu den Samojeden reiste. Er war einer der wenigen, die die objektivistisch-materialistische Forschungsmentalität überwanden. Während einer Séance bei den Samojeden am oberen Ket stellt er sich ganz als der mitmenschliche Forscher dar, wie wir ihn uns wünschen. Er schreibt:

Das Feuer war langsam niedergebrannt, und die uralten Bäume des Waldes zeichneten ihre Konturen gegen den Sternenhimmel ab wie große, mächtige Schatten. Der Schnee lag sanft auf der nackten Erde, und die Natur in ihrer endlosen Einsamkeit schien in einem Halbschlaf zu liegen. Die Männer hatten ihre alten Legenden von toten Heroen erzählt, und die Schamanen hatten mit den Geistern des Himmels und der Unterwelt gesprochen. Ich hatte alles vergessen, was mich zu einem Mann der Zivilisation machte. Ich dachte weder ans Christentum noch an andere Lehren, sondern war eher in kindlicher Bewunderung dessen, was ich sah und hörte, versunken.

Plötzlich fühlte ich mich wie ein Kind, wie in der Kindheit. Ich stellte mir vor, daß jeder Gegenstand seinen Geist besitze, daß Wasser und Erde von geheimnisvollen, unsichtbaren Wesen bevölkert seien, die auf unerklärliche Weise den Lauf der Welt und das Schicksal der Menschen regelten. In der unberührten Wildnis und ihrer ewigen Stille umfingen mich traditionelle Mystik und religiöses Geheimnis, durch die der Glauben so viele Dinge erfährt.

Nach mehreren dieser Treffen gewöhnte ich mich natürlich daran und ließ mich nicht mehr so vollkommen gefangennehmen. Doch selbst heute, aufgrund dessen, was ich gesehen und gehört habe, habe ich ein tieferes Verständnis für das, was diese Kinder der Wildnis fühlen und denken. Ihre Religion ist für mich lebendig geworden, und ich glaube, daß solch ein Verständnis und Wissen in vielen Arten nützlich sein könnte.[25]

Das von der westlichen Psychologie entworfene Bild menschlicher Kapazität entspringt einer Wissenschaftstradition, die im aufklärerischen Diesseitskult ihren Anfang nahm und durch die systematische Verdrängung alternativer oder höherer Bewußtseinszustände, beziehungsweise durch deren Pathologisierung, jenes uns allen innewohnende, eingeengte Ego schuf, das nur noch imstande ist, sich den unbedingt lebensnotwendigen Bedürfnissen zu widmen – während um es herum unendlich viele Bewußtseinsreserven brachliegen, blockiert durch ein reduktionistisches, sich als experimentell und empirisch ausgebendes Sicherheitsbedürfnis. Tatsächlich aber sind unsere Vorstellungen darüber, was empirisch und experimentell annehmbar ist, historisch bedingt. Was heute noch nicht wissenschaftlich untersucht werden darf – aufgrund eines allgemeinen gesellschaftlichen Tabus oder unbegründeter moralischer oder erkenntnismäßiger Wertsysteme –, wird morgen bereits den allseitigen Konsens forscherischen Bemühens darstellen.

Die Angst vor Romantizismus und Mystizismus, wie sie der Akademiker bei der Auseinandersetzung mit Schamanentum und Magie fürchtet, ist durchaus unbegründet. Die Empirie soll nicht abgeschafft, sie soll vielmehr ausgeweitet und damit objektiver, ja empirischer werden. Objektivität, so glaubt man, werde erreicht durch Einengung des Wahrnehmungshorizontes, durch die Säuberung des Forschungsfeldes von allen Störfaktoren. Aber daß dadurch ganze Bereiche des Menschseins von der Beobachtung ausgeschlossen bleiben – unter anderem sämtliche höheren Bewußtseinspotenzen oder »präwissenschaftliche« Vorstellungen wie Magie, Mystik, Alchemie sowie alle nicht-westlichen Wissens- und Weisheitstraditionen – scheint selbstverständlich. Mircea Eliade spricht sich daher für die Wiederentdeckung der spirituellen Geschichte der Menschheit aus. Er schreibt:

Der westliche Mensch wird nicht ewig fähig sein, abgeschnitten von einem wichtigen Teil seiner selbst zu leben, einem Teil, der sich aus Fragmenten einer spirituellen Geschichte zusammensetzt und dessen Bedeutung und Botschaft er unfähig ist zu entziffern. Früher oder später wird er den Dialog mit den »Anderen« – den Repräsentanten traditioneller asiatischer oder »primitiver« Kulturen – führen, aber nicht in der empirischen und utilitaristischen Sprache von heute (die lediglich fähig ist, soziale, ökonomische, politische, medizinische etc. Umstände zu beschreiben), sondern in einer kulturellen Sprache, die humane Wirklichkeiten und spirituelle Werte auszudrücken vermag. Solch ein Dialog ist unvermeidlich; er ist eingeschrieben ins Buch der historischen Schicksale, und es wäre tragisch naiv, sich einzubilden, daß er unbegrenzt auf der intellektuellen Ebene, auf der es heute stattfindet, verfolgt werden kann.[26]

Das Verdrängte und zur Unbewußtheit Verdammte löst heute zunehmend eine erkenntniskritische Gegenoffensive aus, die in absehbarer Zeit viele der engstirnigen Theoriegebäude hinwegspülen wird. Dann verwirklicht sich William James' Hoffnung und Prophezeiung:

Die Trennung von wissenschaftlichen und religiösen Tatsachen ist nicht notwendigerweise ewig, wie es zunächst scheint... Die streng unpersönliche Sicht der Wissenschaft wird vielleicht eines Tages eher wie eine nützliche Exzentrik und nicht wie die endgültige triumphierende Position erscheinen, als die sie der sektiererische Wissenschaftler heute so vertrauensvoll hinstellt.[27]

Im Augenblick können wir viele Facetten schamanischer Erfahrungen und Fähigkeiten noch nicht beurteilen, weil der Ethnologie die Maßstäbe, ja die Augen dafür fehlen. Es liegt keine Landkarte vor, auf der wir die undefinierbaren, unbekannten parapsychischen Weltbeschreibungen verzeichnet finden. Zudem ist Wissenschaft als höchste Form der Erkenntnissuche im Normalbewußtseinszustand vermutlich über weite Strecken ungeeignet, veränderte psychische Dispositionen zu erforschen. Ihre Prinzipien des kontinuierlichen Zeitflusses und Bewußtseinsstroms stehen dem alternativen Bewußtseinszustand mit seinen unregelmäßigen Zeitintervallen, dem Gefühl der Zeitlosigkeit oder Zeitneutralität sowie der Bewußtseinsleere diametral entgegen.

Das Wesen des Psychischen haben wir erst angekratzt, ja im Grunde hat die Psychologie erst angefangen, eine Wissenschaft zu sein. Wir haben die Tore unseres inneren Tempels noch nicht geöffnet. Erwartungsvoll stehen wir davor, denn eine neue Ära des Geistes, ein Neubeginn der Wissenschaft kündigt sich an. Wir haben soeben erst die Schwelle zu einer Form der Schamanenforschung übertreten, die die Ebene der bloßen Beschreibung obsolet gemacht hat und die Bedeutung des Bewußtseins des Forschers als Erkenntnisinstrument, als Fenster zur Welt, in den Vordergrund rückt.

26. DIE WELT UND ICH SIND VON EINEM GEIST

Helft mir!
meine Worte sind verbunden zu einem,
mit den großen Bergen,
mit den großen Felsen,
mit den großen Bäumen,
eins sind sie mit meinem Körper
und meinem Herzen.
Helft mir
mit übernatürlichen Kräften,
und du, Tag
und du, Nacht,
ihr alle seht mich –
eins mit der Welt!

Gebet der Yokut-Indianer[1]

Ethnologen haben mit unterschiedlichsten Ambitionen versucht, Schamanentum oder Schamanismus zu definieren und in ein System von Kategorien einzuordnen. Solch ein Unterfangen ist jedoch, wie die vorangegangene Darstellung hoffentlich dokumentiert, sehr fragwürdig, denn für den, der die Erlebnisschilderungen der Schamanen teilnehmend gelesen hat, bleibt noch zuviel Unbegreifliches und Geheimnisvolles zurück. Das »Geheimnisvolle« jedoch, so glaubte Albert Einstein, rufe in uns den Drang zur Forschung erst wach ... Ein Geheimnis schwebt über der schamanischen Magie, ein wirklicher Zauber, der sich wohl nie ganz aufklären läßt, es sei denn, das Menschsein ließe sich irgendwann dem Intellekt durchgängig erschließen, was jedoch wohl nie erreicht werden wird.

Bevor ich dennoch der Tradition folgend das Schamanentum definitorisch zu umreißen versuche – allerdings weniger, um es tatsächlich zu definieren, als um unseren gegenwärtigen beschränkten Erkenntnisstand zu diesem Problem vorzuführen –, sei zunächst James Frazer zitiert, der große Gelehrte und Anthropologe, der allerdings ein eher negatives Verhältnis zu Schamanen besaß:

Bei den Wilden wird die Theorie der Inspiration und der Besessenheit gemeinhin benutzt, um alle abnormen mentalen Zustände, besonders Irrsinn oder daran angrenzende Fälle, zu erklären. So glaubt man, daß Personen, die mehr oder weniger verrückt sind – besonders hysterische oder epileptische Patienten –, speziell von Geistern bevorzugt werden und daher als Orakel zu konsultieren sind. Ihre wilden und verwirrenden Worte läßt man als Enthüllung höherer Mächte durchgehen – entweder von Geistern oder Göttern, die bezeichnenderweise ihr blendendes Licht unter einem dicken Schleier dunkler Weissagung und mysteriöser Ausrufe verbergen. Ich brauche wohl kaum die sehr ernste Gefahr zu betonen, die jede Gesellschaft bedroht, in der solche Theorien weithin für wahr genommen werden. Wenn die Entscheidung einer ganzen Gesellschaft bei wichtigsten Angelegenheiten auf den eigensinnigen Phantasien, Schrullen und Grillen von Verrückten und Halb-Verrückten basieren – welche Konsequenzen könnte das für den Staat haben.[2]

Und nun wollen wir hören, wie ein Schamane, der aus eigener Erfahrung spricht, sich selbst definiert. Lame Deer sagt:

Der Wićaśa wakan will für sich sein. Er will abseits von der Menge und dem täglichen Kleinkram sein. Er will meditieren, will sich gegen einen Baum oder Felsen lehnen, will die Bewegungen der Erde unter sich spüren. Auf diese Weise kann er Dinge herausfinden und Fragen beantworten. Indem er seine Augen schließt, sieht er viele Dinge klarer. Was du mit geschlossenen Augen siehst, das zählt.

Der Wićaśa wakan liebt die Ruhe, in sie hüllt er sich ein wie in eine Decke – eine laute Stille mit einer Donnerstimme, die ihm vieles erzählt. Ein solcher Mann bevorzugt einen Platz, wo außer dem Summen der Insekten nichts zu hören ist. Er sitzt und blickt nach Westen und bittet um Hilfe. Er spricht zu den Pflanzen, und sie antworten ihm. Er lauscht den Stimmen der Wama káskan – den Stimmen all derer, die sich auf der Erde bewegen, der Tiere. Er ist eins mit ihnen. Von allen Lebewesen fließt ständig etwas in ihn hinein, und etwas fließt aus ihm zu ihnen. Ich kann nicht sagen, wo was fließt, es ist einfach da. Ich weiß es.

Dieser Medizinmann ist weder gut noch böse. Er lebt – nichts sonst, und das genügt... Der Wićaśa wakan ist einfach er selbst, und dementsprechend handelt er auch. Er hat die völlige Freiheit – die Freiheit eines Baumes oder eines Vogels. Diese Freiheit kann schön sein oder häßlich! Es spielt keine Rolle.[3]

Jeder Schamane besitzt seine, wenn auch kulturell gefärbten, so doch ganz privaten Visionen und eine nur für ihn charakteristische Berufungslaufbahn. Er ist ein Einzelgänger besonderer Art. Das innere Erleben bleibt sein persönliches Geheimnis, die subjektive Erfahrung läßt sich nicht kollektivieren, und so sind die bei der Heilung, Jenseitsreise und Geisterschau angewandten Methoden seine ureigenste Schöpfung, selbst wenn sie in traditionell überlieferte Rituale eingebaut sind. Der Schamane ragt in seiner psychischen Entwicklung über die Stammesnorm hinaus, vertritt aber gleichzeitig die Tradition und erhält sie lebendig. Je weiterreichend und unfaßbarer seine parapsychischen Erlebnisse sind, desto mehr hebt er sich von seinen Stammesbrüdern ab, doch um so ernsthafter und entschiedener tritt er im gleichen Augenblick für das Überleben und Wohlergehen seines Volkes ein oder zumindest für die Aufrechterhaltung der sakralen Überlieferung. Doch obwohl er unsere übliche Trennung von Heiligem und Profanem transzendiert, bleibt er ein normaler Mensch, nur zu oft behaftet mit der Symptomatik des Ego, den Vorurteilen seiner Kultur, seiner Zeit und seines Volkes. Personales und Transpersonales vermischen sich in seiner Gestalt zu einem oft nur schwer entwirrbaren Knäuel, so daß der wenig umsichtige Forscher Überpersönliches leicht mit Persönlichem verwechselt. Lame Deer sagt dazu:

Ich bin kein Alkoholiker und kein Pishko*, aber ein Heiliger bin ich auch nicht. Ein Medizinmann sollte kein Heiliger sein. Er sollte all das Auf und Ab, die Verzweiflung und die Freude, das Magische und die Realität, den Mut und die Angst seines Volkes erfahren und fühlen. Er muß so tief sinken können wie ein Wurm und so hoch fliegen wie ein Adler. Wenn er nicht beides erfahren hat, ist er kein guter Medizinmann.[4]

Und an anderer Stelle stellt er fest:

Ein Medizinmann zu sein ist, glaube ich, mehr als alles andere ein Bewußtseinszustand, eine Sichtweise, die Erde zu sehen und zu verstehen, ein Gespür und ein Verständnis dafür, worum es geht.[5]

Der Schamane ist ein normaler Mensch, er nimmt jedoch transnormale Qualitäten in sich auf und wagt den Sprung in andere Bewußtseinsbereiche, aus denen er erfrischt, neugeboren und psychisch erholt mit suprasensorischen Fähigkeiten zurückkehrt. Er gliedert seine Kenntnisse daraufhin in die Stammestraditionen ein und wird zu einem Diener der Gemeinschaft.

Der Zugang zur Schamanenrolle bleibt natürlich sozial geregelt. Es gibt Völker wie zum Beispiel die Eskimo, bei denen niemand diese Aufgabe wahrnehmen möchte, denn sie bringt zahllose Leiden mit sich und die Beachtung vieler Tabus. In anderen Kulturen dagegen, etwa bei den afrikanischen !Kung oder den südamerikanischen Tukano, strebt fast jeder schamanische Erfahrungen an.

Schamanentum ist die unmittelbare psychische Erfahrung des Heiligen, es ist die Grundlage jeder Religion, weshalb schamanische Praktiken und Inspirationen sich auch leicht mit jeder Kultur und Religion vereinbaren lassen. Die schamanische Bewußtseinsveränderung unterscheidet sich prinzipiell nicht von yogischen, mystischen oder medialen Erfahrungen. Wie wir gesehen haben, ist die Einheitserfahrung bei Schamanen ebenso

* Lakotah für Nachtfalke. Dieser Vogel baut keine Nester, legt seine Eier irgendwohin und vernachlässigt seine Jungen.

weitverbreitet wie bei christlichen Mönchen und asiatischen Heiligen, und mediale Kontakte zu Jenseitswesen treten in der gleichen Form wie bei westlichen Spiritisten auf. Auch die psychophysischen Techniken zur Umstellung des Normalbewußtseins, vom Fasten bis zu den verschiedenen Monotonisierungsübungen wie sensorische Deprivation oder Meditation, gleichen sich bei allen Formen der Spiritualität. Das Schamanentum gehört daher zu einer pan-religiösen humanen Tradition, die aus den biologischen Wurzeln der Menschheit geboren und so alt wie das Leben unserer Spezies ist.

Schamanen lernen zu heilen, sehen eine andere Welt, arbeiten mit nichtphysischen Energien, sprechen mit Tieren und Geistern, erfahren archetypische Symbole und Visionen. Sie verlassen ihren Körper oder bringen das ganze Spektrum paranormaler Phänomene wie Telepathie, Hellsehen, Psychokinese, Transmutation von Objekten, körperliche Verwandlungen, magische Beeinflussung von Tieren, Pflanzen und Menschen hervor. Sie beeinflussen die Elemente und Naturgesetze nach ihrem Willen und dem ihrer Hilfsgeister.

Das sicherlich wesentlichste Merkmal des Schamanen ist seine Beziehung zur Welt des Todes und zum Jenseits. Die Bedeutung des Geisterkontaktes geht schon aus seiner Benennung hervor: So nennen die Korjaken den Schamanen »Mensch, der von den Geistern inspiriert ist«[6], die Copper-Eskimo sprechen vom Elik, »der, der Augen hat« oder »der, der Augen hat, um damit in der Dunkelheit zu sehen«[7], und in Alaska heißt er Tungralik oder Kakalik, »der, der Geister besitzt«. Bei den australischen Wuradjeri kennt man den Schamanen unter dem Namen Wiri-nan, »starker Mann« oder »Geist des Wirbelwinds«, weil sein Geist wie ein Wirbelwind zu reisen vermag, und ein weiterer Name lautet »der Schlaue«, also jener, der intelligent genug ist, die Hilfe der Geister in Anspruch zu nehmen und übernatürliche Kräfte besitzt.[8]

Auf Tanembar (Mittelceram) heißt der Schamane Mat'los, »der Lochäugige«, weil er Löcher in den Augen hat, durch die er die Seelen und Geister sehen kann. Zudem gibt es die Mangwater, »Menschen mit Toten«, die durch Tote besessen werden.[9] Im alten China hießen die Schamanen Wu; es waren Frauen, die den Körperlosen, den Geistern, die beim Tanzen in sie einfuhren, dienten. Für den männlichen Schamanen gab es den Namen Hsi, »einer, der die Geister sehen kann«. Ihre Kraft, so sagten die alten Chinesen, sei der Ausstrahlungskraft von Sonne und Mond gleichzusetzen –, nach allen Seiten hin leuchtend –, und ihr Handeln sei dem der Geister vergleichbar, weil sie ins Taldunkel, in die Unterwelt, eindringen und das Laut- und Gestaltlose zu sehen vermöchten.[10]

Es gibt keinen Prototyp des Schamanen, denn seine Berufung läßt sich nicht stereotypisieren – allerdings finden wir bei den meisten Schamanen übereinstimmende Erlebnisse. Sie können Priester, Seher, medizinische, psychotherapeutische oder spiritualistische Heiler sein, Hellseher oder Sensitive mit einer Begabung, die der Eigenart ihres Hilfsgeistes, ihrer Vision, ihrer Jenseitserfahrung, ihres Kraftobjektes oder ihrer Gesänge entspricht. Gleichzeitig können sie aber auch die Aufgaben eines Häuptlings, »Politikers«, Sagenkundigen, Erzählers, Sängers oder Anführers im Krieg übernehmen.

Vielerorts liegt das gesamte Wissen und die Überlebenskraft des Stammes in ihren Händen. Ihr Wesen ist von einer anderen Welt geprägt, einer Welt, die die psychologischen Utopien des Abendlandes niemals erfassen können. Durch die Erfahrung der spirituellen Natur des Seins intensiviert sich für sie die Welt wie im Drogenrausch oder in der Ekstase. So erkennen sie die Lebens- und Kulturfaktoren schärfer und fühlen sich herausgefordert, alle Funktionen und Aufgaben innerhalb der Stammesordnung auszufüllen, ja überzuerfüllen, um sie zu heiligen.

Das Schamanentum ist keine Religion – wie oft mißverständlich behauptet wurde –, sondern die persönliche Erfahrung veränderter Bewußtseinszustände. Mircea Eliade spricht diesbezüglich von einer kosmischen Religion[11] und Aldous Huxley von einer Ewigen Philosophie, die von dem universalen menschlichen Verlangen getragen ist, die Dimension des Heiligen wiederzuentdecken.

Wie ich zu zeigen versucht habe, treffen wir bei Schamanen auf der ganzen Welt immer wieder auf die gleichen psychischen Merkmale, denn die Struktur der Psyche aller Menschen ist prinzipiell die gleiche. Schamanentum dürfen wir als eine Erfahrungsreligion von Einzelindividuen verstehen, die des Ausdrucks der kulturellen Tradition bedürfen, um sich mitzuteilen. Die transpsychischen Erkenntnisse des Schamanen und seine paranormalen Kräfte sind nicht abhängig von historischen oder kulturellen Faktoren, sie gehören zu den Potenzen der menschlichen Psyche schlechthin. Andererseits unterliegen sie der gesellschaftlichen Einbettung, Interpretation und Verklärung, weshalb der Schamane zu einem Mittler zwischen den Welten einer höher dimensionierten, nicht-aristotelischen Wirklichkeit und der Mechanik des kulturellen Diesseits wird.

Ob wir dem Schamanentun nun den Status einer Religion zuerkennen wollen oder nicht, bleibt ein dogmatischer Wissenschaftsstreit, der wenig erkenntnismäßigen Wert besitzt. Für uns dagegen ist vorrangig, daß viele Religionen von mystisch beeinflußten Individuen gegründet wurden, die ihre Erfahrung der Unendlichkeit und universellen Einheit auf die menschliche Ebene übertrugen. Allerdings wurden ihre Lehren im Laufe der Jahrhunderte säkularisiert und zunehmend abstrakter gedeutet und mündeten schließlich in jene heute sattsam bekannte Desakralisierung und Profanität. Schamanen dagegen bleiben private, oft anarchische, antisoziale Individuen, die nur ihrer Berufung und Inspiration folgen. Genaugenommen entsteht das Schamanentum mit jedem Schamanen neu; es erstarrt selten in Dogmatismus, wie wir es von den großen Religionen her kennen.

Dennoch unterliegt die Laufbahn des Schamanen strengen Regeln und Bestimmungen, da er sich einer Vielzahl sozialer und überlieferter Traditionen unterwerfen muß. Daher ließe sich auch bei ihm von einem gewissen Normierungsprozeß sprechen. Im innersten Kern jedoch bleibt die schamanische Initiation ein spontaner Ausbruch ungenutzter Potenzen, die den Menschen zu spirituellen Gipfelleistungen führen und die normalen Fähigkeiten der Spezies überschreiten. Schamanentum mag somit besser als lebendige, hautnah erlebte Spiritualität und erst in zweiter Linie als Religion bezeichnet werden. Schamane und christlicher Priester haben sich daher nichts zu sagen – ebensowenig wie ein fröhlich plätschernder Fluß und ein ausgetrocknetes Wüstenrinnsal etwas gemeinsam haben. Während die schamanische Liturgie und rituelle Handlung wie aus einem inneren Zwang heraus entsteht, genährt von einer biochemischen und biophysischen Verwandlung der Bewußtseinsstruktur, besteht für das Priesteramt die Gefahr, ohne persönliches Erleben die Religion in formalen Zwängen ersticken zu lassen.

Die Schamanenforschung der Zukunft muß eine radikale Abwendung von den objektivistischen Bestrebungen vergangener Zeiten vollziehen und sich der supra-psychischen, jenseits des Ego liegenden Geisteskapazitäten annehmen. Folgende Ziele und Richtungen dürften für die kommenden Forschungen wichtig sein:

1. Einbeziehung transpersonaler und parapsychologischer Modelle in die Ethnologie.
2. Eine neue Form der Feldforschung: Schamane und Forscher arbeiten gemeinsam und unter weitgehender Übereinstimmung ihrer Weltkonzeptionen an der Erforschung und Dokumentation der spirituellen Kräfte. Der Forscher mag dabei tendenziell zum Schüler des Schamanen werden und der Schamane gleichzeitig vom Forscher über unsere abendländischen Entdeckungen Aufschluß erhalten. Austausch und beidseitiges Erkenntnisstreben werden im Vordergrund stehen.
3. Genaue Dokumentation der Heiltechniken, der dabei vorkommenden alternativen Bewußtseinszustände und insbesondere der Heileffekte und Heilquoten.
4. Vergleich moderner physikalischer und psychologischer Theorien mit schamanischen Kosmologien und Bewußtseinspraktiken.
5. Übernahme schamanischer Psychotherapien und transpersonaler Erkenntnisse in das westliche Psychologiesystem.

Wie sich nun klar zeigt, ist unsere Methode nicht symbolisch oder soziologisch, nicht kultur-anthropologisch oder sozialbehavioristisch, sondern »realistisch«. Wir brauchen keinen raffinierten Code zur Entschlüsselung der »primitiven Verwirrtheit«; wenn wir einen solchen brauchen, dann zur erkenntniskritischen Entwirrung unseres eigenen Denkens, unseres abgestumpften und brachliegenden Sinns für das psychische Universum.

Nach diesen Zukunftsentwürfen wollen wir uns nun einem sehr wesentlichen Aspekt des schamanischen Erlebens zuwenden: der Psychologie der Zeitempfindung. Waldemar Bogoras, einer der bedeutendsten Schamanenforscher, schrieb schon frühzeitig: »Man könnte über Mathematik, Physik, Kunst und Philosophie des Schamanismus diskutieren.«[12] Er erkannte wohl als erster Ethnologe die Gemeinsamkeiten zwischen moderner Physik und schamanischer Weltbetrachtung, als er die Arbeiten von Einstein, Minkowski und Mach verfolgte. Er sagte: »Wenn diese Wissenschaftler nämlich versuchen, ihre abstrakten Formeln in konkretere Verbindungen psychologischer Tatsachen umzuformen, ähneln ihre Ausdrucksweisen sehr einigen Geschichten und Beschreibungen, wie sie bei einigen primitiven Völkern in Asien und Amerika bekannt sind.«[13] Bogoras hatte dabei sicherlich auch das Phänomen der Zeit im Auge, spielt es doch eine so verwirrende Rolle im schamanischen Universum.

Zeit ist eine Aufeinanderfolge von Ereignissen – gäbe es sie nicht, gäbe es auch keine Zeit. Schon der heilige Augustinus fragte sich: »Was tat Gott, ehe er Himmel und Erde schuf?« Seine Antwort darauf war: »Nichts«, denn die Zeit, meinte er, sei erst mit der Erschaffung von Himmel und Erde entstanden. Und Plato schreibt in seinem Dialog »Timaios«, Naturgesetze seien durch ideale geometrische Formen im Zustand absoluter Ruhe bestimmt. Diese idealen Formen seien zeitlos. Im Gegensatz zu Platos ewigen, idealen Modellen ist unser Universum Veränderungen unterworfen, und die Variable der Veränderung ist die Zeit.

Plato gab außerdem der Überzeugung Ausdruck, daß gehörte Melodien süß, ungehörte aber noch viel süßer seien. Diese Einstellung war beeinflußt von Parmenides, der Begriffe wie Werden und Vergehen einer scharfen Kritik unterzog und schlußfolgerte, Zeit betreffe nicht das wahrhaft Wirkliche, sondern nur die logisch unbefriedigende Welt des Scheins, die uns die Sinne vermitteln. Der Strom der Zeit galt ihm nicht als Wesenszug der letzten Dinge. Auch Einstein betrachtete die physikalische Wirklichkeit nicht als Evolution einer dreidimensionalen, sondern einer vierdimensionalen Existenz.

Unser alltäglicher Begriff von Zeit ist linear, homogen und kontinuierlich, während die ursprüngliche, die magische Zeit ungleichmäßig oder rhythmisch verläuft. Doch auch die Physik stellt die Kontinuität der Zeit in Frage und unterstellt ihr eine atomare oder »körnige« Struktur; darüber hinaus postuliert sie die Relativität und Subjektivität jeder Zeitdefinition durch die Abhängigkeit des Beobachters von seiner Eigengeschwindigkeit.

Die Grenzen unserer Zeitkonzeption sind die Grenzen unseres Denkens; erst wenn wir das Phänomen Zeit begreifen, erhalten höhere Bewußtseinspotenzen einen größeren Stellenwert. Es gibt keine Zeit an sich, wie das naive Gefühl vermeint, sondern nur Dauer, die psychologischer Natur ist. Zwischen Ereignissen und Bewegungen ist daher keine objektive Zeitbestimmung möglich, da alle Ereignisse von der subjektiven Einschätzung geprägt sind. Überdies besitzen viele Sprachen – wie etwa die der Bewohner der Südseeinsel Truk – keine Form, vergangene Ereignisse auszudrücken. Die burmesische Sprache verfügt sogar über keinerlei Zeitform, wie wir sie kennen, so daß für sie Vergangenes ewiges Jetzt bedeutet.

Die Erfahrung der Zeit ist jedoch nicht nur linguistisch, philosophisch und psychologisch geprägt, sondern auch abhängig von neurophysiologischen Komponenten. Im Alphazustand zum Beispiel vergeht im gleichen Intervall subjektiv mehr Zeit als im Betazustand; und im Bereich der Thetawellen verlangsamt sich die subjektive Zeit noch einmal wesentlich.

Unsere Kultur besitzt keine Begriffe für subjektiv erfahrene Zeit als Gegensatz zur Uhrzeit. Während die Uhrzeit kontinuierlich »fließt«, verrinnt die subjektive Zeit ungleichmäßig – je nach Bewußtseinszustand vergeht sie schneller oder langsamer. Um jedoch zu einem wissenschaftlichen Zeitverständnis zu gelangen, müssen wir psychologischen Zeitvariablen Platz einräumen, besonders wenn wir uns mit höheren Bewußtseinsphänomenen auseinandersetzen.

Unser Normalbewußtsein vermag ein Ereignis nicht in seinem ganzen Verlauf von der Vergangenheit bis zur Zukunft zu überblicken. Wir frieren die Geschehnisse in der Zeit auf einen Punkt ein und nehmen nur beschränkte Zeitabschnitte wahr, so wie auch eine Kamera nur ein einzelnes Bild aus dem Strom der Bewegung einfängt. Zeit an sich gibt es nicht. So unternahmen Stanislav Grofs Klienten, die LSD verabreicht bekamen, Reisen durch die Zeit; für sie schienen Gegenwart, Vergangenheit und Zukunft nebeneinander zu existieren, oder die Zeit verlief schneller, langsamer oder kehrte sich gar um. Sie empfanden außerdem den Raum als mehrdimensional und unendlich, als einen Punkt im Bewußtsein, und durchwanderten sich gegenseitig durchdringende Universen. Die Begriffe Raum, Zeit und Materie schienen ihnen künstliche Produkte; Materie erfuhren sie als Vibration, das individuelle Bewußtsein löste sich in einem »Gemeinschafts-Bewußtsein« auf, und sie gewannen den Eindruck, als existierten sie unabhängig vom Körper.[14]

Grof nimmt auf der Grundlage seiner LSD-Forschungen an, Menschen könnten als ein großes Bewußtseinsfeld funktionieren, in dem die newtonschen Charakteristika von Raum und Zeit transzendiert werden. Transzendentale Zustände, Erfahrungen von universaler, undifferenzierter Natur könnten den Zugang zu einer, wie der Physiker David Bohm es nennt, »eingefalteten« Ordnung des Seins schaffen.[15] Bohm glaubt, hinter unserer altbekannten »entfalteten« Welt befinde sich eine jenseits von Raum und Zeit liegende »eingefaltete« Welt, die nur aus Frequenzen oder Ereignissen bestehe und universale Verbindungen aufweise. Lediglich unser selektiver Blick lasse unsere »explizite« Welt entstehen, die ganze Wirklichkeit aber schließe jene »implizite« Welt der Einheit ein. Die phänomenalen Bereiche des Lebens stünden der Welt der Einheit jedoch nicht antagonistisch gegenüber, sondern seien mit ihr durch Übergänge und Abstufungen verbunden.

Für den Physiker bilden entfaltete und eingefaltete Welt eine Einheit. In gleicher Weise beschreiben für Mircea Eliade alle menschlichen Handlungen, wie zum Beispiel der Bau eines Hauses oder Tempels oder die Einsetzung eines Regenten, *en miniature* den Weltanfang. Jeder menschliche Akt, kann man sagen, ist in sich selbst eine Ganzheit, gewissermaßen ein Mikrohologramm des universellen Makrohologramms. Eine Unterscheidung von beidem – Großem und Kleinem – mag für unseren Alltag zweck- und sinnvoll sein, bringt das Universum jedoch vom spirituellen Standpunkt aus in Unordnung und setzt unzulässige Dichotomien. Im holographischen Paradigma der Magie jedoch bestehen keine Unterschiede – hier heißt es *pars pro toto*, wie oben so auch unten; die Einheit des Ganzen und seiner Teile beherrscht das Sein.

Für die »Bootstrap-Philosophie« des Physikers Geoffrey F. Chew ist die Natur nicht auf fundamentale Entitäten, etwa auf Grundbausteine der Materie reduzierbar.[16] Die provozierendste Aussage des »Bootstrap« lautet: »Jeder Teil besteht aus allen anderen Teilen!« Darüber hinaus müssen die subatomaren Partikel mit relativistischen Konzepten beschrieben werden, da bei ihren hohen Geschwindigkeiten Raum und Zeit zu einem vierdimensionalen Kontinuum verschmelzen. Die relativistische Quantenphysik postuliert auf einer unterquantenphysikalischen Ebene zudem einen allgemeinen Energieaustausch, eine dauernde dynamische Transmutation aller Energiemuster und einen universalen allseitigen Austausch und Wandel. Das holographische Modell besagt, das ganze Universum sei auf der Mikroebene miteinander verbunden, und Körper und Geist, Lebendiges und Totes stellten ein einheitliches Ganzes dar. Das Sein unterhalb der Quantenebene scheint aus einem dynamischen Prozeß zu bestehen, was David Bohm mit dem Begriff »Holomovement« zum Ausdruck bringen möchte.[17] Die »Physik der kleinsten Teilchen« und die »Psychologie des inneren Erlebens« haben uns ein neues »magisches« Weltbild beschert, das wenig Raum für die naive Wirklichkeitsbetrachtung des Alltags läßt.

Zur ständigen Vergegenwärtigung seines Mitschwingens im holistischen Universum verwendet der Mensch von jeher Symbole, Allegorien und Metaphern. Das Symbol ist Ausdruck des Großen im Kleinen. Ist die Ganzheit für uns nicht erfaßbar, so doch das Symbol als maßstabsgerechte Verkleinerung des Unermeßlichen. Kosmische Prinzipien werden hier auf dem Niveau der lebensnahen und greifbaren Welt veranschaulicht. Das Symbol repräsentiert das Mikro-Makroprinzip, es kennt keine Größenunterschiede. Ein kleiner irdischer Kreis verkörpert das Prinzip ebenso wie ein großer kosmischer Kreis; ein dahingleitender Fluß wird zum Ausdruck des kosmischen Wandels, das schamanische Zerstückelungserlebnis ist universaler Ausdruck der notwendigen Zerstörung vor einem seelischen Neuanfang.

Himmel und Erde, Mensch und Gott, Oben und Unten unterliegen den gleichen Gesetzen. Jeder Aspekt des Universums enthält das gesamte Wissen, und damit besitzt auch jeder Teil Informationen über alle anderen Teile des Ganzen. Das Symbol ist somit eine Abbildung der natürlichen biologischen, physischen, psychischen und kosmischen Prozesse. Der Mensch ist gleichfalls Abbild des Kosmos im Kleinen – an uns selbst vermögen wir das gesamte Sein zu studieren. Mikro- und Makrobereich sind identisch, weshalb wir von einem mikro-makrokosmischen Synchronizitätsprinzip sprechen können. Die Erkenntnis der mystischen Partizipation, die Möglichkeit, an allem existentiellen Energie- und Lebensfluß teilzuhaben, und die daraus entstehende Weltanschauung eines fließenden Übergangs zwischen Steinen, Tieren, Menschen, Toten, Göttern und Sternen schafft jenes Kontinuum des Seins, dem Magie und Mystik der Stammeskulturen folgen.

Da jeder Teil das Ganze in sich verkörpert, besitzt auch jeder und alles das Wesen des Heiligen und gilt als potentielle Hierophanie. Wir sind Teil eines Meister-Hologramms, dem wir um so näher kommen, je mehr wir uns einer nicht-rationalen, holistischen Erkenntnisweise bedienen. Derjenige, der Einblick in das universale Hologramm erhält, vermag dies nur aufgrund seiner Teilhabe am Ganzen.

Mit dem Ausklang der religiösen Einheitsschau, mit dem Ende des theologischen Universums starteten wir unser modernes zivilisatorisches Kulturexperiment, dessen innerstes Wesen die empirische Wissenschaft sein sollte. Heute, nach einer Phase der Zergliederung, der Analyse und der mechanistischen Weltbetrachtung, bewegen wir uns wieder auf ein

Weltbild der Einheit zu, das das Erbe von Meister Eckhart, Thomas von Aquin, Augustinus und Leibniz mit asiatischen Philosophien, ursprünglicher Magie und mit der modernen nicht-mechanischen Physik und transpersonalen Psychologie vereint. In diesem Strom des Paradigmas der Einheit schwimmt auch die neue Schamanenforschung, denn Magie und »primitive« Weltsicht sind ebenfalls einheitstiftende Seinsentwürfe, die viele den quantenphysikalischen Erkenntnissen vergleichbare Merkmale aufweisen. Im Nachfolgenden konfrontiere ich die schamanische mit der physikalischen Weltbeschreibung und zeige einige ihrer Gemeinsamkeiten auf.

1. Der Schamane dringt in unbekannte Bewußtseinsräume ein. Das gewöhnliche Bewußtsein verkörpert für ihn nur einen kleinen Teil der Gesamtaktivität und der Gesamtmöglichkeiten des Bewußtseins.

Auch die Physiker sind sich im klaren darüber, daß wir mit unserem Bewußtsein nur einen begrenzten Ausschnitt der Seinstotalität erfahren. So bedeutete für Louis-Victor de Broglie, den Entdecker des Welle-Teilchen-Dualismus, das Konzept der Raumzeit eine gleichzeitige Existenz von Gegenwart, Vergangenheit und Zukunft. Er war der Ansicht, der Mensch erfahre die Raumzeit nicht, weil er immer nur nacheinander in Kontakt mit einzelnen Scheiben davon komme, gleichsam wie wenn wir von einem großen Kuchen ein Stück nach dem anderen abschnitten, in der Meinung, das folgende Stück werde erst mit dem Vorgang des Abschneidens selbst geschaffen. Sowohl der große Kuchen als auch die Raumzeit, das heißt alle Dinge und Ereignisse, existierten aber schon von Anbeginn, und nur der Mensch nähme sie in seiner daseinsmäßigen Beschränktheit als in der Zeit entstehend und geboren werdend wahr. Im gleichen Sinne bemerkte Einstein im Jahre 1955 in einem Brief an die Schwester seines Freundes Michele Besso: »Für uns gläubige Physiker stellt diese Trennung zwischen Vergangenheit, Gegenwart und Zukunft jedoch nichts weiter als eine Illusion dar, wenn auch eine besonders hartnäckige.«

So wie der Schamane im Geiste das Jenseits und die seelische Innenwelt erforscht, so untersucht der Physiker empirisch und experimentell die Innenstruktur der Materie, deren Gesetze intellektuell ebensowenig nachvollziehbar, ebenso unbeschreibbar und ebenso paradox sind wie die Gesetze des Bewußtseins. Beide Forschertypen dringen offenbar in transpsychische, beziehungsweise transmaterielle Daseinsbereiche ein, die sich vermutlich irgendwo überschneiden und eine Einheit bilden. Vielleicht wird sich eines Tages die Identität beider Bereiche – von Bewußtsein und Materie –, das heißt ihrer Gesetzmäßigkeiten herausstellen.

Dann werden sich Schamane und Physiker ihre Erfahrungen mitteilen und auf unglaubliche Gemeinsamkeiten – wenn auch aus jeweils unterschiedlichen Blickwinkeln – stoßen. Für beide ist die phänomenale Welt Schein, sind Raum und Zeit relativ und überschreitbar. Für den Schamanen ist Materie etwas Relatives, weil er sie zu transzendieren weiß, und für den Forscher ist sie abhängig von der experimentellen Anordnung und den theoretischen Erwartungen. So sagt denn auch Einstein, alle Theorien seien freie Setzungen des menschlichen Geistes, und David Bohm meint, unsere Erkenntnisse, gleichgültig wie fortgeschritten sie auch seien, gehörten immer noch zum Bereich der phänomenalen Welt mit all ihren Beschränkungen, während die »eingefaltete« Welt nicht einmal zu erahnen sei.

2. Das Bewußtsein ist für den Schamanen nicht mit dem Gehirn identisch; Bewußtsein reicht für ihn über die bekannten Raum- und Zeitgrenzen hinaus. Raum, Zeit und Materie gelten für ihn zudem als relative Konzepte, die vom jeweiligen Bewußtseinszustand abhängig sind.

Auch in der modernen Bewußtseinsforschung mehren sich die Stimmen, die sagen, das Bewußtsein sei gegenüber den Gehirnstrukturen eigenständig und autonom. Zählten Wilder Penfield und John C. Eccles noch zu den einsamen Protagonisten dieser Erkenntnis, so bemächtigt sich dieses neue Paradigma heute zunehmend der Bewußtseinsforschung und ganz besonders der transpersonalen Orientierung.

Die Relativität von Raum, Zeit und Materie darzustellen hatte sich die spezielle Relativitätstheorie Einsteins zum Ziel gesetzt. Die Größe von Gegenständen hängt danach von der Geschwindigkeit des Beobachters ab. Die Begriffe Raum und Zeit sind nicht nur im astronomischen, sondern auch im subatomaren Bereich nicht mehr zu gebrauchen, und Materie im landläufigen Sinn besitzt keine Existenz mehr. Es hängt von der experimentellen Anordnung, das heißt vom Bewußtseinszustand oder den Forschungsintentionen des Physikers ab, welche Ergebnisse erzielt werden. Ohne die Einbeziehung des Subjekts in die Forschung kann es – so erkennt die moderne Physik – keine richtige Betrachtung der mikrophysikalischen Geschehnisse geben. Unsere Experimente beweisen nur das, was wir ohnehin glauben; und wir werden Raum, Zeit, Substanz und Kausalität nur dingfest machen können, wenn diese Kategorien *a priori* in unserer Anschauung vorhanden sind. Das Bewußtsein ist somit vorrangig geworden, nicht nur in der Geisteswissenschaft, sondern auch in der Physik.

3. Für den Schamanen existiert ein universales Bewußtsein, wovon der Mensch ein Teil ist und das er daher anzapfen kann. Viele Stammeskulturen benennen diese All-Einheit nicht; ihr Name ist tabuisiert und heilig, weil das Wesen der Ganzheit für den Menschen nicht erfaßbar ist. Doch nicht nur das Ganze, auch all seine Teile gelten als heilig, denn es herrscht

das Gesetz *pars pro toto* – das Kleine beeinflußt das Große und *vice versa*. Daraus ergibt sich ein streng deterministisches Universum, in dem der Zufall keine Chance hat. (Nach diesem Prinzip funktionieren alle Orakel- und Weissagungstechniken, denn der geworfene Stein oder die durch die Hand rieselnden Körner sind Teil eines synchronistischen Universums. In gleicher Weise setzen auch Handlesekunst, Irisdiagnostik oder Fußreflexzonenmassage voraus, daß in einem Körperteil der gesamte Organismus noch einmal in Miniaturform repräsentiert ist.)

Die moderne physikalische Hologrammtheorie hebt die mechanische Trennung von Gott, Welt und Ich, wie Descartes sie formulierte, auf und setzt an deren Stelle ein Universum, in dem eins das andere reflektiert, beeinflußt und erzeugt und in dem jedes kleine Hologramm in ein größeres Hologramm eingebettet ist. Letztendlich gelangt man so zu einem Superhologramm – Gott, dem Universalen oder der Einheit. Mikro- und Makrokosmos bilden in der neuen Hologrammtheorie eine Einheit, da der Mikrokosmos als ein verkleinertes Spiegelbild des Makrokosmos gilt. Einstein sagte: »Wenn ein Lebewesen wie etwa eine Maus das Universum beobachtet, so verändert das den Zustand des Universums«, und der Nobelpreisträger Percy William Bridgman glaubt, daß jede lokale Bewegung das ganze Universum erschüttert. Johannes Kepler brachte in seinem *Mysterium Cosmographicum* diese Ansicht zum Ausdruck, als er menschliches Denken und göttliche All-Einheit miteinander in Beziehung setzte und sagte: »Nicht jede Ahnung ist falsch. Denn der Mensch ist ein Ebenbild Gottes.«

4. Schamanen haben Kontakt zu anderen Entitäten und Geistesbereichen. Das Bewußtsein kann mit nicht-humanen Bewußtseinsformen kommunizieren.

Die Existenz anderer Bewußtseinswesen, die Kommunikation mit ihnen oder der telepathische Kontakt mit anderen Menschen wird von den Quantenphysikern natürlich nicht proklamiert; eine Reihe von Physikern allerdings, deren Theorien als die »Neue Physik« bezeichnet werden[18], versuchen, parapsychologische Phänomene und Physik zu verbinden. Als einer der ersten modernen Physiker gab Einstein zu erkennen, daß er dieser Idee nicht abhold war, als er in seinem Geleitwort zu Upton Sinclairs *Radar der Psyche* die Möglichkeit eines telepathischen Kontaktes betonte.

Die Erkenntnisse der Relativitäts- und Quantenphysik selbst sind jedoch phantastisch genug, daß man sie mit schamanischen Erfahrungen vergleichen kann. Für J. Archibald Wheeler zum Beispiel – und damit formuliert er eine der Grunderkenntnisse der modernen Physik – muß das Wort Beobachter durch Teilnehmer ersetzt werden. Das Konzept der

Welt, »die dort draußen sitzt«, meint Wheeler, sei nicht mehr haltbar. Das Universum wird damit zu einem partizipatorischen Universum. Eugene Wigner sagt, subatomare Phänomene seien nur Teil einer Kette von Vorgängen, die ihren Anfang und ihr Ende im Bewußtsein des Beobachters hätten.

An diesem Punkt konvergieren Physik und Psychologie, und C. F. von Weizsäckers Forderung nach einer neuen »Psychophysik« kommt hier zum Tragen. Physik kann nur über Vorgänge sprechen, die bei der Wechselwirkung Subjekt/Objekt stattfinden. Dementsprechend haben wir kein Wissen über Elementarteilchen an sich, sondern nur ein solches über unsere Beziehung zum Forschungsobjekt. Wir können nicht mehr von *der* Natur sprechen, sondern nur noch von der unserer Fragestellung ausgesetzten Natur. Immer zugleich Zuschauer und Mitspieler im Schauspiel des Lebens, untersuchen wir nicht die Natur an sich, sondern das Wechselspiel Mensch/Natur. Die wissenschaftliche »Objektivität« wird in ihre Grenzen gewiesen.

Bewußtsein und Materie gehen eine eigenartige, paradoxe Verbindung ein. So fragt C. F. von Weizsäcker, ob wir den Beobachter nicht selbst quantentheoretisch beschreiben können, zumal auch sein Gehirn und sein Körper aus Atomen bestehe. Doch da dies wohl heute noch nicht möglich ist, hat die Quantentheorie die Kluft zwischen Beobachter und Objekt noch nicht überbrückt – eine durchgängige quantentheoretische Weltbeschreibung steht noch aus.

5. Der Ursprung der schamanischen Kräfte rührt entweder vom Kontakt mit dem schöpferischen Prinzip oder von einer Begegnung mit einem Jenseitswesen her; sie können auch von energetisch aufgeladenen Kraftobjekten stammen. Bewußtsein und Denken arbeiten mit einer quasimateriellen Energieform, die physische, psychische und feinstoffliche Wirkungen zeitigt und Phänomene produzieren kann, die wir als Psychokinese, Materialisation und Dematerialisation, geistige Heilung und so weiter beschreiben.

Daß das Bewußtsein unabhängig vom Gehirn arbeitet und gewissermaßen ein Aspekt des Superbewußtseins ist, dadurch Zugang zu allen anderen unterquantenphysikalischen Seins- und Energiebereichen besitzt und es so zu eigenartigen paraphysikalischen Phänomenen kommt, wird von der »Neuen Physik« bisher nur spekulativ diskutiert.

Der Biologe Rupert Sheldrake postulierte jedoch in jüngster Zeit – Platos Gedanken »Der Geist baut den Körper« folgend – eine »morphische Resonanz«, die alle biologischen und auch »toten« Systeme durch bisher noch nicht direkt nachweisbare organisierende Matrizen oder morphogenetische Felder reguliere. Ähnliche Hypothesen wie etwa Hans

Drieschs »Entelechie«, Alexander H. Burrs experimentell und praktisch nachgewiesene »Lebensfelder« oder I. Prigogines Vorstellung eines ordnenden Prinzips in der Entropie finden sich schon immer in der Wissenschaftsgeschichte, doch standen sie immer dem materialistischen Weltbild zu sehr entgegen, als daß sie sich ernsthaft hätten etablieren können. Der Gedanke einer strukturierenden Primärenergie gehört auf jeden Fall ebenso zur westlichen Theoriebildung wie zum schamanischen Universum – ob beide tatsächlich über das Gleiche sprechen, wird allerdings vom zukünftigen experimentellen Nachweis einer »Lebensenergie« abhängen.

6. Das Universum ist für das ursprüngliche Weltbild der Stammeskulturen keine große Maschine aus atomistischen, separaten Teilen, sondern ein Ozean immaterieller Kraftfelder. Diese mystische Kraft gilt als lebendig, als Ursprung und Samen des Lebens schlechthin. Lebewesen ebenso wie auch Steine, der Himmel oder die Milchstraße, ja das ganze Sein werden nicht nur als physische, sondern auch als Energiemanifestationen verstanden. Das Reich der unsichtbaren Kräfte, die die Matrix und das Agens unseres Seins bilden, ist die wirkliche Heimat des Schamanen, dorthin reist er mit seinem Bewußtsein.

Für den Physiker James Jeans sieht das Universum nach einem vielzitierten Ausspruch immer weniger wie eine große Maschine und immer mehr wie ein großer Gedanke aus. Ähnliches formulierte auch Werner Heisenberg in seinem Werk *Schritte über Grenzen:* »Langsam wird sich ein Gefühl dafür entwickeln, daß das Leben auf der Erde eine Einheit repräsentiert, daß Schaden an einem Punkt überall Wirkungen zeitigen kann, daß wir samt und sonders verantwortlich für die Ordnung des Lebens auf unserer Erde sind.«

Auf der subatomaren Ebene gibt es nur »fließende Ereignisse«, einen immateriellen Strom dauernder Wandlung und Bewegung, in dem die Tische und Stühle der Makroebene nur Momentaufnahmen unseres Geistes sind, nicht anders als Atome und Elektronen auch. Das dynamische Universum hat die »festen« und »letzten« objektivistischen Wahrheiten hinweggefegt, und man vermutet, daß alle Elementarteilchen, die sich in verschiedenen Zuständen befinden, aus *einem* »Stoff« bestehen – einer einheitlichen »Materie«, die keine Materie mehr ist! Schon Isaac Newton schrieb dazu in seinem Werk *Opticks:* »Wäre es nicht denkbar, daß die Stoffe und das Licht sich ineinander umwandeln?«

Bertrand Russell sagte, die Vorstellung eines Ortes sei eine bloße Approximation und beruhe auf der Bewegungslosigkeit großer Gegenstände auf der Erdoberfläche. Die Stabilität beruhe auf der Grobheit unserer Sinne, während im Elektronenbereich Materie sich als eine Folge von Ereignissen darstelle – Teilchen seien an sich zusammengesetzt aus

Ereignisteilchen, die durch Verschmelzung von Raum und Zeit entstünden. Erst wenn in benachbarten Raum-Zeit-Gebieten bestimmte Ereignisse stattfinden, dann läßt sich von Materie sprechen.

Der Ort eines Teilchens und sein Impuls (Geschwindigkeit) lassen sich, wie Heisenbergs Unschärferelation zeigt, nicht gleichzeitig bestimmen, da die Teilchen über den Raum hin »verschmiert« sind. Dadurch sind Begriffe wie »wirklich« oder »etwas geschieht« nicht mehr anwendbar. Die Alltagssprache ebenso wie die Sprache der klassischen Physik versagen hier: In dieser Welt gibt es keine Räumlichkeiten und Zeitlichkeiten und keine Existenz »im eigentlichen Sinne« mehr (Heisenberg). Die Meßinstrumente der Physik machen den Mikrobereich zu etwas Faktischem, doch handelt es sich dabei eher um Abstraktionen und nicht um wirkliche »Dinge« wie ein Haus oder ein Berg. Anschaulichkeit und Objektivität gehen sowohl in der subatomaren als auch in der schamanischen Bewußtseinswelt verloren.

Alle Materie besteht aus Energie beziehungsweise aus elektromagnetischen Feldern, weshalb für Einstein das, was auf uns als Materie wirkt, in Wirklichkeit eine große Konzentration von Energie auf kleinem Raum, eine Form »gefrorener Energie« ist. Masseteilchen seien Energieknoten oder »Störungen« im vollkommenen Feld. Das Feld, sagte Einstein, ist die einzige Realität, und da wir nicht mehr von isolierbaren Entitäten, sondern nur noch von dynamischen Strukturen, die mehr oder weniger stark im einheitlichen Feld konzentriert sind, sprechen dürfen, läßt sich Materie als ein Netzwerk von Wechselbeziehungen definieren.

Die moderne Physik glaubt, daß sich die Materie durch spontane Fluktuationen aus diesem Energieozean formt und auch wieder dorthin zurückfällt. In diesem Bereich wandelt sich eins ins andere um, so daß aus *einem* Materieaspekt ein völlig neuer und anderer geschaffen werden kann. In diesem Sinne ist die Vorstellung eines lebendigen, intelligenten und beseelten Universums, wie es schon Plato im *Timaios* schildert oder wie es Schamanen postulieren, nicht unbedingt abwegig.

Die Physik hat im Laufe ihrer Entwicklung Elektrizität, Magnetismus und Licht zur Elektrodynamik zusammengeschlossen, und die Allgemeine Relativitätstheorie hat Raumstruktur und Schwerkraft zusammengeschlossen; Einstein versuchte in seiner einheitlichen Feldtheorie, alle physikalischen Kräfte zu einer monumentalen Theorie vom Sein zu vereinen. Während im mechanistischen Weltbild der Physik das Subjekt keine Erwähnung fand, besteht von der »Physik der Einheit« oder vom »Paradigma der Einheit« her (wie es C. F. von Weizsäcker formuliert) tendenziell kein Unterschied zwischen Subjekt und Objekt, doch die Unmöglichkeit, den Forscher selbst quantentheoretisch zu beschreiben, macht diese Anschauung zu einer rein hypothetischen und spekulativen.

7. Da im schamanischen Weltbild jedes auf alles einwirkt und jedes jedes konstituiert, ist dieses Weltbild synchronistisch, symbiotisch, akausal, zeitneutral beziehungsweise zeitüberspringend und auf einmalige Weise einheitspendend. Fiele nur ein Teilchen aus, würde das den ganzen kosmischen Ablauf zerstören.

Eine »Partikelwelt«, die sich in kleinste Teile aufspalten läßt, kann auch die Mikrophysik nicht mehr aufrechterhalten – Partikeln haben keine selbständige Existenz mehr. Nicht mehr dichotome Identität, sondern Verbindungsreichtum und das Gesetz »Alles erzeugt alles« beherrschen die Materie. Da auch im kleinen, also nicht nur im astronomischen Bereich, die Relativitätsgesetze gelten und sich Quanten mit Lichtgeschwindigkeit fortbewegen, herrscht auch an der Basis unserer Welt das Relativitätsgesetz, wodurch die Vorstellung einer stetig fortschreitenden Zeit sowie das Kausalitätsgesetz eingeschränkt werden.

Erwin Schrödinger, der Begründer der Wellenmechanik, glaubte – nachdem die Theorie des mechanischen Bauklötzchenuniversums zusammengebrochen war und ein Universum der Einheit bereits hinter diesem Trümmerhaufen hervorschimmerte –, daß die Trennung eines individuellen »Bewußtseins« von einem anderen eine Illusion sei – in Wirklichkeit verbände sich alles Bewußtsein zu einer Einheit. Bewußtsein sei ein Singularbegriff, von dem der Plural unbekannt sei, sagte er in *Was ist Leben.* Es gibt nur ein Einheitsbewußtsein, ein Gedanke, dem auch J. S. Bell nachging, als er das Universum als ein einziges großes Hologramm bezeichnete.

Das zeitgenössische Universum der Physik hat, wie wir sehen, den mechanistischen Dualismus, den Subjekt-Objekt-Gegensatz, die Unversöhnbarkeit von Forscher und Forschungsgegenstand überwunden, die uns die Welt als ein atomistisches Puzzlespiel vorgaukeln wollten. So wie der Schamane auf seinem Initiationsweg eine Selbst-Transformation erfährt, so bewegt sich auch unsere wissenschaftliche Erkenntnis von der Illusion zur Realisation, von der Dunkelheit zur Erleuchtung, vom Traumschlaf zum Erwachen und von der Zersplitterung zur Ganzheit. Die Einsichten und Folgen der Mikrophysik lassen sich nur mit den Auswirkungen der Neolithischen Revolution oder der Kopernikanischen Wende vergleichen. Die heutige Zeitenwende führt uns zurück zum primitiven, archaischen Weltentwurf der esoterischen, traditionellen Psychologien. Vergangenheit und Zukunft reichen sich die Hände und überbrücken so Raum und Zeit auf ihre Weise.

Und der Ethnologe? – Ins Chaos der vierdimensionalen mystischen Weltschau geworfen, steht er nun wie ein Kind vor diesen unfaßbaren Phänomenen: Alles erscheint ihm neu, nichts mehr bekannt. Die Hoffnung auf die Möglichkeit einer Rückkehr in die dreidimensionale Körperwelt erlischt – das Bewußtsein als vierter Faktor hat alle Mauern und Schranken eingerissen, und der beengende Rahmen, in den uns das Freudsche Unbewußte zwängte, liegt zerbrochen auf der Schutthalde der Theoriengeschichte, während sich der Ethnograph langsam in die magischen Weltlinien des Schamanen verstrickt.

EPILOG

Jenen, die nicht das Pulver erfunden haben und nicht den Kompaß,
jenen, die nicht den Dampf bezwangen und nicht die Elektrizität,
jenen, die nicht die Meere erforschten und nicht den Himmel,
... aber sich hingaben, ergriffen, dem Wesen der Dinge,
... wahr und wahrhaftig die Erstgeborenen der Welt,
jenen, die überleben werden in Keimen der Gräser!

Aimé Césaire

ZU VIEL DENKEN AN WEISSEN MANN – FINDE TRAUM NICHT MEHR

Nachdem der größte Teil der Stammeskulturen ausgerottet oder aber zu einem kümmerlichen Dasein degradiert wurde, nachdem die Sagenerzähler ausgestorben, die mythischen Traditionen weitgehend verlorengegangen und mit christlichen Elementen versetzt worden sind, nachdem das Heilige zur schwarzen Magie verkam und die Schamanen verschiedene westliche Kulturpraktiken als Ersatz für den Verlust einheimischen Wissens in ihre Heilrituale aufnahmen, nachdem die Götter und Geistvorfahren bei vielen Stammeskulturen für lange Zeit weniger zählten als der Luxus moderner Lebensqualität und die ökonomischen Grundlagen der meisten noch überlebenden Stämme ganz oder weitgehend untergraben wurden, glauben einige Stämme heute an ein Wiederaufleben ihrer alten Kultur und Religion.

Bei manchen dieser Völker mögen sich in der Tat die Geburtszahlen erhöhen, mag sich ein zweifelhafter wirtschaftlicher Reichtum einstellen und auch das Schamanentum in Grenzen wieder zu Ehren kommen – wobei ein Typ des modernen Schamanen entsteht, der sich besser in der Automechanik als in seiner eigenen Sprache oder Geschichte auskennt und somit zum neuen Vermittler zwischen den Kulturen wird. – Doch der Aufruf zur Rückkehr zur guten alten Zeit hallt nur noch über abgeholzte Wälder, eingezäunte Prärien, von Bohrtürmen übersäte Tundren und fischlose Seen. Das Jäger- und Nomadentum hat als Kulturform schon lange aufgehört zu bestehen.

Schamanentum als Ausdruck von Sammler-, Jäger- und Bauernkulturen, nicht aber als geistige, biologische Potenz, ist dem Tode geweiht. Jährlich siechen Dutzende von Stammesgruppen dahin, die allerletzten Rückzugsgebiete am Amazonas, in Assam, Indonesien und Mikronesien werden geräumt. Der Stamm als Lebensmodell wird in den nächsten Jahrzehnten bis auf wenige Ausnahmen endgültig und gänzlich ausgedient haben, der abendländische Fortschrittswahn kann diese Lebensform nicht neben sich dulden. Zwar gelang es, eine Reihe positiver wissenschaftlicher Argumente für ihre Existenz zu finden, aber erst in den letzten Jahren sehnen sich einige subkulturelle Gruppen in der modernen Zivilisation zurück zum Stammesdasein. Zu spät! Die letzten sechs Prozent nicht-industrieller, nicht-geschichtlicher oder primitiver Naturvölker – einerlei, welche falschen Bezeichnungen wir ihnen auch immer geben – werden, so rechnen realistische Bevölkerungsspezialisten, am Ende des 20. Jahrhunderts endgültig vom Gesicht unseres Planeten verschwunden sein.

In dieser ausweglosen Situation treten insbesondere Schamanen als Hauptträger des Widerstandes gegen das eindringende abendländische System hervor. Solange sie sich nicht korrumpieren lassen, kann der Untergang ihrer Kultur hinausgezögert werden, denn sie bilden die Stützpfeiler der kulturellen Identität ihrer Stammesgemeinschaften. Der Schamane gilt gleichzeitig aber auch als Botschafter zwischen den Kulturen, der die Akkulturation abschwächt, sein Volk vorsichtig in die andersartige Lebensform überführt und so versucht, das traditionelle Universum in die neue Welt hinüberzuretten. Oft ist er der erste, der neue Denkmaßstäbe und neue materielle Güter einführt und den Kontakt zur fremden Zivilisation zwar einerseits gänzlich mißbilligt und anderen verwehrt, andererseits aber realistisch die eigene Ohnmacht erkennt und die andere Kultur zum eigenen Vorteil ausgiebig studiert und analysiert. So kann er sich zu einem Menschen der zwei Welten entwickeln, einem Stoßdämpfer zwischen den Kulturen. In diesem Prozeß wandelt sich natürlich auch seine Einstellung zu den eigenen Kräften und Heilpraktiken – dann entstehen oft synkretistische Religionsformen, revitalistische Kulte und neoreligiöse Heilsbewegungen.

In den letzten Jahren hat sich der Blick des Menschen unserer modernen Zivilisation durch die Befreiungs- und Emanzipationskämpfe der »ursprünglichen« Nationen auf dem ganzen Planeten für die positiven Seiten der Stammeskulturen geschärft. Diese Entwicklung wurde unterstützt durch neueste wissenschaftliche Erkenntnisse, die zunehmend Anleihen bei den vermeintlich »archaischen« und »nicht-technologischen« Gesellschaften machen. Auch unsere Psychologie ist dabei, die Relevanz schamanischer Initiation für das gesunde und selbstaktualisierte Individuum zu entdecken. Sie erkennt, daß ohne die harten Berufungsleiden und ohne Schmerzen für die Psyche auf transpersonalem Gebiet kein Gewinn zu erzielen ist.

Waren es Blindheit, Unwissenheit, Verblendung, waren es Rückschrittlichkeit oder falsche Paradigmen, die uns bisher die Realität der transpsychischen Strukturen verstellten? Es scheint so, denn während die Kraft des Schamanen erlahmt, während »zu viel Denken an weißen Mann – finde Traum nicht mehr«[1] sein Gehirn beherrscht, entdecken wir die von unserer Zivilisation verschütteten Strategien der Initiation, des geistigen Heilens, der Medialität und paranormalen Kommunikation wieder. Nachdem wir die Magie jahrhundertelang mit schärfsten Waffen bekämpft und fast bis zur Unkenntlichkeit verstümmelt haben, werden wir uns nun der blindwütigen abendländischen Subjektivität und Ethnozentrizität bewußt, die alle kulturelle Andersartigkeit mit ihrer Zwangsjacke des Fortschrittsdenkens lahmgelegt hat.

Heute sehen wir einer Tendenzwende entgegen – die Weißen kommen in die Brujo-Dörfer Südamerikas, in die trostlosen Indianerreservate Nordamerikas und durchforsten die abgelegensten Südseeatolle auf der Suche nach »schamanischer Initiation«, denn der mal Teufelsfratzen, mal hehre Ideale schaffende Geist des Zivilisierten kennt keine Ruhe. Hier entsteht ein neuer Mythos vom Schamanen: Der reine Wilde wird wiederbelebt, diesmal im Gewand des zum Heiligen erhobenen makellosen spirituellen Führers. Diskriminierung und sterile Verehrung des Schamanen haben sich schon immer die Hand gereicht.

Was bleibt, ist die Abwehr eines komplexen transpersonalen Phänomens und die Zerstörung urtümlicher Kulturen, allerdings unter umgekehrten Vorzeichen. Diese Zerstörung spiegelt die Trauer der von westlichen Forschern weltberühmt gemachten mazatekischen Heilerin Maria Sabina wider, deren psychedelische Pilzzeremonien den Ethnomykologen Gordon Wasson und später unzählige Amerikaner und Drogenapostel auf der Suche nach chemischer Erleuchtung anlockten:

Seit damals, als die Fremden kamen, um Gott zu suchen, haben die Ninos santos [die heiligen Pilze] ihre Kraft verloren. Sie haben ihre Reinheit verloren. Man hat sie zerstört. Jetzt und in Zukunft werden sie nichts mehr wert sein. Da läßt sich nichts machen. Bevor Wasson kam, spürte ich, wie mich die Ninos santos emporhoben. Jetzt fühle ich nichts mehr. Die Kraft ist geschwunden.[2]

ANHANG

TABELLE ZUR LOKALISIERUNG DER ERWÄHNTEN STÄMME

Ainu – Nordjapan (Hokkaido), Südsachalin, Kurilen
Aivilik-Eskimo – Kanada
Altaier – Zentralasien (Altai-Gebirge)
Ammassalik-Eskimo – Ostgrönland (Küste)
Arunta – Zentralaustralien
Avá-Chiripá und Avá-Nembirará – Paraguay
Badyaranké – Senegal
Barkinyi – Australien (New South Wales)
Batak – Indonesien (nördliches Sumatra, Toba-See)
Bella-Coola – Kanada (Nordwestküste)
Bhujel – Nepal
Bivaren-Tungusen – Nordgruppe der Tungusen, Nordostsibirien
Burjäten – Sibirien (um den Baikal-See)
Caribou-Eskimo – Kanada (Westseite der Hudson Bay)
Chemehuevi – Südkalifornien (mexikanische Grenze)
Chumash – Südkalifornien
Copper-Eskimo – Kanada (Nordwest-Terretorien und Victoria Island)
Cuna – San Blas Inseln vor Panama
Dajak – Indonesien (Borneo)
Desana – Untergruppe der Tukano, Nordostperu und Südostkolumbien
Dolganen – Sibirien (mittleres Lena-Becken)
Evenken – Nordgruppe der Tungusen, Nordostsibirien
Ewe – südliches Togo und südliches Dahomey
Flatheads (auch Salish genannt) – Westmontana
Gitksan – amerikanische Nordwestküste, Kanada
Golden – Südgruppe der Tungusen, Nordostsibirien
Guajiro – Kolumbien
Haida – amerikanische Nordwestküste, Queen Charlotte Island, Kanada
Hain/om – Südwestafrika
Hawaiianer – Pazifik, Hawaii-Inseln
Iglulik-Eskimo – kanadische Nordwest-Terretorien, Baffinland
Jukagieren – Nordostsibirien
Jakuten – Nordostsibirien (mittleres Lena-Becken)
Kamayurá – Alto Xingú, Brasilien
Kariben – Holländisch-Guayana
Kashia-Pomo – Kalifornien
Kikuyu – Kenia
Kulin – Australien (Victoria, Küste)
Kurnai – Australien (Victoria, Küste)
Kwakiutl – Kanada (Nordwestküste)
Lakher – Hinterindien
Lappen – Nordskandinavien
Luiseño – Südkalifornien (mexikanische Grenze)
Magar – Westnepal
Malisseet-Passamquoddy – Maine
Mandan – North Dakota
Mandschuren – Südgruppe der Tungusen, Nordostsibirien
Mentawai – Mentawai-Inseln vor der Westküste Sumatras
Rengma-Naga und Sanstam-Naga – Indien (Bergland von Assam)
Parang-Negritos – Südostasien
Netsilik-Eskimo – kanadische Nordwest-Terretorien

Nung – Untergruppe der Thai, Hinterindien, Südchina
Ojibwa – USA/Kanada (nördlich der großen Seen)
Oruncha – s. Arunta
Ostjaken – Westsibirien (unterer und mittlerer Ob)
Paviotso – Nevada
Penobscot – Maine
Point Hope-Eskimo – Alaska, Bering-Straße
Polar-Eskimo – Thule, Nordwestgrönland
Pukapuka – Südseeinsel
Rai – Nordwestaustralien
Sagay – Sibirien (am Fluß Yes)
Salish (Thompson River) – kanadische Nordwestküste
Saora – Indien
Schorzen – Zentralasien (Altai-Gebirge)
Selk'nam – Feuerland
Semang – im Inneren der Malaischen Halbinsel
Seneca – Untergruppe der Irokesen, Nordosten der USA
Sima-Sima – Indonesien (Mittelceram)
Sioux – Montana, North Dakota, Minnesota
Sojoten – Nordostsibirien (Sajan-Gebirge)
Sunuwar – Nepal
Takali – Westnepal
Theddora – Australien (New South Wales)
Thompson – Kanada (British Columbia)
Tobeloresen – Indonesien (Insel Halmahera)
Tlingit – kanadische Nordwestküste
Tofa – Sibirien
Tsimsyan – kanadische Nordwestküste
Tukano – Nordostperu und Südostkolumbien
Tungusen – Nordostsibirien
Unambal – Nordwestaustralien
Ungarinyin – Nordwestaustralien
Utkuhikjaling-Eskimo – Zentraleskimos, Kanada (Nordwest-Terretorien)
Wahaerama-Tanabaru-Gruppe – Indonesien (Mittelceram)
Walapai – Arizona
Warramunga – Zentralaustralien, Northern Territory
Washo – Kalifornien (Pyramid Lake)
Winnebago – Westseite des Lake Michigan
Wiradjeri – Australien (New South Wales)
Yamana – Feuerland
Yebámasa – Amazonas
Yokut – Zentralkalifornien
Yualai – Australien (New South Wales)
Yuki – Nordkalifornien
Yuma – Südkalifornien, (mexikanische Grenze)
Zulu – Südafrika (Provinz Natal)
Zuni – New Mexico

Anmerkungen

Einführung

1 Vinson Brown (1974), S. 18.
2 Lame Deer, Erdoes (1981), S. 170.

1. Eine Geographie des Todes

1 Osis und Haraldsson (1977).
2 Gallagher (1982).
3 Ring (1981), S. 201.
4 Ebenda, S. 198.
5 Ebenda, S. 201.
6 Garfield (1977).
7 Moody (1978), S. 24f.
8 Ring (1980).
9 Siegel (1981).

2. Das Leben jenseits von Geburt und Tod

1 Rasmussen (1931), Bd. VIII, S. 315.
2 Rasmussen (1930), Bd. VII, Nr. 2, S. 56ff.
3 Eliade (1978), S. 44.
4 Ebenda.

3. Die Wirklichkeit der Seele

1 Beaglehole (1938), S. 326.
2 Rasmussen (1931), Bd. VIII, S. 501.
3 Edward Taylor (1871).
4 Ebenda, Bd. I, S. 453.
5 Rasmussen (1930), Bd. VII, Nr. 1, S. 60f.
6 Ebenda, S. 96.
7 Nordenskiöld (1938).
8 Swanton (1908).
9 Warneck (1909).
10 Skeat (1900), S. 22f.
11 Boas (1984/85).
12 Münzel (1971).
13 Ebenda.
14 Hulkrantz (1953).
15 Jochelson (1924), S. 156.
16 Friedrich (1955).
17 Shirokogoroff (1935a), S. 135.
18 Petri (1952).
19 Johnston (1979), S. 178.
20 Simmons (1971), S. 74f.
21 Schefold (1980).
22 Shirokogoroff (1935a).
23 Fischer (1965).

4. Seelenreisen und Jenseitslehren

1 Rasmussen (1927), S. 386.
2 Green (1968).
3 Bourguignon (1973, 1977).
4 Dobkin de Rios (1977).
5 Harner (1980).
6 Halifax (1979).
7 Sheils (1978).
8 Donner (1954), S. 74f.
9 Neihardt (1974), S. 211ff.
10 Ebenda, S. 125f.
11 Ebenda, S. 229.
12 Ebenda, S. 228.
13 Ebenda, S. 229.
14 Kalweit (1983).
15 Wallace (1970), S. 240ff.
16 Meighan und Riddell (1972).
17 Quasha (1975), S. 27f.
18 Lommel (1952); Petri (1954, 1952/53, 1962).

5. *Die Körper-Geist-Verbindung*

1 Eliade (1960).
2 Rose (1957).
3 Crookall (1970); Green (1968).
4 de Martino (1972).
5 David-Neel (1931), S. 38f.
6 Friedrich (1955).
7 Handleman (1972), S. 90.
8 Rasmussen (1930), S. 93.
9 Furst (1967), S. 46ff.
10 Coate (1966).
11 Petri (1954), S. 229ff.
12 Ebenda, S. 248f.
13 Petri (1952), S. 282.
14 Ebenda, S. 298.
15 Ebenda.
16 Ebenda.
17 Ebenda, S. 302.
18 Eliade (1960), S. 225.
19 Crookall (1970).

6. *Die außerkörperliche Erfahrung*

1 Green (1968).
2 Tart (1967, 1968, 1974).
3 Garrett (1949), S. 26.

7. *Die »Wahre Erde«*

1 Gayton (1935).
2 Russell (1935), S. 49.
3 Handleman (1972).
4 Jochelson (1924).
5 Shirokogoroff (1935a).
6 Holmberg (1964).
7 Nordenskiöld (1938).
8 Grube (1897).
9 Swanton (1905).
10 Röder (1948), S. 126f.
11 Jochelson (1924).
12 Nordenskiöld (1938), S. 297.
13 Fischer (1965), S. 173.
14 Skeat (1900), S. 50.
15 Ebenda, S. 194.
16 Ebenda, S. 22f.
17 Johnston (1979), S. 134ff.
18 Swanton (1905).
19 Röder (1948).
20 Blackburn (1975), S. 98.
21 Radin (1970), S. 69ff.
22 Ebenda, S. 222.
23 Agapitow (1887), S. 316f.
24 Landes (1968), S. 189ff.
25 Ebenda, S. 198f.
26 Beuchelt (1975a).
27 Watson-Franke (1975), S. 205.
28 Beaglehole (1938).
29 Forde (1931).
30 Shirokogoroff (1935a), S. 125f.

8. *Leiden tötet – Leiden belebt*

1 Diószegi (1968), S. 58.
2 Ebenda, S. 57.
3 Ebenda, S. 279.
4 Diószegi (1959), S. 273ff.
5 Diószegi (1963b), S. 267ff.
6 Boas (1969), S. 41ff.
7 Ebenda, S. 46ff.
8 Park (1934), S. 99.
9 Loeb (1929), S. 66ff.
10 Callaway (1884), S. 259ff.
11 Ebenda, S. 185ff.
12 Good (1980).
13 Harvey (1980).
14 Sich (1980), S. 215.
15 Beuchelt (1975a), S. 146ff.
16 Lee (1981), S. 173ff.
17 Sharon (1980), S. 29.
18 Ebenda, S. 30f.
19 Sieroszewski (1902), S. 310.
20 Sternberg (1924), S. 476.
21 Sandschejew (1927), S. 977.
22 Harva (1938), S. 453.
23 Boshier (1974).
24 Watson-Franke (1975), S. 204.
25 Cho Hung-Youn (1982), S. 28f.

9. *Zerstückelung und Knochenschau in der Unterwelt*

1 Underhill (1928), S. 380f.
2 Blacker (1975), S. 188f.

3 Röder (1948), S. 123.
4 Wagner-Robertz (1976), S. 536 ff.
5 Thalbitzer (1908), S. 452 ff.
6 Harner (1980).
7 Winnipeg (1979).
8 Murphy (1964), S. 58.
9 Spencer/Gillen (1899), S. 524.
10 Lommel (1959/1980).
11 Petri (1954), S. 248 ff.
12 Elkin (1977), S. 89.
13 Coate (1966).
14 Elkin (1977), S. 102 ff.
15 Ksenofontov, in: Friedrich/Buddruss (1955), S. 208 ff.
16 Ebenda, S. 211 f.
17 Ebenda, S. 132.
18 Popow, in: Lehtisalo (1937), S. 9 f., vgl. Nachtigall (1952).
19 Friedrich (1955), S. 52.
20 Ksenofontov, in: Friedrich/Buddruss (1955).
21 Diószegi (1968), S. 61 f.

10. *Imaginäre Freunde, Teilpersönlichkeiten und echte Totengeister*

1 Rasmussen (1930), Bd. 7, Nr. 1, S. 113.
2 Kunze (1982), S. 88.
3 In: LeShan (1966), S. 73.
4 Swedenborg (1837–70), S. 68.
5 Slocum (1900).
6 Messner (1978), S. 168.
7 Stokes (1980), S. 14 ff.
8 Garrett (1968), S. 17.
9 Rasmussen (1907), S. 176 ff.
10 Spencer und Gillen (1904), S. 482 f.
11 Christiansen (1953), S. 34.
12 Gillen (1956), S. 132 ff.
13 Park (1934), S. 99.
14 Kelly (1936), S. 129.
15 Findeisen (1960), S. 197.
16 Lame Deer (1972), S. 149 f.

11. *Sakrale Hochzeiten, Geistehen und Traumsexualität*

1 Garrett (1968).
2 Elwin (1955).
3 Ebenda, S. 153.
4 Ebenda, S. 168.
5 Ebenda, S. 138.
6 Ebenda, S. 149.
7 Ebenda, S. 139.
8 Eder (1958).
9 Spiro (1967).
10 Sternberg (1935), S. 236 ff.
11 Ebenda, S. 239 ff.
12 Ebenda, S. 246 ff.
13 Ebenda, S. 261 ff.
14 Madsen (1955), S. 48 ff.

12. *Der Gesang der Macht*

1 Rasmussen (1931), Bd. 8, S. 321.
2 Rasmussen (1946), S. 93 f.
3 McIlwraith (1948), in: Cloutier (1973), S. 70.
4 Barbeau (1958), S. 48.
5 Bartolomé (1979).
6 Underhill (1969).
7 Rasmussen (1946), S. 44.
8 Diószegi (1968), S. 142 f.
9 Boas (1969), S. 50 ff.
10 Ohnuki-Tierney (1973), S. 18 f.
11 Capra (1975).

13. *Heilige Drogen*

1 Estrada (1980), S. 72.
2 James (1969), S. 367.
3 Harner (1973a).
4 Langdon (1979).
5 Deltgen (1978).
6 Ebenda, S. 69.
7 Andres-Bonn (1939).
8 Ebenda.
9 Watson-Franke (1975), S. 201.
10 Ebenda, S. 202.
11 Ebenda, S. 200.
12 Reichel-Dolmatoff (1971, 1975).

13 Reichel-Dolmatoff (1971), S. 174.
14 Ebenda.
15 Reichel-Dolmatoff (1972), S. 101 ff.
16 Ebenda, S. 94.
17 Reichel-Dolmatoff (1978).
18 Reichel-Dolmatoff (1975), S. 76ff.
19 Reichel-Dolmatoff (1972), S. 11.
20 Huxley (1970).
21 Mandel (1978).
22 Myerhoff (1974).
23 Harman und Fadiman (1971).
24 Harner (1973c), S. 172; (1980, 1981).
25 Harner (1973c), S. 156.
26 Kensinger (1973).
27 James (1969), S. 368.
28 Slotkin (1979).
29 Estrada (1980), S. 61.
30 Ebenda, S. 46.

14. Machterwerb durch Vererbung, Übertragung und Geschlechtsumwandlung

1 Kelly (1936), S. 130.
2 Lame Deer, Erdoes (1981), S. 72.
3 Rasmussen (1930), Bd. VII, Nr. 1, S. 132.
4 Trigger (1978), S. 132.
5 Röder (1948), S. 72.
6 Shirokogoroff (1935a).
7 Ebenda, S. 346.
8 Vgl. Krader (1975, 1978).
9 Gusinde (1931), Bd. 1.
10 Rainey, in: Winnipeg Art Gallery (1979), S. 35.
11 Horse Capture (1980), S. 98.
12 Jones (1972).
13 Findeisen (1957), S. 140.
14 Bogoras (1907), S. 450ff.
15 Murphey (1964), S. 75.
16 Newcomb (1964).

15. Die Ablehnung der Macht

1 Diószegi (1968), S. 59.
2 Underhill (1969), S. 266.
3 Gusinde (1931), Bd. 2, S. 1398f.
4 Christiansen (1953), S. 30f.

16. Der Verlust der Macht

1 Itkonen (1960), S. 27.
2 Rasmussen (1925), S. 127.
3 Howitt (1887), S. 408.
4 Steffansson (1913), S. 372ff.
5 Diószegi (1968), S. 58f.
6 Barbeau (1958), S. 38ff.
7 Rasmussen (1908), S. 305ff.
8 Itkonen (1960), S. 18.
9 Watson-Franke (1975), S. 204.
10 Curtis (1915), S. 80ff.
11 Kelly (1936), S. 130.
12 Warner (1958), S. 205ff.
13 Park (1930), S. 24f.
14 Prem Das (1978), S. 133.

17. In den Eingeweiden der Erde

1 Fournier (1976), S. 103.
2 Kroeber (1935), S. 188ff.
3 Lommel (1952), S. 41ff.
4 Howitt (1887), S. 408.
5 Barbeau (1958), S. 76ff.
6 Turney-High (1937), S. 33ff.

18. Lichterfahrungen und Feuerbälle

1 Friedrich/Buddruss (1955), S. 124ff.
2 Rasmussen (1952), S. 130.
3 Rasmussen (1932), Bd. 9, S. 28.
4 Rasmussen (1930), Bd. VII, Nr. 1, S. 112.
5 Rasmussen (1926), S. 240.
6 Rasmussen (1930), Bd. VII, Nr. 1, S. 122f.
7 Rasmussen (1907).
8 Bunzel (1929–30), S. 481f.
9 Reichel-Dolmatoff (1971), S. 126.
10 Reichel-Dolmatoff (1975), S. 77.
11 Lommel (1952), S. 41ff.
12 Neumann (1981), S. 33.
13 Fortune (1932), S. 295.

14 Rasmussen (1952), S. 131.
15 Speck (1919), S. 252.
16 Holmberg (1964), S. 286f.
17 Berndt (1946–48), S. 45f.
18 Neal (1966); Schenk (1980).
19 Kelsey (1980); vgl. Rodman (1979), S. 93.

19. Aufstieg auf den Weltenbaum

1 Harva (1938), S. 486ff.
2 Hitchcock (1976), S. 175.
3 Oppitz (1981).
4 Howitt (1887), S. 408.
5 Diószegi (1968), S. 65f.
6 Friedrich/Buddruss (1955), S. 213.
7 Ebenda, S. 156.

20. Pforten zu Himmel und Unterwelt

1 Howitt (1904).
2 Petri (1952), S. 293.
3 Reichel-Dolmatoff (1975).
4 Popow (1963), S. 149ff.
5 Röder (1948), S. 124.
6 Blackburn (1975), S. 233f.

21. Naturherren und Lebenspender

1 Katz (1981), S. 68.

22. Kristall kam wirbelnd, Kristall kam regnend

1 Boas (1897), S. 483 und 714.
2 Lommel (1952), S. 41ff.
3 Petri (1952).
4 Waters (1963).
5 Reichel-Dolmatoff (1975), S. 90.
6 L. A. White (1930).
7 Kroeber (1925), S. 199.
8 Underhill (1969), S. 271.
9 Spencer/Gillen (1899), S. 526ff.
10 Boas (1930), S. 47.

23. Der Rhythmus des Lebens

1 Spott (1971), S. 535ff.
2 Benedict (1934), S. 60f.
3 Ebenda, S. 197.

24. Gehe im Gleichgewicht, gehe in Schönheit

1 Twigg (1972), S. 67.
2 Laski (1951), S. 128f.
3 Myerhoff (1976a), S. 8.
4 Vgl. Myerhoff (1966).
5 Myerhoff (1976b), S. 100.
6 Myerhoff (1966, 1976b).
7 Diószegi (1963b), S. 347.
8 Diószegi (1968), S. 60.

25. Wenn die Anthropologen kommen, verlassen die Götter die Insel

1 Ein haitianisches Sprichwort.
2 Carpenter (1912).
3 James (1912), S. 204.
4 James (1962), S. 222.
5 James (1890), S. 68.
6 Underhill (1928).
7 Vgl. Musès/Young (1979); Ornstein (1972, 1973); Pelletier/Garfield (1976); Pelletier (1978); Tart (1969, 1975, 1977); Woods (1980); Zinberg (1977).
8 Bourguignon (1968a, 1968b, 1973, 1977).
9 Deikman (1966); Fischer (1978); Schwartz/Shapiro (1976); Silverman (1968); Walsh/Vaughan (1980); Welwood (1977).
10 Maslow (1971, 1973).
11 Maslow (1969, 1977).
12 Maslow (1973), S. 34.
13 Ebenda, S. 189.
14 Eliade (1951), S. 96.
15 Laski (1961); James (1902).
16 Maslow (1964).
17 Zitiert nach James (1907), S. 360.

18 Lame Deer (1981), S. 188.
19 Russell (1935).
20 Peters (1981).
21 Friedrich (1955).
22 Kalweit (1983).
23 Van de Castle (1974), S. 281.
24 Shirokogoroff (1935), S. 375.
25 Donner (1954), S. 69.
26 Eliade (1965), S. 14f.
27 James (1907), S. 454.

26. Die Welt und ich sind von einem Geist

1 Kroeber (1925), S. 511.
2 Frazer (1927), S. 387.
3 Lame Deer (1981), S. 169.
4 Ebenda, S. 87f.
5 Ebenda, S. 171.
6 Jochelson (1905–1908), S. 47.
7 Rasmussen (1932), Bd. IX, S. 27.
8 Berndt (1946), S. 331.
9 Röder (1948), S. 122.
10 Thiel (1968).
11 Eliade (1978).
12 Bogoras (1925), S. 205.
13 Ebenda, S. 205.
14 Grof (1976, 1977, 1979).
15 Bohm (1981); Weber (1978).
16 Chew (1968).
17 Bohm (1981).
18 Capra (1975); Bentov (1977); Walker (1970); Wolf (1981).

Epilog

1 Lommel (1952), S. 40.
2 Estrada (1980), S. 139.

Literaturverzeichnis

Aberle, David F.: »›Arctic Hysteria‹ and Latah in Mongolia«, *Transactions of the New York Academy of Sciences*, 14, Nr. 7 (1952), S. 291–297.

Agapitow, N. N., und Changalow, M. N.: »Das Schamanenthum unter den Burjäten«, *Globus*, Nr. 52 (1887), S. 286–288, 299–301, 316–318.

Albers, Patricia, und Parker Seymour: »The Plains Vision Experience: A Study of Power and Privilege«, *Southwestern Journal of Anthropology*, Nr. 27 (1971), S. 203–233.

Allen, Nicholas: »Shamanism among the Thulung Rai«, in: Hitchcock/Jones 1975 (a).

Amiotte, A.: »Eagles Fly Over«, *Parabola*, 1, Nr. 3 (1976), S. 28–41.

Andres-Bonn, Friedrich: »Die Himmelsreise der caraibischen Medizinmänner«, *Zeitschrift für Ethnologie*, Nr. 70 (1939), S. 331–343.

Andrews, Lynn V.: *Medicine Woman*, San Franicsco 1981.

Arbman, Ernst: *Ecstasy or Religious Trance*, Uppsala 1963–70, 3 Bde.

Arndt, Paul: »Zur Religion der Dongo auf Sumbawa«. *Anthropos*, Nr. 47 (1952).

Bäckman, Louise, und Hultkrantz Åke: »Studies in Lapp Shamanism«. *Stockholm Studies in Comparative Religion*, Nr. 16. Stockholm 1978.

Barbeau, Marius: »Medicine Men of the Pacific Coast«. *National Museum of Canada, Bulletin 152* (Anthropological Series No. 42), Ottawa 1958.

Bardens, Dennis: »Profile – Adrian Boshier«, *Parapsychology Review*, 5, Nr. 4 (1974), S. 4–5.

Bartolomé, Miguel A.: »Shamanism among the Avé-Chiripá«, in: Browman/Schwarz 1979.

Basilov, V. N.: »Shamanism in Central Asia«, in: Bharati 1876 (b).

–: »Vestiges of Transvestism in Central-Asian Shamanism«, in: Diószegi/Hoppal 1978.

Baumann, Hermann: *Das doppelte Geschlecht*, Berlin 1955.

Beaglehole, Ernest und Pearl: »Ethnology of Pukapuka«. *Bernice P. Bishop Museum, Bulletin*, Nr. 150, Honolulu 1938.

Beattie, John, und Middleton John: *Spirit Mediumship and Society in Africa*, London 1969.

Beck, Pegg V., und Walters A. L.: *The Sacred*, Navajo Community College, Tsaile, Arizona, Albuquerque 1977.

Beck, Robert J.: »Some Proto-Psychotherapeutic Elements in the Practice of the Shaman«. *History of Religions*, 6, Nr. 1 (1966), S. 303–327.

Benedict, Ruth: »The Vision in Plains Culture«, *American Anthropologist*, Nr. 24 (1922), S. 1–23.

–: »The Concept of the Guardian Spirit in North America«, *Memoirs of the American Anthropological Association*, Nr. 29, Menasha, Wisc., 1923.

–: »Anthropology and the Abnormal«, *Journal of General Psychology*, Nr. 10 (1934), 59–79.

Benitez, Fernando: *In the Magic Land of Peyote*, Austin 1975.
Bentov, Itzhak: *Stalking the Wild Pendulum*, London 1977.
Berglie, Per-Arne: »On the Question of Tibetan Shamanism«, in: M. Brauen und Per Kvaerne (Hrsg.): *Tibetan Studies*, Völkerkundemuseum Zürich, 1978.
Bergman, Robert L.: »A School for Medicine Men«, *American Journal of Psychiatry*, 130, Nr. 6 (1973), S. 663–666.
–: »Learning from Indian Medicine«, Vortrag beim Winter Meeting der Oregon Psychiatric Association, Portland, Jan. 27–29, 1977.
Berndt, Catherine H.: »The Role of Native Doctors in Aboriginal Australia«, in: Kiev 1964.
Berndt, R. M.: »Wuradjeri Magic and ›Clever Men‹«, *Oceania*, Nr. 17 (1946–47). S. 327–365 und Nr. 18 (1947–48), S. 60–86.
Berrin, Kathleen, (Hrsg.): *Art of the Huichol Indians*, San Francisco 1978.
Beuchelt, Eno: »Zur Status-Persönlichkeit koreanischer Schamanen«, *Sociologus*, 25, Nr. 2 (1975) (a), S. 139–154.
–: »Die Rückrufung der Ahnen auf Cheju do (Südkorea). Ein Ritual zur psychischen Stabilisierung«, *Anthropos*, Nr. 70 (1975) (b), S. 145–179.
Bharati, Agehananda, (Hrsg.): *The Realm of the Extra-Human, Ideas and Actions*, The Hague 1976 (a).
–, (Hrsg.): *The Realm of the Extra-Human, Agents and Audiences*, The Hague 1976 (b).
Blackburn, Thomas C.: *December's Child. A Book of Chumash Oral Narratives*, Berkeley 1975.
Blacker, Carmen: *The Catalpa Bow. A Study of Shamanistic Practices in Japan*, London 1975.
Blumensohn, Jules: »The Fast among North American Indians«, *American Anthropologist*, Nr. 35 (1933), S. 451–469.
Boas, Franz: »The Central Eskimo«, *6th Annual Report of the Bureau of Ethnology, 1884–1885*, S. 399–669, Washington, D. C., 1888.
–: *The Social Organisation and the Secret Societies of the Kwakiutl Indians*, Washington 1897.
–: »The Eskimo of Baffin Land and Hudson Bay«, *American Museum of Natural History, Bulletin*, Nr. 15 (1901).
–: *The Religion of the Kwakiutl Indians*, 2. Teil, New York 1930.
Bogoras, Waldemar: »The Chuckchee«, The Jesup North Pacific Expedition, 1904 bis 1909, Bd. 7, Nr. 2. *Memoir of the American Museum of Natural History*, Leiden.
–: *Einstein und die Religion. Eine Anwendung der Relativitätstheorie auf die Erforschung religiöser Phänomene*, Moskau 1923 (russisch).
–: »Ideas of Space and Time in the Conception of Primitive Religion«, *American Anthropologist*, Nr. 27 (1925), S. 205–266.
–: »The shamanistic Call and the Period of Initiation in Northern Asia and Northern America«, *Proceedings of the 23rd International Congress of Americanists*, S. 441–444, New York 1930.
–: »Schilderung zweier schamanischer Séancen der Küsten-Tschuktschen (Nordsibirien)«, *Abhandlungen und Aufsätze aus dem Institut für Menschen- und Menschheitskunde*, Augsburg 1956.
Bohm, David: *Wholeness and the Implicate Order*, London 1981.

Bonin, Werner F.: »Der Geist der Medizin und das nicht-aristotelische Denken«, *Curare*, 1, Nr. 2 (1978), S. 107–124.
Boshier, Adrian K.: »What makes a Witchdoctor?«, *Scientific South Africa*, Nr. 2 (1965), S. 317–320.
–: »Madame Witchdoctor«, *Perspective*, Nr. 3 (1966), S. 15–17.
–: »African Apprenticeship«, *Parapsychology Review*, 5, Nr. 4 (1974), S. 1–3 und 25–27.
–: »ESP amongst African Priest Diviners«, *Odyssey*, Nr. 1/3 (Sep./Okt. 1977).
Bourguignon, Erika: *A Cross-Cultural Study of dissociational States*, Ohio State University Research Foundation, Columbus 1968 (a).
–: »World Distribution and Patterns of Possession States«, in: Prince 1968 (b).
–: *Religion, Altered States of Consciousness, and Social Change*, Columbus 1973.
–: »Altered States of Consciousness, Myths, and Rituals«, in: Du Toit 1977.
Bourke, John G.: »The Medicine-Men of the Apache«, *9th Annual Report of the Bureau of Ethnology*, S. 443–603. Washington, D.C., 1892.
Bouteiller, M.: *Chamanisme et guérison magique*, Paris 1950.
Boyd, Doug: *Rolling Thunder. Erfahrungen mit einem Schamanen der neuen Indianerbewegung*, München 1978.
Boyer, L. B.: »Further Remarks Concerning Shamans and Shamanism«, Israel Annals of Psychiatry and Related Disciplines, Nr. 2 (1964), S. 235–257.
Bozzano, Ernesto: *Übersinnliche Erscheinungen bei Naturvölkern*, Freiburg 1975.
Browman, David L., und Schwarz, Ronald A., (Hrsg.): *Spirits, Shamans, and Stars. Perspectives from South America*, The Hague 1979.
Brown, Joseph Epes: »The Wisdom of the Contrary. A. Conversation with Joseph Epes Brown«, *Parabola*, 4, Nr. 1 (1979), S. 54–65.
Brown, Vinson: *Voices of Earth and Sky. Vision Search of the Native Americans*, Happy Camp, Calif., 1974.
Bryant, A. T.: *Zulu Medicine and Medicine-Men*, Cape Town 1966.
Butler, K. J.: »My Uncle Went to the Moon«, *Artscanada*, No. 184–187 (Dec. 1973/Jan. 1974), S. 154–158.
Byrd, Richard: *Alone*, New York 1938.
Callaway, Canon H.: *The Religious System of the Amazulu*, Publications of the Folk-Lore Society, Nr. 15, London 1884.
–: »The Religion of the Amazulu of South Africa as Told by Themselves«, in: Kroeber/Waterman 1965.
Campbell, Joseph: *Der Heros in tausend Gestalten*, Frankfurt 1978.
Campbell, Ronald L., und Staniford, Philip S.: »Transpersonal Anthropology«, *Phoenix. New Directions in the Study of Man*, 2, Nr. 1 (1978), S. 28–40.
–: »The Nature of Transpersonal Anthropology«, *Phoenix. Journal for Transpersonal Anthropology*, 5, Nr. 1 (1981), S. 119–132.
Capps, W. H., (Hrsg.): *Seeing with a Native Eye*, New York 1976.
Capra, Fritjof: *Das Tao der Physik*, Bern, München, Wien, 1984.
Carneiro, Robert L.: »The Amahuaca and the Spirit World«, *Ethnology*, Nr. 3 (1964), S. 6–11.
Carpenter, Edward: *The Drama of Love and Death*, New York 1912.
Carroll, Lewis: *Alice im Spiegelland*, München 1981.

Casanowicz, I. M.: »Shamanism of the Natives of Siberia«, *Annual Report of Regents,* 1924, S. 415–434. Washington, D.C., 1924.
Catlin, George: *Die Indianer Nordamerikas,* o. O., 1851.
Chadwick, Nora K.: »Shamanism among the Tatars of Central Asia«. *The Journal of the Royal Anthropological Institute of Great Britain and Ireland,* Nr. 66 (1936), S. 75–112.
Chagnon, N. A., et al.: »Yanomamö Hallucinogens: Anthropological, Botanical and Chemical Findings«, *Current Anthropology,* 7, Nr. 1 (1971), S. 3–32.
Chamberlain, A. F.: »Kootenay ›Medicine-Men‹«, *Journal of American Folk-Lore,* Nr. 14 (1960), S. 95–99.
Chessner, B.: »The Anthropomorphic Personal Guardian Spirit in Aboriginal South America«, *Journal for Latin American Lore,* 1, Nr. 2 (1975), S. 107–126.
Chew, Geoffry F.: »›Bootstrap‹: A Scientific Idea?« *Science,* 161 (23. Mai 1968), S. 762–765.
Christiansen, Reidar Th.: »Ecstasy and Arctic Religion«, *Studia Septentrionalia,* Nr. 4 (1953), S. 19–92.
Closs, Alois: »Die Ekstase des Schamanen«, *Ethnos,* 34, Nr. 1–4 (1969), S. 70–89.
Cloutier, David: *Spirit, Spirit: Shaman Songs, Incantations,* Providence, Rhode Island, 1973.
Coate, H. H. J.: »The Rai and the Third Eye. North-West Australian Beliefs«, *Oceania,* Nr. 37 (1966/67), S. 93–123.
Coe, Michael D.: »Shamanism in the Bunun Tribe, Central Formosa«, *Ethnos,* 20, Nr. 4 (1955), S. 181–198.
Corlett, William T.: *The Medicine-Man of the American Indian and his Cultural Background,* Springfield 1935.
Crashing Thunder: »The Teachings of my Father«, in: Jesse D. Jennings und E. A. Hoebel (Hrsg.): *Readings in Anthropology,* New York 1955.
Crookall, Robert: *Out-Of-the-Body Experiences,* New York 1970.
Csikszentmihalyi, Mihaly: »Play and Intrinsic Rewards«, *Journal of Humanistic Psychology,* 15, No. 3 (1975), S. 41–63.
–: »The Flow Experience«, in: Daniel Goleman und Richard J. Davidson (Hrsg.): *Consciousness, Brain, States of Awareness, and Mysticism,* New York 1979.
Curtis, E. S.: *The North American Indian,* Bd. 10, Cambridge 1915.
David-Néel, Alexandra: *Heilige und Hexer,* Leipzig 1931.
–: *Magic and Mystery in Tibet,* London 1965.
Deikman, A. J.: »Deautomatization and the Mystical Experience«, *Psychiatry,* Nr. 29 (1966), 329–338.
Deltgen, Florian: »Culture, Drug and Personality«, *Ethnomedizin,* 5, Nr. 1/2 (1978).
Derlon, Pierre: *Unter Hexern und Zauberern. Die geheimen Traditionen der Zigeuner,* Basel 1976.
Devereux, George: »Mohave Soul Concepts«, *American Anthropologist,* Nr. 39 (1937), S. 417–422.
Diamond, Stanley: »A Revolutionary Discipline«, in: Walter Goldschmidt (Hrsg.): *Exploring the Ways of Mankind,* New York 1960.
–: »Anthropology in Question«, in: Hymes 1969 (a).

– (Hrsg.): *Primitive Views of the World*, New York 1969 (b).
–: *Kritik der Zivilisation*, Frankfurt 1976.
Diószegi, Vilmos: »Die Überreste des Schamanismus in der ungarischen Volkskultur«, *Acta Ethnographica*, Nr. 7 (1958), S. 97–134.
–: »Der Werdegang zum Schamanen bei den nordöstlichen Sojoten«, *Acta Ethnographica*, Nr. 8 (1959), S. 269–291.
–: »Die Typen und interethnischen Beziehungen der Schamanentrommel bei den Selkupen (Ostjak-Samojeden«), *Acta Ethnographica*, Nr. 9 (1960), S. 159–179.
–: »Problems of Mongolian Shamanism«, *Acta Ethnographica*, Nr. 10 (1961), S. 195–206.
–: »Tuva Shamanism: Intraethnic Differences and Interethnic Analogies«, *Acta Ethnographica*, Nr. 11 (1962), S. 143–190.
– (Hrsg.): *Glaubenswelt und Folklore der sibirischen Völker*, Budapest 1963 (a).
–: »Zum Problem der ethnischen Homogenität des tofischen (karagassischen) Schamanismus«, (b), in: Diószegi 1963 (a).
–: »Denkmäler der samojedischen Kultur im Schamanismus der ostsajanischen Völker«, *Acta Ethnographica*, 12, Nr. 1–2 (1963) (c), S. 139–178.
–: *Tracing Shamans in Siberia*, Oosterhout 1968.
–, und Hoppál, M., (Hrsg.): *Shamanism in Siberia*, Budapest 1978.
Dixon, Roland B.: »Some Shamans of Northern California«, *Journal of American Folk-Lore*, Nr. 17 (1904), S. 23–27.
–: »Some Aspects of the American Shaman«, *Journal of American Folk-Lore*, Nr. 21 (1908), S. 1–13.
Dobkin de Rios, Marlene: *Visionary Vine. Psychedelic Healing in the Peruvian Amazon*, San Francisco 1972.
–: »Plant Hallucinogens, Out-of-Body Experiences and New World Monumental Earthworks«, in: Du Toit 1977.
Donner, Kai: *Among the Samojeds in Siberia*, New Haven 1954.
Dorsey, J. Owen: »A Study of Siouan Cults«, *11th Annual Report of the Bureau of Ethnology*, 1889–1890, S. 361–549. Washington, D. C., 1894.
Downs, James: *The Two Worlds of the Washo*, New York 1966.
Drury, Nevill: *The Path of the Chameleon*, St. Helier, Jersey, 1973.
–: *The Shaman and the Magician*, London 1982.
Duerr, H. P., (Hrsg.): Der Wissenschaftler und das Irrationale, Bd. 1, Frankfurt a. M., 1981.
Dusenberry, Verne: »Visions among the Pend d'Oreille Indians«, *Ethnos*, 24 Nr. 1–2 (1959), S. 52–57.
–: »The Significance of the Sacred Pipes to the Gros Ventre of Montana«, *Ethnos*, 26 Nr. 1–2 (1961), S. 12–29.
Du Toit, Brian M., (Hrsg.): *Drugs, Rituals and Altered States of Consciousness*, Rotterdam 1977.
Eaton, Evelyn: »Towards Initiation«, *Parabola*, 1, Nr. 1 (1976), S. 42–53.
–: *I Send a Voice*, Wheaton, Ill., 1978.
Eder, Matthias; »Schamanismus in Japan«, *Paideuma*, 4, H. 7 (1958), S. 367 bis 380.
Edsman, Carl-Martin, (Hrsg.): *Studies in Shamanism*, Stockholm 1967.

Eger, Susan, und Collings, Peter R.: »Huichol Woman's Art«, in: Abrams 1978.
Ehrenberg, G.B.: »Homosexualität und Transvestition im Schamanismus«, *Anthropos*, Nr. 115 (1970), S. 189–228.
Einstein, Albert: *Mein Weltbild*, Frankfurt 1977.
Eliade, Mircea: »Einführende Betrachtung über den Schamanismus«, *Paideuma*, Nr. 5 (1951), S. 87–97.
–: *Schamanismus und archaische Ekstasetechnik*, Zürich 1957 (a).
–: *Das Heilige und das Profane*, Hamburg 1957 (b).
–: *Yoga. Unsterblichkeit und Freiheit*, Zürich 1960 (a).
–: »Spiritual Thread, Sūtrātman, Catena Aurea«, *Paideuma*, 7, H.4/6 (1960) (b), S. 225–234.
–: »Recent Works on Shamanism. A Review Article«, *History of Religions*, 1, Nr. 1 (1961) (a), S. 152–186.
–: *Mythen, Träume und Mysterien*, Salzburg 1961 (b).
–: *The Two and the One*, New York 1965.
–: *Kosmos und Geschichte*, München 1966.
–: *Australian Religions. An Introduction*, London 1973.
–: *Das Okkulte und die moderne Welt*, Salzburg 1978.
Elkin, A.P.: »Notes on the Psychic Life of the Australian Aborigines«, *Mankind*, 2, Nr. 3 (1937), S. 50.
–: *The Australian Aborigines*, London 1938.
–: *Aboriginal Men of High Degree*, New York 1977 (1945).
Elwin, Verrier: *The Religion of an Indian Tribe*, Oxford 1955.
Emsheimer, E.: »Schamanentrommel und Trommelbaum«, *Ethnos*, Nr. 11 (1946), S. 166–181.
–: »Zur Ideologie der lappischen Zaubertrommel«, *Ethnos*, Nr. 9 (1944), S. 141 bis 169.
Enderwitz, Ulrich: *Schamanismus und Psychoanalyse*, Wiesbaden 1977.
Estrada, Alvaro: *Maria Sabina. Botin der heiligen Pilze*, München 1980.
Evans-Pritchard, E. E.: *Theorien über primitive Religion*, Frankfurt 1968.
Fabrega, Horacio, und Silver, Daniel: »Some Social and Psychological Properties of Zinacanteco Shamans«, *Behavioral Science*, 15, Nr. 6 (1970), S. 471–486.
Fairchild, William P.: »Shamanism in Japan«, *Folklore Studies*, Nr. 21 (1962), S. 1–122.
Findeisen, Hans: »Schamanentum im tungusischen Kinderspiel«, *Zeitschrift für Ethnologie*, 78, H. 2 (1953), S. 307–308.
–: »Besessene als Priester«, *Kosmos*, Nr. 3 (1954), S. 148–154.
–: *Das Tier als Gott, Dämon und Ahne*, Stuttgart 1956 (a).
–: »Okkulte Begebnisse im schamanischen Raum«, *Abhandlungen aus dem Institut für Menschen- und Menschheitskunde*, Augsburg 1956 (b).
–: »Sowjetwissenschaftliche Thesen über das Schamanentum«, *Abhandlungen und Aufsätze aus dem Institut für Menschen- und Menschheitskunde*, Nr. 30, Augsburg 1956 (c).
–: *Schamanentum*, Stuttgart 1957 (a).
–: »Die ›Schamanenkrankheit‹ als Initiation«, *Abhandlungen aus dem Institut für Menschen- und Menschheitskunde*, Augsburg 1957 (b).
–: »Das Schamanentum als spiritistische Religion«, *Ethnos*, 25, Nr. 3–4 (1960), S. 192–213.

Fischer, Hans: *Studien über Seelenvorstellungen in Ozeanien,* München 1965.
Fischer, Roland: »Hallucinations Can Reveal Creative Imagination«, *Fields within Fields,* Nr. 11 (1974), S. 29–33.
–: »Cartography of Conscious States: Integration of East and West«, in: Sugerman/Tarter 1978.
–: »State-Bound Knowledge: ›I Can't Remember What I Said Last Night, But It Must Have Been Good‹«, in: Woods 1980.
Fock, Niels: »Waiwai – Religion and Society of an Amazonian Tribe«, *National Museets Skrifter Ethnografisk Raekke,* 8, Kopenhagen 1963.
Forde, C. Daryll: *Ethnography of the Yuma Indians,* Berkeley 1931.
Fornander, Abraham, und Thrum, Thomas G.: *Fornander Collection of Hawaiian Antiquities and Folk-Lore,* Honolulu 1919.
Fortune, Reo F.: *Sorcerers of Dobu,* London 1932.
Fournier, Alain: »A Preliminary Report on the Puimbo and the Ngiami: The Sunuwar Shamans of Sabra«, in: Hitchcock/Jones 1976.
Frazer, G. J.: *Man, God and Immortality,* London 1927.
Friedrich, Adolf: »Das Bewußtsein eines Naturvolkes. Von Haushalt und Ursprung des Lebens«, *Paideuma,* 6, H. 2 (1955): S. 47–53.
Friedrich, Adolf, und Buddruss, Georg, (Hrsg. und Übers.): *Schamanengeschichten aus Sibirien* (von Ksenofontov, 1930), München 1955.
Freuchen, Peter: *Book of the Eskimo,* Greenwich, Conn., 1961.
Furst, Peter T.: »Huichol Conceptions of the Soul«, *Folklore Amerikas,* 27, Nr. 2 (1967), S. 39–106.
–, (Hrsg.): *Flesh of the Gods. The Ritual Use of Hallucinogens,* New York 1972.
–: *Hallucinogens and Culture,* San Francisco 1976.
–: »The Roots and Continuities of Shamanism«, in: A. Trueblood Brotzky, R. Daneswich und N. Johnson (Hrsg.): *Stones, Bones und Skin: Ritual and Shamanic Art,* Toronto 1977 (a).
–: »›High-States‹ in Culture-Historical Perspective«, in: Zinberg 1977 (b).
Gabbard, Glen O., Twemlow, S.W., und Jones, F.C.: »Do ›Near Death Experiences‹ Occur Only Near Death?«, *The Journal of Nervous and Mental Disease,* 169, Nr. 6 (1981), S. 374–377.
Gallagher, Hugh G.: *Etok: A Story of Eskimo Power,* New York 1974.
–: »Over Easy: A Cultural Anthropologist's Near-Death Experience«, *Anabiosis: The Journal for Near-Death Studies,* 2, Nr. 2 (1982), S. 140–149.
Garfield, Charles A.: »Ego Functioning, Fear of Death, and Altered States of Consciousness«, in: C. A. Garfield (Hrsg.): *Rediscovery of the Body,* New York 1977.
Garrett, Eileen J.: *Adventures in the Supernormal,* New York 1968 (1949).
Gayton, A. H.: »The Orpheus Myth in North America«, *Journal of American Folklore,* Nr. 48, (1935), S. 263–293.
Geertz, Chifford: *The Religion of Java,* Glencoe, Ill., 1960.
Gillin, John: »The Making of a Witchdoctor«, *Psychiatry,* 19, Nr. 2 (1956), S. 131 bis 136.
Gillham, Charles E.: *Medicine Men of Hooper Bay,* London 1955.
Göbel, Thomas: *Erde, die die Seele trägt,* Stuttgart 1976.

Goleman, Daniel: »Perspectives on Psychology, Reality and the Study of Consciousness«, *The Journal of Transpersonal Psychology*, 6, Nr. 1 (1974), S. 73–85.
–, und Davidson Richard J., (Hrsg.): *Consciousness: Brain, States of Awareness and Mysticism*, New York 1979.
Good, C.M., Kimani, V., und Lawry, J. M.: »Gũkunũra mũndũ: The Initiation of a Kikuyu Medicine Man«, *Anthropos*, 75, Nr. 1/2 (1980), S. 87–116.
Green, Celia: *Out-of-the-Body Experience*, New York 1968.
Greschat, Hans-Jürgen: *Mana und Tap. Die Religion der Maori auf Neuseeland*, Berlin 1980.
Grey, George: »The Two Sorcerers«, in: Lessa/Vogt 1979.
Grof, Stanislav: *Realms of the Human Unconscious. Observations from LSD Research*, New York 1976.
–: »Modern Consciousness Research and the Quest for a New Paradigm.« *Re-Vision*, 2, Nr. 1 (1979), S. 41–52.
–: »Die Erfahrung des Todes. Beobachten und Einsichten aus der psychedelischen Forschung«, *Integrative Therapie*, Nr. 2/3 (1980), S. 257–280.
– und Halifax, Joan: *The Human Encounter with Death*, New York 1977.
– und Christina: *Beyond Death. The Gates of Consciousness*, London 1980.
Grosso, Michael: »Plato and Out-of-the Body Experiences«, *Journal of the American Society for Psychical Research*, 69, Nr. 1 (1975), S. 61–74.
Grube, Wilhelm: »Das Schamanentum bei den Golden«, *Globus*, Nr. 71 (1897), S. 89–93.
Gruber, Elmar: *Tranceformation. Schamanismus und die Auflösung der Ordnung*, Basel 1982.
Gusinde, Martin: *Die Feuerlandindianer*, Wien 1931–1974, 3 Bde. –: »Der Medizinmann bei den südamerikanischen Indianern«, Sonderdruck aus den *Mitteilungen der Anthropologischen Gesellschaft in Wien*, Nr. 62, Wien 1932.
Gussow, Zachary: »A Preliminary Report of Kayak-Angst among the Eskimo of West Greenland: A Study in Sensory Deprivation«, *International Journal of Social Psychiatry*, Nr. 9 (1963), S. 18–26.
Haas, Jochen U.: *Schamanentum und Psychiatrie*, Dissertation, Freiburg i. Br. 1976.
Haile, Berard: »A Note on the Navaho Visionary«, *American Anthropologist*, Nr. 42 (1940), S. 359.
Hajdú, P.: »Von der Klassifikation der samojedischen Schamanen«, in: Diószegi 1963.
Halifax, Joan: *Die andere Wirklichkeit der Schamanen, Erfahrungsberichte von Magiern, Medizinmännern und Visionären*, Bern, München, Wien, 1981.
–: »The Sacred Way of the Wounded Healer«, *Laughing Man*, 2, Nr. 4 (1981), S. 9–12.
–: *Shaman, The Wounded Healer*, London 1982.
Hallowell, A. Irving: »The Passing of the Midewiwin in the Lake Winnipeg Region«, *American Anthropologist*, Nr. 38 (1936), S. 32–51.
–: »Ontologie, Verhalten und Weltbild der Ojibwa«, in: Tedlock 1975.
Handelman, Don: »The Development of a Washo Shaman«, *Ethnology*, Nr. 6 (1967) (a), S. 444–464.
–: »Transcultural Shamanic Healing: A Washo Example«, *Ethnos*, 32, Nr. 1–4 (1967) (b), S. 149–166.

–: »Shamanizing on an Empty Stomach«, (Rezension von Julian Silverman: *Shamans and Acute Schizophrenia), American Anthropologist,* Nr. 70 (1968), S. 353–356.
–: »Aspects of the Moral Compact of a Washo Shaman«, *Anthropological Quarterly,* 45, Nr. 2 (April 1972), S. 84–101.
Hargous, Sabine: *Beschwörer der Seelen. Das magische Universum der südamerikanischen Indianer,* Basel 1976.
Harman, Willis W.: »The New Copernican Revolution«, *The Journal of Transpersonal Psychology,* 1, Nr. 2 (Herbst 1969), S. 21–30.
Harner, Michael J.: »Jîvaro Souls«, in: John Middleton (Hrsg.): *Gods and Rituals,* London 1967.
–, (Hrsg.): *Hallucinogens and Shamanism,* Oxford 1973 (a).
–: »The Sound of Rushing Water«, (b), in: Harner 1973 (a).
–: »Common Themes in South American Indian Yagé Experience«, (c), in: Harner 1973 (a).
–: »*The Jivaro. People of the Sacred Waterfalls*«, New York 1973 (d).
–: *The Way of the Shaman,* San Francisco 1980.
–: »The Way of the Shaman«, Interview in: *Laughing Man,* 2, Nr. 4 (1981), S. 24–29.
Harva, U. (= U. Holmberg): »Die religiösen Vorstellungen der altaischen Völker«, *Folklore Fellows Communications,* Nr. 52, S. 125, Helsinki 1938.
Harvey, Youngsook Kim: *Six Korean Women: The Socialisation of Shamans,* St. Paul 1979.
–: »Possession Sickness and Women Shamans in Korea«, in: Nancy A. Falk und Rita M. Gross (Hrsg.): *Unspoken Worlds. Woman's Religious Lives in Non-Western Cultures,* San Francisco 1980.
Heissig, Walter: »Schamanen und Geisterbeschwörer im Küriye-Banner«, *Folklore Studies,* Nr. 3 (1944), S. 39–72.
Hermanns, Matthias: *Die religiös-magische Weltanschauung der Primitivstämme Indiens,* Wiesbaden 1964–1973, 3 Bde.
–: *Das National-Epos der Tibeter. Gling König Ge Sar,* Regensburg 1965.
–: »Medizinmann, Zauberer, Schamane, Künstler in der Welt der frühen Jäger«, *Anthropos,* 61, Nr. 3/4 (1966), S. 883–889.
– *Schamanen – Pseudoschamanen, Erlöser und Heilbringer,* Wiesbaden 1970, 3 Bde.
Hitchcock, John T.: »Nepalese Shamanism and the Classic Inner Asian Tradition«, in: *History of Religions,* 7, Nr. 2 (1967), S. 149–158.
–: »Aspects of Bhujel Shamanism«, in: Hitchcock/Jones 1976.
–, und Jones, Rex L.: *Spirit Possession in the Nepal Himalayas,* Warminster 1976.
Hoffman, Helmut: *Symbolik der tibetischen Religionen und des Schamanismus,* Stuttgart 1967.
–: »Erscheinungsformen des tibetischen Schamanismus«, in: Zutt 1972.
Hoffman, Walter James: »The Mide'wiwin or ›Grand Medicine Society‹ of the Ojibwa«, *7th Report of the Bureau of Ethnology,* S. 143–300. Washington, D.C., 1891.
–: »Schamanentum bei den Ojibwa und Menomini«, *Globus,* Nr. 61 (1892), S. 92–95.
Holm, Gustav: »Ethnological Sketch of the Angmagsalik Eskimo«, in: William Thalbitzer (Hrsg.): *The Ammasalik Eskimo,* Kopenhagen 1914.
Holmberg, Uno: »Die Religion der Tschermissen«, *FF Communications, 61,* Helsinki 1962.

–: »Finno-Ugric, Siberian«, Bd. 1 in: C.J.A. MacCulloch (Hrsg.): *The Mythology of all Races*, New York 1964.
Holtved, Erik: »Eskimo Shamanism«, in: Edsman 1967.
Honko, Lauri: »Role-taking of the Shaman«, *Temenos*, Nr. 4 (1969), S. 25–55.
Horse Capture, George, (Hrsg.): *The Seven Visions of Bull Lodge*, Ann Arbor, Michigan, 1980.
Howitt, Alfred W.: »On Australian Medicine Men or Doctors and Wizards of some Australian Tribes«, *The Journal of the Anthropological Institute of Great Britain and Ireland*, Nr. 16 (1887), S. 23–59.
–: *The Native Tribes of South-East Australia*, London 1904.
–: »Australian Medicine Men and Magic«, in: Thomas 1909.
Huffman, Phyllis: »The Incredible World of Thought«, *Many Smokes*, 14, Nr. 1 (1980). S. 24–26.
Hultkrantz, Åke: *Conceptions of the Soul Among North American Indians*, Stockholm 1953.
–: »Die Religion der Lappen«, in: I. Paulson, A. Hultkrantz und K. Jettmar (Hrsg.): *Die Religionen Nordasiens und der amerikanischen Arktis*, Bd. 3, in: C.M. Schröder (Hrsg.): *Die Religionen der Menschheit*, Stuttgart 1962.
–: »The Contribution of the Study of North American Indian Religions to the History of Religions«, in: Capps 1976.
–: »Ecological and Phenomenological Aspects of Shamanism«, in: Diószegi/Hoppál 1978.
–: *The Religion of the American Indians*, Berkeley 1979 (1967).
–: »Ritual und Geheimnis: Über die Kunst der Medizinmänner, oder: Was der Herr Professor verschwieg«, in: Duerr 1981.
Humphrey, B.: »Paranormal Ocurrences Among Preliterate Peoples«, *Journal of Parapsychology*, Nr. 8 (1944), S. 214–229.
Hung-Youn, Cho: *Koreanischer Schamanismus*, Hamburgisches Museum für Völkerkunde, Hamburg 1982.
Huxley, Aldous: *Die Pforten der Wahrnehmung. Himmel und Hölle*, München 1970.
–: »Visionary Experience«, in: White 1972.
–: *Moksha. Writings on Psychedelics and the Visionary Experience* (1931–1963), hrsg. von Michael Horowitz und Cynthia Palmer, New York 1977.
Hymes, Dell (Hrsg.): *Reinventing Anthropology*, New York 1969.
Itkonen, T. I.: »Der ›Zweikampf‹ der lappischen Zauberer (Noai'di) um eine Wildrentierherde«, *Journal de la Société Finno-Ougrienne*, Nr. 62 (1960), S. 27–76.
James, William: *The Principles of Psychology*, New York 1890, 2 Bde.
–: *Die religiöse Erfahrung in ihrer Mannigfaltigkeit*, Leipzig 1907.
–: *Memoires and Studies*, New York 1912.
–: »The Energies of Man«, in: Ralph B. Perry (Hrsg.): *Essays on Faith and Morals*, New York 1962.
–: »Subjective Effects of Nitrous Oxide«, in: Tart 1969.
Jarring, Gunnar: »A Note on Shamanism in Eastern Turkestan«, *Ethnos*, 26, Nr. 1–2 (1961), S. 1–4.
Jettmar, Karl: »Schamanismus in Nord- und Zentralasien«, in: Zutt 1972.

Jochelson, Waldemar: »Religion and Myths of the Koryak. The Jesup North Pacific Expedition«, 1905–1908, Nr. 6, *1. Memoir of the Museum of Natural History*, Leiden.
–: »The Yukaghir and the Yukaghirized Tungus. The Jesup North Pacific Expedition«, Nr. 9, *2. Memoir of the Museum of Natural History*, Leiden 1926.
Joergensen, Ole: *Sjael göer dig smuk*, Århus 1981.
Johnson, Frederick: »Notes on Micmac Shamanism«, *Primitive Man*, 16, Nr. 3–4 (1943), S. 53–80.
Johnston, Basil: *Und Manitu erschuf die Welt. Mythen und Visionen der Ojibwa*, Köln 1979.
Johnston, Thomas F.: »Auditory Driving, Hallucinogens, and Music-Color Synesthesia in Tsonga Ritual«, in: Du Toit 1977.
Joki, A. J.: »Notes on Selkup Shamanism«, in: Diószegi/Hoppál 1978.
Jones, David Earle: *Sanapia: Comanche Medicine Woman*, New York 1972.
–: »Face the Ghost«, *Phoenix. New Directions in the Study of Man*, 4, Nr. 1 u. 2 (1980), S. 53–57.
Jones, Rex L.: »Shamanism in South Asia: A Preliminary Survey«, *History of Religions*, 7, Nr. 4 (1968), S. 330–347.
Jules-Rosette, B.: »The Conversion Experience«, *Africa*, Nr. 7 (1976), S. 132–164.
–: »The Veil of Objectivity: Prophecy, Divination, and Social Inquiry«, *American Anthropologist*, Nr. 80 (1978), S. 549–570.
Jung, C. G.: *Erinnerungen, Träume, Gedanken*, hrsg. von A. Jaffé, Zürich 1961.
Kalweit, Holger: »Alles ist eins«, *Esotera*, Nr. 5 (1981), S. 402–409.
–: »Transpersonal Anthropology and the Comparison of Cultures«, *Phoenix. Journal of Transpersonal Anthropology*, 5, Nr. 2 (1981), S. 97–105.
–: »Die Entfesselung des Bewußtseins«, *Psychologie heute*, Nr. 7 (1982), S. 54–60.
–: »Das Paradox ist unser Barometer für Erleuchtung«, *Psychologie heute*, Nr. 8 (1982), S. 46–53.
–: »Der Trickster. Ein Nachwort zu ›Castaneda‹«, *Curare*, Nr. 6 (1983). S. 91–92.
–: »Gewiß, es gehört immer zum Wesen der Anthropologie, die Dinge von außen zu betrachten«, *Curare*, Nr. 7 (1983), S. 203–208.
–, (Hrsg.): *Frank Hamilton Cushing. Ein weißer Indianer. Mein Leben mit den Zuni*, Olten 1983.
–: »Formen transpersonaler Psychotherapie bei nicht-westlichen Kulturen«, *Integrative Therapie*, (1984).
Karajalainen, K. F.: »Die Religionen der Jugra-Völker«, *FF Communications*, Nr. 63, Helsinki 1927.
Katz, Fred, und Dobkin de Rios, Marlene: »Hallucinogenic Music: An Analysis of the Role of Whistling in Peruvian Ayahuasca Healing Sessions«, *Journal of American Folklore*, Nr. 84 (1971), S. 320–327.
Katz, Richard: »Education for Transcendence: Lessons from the !Kung Zhu/twasi«, *The Journal of Transpersonal Psychology*, 5, Nr. 2 (1973), S. 136–155.
–: »Education as Transformation: Becoming a Healer Among the !Kung and Fijians«, *Harvard Educational Review*, 51, Nr. 1 (1981), S. 57–78.
–: *Boiling Energy: Community Healing Among the Kalahari !Kung*, Cambridge, Ma., 1982.

Kelly, Isabel T.: »Chemehuevi Shamanism«, in: *Essays in Anthropology*, Presented to A. L. Kroeber, Berkeley 1936.
–: »Southern Paiute Shamanism«, *Anthropological Record*, 2, Nr. 4 (1939).
Kelsey, Theodore: »Flying ›Gods‹ of Hawaii«, in: *Full Moon: A Report from the Islands*, 1, Nr. 3 u. 4 (1980), 1.
Kensinger, Kenneth M.: »Banisteriopsis Usage among the Peruvian Cashinahua«, in: Harner 1973 T (a).
Keutzer, C.: »Whatever Turns You On: Triggers to Transcendent Experiences«, *Journal of Humanistic Psychology*, 18 Nr. 3 (1978), S. 77–80.
Kiesewetter, Karl: *Geschichte des neueren Okkultismus*, mit einem Anhang von Ludwig Kuhlenbeck: »Der Okkultismus der nordamerikanischen Indianer«, Leipzig 1909.
Kiev, Ari, (Hrsg.): *Magic, Faith, and Healing*, New York 1964.
Kihm, Walter: *Zur Symbolik im Schamanismus*, Dissertation, Freiburg i. Br. 1974.
Kikuchi, William K.: »The Fireball in Hawaiian Folklore«, in: *Full Moon: A Report from the Islands*, 1, Nr. 1 (1980), S. 6–11.
Kim, K.: »Psychoanalytic Consideration of Korean Shamanism«, *Journal of the Korean Neuropsychiatric Association*, 11, Nr. 2 (1972), S. 121–129.
Knoll-Greiling, Ursula: »Die sozial-psychologische Funktion der Schamanen«, *Beiträge zur Gesellungs- und Völkerwissenschaft*, Berlin 1950.
–: »Berufung und Berufungserlebnis bei den Schamanen«, *Tribus. Jahrbuch des Linden-Museums Stuttgart*, Nr. 2/3, (1952/1953), S. 227–238.
Knudtson, Peter H.: »Flora, Shaman of the Wintu«, *Natural History*, 84, Nr. 5 (1975), S. 12–13, 16–17.
Köpping, Klaus-Peter: »Bewußtseinszustände und Stufen der Wirklichkeit«, in: *Kölner Zeitschrift für Soziologie und Sozialpsychologie*, 24, Nr. 4 (1972), S. 821–835.
Kohl, Johann Georg: *Kitschi-Gami oder Erzählungen vom Oberen See*, Bremen 1859, Bd. II.
Krader, Lawrence: »The Shamanistic Tradition of the Buryats (Siberia)«, *Anthropos*, Nr. 70 (1975), S. 105–144.
–: »Shamanism: Theory and History in Buryat Society«, in: Diószegi/Hoppál 1978.
Kramer, Fritz: *Verkehrte Welten. Zur Ethnographie des 19. Jahrhunderts*, Frankfurt 1977.
Kremsmayer, Heimo: »Schamanismus und Seelenvorstellungen im alten China«, *Archiv für Völkerkunde*, Nr. 9 (1954), S. 66–78.
Kreutzer, Caroline S.: »Physics and Consciousness«, *Journal of Humanistic Psychology*, 22, Nr. 2 (1982), S. 74–90.
Kroeber, A. L.: »The Eskimo of Smith Sound«, *Bulletin of the American Museum of Natural History*, Nr. 12 (1899).
–: *The Religions of the Indians of California*, Berkeley 1906.
–: »Walapai Ethnography«, *Memoirs of the American Anthropological Association*, Nr. 42 (1935).
–, und Watermann, T. T., (Hrsg.): *Source Book in Anthropology*, New York 1965.
Kroeber, Theodora: *Ishi in Two Worlds*, Berkeley 1961.
Kunze, Gerhard: *Ihr baut die Windmühlen – den Wind rufen wir. Alternative Technik und Stammestradition*, München 1982.

La Barre, Weston: *The Ghost Dance,* New York 1972.
–: Anthropological Perspectives on Hallucination and Hallucinogens«, in: R. K. Siegel und L. J. West (Hrsg.): *Hallucinations,* New York 1975.
Lafleur, Laurence J.: »On the Midé of the Ojibway«, *American Anthropologist,* Nr. 42 (1940), S. 706–708.
Lamb, F. Bruce: *Der weiße Indio vom Amazonas,* Bern, München, Wien, 1982.
Lame Deer, John (Fire), und Erdoes, Richard: *Tahca Ushte. Medizinmann der Sioux,* Frankfurt 1981.
Landes, Ruth: *Ojibwa Religion and the Midéwiwin,* London 1968.
Langdon, E. Jean: »Yagé Among the Siona: Cultural Patterns im Visions«, in: Browman/Schwarz 1979.
Lankenau, H. von: »Die Schamanen und das Schamanenwesen«, *Globus,* Nr. 22 (1872), S. 278–283.
Lantis, Margaret: »The Social Culture of the Nunivak Eskimo«, *Transactions of the American Philosophical Society,* 35, Teil 3 (1946).
–: »The Religion of the Eskimo«, in: V. T. A. Ferm (Hrsg.): *Forgotten Religions,* New York 1950.
Larsen, Stephen: *The Shamans Doorway,* New York 1976.
Laski, Marghanita: *Ecstasy: A Study of some Secular and Religious Experiences,* London 1961.
Lauf, Detlef-Ingo: *Symbole. Verschiedenheit und Einheit in östlicher und westlicher Kultur,* Frankfurt 1976.
Laufer, Berthold: »Origin of the Word Shaman«, *American Anthropologist,* Nr. 19 (1917), S. 361–371.
Layard, J.W.: »Shamanism. An Analysis Based on Comparison with the Flying Tricksters of Malekula«, *Journal of the Royal Anthropological Institute,* Nr. 60 (1930), S. 525–550.
Lechner-Knecht, Sigrid: *Reise ins Zwischenreich: Begegnungen mit Wundertätern und Zauberpriestern,* Freiburg i. Br. 1978.
Lee, Jung Young: *Korean Shamanistic Rituals,* The Hague 1981.
Lee, R.B., und DeVore, I., (Hrsg.): *Kalahari Hunter-Gatherers. Studies of the !Kung San and Their Neighbors,* Cambridge, Mass., 1976.
Lehtisalo, T.: »Der Tod und die Wiedergeburt des künftigen Schamanen«, *Journal de la Société Finno-Ougrienne,* Nr. 48 (1937), S. 1–34.
LeShan, Lawrence: *The Medium, the Mystic, and the Physicist,* London 1966.
–: »Physicists and Mystics: Similarities in World View«, *The Journal of Transpersonal Psychology,* 1, Nr. 2 (1969), 1–20.
Lessa, William A., und Vogt, Evon Z., (Hrsg.): *Reader in Comparative Religion,* New York 1979.
Lévi-Strauss, Claude: »Die moderne Krise der Anthropologie«, *Unesco Kurier,* 2, Nr. 11 (Nov. 1961), S. 1–15.
–: *Das wilde Denken,* Frankfurt 1968.
–: *Strukturale Anthropologie,* Frankfurt 1972.
–: »Medizinmänner und Psychoanalyse (1956)«, *Integrative Therapie,* 5, Nr. 4 (1979), S. 297–302.
–: *Mythos und Bedeutung,* Frankfurt 1980.

Lewis, I. M.: *Ecstatic Religion*, Harmondsworth 1971.
Lex, Barbara W.: »Altered States of Consciousness in Northern Iroquoian Ritual«, in: Bharati 1976 (b).
Loaiza, Hector: *Wañu Pura. Le chemin des Sorciers des Andes*, Paris 1976.
Loeb, E.M.: »The Shaman of Niue«, *American Anthropologist*, Nr. 26 (1924), S. 394–402.
–: »Shaman and Seer«, *American Anthropologist*, Nr. 31 (1929), S. 60–84.
Lommel, Andreas: »Traum und Bild bei den Primitiven in Nordwest-Australien«, *Psyche*, 5, Nr. 3 (1951), S. 187–209.
–: *Die Unambal. Ein Stamm in Nordwest-Australien*, Monographien zur Völkerkunde, Nr. 11, Hamburgisches Museum für Völkerkunde, Hamburg 1952.
–: »Shamanism, the Beginnings of Art«, (17 Rezensionen zu Lommels Buch), *Current Anthropology*, 11, Nr. 1 (1970), S. 39–48.
–: *Shamanism in Australia. Festschrift für T. G. H. Strehlow*, Adelaide 1980.
–: *Schamanen und Medizinmänner. Magie und Mystik früher Kulturen*, München 1980 (1965).
Lone Dog, Louise: *Strange Journey. The Vision Life of a Psychic Indian Woman*, Healdsburg, Calif., 1964.
Long Lance und Buffalo Child: *Long Lance. The Autobiography of a Blackfoot Indian Chief*, London 1976 (1928).
Lowie, Robert H.: »Beiträge zur Völkerkunde Nordamerikas«, *Mitteilungen aus dem Museum für Völkerkunde, Hamburg*, Nr. 23 (1951).
–: *The Crow Indians*, New York 1924.
–: *Indians of the Plains*, New York 1963.
–: »The Vision Quest Among the North American Indians«, (a), in: Lessa/Vogt 1979.
–: »Shamans and Priests Among the Plains Indians«, (b), in: Lessa/Vogt 1979.
Lublinsky, Ida: »Der Medizinmann bei den Naturvölkern Südamerikas«, *Zeitschrift für Ethnologie*, Nr. 52 (1921), S. 234–263.
Lvova, E. L.: »On the Shamanism of the Chulym Turks«, in: Diószegi/Hoppál 1978.
Macdonald, A. W.: »Preliminary Notes on some jhākri of the Muglan«, in: Hitchcock/Jones 1976.
MacIntosh, A.: »Beliefs about Out-of-the-Body Experiences Among the Elma, Gulf Kamea and Rigo Peoples of Papua New Guinea«, *Journal of the American Society for Psychical Research*, Nr. 50 (1980), S. 460–478.
Maddox, John Lee: *The Medicine Man*, New York 1923.
Madsen, William: »Shamanism in Mexico«, *Southwestern Journal of Anthropology*, Nr. 11 (1955), S. 48–57.
Mails, Thomas E.: *Sundancing at Rosebud and Pine Ridge*, Sioux Falls 1978.
–: *Fools Crow*, New York 1979.
Mandel, Arnold J.: »The Neurochemistry of Religious Insight and Ecstasy«, in: Berrin 1978.
Manker, Ernst: *Die lappische Zaubertrommel*, Stockholm 1938.
Martino, Ernest de: *Magic, Primitive and Modern*, Sydney 1972.
Maslow, Abraham H.: *Religions, Values, and Peak-Experiences*, New York 1964.
–: »Theory Z«, *The Journal of Transpersonal Psychology*, 1, Nr. 2 (1969), S. 31–48.

–: *The Farther Reaches of Human Nature*, New York 1971.
–: *Psychologie des Seins*, München 1973 (1968).
–: Die Psychologie der Wissenschaft, München 1977 (1966).
Maxwell, W. W.: »Shamanism in Perak«, *Journal of the Straits Branch of the Royal Asiatic Society*, (Dez. 1883). Nr. 222–232.
McBride, L. R.: *The Kahuna, Versatile Mystics of Old Hawaii*, Hilo, Hawaii, o. J.
McIlwraith, T. F.: *The Bella Coola Indians*, Toronto 1948.
Meier, P. Joseph: »Die Zauberei bei den Küstenbewohnern der Gazelle-Halbinsel, Neupommern, Südsee«, *Anthropos*, Nr. 8 (1913), S. 1–11, 285–305, 688–713.
Meighan, Clement W., und Ridell, Francis A.: *The Maru Cult of the Pomo Indians: A California Ghost Dance Survival*, Southwest Museum, Los Angeles 1972.
Melville, Leinani: *Children of the Rainbow*. Wheaton, Ill., 1969.
Mercier, Mario: *Chamanisme et Chamans*, Paris 1977.
Messerschmidt, Donald A.: »Ethnographic Oberservations of Gurung Shamanism in Lamjung District«, in: Hitchcock/Jones 1976.
Messner, Reinhold: *Grenzbereich Todeszone*, Köln 1978.
Métraux, Alfred: »Le shamanisme araucan«, *Revista del Instituto de Antropologia de la Universidad nacional de Tucamán*, 2, Nr. 10 (1942), S. 309–362.
–: »Le chamanisme chez les Indiens de L'Amérique du Sud tropicale«, *Acta Americana*, Nr. 2 (1944), S. 197–219, 320–341.
Michael, Henry N. (Hrsg.): *Studies in Siberian Shamanism*, Toronto 1963.
Mikhailowskii, V. M.: »Shamanism in Siberia and European Russia«, *The Journal of the Anthropological Institute of Great Britain and Ireland*, Nr. 24 (1895), S. 62–100, 126–158.
Miles, Douglas: »Shamanism and the Conversion of Ngadji Dayaks«, *Oceania*, Nr. 37 (1966/67), S. 1–12.
Miyakawa, H. und Kollatz, A.: »Zur Ur- und Vorgeschichte des Schamanismus«, *Zeitschrift für Ethnologie*, Nr. 91 (1966), S. 161–193.
Mollenhauer, Gaby: »Schamanismus bei den Eskimos«, *Saeculum*, Nr. 28 (1877), S. 235–240.
Monmouth, Geoffrey von: *Das Leben des Zauberers Merlin*, Amsterdam o. J.
Moody, Raymond A.: *Leben nach dem Tod*, Reinbek 1975.
–: *Nachgedanken über das Leben nach dem Tod*. Reinbek 1978.
Moray, Ann: »The Celtic Heritage in Ireland«, *Horizon*, 7, Nr. 2 (1965), S. 33–39.
Morrill, Sibley S.: *The Kahunas*, Boston, Mass., 1969.
Morris, H. S.: »Shamanism Among the Oya Melanau«, in: Maurice Freedman (Hrsg.: *Social Organization. Essays Presented to Raymond Firth*, London 1967.
Motzki, Harald: *Schamanismus als Problem religionswissenschaftlicher Terminologie: Eine Untersuchung*, Köln 1977.
Mühlmann, Wilhelm E.: *Rassen, Ethnien, Kulturen*, Neuwied und Berlin 1964.
Müller, Werner: *Weltbild und Kult der Kwakiutl-Indianer*, Wiesbaden 1955.
–: *Glauben und Denken der Sioux*, Berlin 1970.
–: *Indianische Welterfahrung*, Stuttgart 1976 (a).
–: *Geliebte Erde. Naturfrömmigkeit und Naturhaß im indianischen und europäischen Nordamerika*, Bonn 1976 (b).

Münzel, Mark: *Medizinmannwesen und Geistervorstellungen bei den Kamayurá (Alto Xingú – Brasilien)*, Wiesbaden 1971.
Muldoon, Sylvan J.: *Die Aussendung des Astralkörpers*, Freiburg 1973.
Munn, Henry: »The Mushrooms of Language«, in: Harner 1973.
Murdock, George Peter: »Tenino Shamanism«, *Ethnology*, Nr. 4 (1965), S. 165–171.
Murphy, Jane M.: »Psychotherapeutic Aspects of Shamanism on St. Lawrence Island, Alaska«, in: Kiev 1964.
Musès, Charles, und Young, Arthur M., (Hrsg.): *Consciousness and Reality*, New York 1972.
Mutwa, Credo: *My People. Writings of a Zulu Witchdoctor*, New York 1971.
Myerhoff, Barbara G.: »The Doctor as Culture Hero: The Shaman of Rincon«, *Anthropological Quarterly*, Nr. 39 (1966), S. 60–72.
–: *Peyote Hunt*, Ithaca, N.Y., 1974.
–: »Balancing between Worlds: The Shaman's Calling«, *Parabola*, 1, Nr. 2 (1976) (a), S. 6–13.
–: »Shamanic Equilibrium: Balance and Meditation in Known and Unknown Worlds«, in: Wayland D. Hand (Hrsg.): *American Folk Medicine: A Symposium*, Berkeley 1976 (b).
–: »Peyote and the Mystic Vision«, in: Berrin 1978.
Nachtigall, Horst: »Die kulturhistorische Wurzel der Schamanenskelettierung«, *Zeitschrift für Ethnologie*, Nr. 77 (1952), S. 188–197.
–: »Schamanismus bei den Paez-Indianern«, *Zeitschrift für Ethnologie*, Nr. 78 (1953), S. 210–223.
–:»The Cultural-Historical Origin of Shamanism«, in: Bharati 1976 (b).
Nadel, S.F.: »A Study of Shamanism in the Nuba Mountains«, in: Lessa/Vogt 1979.
Naranjo, Claudio: *The Healing Journey*, New York 1973.
Naranjo, Plutarco: »Hallucinogenic Plant Use and Related Indigenous Belief Systems in the Ecuadorian Amazon«, *Journal of Ethnopharmacology*, 1, Nr. 2 (1979), S. 121–145.
Neal, James H.: *Ju-Ju in my Life*, London 1966.
Neihardt, John: *Schwarzer Hirsch. Ich rufe mein Volk*, Olten 1974.
Neher, Andrew: »A Physiological Explanation of Unusual Behavior in Ceremonies Involving Drums«, *Human Biology*, 34, Nr. 2 (1962), S. 151-160.
Neumann, Wolfgang: *Der Mensch und sein Doppelgänger*, Wiesbaden 1981.
Neverman, Hans, Worms, Ernest A., und Petri, Helmut: *Die Religionen der Südsee und Australiens*, Bd. 5,2 Stuttgart 1968, in: *Die Religionen der Menschheit*, hrsg. von C.M. Schröder.
Newcomb, Franc Johnson: *Hosteen Klah. Navaho Medicine Man and Sand Painter*, Norman 1964.
Nioradze, G.: *Der Schamanismus bei den sibirischen Völkern*, Stuttgart 1925.
Nordenskiöld, Erland: *A Historical and Ethnological Survey of the Cuna Indians*, Comparative Ethnographical Studies, Nr. 10, Göteborg 1938.
Nordland, Odd: »Shamanism as an Experiencing of ›the Unreal‹«, in: Edsman 1967.
Noyes, J. Russell: »Dying and Mystical Consciousness«, *Journal of Thanatology*, Nr. 1 (1971), S. 25–41.
–: »The Experience of Dying«, *Psychiatry*, Nr. 35 (Mai 1972), S. 174–184.

–, und Kletti, R.: »Depersonalization in the Face of Life-Threatening Danger: A Description«, *Psychiatry*, Nr. 39 (1976), S. 19–27.
–, und Kletti, R.: »Depersonalisation in Response to Life-Threatening Danger«, *Comprehensive Psychiatry*, 18, Nr. 4 (1977), S. 375–384.
Österreich, T. K.: *Possession, Demonical and Other, among Primitive Races in Antiquity, the Middle Ages, and Modern Times*, New York 1966.
Ohlmarks, Åke: *Studien zum Problem des Schamanismus*, Kopenhagen 1939.
Ohnuki-Tierney, Emiko: »The Shamanism of the Ainu of the Northwest Coast of Southern Sakhalin«, *Ethnology*, Nr. 12 (1973), S. 15–29.
–: »Shamanism and World View: The Case of the Ainu of the Northwest Coast of Southern Sakhalin«, in: Bharati 1976.
Olsen, Dale A.: »Music-Induced Altered States of Consciousness among Warao Shamans«, *Journal of Latin American Lore*, 1, Nr. 1 (1975), S. 19–33.
Oppitz, Michael: *Schamanen im blinden Land*, Frankfurt 1981.
Ornstein, Robert (Hrsg.): *The Nature of Human Consciousness*, San Francisco 1973.
–: *Die Psychologie des Bewußtseins*, Köln 1974.
Osis, Karlis, und Haraldsson, Erlendur,: *At the Hour of Death*, New York 1977.
Oswalt, R. L.: *Kashya Texts*, University of California Publications in Linguistics, Nr. 36, Los Angeles 1964.
Pahnke, Walter N., und Richards William A.: »Implications of LSD and Experimental Mysticism«. *The Journal of Transpersonal Psychology*, 1, Nr. 2 (1969), S. 69–102.
Paper, Jordan: »From Shaman to Mystic in Ojibwa Religion«, *Studies in Religion*, 9, Nr. 2 (1980), S. 185–199.
Park, Willard: *Shamanism in Western North America*, Evanston/Chicago 1938.
–: »Paviotso Shamanism«, *American Anthropologist*, Nr. 36 (1934), S. 98–113.
Parker, Arthur C.: »Secret Medicine Societies of the Seneca«, *American Anthropologist*, Nr. 11 (1909), S. 161–185.
Partanen, Jorma: *A Description of Buriat Shamanism*, Journal de la Société Finno-Ougrienne, Nr. 51 (1941/42), S. 7–34.
Paulson, Ivar: »Zur Phänomenologie des Schamanismus«, *Zeitschrift für Religions- und Geistesgeschichte*, 16, Nr. 2 (1964), S. 121–141.
–: »Der Schamanismus in Nordasien (Sibirien)«, *Paideuma*, Nr. 11 (1965), S. 91–104.
Pelletier, Kenneth, und Garfield Charles: *Consciousness East and West*, New York 1976.
Pelletier, Kenneth R.: *Toward a Science of Consciousness*, New York 1978.
Peters, Larry G.: »Psychotherapy in Tamang Shamanism«, *Ethos*, Nr. 6 (1978), S. 63–91.
–: »An Experiential Study of Nepalese Shamanism«, *The Journal of Transpersonal Psychology*, 13, Nr. 1 (1981) (a), S. 1–26.
–: *Ecstasy and Healing in Nepal*, Los Angeles 1981 (b).
Petitt, George A.: »The Vision Quest and the Guardian Spirit«, in: J. D. Jennings und E. A. Hoebel (Hrsg.): *Readings in Anthropology*, New York 1955.
Petri, Helmut: »Der Australische Medizinmann«, *Annali Lateranensi*, Nr. 16 (1952), S. 159–317, und Nr. 17 (1953), S. 157–227.
–: *Sterbende Welt in Nordwest-Australien*, Braunschweig 1954.
–: »Australische ›Medizinmänner‹ am Rande der technischen Zivilisation«, *Die Umschau in Wissenschaft und Technik*, Nr. 62 (1962), S. 171–174.

Pilsudski, Bronislav: »Der Schamanismus bei den Ainu-Stämmen von Sachalin«, *Globus,* Nr. 95 (1909), S. 72–78.
Popow, Andrei A.: »Wie Sereptie D'aruoskin zum Schamanen erwählt wurde«, in: Diószegi 1963.
Potapow, L. P.: »Die Schamanentrommel bei den altaischen Völkerschaften«, in: Diószegi 1963.
–: »Certain Aspects of the Study of Siberian Shamanism«, in: Bharati 1976 (b).
Powers, W. K.: *Yuwipi. Vision and Experience in Ogalala Ritual,* Lincoln 1982.
Prem Das: »Initiation by a Huichol Shaman«, in: Berrin 1978.
Primbram, Karl H.: »What the Fuss is all about«, *Re-Vision,* 1, Nr. 3/4 (1978), S. 14–18.
Prince, Raymond, (Hrsg.): *Trance and Possession States,* Montreal 1968.
–, (Hrsg.): »Shamans and Endorphins«, *Ethos,* 10, Nr. 4 (1982).
Pukui, Mary Kawena, Haertig, E. W., und Coe, C. A.: *Nānā I Ke Kumu,* Bd. II, Honolulu 1979.
Quasha, George: »Aufzeichnung einer Rede von Essie Parrish, gehalten am 14. März 1972«, *Alcheringa,* Nr. 1 (1975), S. 27–29.
Radin, Paul: *The Road of Life and Death,* New York 1945.
–: *The Autobiography of a Winnebago Indian,* New York 1963.
–: *The Winnebago Tribe,* Lincoln 1970 (1923).
Radloff, Wilhelm: *Aus Sibirien. Lose Blätter aus dem Tagebuch eines reisenden Linguisten,* Leipzig 1983, Bd. 1–2.
Rahmann, Rudolf: »Shamanistic and Related Phenomena in Northern and Middle India«, *Anthropos,* Nr. 54 (1959), S. 681–760.
Rasmussen, Knud: *Neue Menschen. Ein Jahr bei den Nachbarn des Nordpols,* Bern 1907.
–: *The People of the Polar North. A Record,* hrsg. von G. Herring, Philadelphia 1908.
–: *Across Arctic America. Narrative of the Fifth Thule Expedition,* Kopenhagen 1925; deutsch: *Die große Schlittenreise,* Essen 1946.
–: *Rasmussens Thulefahrt: Zwei Jahre im Schlitten durch unerforschtes Eskimoland,* hrsg. von F. Sieburg, Frankfurt 1926.
–: *Intellectual Culture of the Hudson Bay Eskimos. Report of the Fifth Thule Expedition, 1921–1924,* Bd. VII, Kopenhagen 1930.
–: *Intellectual Culture of the Iglulik Eskimos. Report of the Fifth Thule Expedition, 1921–1924,* Bd. VII, 1, Kopenhagen 1930.
–: *Observations on the Intellectual Culture of the Caribou Eskimos. Report of the Fifth Thule Expedition, 1921–1924,* Bd. VII, 2, Kopenhagen 1930.
–: *The Netsilik Eskimos: Social Life and Spiritual Culture. Report of the Fifth Thule Expedition, 1921–1924,* Bd. VIII, Kopenhagen 1931.
–: *Intellectual Culture of the Copper Eskimos. Report of the Fifth Thule Expedition, 1921–1924,* Bd IX, Kopenhagen 1932.
–: *The Alaskan Eskimos. As described in the posthumous Notes of Dr. Knud Rasmussen,* hrsg. von H. Ostermann, *Report of the Fifth Thule Expedition, 1921–1924.* Bd. X, 3, Kopenhagen 1952.
Ravizza, Kenneth: »Peak Experiences in Sport«, *Journal of Humanistic Psychology,* 17, Nr. 4 (1977), S. 35–40.

Reichard, Gladys A.: *Navajo Medicine Man. Sandpaintings*, New York 1977 (1939).
Reichel-Dolmatoff, Gerado: *Amazonian Cosmos. The Sexual and Religious Symbolism of the Tukano Indians*, Chicago 1971.
–: »The Cultural Context of an Aboriginal Hallucinogen: Banisteriopsis Caapi«, in: Furst 1972.
–: *The Shaman and the Jaguar. A Study of Narcotic Drugs among the Indians of Columbia*, Philadelphia 1975.
–: *Beyond the Milky Way. Hallucinatory Imagery of the Tukano Indians*, Los Angeles 1978.
Ridington, Robin: *Swan People: A Study of the Dunne-za Prophet Dance*, National Museum of Canada, Ottawa 1978.
Riester, J.:»Medizinmänner und Zauberer der Chiquitano-Indians«, *Zeitschrift für Ethnologie*, 96, Nr. 2 (1971), S. 250–265.
Ring, Kenneth: *Life at Death*, New York 1980.
–: »Precognitive and Prophetic Visions in Near-Death Experiences«, *Anabiosis: The Journal of Near-Death*, 2, Nr. 1 (1982), S. 47–74.
–, und Franklin, Stephen: »Do Suicide Survivers Report Near Death Experiences?«, *Omega*, 12, Nr. 3 (1981), S. 191–208.
Rodman, Julius S.: *The Kahuna Sorcerers of Hawaii, Past and Present*, Hicksville, N.Y., 1979.
Röder, J.: *Alahatala: Die Religionen der Inlandstämme Mittelcerams*, Bamberg 1948.
Rogers, S.: *The Shaman*, Springfield, Ill., 1982.
Rose, Ronald: *Living Magic*, London 1957.
Roux, Jean Paul: »Le chaman gengiskanide«, *Anthropos*, Nr. 54 (1959), S. 401–432.
Russell, Bertrand: *Religion and Science*, London 1935.
Russell, Frank: »The Pima Indians«, *26th Annual Report of the Bureau of American Ethnology, 1904–1905*, Washington, D.C., 1908.
Sagant, Philippe: »Becoming a Limu Priest: Ethnographic Notes«, in: Hitchcock/Jones 1976.
Sandner, Donald F.: »Navaho Indian Medicine and Medicine Men«, in: David S. Sobel (Hrsg.): *Ways of Health*, New York und London 1979.
Sandschejew, Garma: »Weltanschauung und Schamanismus der Alaren-Burjäten«, *Anthropos*, Nr. 22 (1927), S. 576–613, 933–955; Nr. 23 (1928), S. 538–560, 967–986.
Sargant, William: *Battle for the Mind*, London 1957.
–: *The Mind Possessed*, London 1973.
Schefold, Reimar: *Spielzeug für die Seelen. Kunst und Kultur der Mentawai-Inseln (Indonesien)*, Museum Rietberg, Zürich 1980.
Schenk, Amelie: »JuJu, tödlicher Zauber in Afrika«, *Esotera*, 31, Nr. 8 (1980), S. 713–721.
Schlosser, Katesa: *Zauberei im Zululand. Manuskripte des Blitz-Zauberers Laduma Madela*, Kiel 1972.
Schrödinger, Erwin: *Geist und Materie*, Braunschweig 1959.
–: Was ist Leben?, Bern 1946.
Schultes, R.E. und Hofman, A.: *Pflanzen der Götter*, Bern 1980.
Schumacher, E.F., *Rat für die Ratlosen*, Hamburg 1979.

Schuster, Meinhard: »Die Schamanen und ihr Ritual«, in: B. Freudenfeld (Hrsg.): *Völkerkunde*, München 1960.
Schwartz, Gary E. und Shapiro, David, (Hrsg.): *Consciousness and Self-Regulation*, New York 1976.
Seaver, James E.: *Niederschrift der Lebensgeschichte der Mary Jemison, welche im Alter von knapp 15 Jahren 1758 von Indianern entführt wurde und fortan mit ihnen lebte bis zu ihrem Tod im Jahre 1833 im Seneca Reservat bei Buffalo*, New York 1979.
Secunda, Brant: »The Dance of the Deer«, *The Laughing Man*, 2, Nr. 4 (1981), S. 22–23.
Shah, Idries: *The Magic Monastary*, New York 1972.
Sharon, Douglas: »A Peruvian Curandero's Séance: Power and Balance«, in: Bharati 1976 (b).
–: *Zauberer der vier Winde*, Freiburg i. Br. 1980.
Sheils, Dean: »A Cross-Cultural Study of Beliefs in Out-of-the-Body Experiences, Waking and Sleeping«, *Journal of the Society for Psychical Research*, Nr. 49 (1978), S. 697–741.
Sheldrake, Rupert: »A New Science of Life«, *New Scientist*, Nr. 90 (1981), S. 766–768.
Shirokogoroff, S. M.: »General Theory of Shamanism among the Tungus«, *Journal of the North-China Branch of the Royal Asiatic Society*, Nr. 54 (1923), S. 246–249.
–: *Psychomental Complex of the Tungus*, London 1935 (a).
–: »Versuch einer Erforschung der Grundlagen des Schamanismus bei den Tungusen«, *Baessler Archiv*, Nr. 18 (1935) (b), S. 41–96.
Shonle, Ruth: »Peyote, the Giver of Visions«, *American Anthropologist*, Nr. 27 (1925), S. 53–75.
Sich, Dorothea: »Ein Beitrag zur Volksmedizin und zum Schamanismus in Korea«, *Curare*, 3, Nr. 4 (1980), S. 209–216.
Siegel, Ronald: »Der Blick ins Jenseits«, *Psychologie heute*, Nr. 4 (1981), S. 23–33.
Sieroszewski, W.: »Du chamanisme d'après les croyances des Yakoutes«, *Revue de L'Histoire des Religions*, Nr. 46 (1902), S. 204–235, 299–338.
Siiger, Halfdan: »Shamanistic Ecstasy and Supernatural Beings. A Study Based on Field-Work among the Kalash Kafirs of Chitral«, in: Edsman 1967.
Siikala, Anna-Leena: *The Rite Technique of the Siberian Shaman*, FF Communications, Nr. 220, Helsinki 1978.
Silver, D. B.: *Zinacanteco Shamanism*, Dissertation, Cambridge, Mass., 1966.
Silvermann, Julian: »A Paradigm for the Study of Altered States of Consciousness«, *The British Journal of Psychiatry*, 144, Nr. 512 (1968), S. 1201–1218.
Simmons, Leo W.: *Sun Chief. The Autobiography of a Hopi Indian*, New Haven und London 1976.
Sinha, Surajit: »Training of a Bhumij Medicine-Man«, *Man in India*, Nr. 38 (1958), S. 111–128.
Siskin, E.: *The Impact of the Peyote Cult upon Shamanism among the Washo Indians*, Dissertation, Yale University 1941.
Skeat, Walter William: *Malay Magic*, London 1900.
Slocum, Joshua: *Sailing Alone Around the World*, New York 1900.
Slotkin, J. S.: *The Peyote Religion*, Glencoe, Ill., 1956.
–: »The Peyote Way« in: Lessa/Vogt 1979.

Speck, Frank G.: »Penobscot Shamanism«, *Memoirs of the American Anthropological Association*, 6, Nr. 4. Menasha, Wisc., 1919.
Spencer, Baldwin, und Gillen, F.J.: *The Native Tribes of Central Australia*, London 1899 (1969).
–: *The Northern Tribes of Central Australia*, London 1904 (1969).
Spencer, Dorothy M.: »The Recruitment of Shamans among the Mundas«, *History of Religions*, 10, Nr. 1 (1970), S. 1–31.
Spencer, Robert F.: *The North Alaskan Eskimo. A Study in Ecology and Society*, New York 1976.
Spier, Leslie: *Yuman Tribes of the Gila River*, New York 1978 (1933).
Spindler, George and Louise: *Dreamers without Power. The Menomini Indians*, New York 1971.
Spiro, Melford E.: *Burmese Supernaturalism*, Englewood Cliffs, N.J., 1967.
Spott, Robert und Kroeber, A.L.: »Yurok Shamanism«, in: R.F. Heizer und M.A. Whipple (Hrsg.): *The California Indians*, Berkeley 1971.
Standing Bear, Luther: *Land of the Spotted Eagle*, Lincoln 1978 (1933).
Stabelein, William: »Mahākāla the Neo-Shaman: Master of the Ritual«, in: Hitchcock/Jones 1976.
St. Clair, David: *Pagans, Priests, and Prophets*, Englewood Cliffs, N.J., 1976.
Steiger, Brad: *Medicine Power*, New York 1974.
–: *Medicine Talk*, New York 1975.
Sterly, Joachim: *»Heilige Männer« und Medizinmänner in Melanesien*, Dissertation, Köln 1965.
Sternberg, L.J.: »Die Auserwählung im sibirischen Schamanismus«, *Zeitschrift für Missionskunde und Religionswissenschaft*, Nr. 50 (1935), S. 229–252, 261–274.
–: »Shamanism and Religious Election«, in: Stephen P. Dunn und Ethel Dunn (Hrsg.): *Introduction to Soviet Ethnology*, Bd. 1, Berkeley 1974.
Stiglmayr, Engelbert: »Schamanismus der Negritos Südostasiens«, *Wiener Völkerkundliche Mitteilungen*, 2 Nr. 2 (1954), S. 156–164; 3, Nr. 1 (1955), S. 14–20; 4, Nr. 2 (1956), S. 135–147.
–: »Schamanismus in Australien«, *Wiener Völkerkundliche Mitteilungen*, 5, Nr. 2 (1957), S. 161–190.
–: »Schamanismus, eine spiritistische Religion«, *Ethnos*, 27, Nr. 1–4 (1962), S. 40 bis 48.
Stimson, J. Frank: »Tuamotuan Religion«, *Bernice P. Bishop Museum, Bulletin*, Nr. 103. Honolulu 1933.
Steward, Kilton: *Pygmies and Dream Giants*, New York 1954.
Stokes, Doris, und Dearsley, Linda: *Voices in my Ear – The Autobiography of a Medium*, London 1980.
Sturtevant, William C.: »A Seminole Medicine Maker«, in: J.B. Casagrande (Hrsg.): *In the Company of Man*, New York 1960.
Sugerman, A. Arthur, und Tarter, R.E., (Hrsg.): *Expanding Dimensions of Consciousness*, New York 1978.
Swanton, John R.: »Contribution to the Ethnology of the Haida. The Jesup North Pacific Expedition, 1905–1909«, Bd. 5, Nr. 1, *Memoir of the American Museum of Natural History*, Leiden.

–: »Social Condition, Beliefs, and Linguistic Relationship of the Tlingit Indians«, *26th Annual Report of the Bureau of American Ethnology, 1904–1905*, Washington, D.C., 1908.
Swedenborg, Emanuel: *Arcana Coelestia*, 1837–1870.
Tart, Charles T.: »A Second Psychophysiological Study of Out-of-the-Body Experience in a Gifted Subject«, *International Journal of Parapsychology*, Nr. 9 (1967), S. 251–258.
–: »A Psychophysiological Study of Out-of-the Body Experiences in a Selected Subject«, *Journal of the American Society for Psychical Research*, Nr. 62 (1968), S. 3–27.
–, (Hrsg.): *Altered States of Consciousness*, New York 1969.: »States of Consciousness and State-Specific Sciences«, in: R. Ornstein (Hrsg.): *The Nature of Human Consciousness*, San Francisco 1973.
–: »Out-of-the-Body Experiences«, in: E. D. Mitchell: *Psychic Exploration*, hrsg. von John White, New York 1974.
–: *States of Consciousness*, New York 1975 (a).
–: »Some Assumptions of Orthodox, Western Psychology«, in: C.T. Tart (Hrsg.): *Transpersonal Psychologies*, London 1975 (b).
–: »Putting the Pieces Together: A Conceptual Framework for Understanding Discrete States of Consciousness«, in: N. E. Zinberg (Hrsg.): *Alternate States of Consciousness*, New York 1977.
Taube, Erika und Manfred: *Schamanen und Rhapsoden. Die geistige Kultur der alten Mongolei*, Leipzig 1983.
Taylor, Edward: *Primitive Culture*, London 1958 (1871).
Tedlock, Dennis und Barbara: *Über den Rand des tiefen Canyons. Lehren indianischer Schamanen*, Köln 1975.
Teit, James: »The Shuswap. The Jesup North Pacific Expedition, 1900–1908« Bd. 2, Nr. 7, *Memoir of the American Museum of Natural History*, Leiden.
Thalbitzer, William: »The Heathen Priests of East Greenland (Angakut«), *Proceedings of the 16th International Congress of Americanists*, Wien 1908.
–: »Les Magiciens esquimaux, leurs conceptions du monde, de l'âme et de la vie«, *Journal de la Société des Américanists, Paris*, Nr. 22 (1930).
–: »Shamans of the East Greenland Eskimo«, in: A. L. Kroeber und T. T. Watermann (Hrsg.): *Source Book of Anthropology*, New York 1965.
Thiel, P. Jos: »Schamanismus im alten China«, *Sinologica*, 10, Nr. 2/3 (1968), S. 149–204.
Thomas, William I., (Hrsg.): *Source Book of Social Origins*, Chicago 1909.
–: »The Relation of the Medicine Man to the Professional Occupations«, in: Thomas 1909.
Toben, Bob: *Space-Time and Beyond*, New York 1975.
Todd, D.M.: »Herbalists, Diviners and Shamans in Dimam«, *Paideuma*, Nr. 23 (1977), S. 189–204.
Tocker, Elisabeth: »An Ethnography of the Huron Indians, 1615–1649«, *Bureau of American Ethnology, Bulletin*, Nr. 190. Washington, D.C., 1964.
Torrey, E. Fuller: *The Mind Game. Witchdoctors and Psychiatrists*, New York 1972.
Trigger, Bruce G., (Hrsg.): *Handbook of North American Indians, Northeast*, 15. General Editor W.C. Sturtevant, Smithsonian Institution, Washington, D.C., 1978.

Trueblood Brotzky, Anne, Daneswich, R., und Johnson, N. (Hrsg.): *Stones, Bones and Skin: Ritual and Shamanic Art*, Artscanada, The Society of Art Publications, Toronto 1977.
Turney-High, H.H.: »The Flathead Indians of Montana«, *Memoirs of the American Anthropological Association*, Nr. 48. (1937).
Twigg, Ena, und Brod R. H.: *Ena Twigg: Medium*, New York 1972.
Underhill, Evelyn: *Mystik*, München 1928.
Underhill, Ruth M.: *Red Man's Religion*, Chicago und London 1965.
–: *Papago Indian Religion*, New York 1969.
–: *Singing for Power*, Berkeley and Los Angeles 1976 (1938).
Unzeitig, Detlef: »Sibirischer Schamanismus«, *Saeculum*, Nr. 28 (1977), S. 226–234.
Van de Castle, Robert L.: »Anthropology and Psychic Research«, in: E.D. Mitchell: *Psychic Exploration*, hrsg. von John White, New York 1974.
Wagner-Robertz, Dagmar: »Schamanismus bei den Hain//om in Südwestafrika«, *Anthropos*, Nr. 71 (1976), S. 533–554.
Walker, Evan Harries: »The Nature of Consciousness«, *Mathematical Biosciences*, Nr. 7 (1970), S. 138–178.
Walker, James R.: *Lakota Belief and Ritual*, hrsg. von R.J. De Mallie und E.A. Jahner, Lincoln und London 1980.
Walker, Sheila S.: *Ceremonial Spirit Possession in Africa and Afro-America*, Leiden 1972.
Wallace, Anthony F.C.: *The Death and Rebirth of the Seneca*, New York 1970.
Walsh, Roger N., und Vaughan, Francis, (Hrsg.): *Beyond Ego. Transpersonal Dimensions in Psychology*, Los Angeles 1980.
Warneck, J.: *Die Religion der Batak*, Göttingen 1909.
Warner, W. Lloyd: *A Black Civilization*, New York 1958 (1937).
Wassén, S. Henry: »Was Espingo (Ispincu) of Psychotropic and Intoxicating Importance for the Shamans in Peru?«, in: Bharati 1976 (b).
Wassiljewitsch, G.M.: »Erwerbung der Schamanenfähigkeiten bei den Evenken (Tungusen«), in: Diószegi 1963 (a).
Wasson, R. Gordon: *The Wondrous Mushroom. Mycolatry in Mesoamerica*, New York 1980.
Waters, Frank: *Book of the Hopi*, New York 1963.
–: *Pumpkin Seed Point. Being within the Hopi*, Chicago 1969.
Watson, Lyall: *Die Grenzbereiche des Lebens*, Frankfurt 1974.
–: *Gifts of Unknown Things*, Sevenoaks 1976.
–: *Lightening Bird. The Story of one Man's Journey into Africa's Unknown Past*, London 1982.
Watson-Franke, Maria-Barbara: »Guajiro-Schamanen (Kolumbien und Venezuela)«, *Anthropos*, Nr. 70 (1975), S. 194-207.
Wavell, Stewart, Butt, Audrey, und Epton, Nina: *Trances*, New York 1967.
Webb, Theodor T.: »The Making of Marrngit«, *Oceania*, Nr. 6 (1936), S. 336–341.
Weber, Renée: »The Enfolding-Unfolding Universe: A Conversation with David Bohm«, *Re-Vision*, 1, Nr. 3/4 (1978), S. 24–51.
Weinstein, S.I.: »Die Schamanentrommel der Tuwa und die Zeremonie ihrer ›Belebung‹«, in: Diószegi 1963.
Weizsäcker, Carl Friedrich von: *Die Einheit der Natur*, München 1971.

Welwood, J.: »Meditation and the Unconscious: A New Perspective«, *The Journal of Transpersonal Psychology*, 9, Nr. 1 (1977), S. 1–26.
White, Leslie A.: »A Comparative Study of Keresan Medicine Societies«, *Proceedings of the 23rd International Congress of Americanists*, New York 1930.
White, John (Hrsg.): *The Highest State of Consciousness*, New York 1972.
–, und Krippner, Stanley, (Hrsg.): *Future Science*, New York 1977.
Wilbert, Johannes »Gaukler-Schamanen der Warao«, in: R. Hartmann und Udo Oberem (Hrsg.): *Amerikanistische Studien. Festschrift für Hermann Trimborn*, (a), St. Augustin 1979, Bd. II.
–: »Magico-Religious Use of Tabacco among South American Indians«, (b), in: Browman/Schwarz 1979.
Winkelman, Michael: »Magic and Parapsychology«, *Phoenix, Journal of Transpersonal Anthropology*, 4, Nr. 1–2 (1980), S. 7–15.
Winkler, Walter F.: »Spirit Possession in Far Western Nepal«, in: Hitchcock/Jones 1976.
The Winnipeg Art Gallery: *The Coming and Going of the Shaman. Eskimo Shamanism and Art*, hrsg. v. Jean Blodgett, Curator of Eskimo Art, 1978.
Winstedt, R.O.: *The Malay Magician Being Shaman, Saiva and Sufi*, London 1961.
Wolf, F.A.: *Taking the Quantum Leap*, New York 1981.
Woods, Richard (Hrsg.): *Understanding Mysticism*, New York 1980.
Wuthnow, Robert: »Peak Experiences. Some Empirical Tests«, *Journal of Humanistic Psychology*, 18, Nr. 3 (1978), S. 59–75.
Zerries, Otto: *Medizinmannwesen und Geisterglaube der Waika-Indianer des oberen Orinoco*, (Ethnologica N.F. 2), Köln 1960.
–: »Die Vorstellung vom Zweiten Ich und die Rolle der Harpye in der Kultur der Naturvölker Südamerikas«, *Anthropos*, Nr. 57 (1962), S. 889–914.
–: *Waika*, München 1964.
–: »Die Bedeutung des Federschmuckes des südamerikanischen Schamanen und dessen Beziehung zur Vogelwelt«, *Paideuma*, Nr. 23 (1977), S. 277–324.
Zimmerly, David: »On Being an Ascetic: Personal Document of a Sioux Medicine Man«, *Pine Ridge Research Bulletin*, Nr. 10 (1969), S. 46–71.
Zinberg, Norman E. (Hrsg.): *Alternate States of Consciousness*, New York 1977.
Zutt, Jürg: *Ergriffenheit und Besessenheit*, Bern 1972.

SACHREGISTER